公安文书写作

主　编　徐宏勋　李建军

副主编　刘　涵　徐同德

撰稿人　王　芸　马红红　刘　涵　李建军

　　　　徐同德　徐宏勋

兰州大学出版社
LANZHOU UNIVERSITY PRESS

图书在版编目（CIP）数据

公安文书写作 / 徐宏勋，李建军主编. -- 兰州 : 兰州大学出版社，2015.9（2023.8重印）
ISBN 978-7-311-04816-7

Ⅰ. ①公… Ⅱ. ①徐… ②李… Ⅲ. ①公安机关一文书一写作一教材 Ⅳ. ①H152.3

中国版本图书馆CIP数据核字(2015)第216376号

责任编辑　张爱民
封面设计　郇　海

书　　名　公安文书写作
作　　者　徐宏勋　李建军　主编
出版发行　兰州大学出版社　(地址:兰州市天水南路222号　730000)
电　　话　0931-8912613(总编办公室)　0931-8617156(营销中心)
网　　址　http://press.lzu.edu.cn
电子信箱　press@lzu.edu.cn
印　　刷　兰州人民印刷厂
开　　本　787 mm×1092 mm　1/16
印　　张　21.75
字　　数　499千
版　　次　2015年9月第1版
印　　次　2023年8月第6次印刷
书　　号　ISBN 978-7-311-04816-7
定　　价　57.00元

前言

公安文书是规范公安机关刑事和行政执法的重要工具，公安文书写作是公安民警必备的素质之一。随着我国法制化进程的逐步深入和发展，公安机关应用的各种通用、专用文书具备了更加严格而规范的制作标准。依法制作公安文书，既要具备系统全面的法律知识，又要具备较高的写作能力。

近几年来，国家对有关法律法规进行了重大修订，公安执法文书的格式也相应发生了变化。一是2018年10月26日全国人民代表大会新修订了《中华人民共和国刑事诉讼法》。二是自2012年7月1日起施行中共中央办公厅、国务院办公厅以中办发〔2012〕14号文件联合印发的《党政机关公文处理工作条例》（以下简称新《条例》），2000年8月24日国务院发布的《国家行政机关公文处理办法》和1996年5月3日中共中央办公厅发布的《中国共产党公文处理条例》停止执行。三是2020年12月26日全国人民代表大会新修订了《中华人民共和国刑法修正案（十一）》，自2021年3月1日起施行；2020年7月4日公安部重新修订了《公安机关办理刑事案件程序规定》，自2020年9月1日起施行；2020年8月6日公安部重新修订了《公安机关办理行政案件程序规定》，自2020年8月6日起施行；公安部发布了《公安机关刑事法律文书式样（2020版）》《公安机关行政法律文书式样（2020版）》等。四是2021年1月22日第十三届全国人民代表大会常务委员会第二十五次会议修订了中华人民共和国行政处罚法，本法自2021年7月15日起施行。五是2021年4月公安部发布了《公安机关刑事案卷立卷规范》《公安机关行政案件立卷规范》。这些法律法规的颁布，对于公安文书写作产生了很大影响。

为了确保公安民警以及公安院校学生能更好地适应新形势下公安文书的写作要求，全面了解公安文书的写作规律和最新内容，正确科学地运用公安文书写作知识，熟练规范地制作各类公安文书，甘肃警察职业学院课程研究团队修订编写了《公安文书写作》教材。

本教材以党的路线、方针、政策及国家的法律、法规为依据，采用最新的法律文书式样及法定的党政机关公文制作标准格式，以培养和提高公安文书写作能力为旨归，力求简洁实用、特色鲜明、观点正确、内容系统、格式规范、例文新颖，达到理论性和实用性的有机统一。

本教材既可作为公安高等院校学生的教学用书，又可作为基层公安机关人民警察制作公安文书的工具书，还适宜各类在职民警自学和培训之用。它对于基层公安干警提高法律文书制作水平、提高办案质量，将起到有效的帮助和指导作用。

本教材由甘肃警察职业学院徐宏勋教授拟定编写提纲并最后定稿。编写工作得到了学院有关领导的指导和大力支持。在此，谨向有关领导和引用的有关教材（资料）的编写者表示衷心的感谢。

本教材的分工是：徐宏勋（第一章第一、二、三、四节，第二章）；李建军（第三章、第十章）；徐同德（第五章第一、二、三、四节，第六章、第七章、第十一章）；王芸（第五章第五、六、七节，第九章）；刘涵（第一章第五、六、七节，第十三章）；马红红（第四章、第八章、第十二章）。

由于编者水平有限，不足之处在所难免，敬请广大读者批评指正。

编写组

2023年8月

目录

第一章　公安应用写作的基本要素

公安应用写作是指公安机关在办理刑事行政案件及内部管理过程相应文书材料的制作。公安应用写作在办理各类案件中，就是将法律证据用文字形式固定的过程；内部管理工作就是通过文字材料实现规范指导，上传下达，高效率系统互联的行政管理过程。公安应用写作包含以下基本要素：

1. 公安写作主体（指受命写作的公安写作者：某个民警或写作班子）。他是公安应用写作活动的直接参与者。

2. 公安写作客体（指公安应用写作的对象，包括材料和主旨）。

3. 公安写作受体（指公安写作的接受者、读者及其身份、结构、心理阅读能力、接受能力等）。

4. 公安写作载体（公安写作主体对公安写作客体认识和反映的物质形式，包括公安应用写作的文体、结构、表述、语言）。

公安写作客体与写作载体主要有四个要素：材料、主旨、结构和语言。其中，材料和主旨的内容要素，称为公安写作内质；结构、表达方式和语言是形式要素，称为公安写作外形。公安写作主体与公安写作受体包含两个要素：草拟与修改，称为公安写作构造实现；阅读理解与遵守执行，称为公安写作效能实现。总之，把握了主旨与材料，结构、表达方式和语言，草拟与修改，就奠定了公安应用写作的理论基础。

第一节　主旨

一、主旨的确立

（一）主旨的概念

主旨是指作者在文章中所表达的中心内容和思想倾向。在我国古代文论中，这个术语也称为意、义、理、旨、主意、主旨等。在不同文体中，主旨的称谓不尽相同。在记叙文中称之为主题思想或中心思想；在议论文中称之为中心论点或基本论点；在说明文中又称之为中心意思；在行政公文中则称之为主旨。凡此种种称谓，虽有细微差别，却无实质性不同，因而在公安应用写作中，我们采用人们所习惯的“主旨”这一术语。

主旨在不同的文体中有不同的表现方式，记叙文是通过人物、事件、情节的描述反映生活，表现主题；议论文是作者运用概念、判断和推理，通过逻辑论证来阐明道理，以理服人，直接表现基本论点；公安机关公文的主旨是指由拟写目的所决定的，由公安作者通过具体实在的材料体现出来的,贯穿于正文之中的中心旨意和基本观点。公安法律文书的主旨是代表公安机关在文书中叙事说理,实施法律,明确表明作者的观点和意图。

主旨是客观事实与主观认识的统一反映,公安文书的主旨构成一般包括三方面内容:一是公安文书的写作目的和意图;二是公安文书所用事实材料反映的内容和思想;三是公安文书作者在公文中体现的思想倾向和立场观点。

(二)确立主旨的标准

主旨是文章的核心和灵魂,它来源于题材又制约着题材,一般文章的主题要求做到正确、鲜明、集中。由于公安机关公文主旨的构成内容和表现形式具有鲜明的独特性,因此除具备一般公文共有的特点之外,其特殊之处具体表现在:

1.体现政策法律,准确无误

公安应用文是实现国家政策和法律、法令的工具,其主旨不仅是其客观内容的集中体现,而且它所表达的思想观点又必须与党和国家的方针、政策和现行法律、法规保持一致,作者的意图也应该是现实的,符合政策和实际的。

2.明确揭示问题,服务现实

公安文书是因工作需要而制发的,直接为现实服务,其目的意图十分明确突出。就宏观而言,公安文书根本职能的共同主旨是宣传政策,执行法律,维护社会秩序,保护公民和打击罪犯;就微观而言,每一篇公文又必然有其特殊的制作背景、具体目的和行文关系等因素所确定的主旨,两者之间是辩证统一的关系。具体公安文书是通过标题或开头,或标题、开头、中部、结尾等处直截了当地把主题直陈出来。多数公安文书都具有主旨非常清晰的特点,这主要是由公安文书的特性、特点和作用所决定的。只有主旨突出鲜明,读者才能迅速理解文书内容和作者意图,并付诸实施,从而达到行文目的。

3.一文一主旨,高度鲜明集中

有的文章出现多个主题或复合主题,这在公安文书中是绝对不允许的。一份公安文书只能有一个中心,解决一个问题,表达一种思想或论述一个基本观点,主题越是单纯集中,才越是能够保证公安文书确定的指导性与理解上的排他性。

(三)确立主旨的方法

主旨具有客观性。就其形成过程来看,主旨是作者对客观事物认识的集中体现,它是一系列生活材料在人们头脑中所产生的某种观念的正确反映。材料来源于客观生活,主旨受材料的制约。文章一经产生,其选用的材料本身就包含着客观的思想意义,从材料中提炼的主旨也必然具有客观性。公安文书主旨的形成,从根本上讲也是如此。但是,由于公安文书是公安机关依法行使职权、执行公务的书面工具而呈现出独有的特点,其主旨的形成与一般主题形成的途径不完全相同。确立主旨的方法概括起来有以下几个:

1.按照法律法规确立主旨

公安机关因工作需要制定文书,无论是制作行政公文,还是刑事法律文书,或是行政管理文书,各种文书的内容与用途、制作方法与程序都有相应的严格的法律法规规定,其主旨非常明确。

2.按照上级领导意图确立主旨

上级党政机关及主管部门对下级公安机关工作具有指导性的法规、政策、文件以及领导人的讲话、重大会议精神等，都是决定本级公安机关是否需要起草公文，以及确定公文内容的重要依据。公安机关行文要从中了解并分析领导意图，以此确定公文写作的主旨。

3.依据形势发展和社会动态确立公文的主旨

公安机关公文的制作，大多数都是针对社会问题的，是为解决社会问题而行文的，这是由公安工作的社会性所决定的，另有一部分公文是针对公安机关队伍管理或公安业务工作的。所有这些都决定了公安文书写作不能脱离时代的发展、形势的变化，不能忽视社会问题和人们关注的焦点问题、敏感问题。

4.按照作者意图确立主题

公安机关在具体的工作中，根据自己的实际情况，认为有必要向上级、下级、平级或不相隶属的机关单位行文的文书，如简报、报告、总结、函、通知、指示等行政公文和事务文书，以及一些随机性比较强的文书，作者可根据现实情况和主观意图来确定文书的主旨，即主旨的提炼和形成必然会融进作者自己的立场和观点，因此，主旨又具有主观性。

二、主旨的提炼

主旨初步确立以后，就需要进行认真的加工提炼，以使其更精粹、更深刻。正确的主旨，是对写作对象内部规律和本质特征的认识与把握。提炼主旨的构成，是一个由浅入深的认识过程，是一种独创性的精神劳动，需要经过反复思考，全面经营，多方位、多层次地深入开掘，从而成为真正高度凝练的思想精华。公安文书主旨的提炼应注意以下几个问题：

(一)以辩证唯物主义为指导，分析材料，挖掘本质

材料是形成主题的基础，主题的正确性源于文章所表现的思想与客观实际是否相符，这就意味着主题要符合客观事物的本质及其规律，并能经得起社会实践的检验。因此，从不同的角度对客观材料和主旨进行辩证统一的审视与比较，鉴别与辨析，防止片面性，将反映事物个性与本质的最佳主旨提炼并突显出来。

(二)以政策法律为标准，衡量锤炼主旨

公安文书是传达、贯彻党和国家方针政策、法律法规的工具，因此其主题不仅要具有正确性与真实性，还要符合政策法律的规范，越是符合法律规范与方针政策的主旨，就表现得越深刻、越鲜明。

(三)主旨要深刻集中

主旨是统摄全篇的总纲，总纲不能分散驳杂。要做到一文一意，防止“二意两出”。要使文章主题集中，就必须善于熔裁。熔就是通过提炼主题，使思想内容纲领昭彰；裁就是删除多余的材料和语句，使主干分明，枝叶有序。公安文书的内容一般比较复杂，要求较多，这就要求作者撰写公文时要善于提炼加工，通过分析、归纳和综合，形成相对集中的一个问题或几个问题。写作公文必须做到主题与观点明确、依据与意义明确、措施与要求明确，不能含糊其辞，模棱两可，否则就会造成理解上的偏差和工作上的失误。

(四)以改革创新精神开掘主旨

现实工作是在改革开放、理论创新与实践创新精神指导下进行的,具有鲜明的时代特色。衡量主题有无价值的一个重要指标,就是看其有无新意。新意来自工作实践的与时俱进,开拓创新,新意来自独特求异的思维。写作领域有许多熟悉的题材,其中部分题材已形成相对稳定的主题思维定式。异中求新,不只是思维方式的问题,支撑它的是作者的才、胆、学、识。异中求新,应建立在尊重客观事实的基础上,既做到出人意表,又在情理之中。深刻是对主题进一步的要求。生活现象的背后,往往隐藏着丰富的信息内容与哲理。写作的任务就是要穿透生活表象,开掘提炼出一种崭新的价值蕴涵。提炼主题,就是对写作对象进行去粗取精、去伪存真、由表及里的纵深开掘。事物的意义中具有一定层次性,它蕴含在事物的内部。提炼主题要具有穷追不舍的开拓精神。开掘深,有赖于思路活。一种事物孤立地看不一定有意义,但当它与作者的世界观、价值观有机结合起来,便具有了深刻的意义。公安文书写作要更好地反映现实情况,服务于现实工作,就必须使主旨具有独创性和时代精神。而这样的主题,只有站在改革创新的时代高度,才能深入开掘出来。

第二节　材料

一、材料的概念

材料是作者为特定的写作目的通过各种方式、各种渠道收集整理、加工提炼并写入文中的一系列事实和论据。

材料和素材是两个不同概念。素材是指作者创作需要通过各种途径收集的原始材料,它通常是零乱的,不完整的。应用写作中一般不使用素材这个概念。有时撰写学术论文、实验报告和其他科技文章,经常使用资料这一概念。资料是指作者在写作过程中用来参考和应用的各种书面材料。相比较而言,材料的使用范围最广,它既包括经过作者选择提炼后写进具体文章中的材料,也包括作者在写作之前收集积累的原始材料,适用于各类文体。办案文书的材料是指与本案有关的一切文字的、事实的、音像的等资料。

二、材料的作用

材料是写作的基础,是形成文书主旨正确认识的物质前提,也是支撑与表现文书主旨的有力支柱,它还是安排行文结构的依据。材料与主旨相互依存,没有材料,就不会有主旨;没有主旨,材料则毫无意义。因此,主旨是文书的灵魂,材料是其血肉。制作公安文书,必须尽一切可能占有最充分的材料。

任何文章都程度不同地表现出作者的思想、观点或意志。在写作中,详尽地占有材料,是我们形成正确认识的前提。从材料中抽象出认识后,还需要进一步开掘、深化认识,形成统摄全部材料的主旨。主旨形成之后,要将其表现出来,并为读者所理解与接受,则又需要材料的辅助。因为主旨表现的过程是由抽象到具体的过程,一定的主旨要靠一定的材料加以表现。主旨在材料的基础上确立,反过来还支配着材料的取舍。另外,结构和语言是写作的外形，而一定的外形必须服从并服务于一定的内质。反之，没有材料的主旨，纵使有高超的结构技巧和华美的辞藻，也无济于事。因此，材料又是安排结构的依据。

三、材料的收集、选择与使用

（一）收集材料

公安工作涉及社会的方方面面，公安写作也需要各种各样的材料，直接与间接材料、正面与负面材料、具体与抽象材料、现实与历史材料、事实与理论材料、计划与总结材料、结论与过程材料等等，这些材料都需要广泛收集和积累。

1. 日积月累，广泛收集

广泛积累又称之为基础性积累，指在日常工作中将有用的材料随时随地收集起来，分门别类地加以整理与保存。要保证主旨的正确性，做到言之有物，有血有肉，就要注意对生活做深入细致的观察，掌握材料特性及其细微差别，广泛收集、观察与了解各种材料。只有收集到充足而丰富的材料，写作时才能得心应手，左右逢源。只有兼收并蓄，才能厚积薄发。收集材料是一项艰苦而繁杂的工作，需要有持之以恒的毅力和坚定执着的信心。一般而言，应当广泛收集党和国家方针政策方面的材料，公安业务工作方面的材料，以及法律法规方面的材料。收集材料必须从点滴入手，从大处着眼，日积月累，积少成多。任何急功近利、胡乱拼凑甚至伪造材料以达到写作目的的做法都是不可取的。

2. 把握本质，定向收集

定向收集就是有目的、有计划地进行调查访问收集与写作有关的材料，也称之为专题积累。通过专题积累就能够了解与掌握大量的第一手材料，并通过对占有材料的深入分析与归纳，从而得出对事物本质及真实情况的正确认识。

公安工作离不开调查研究，制作公安文书需要深入的调查访问，这是公安民警的基本功。在调查之前，要先拟定调查提纲，安排调查内容和调查步骤，然后针对调查对象采取不同的调查方法与手段。发现疑问或含混不清的情况时，要从多个侧面进行深入了解。收集的材料越多，越有利于对事物的理性认识，疑问点往往也就是突破口。具体的收集方法，根据不同的写作任务而定。如办理刑事案件，需要收集各种不同形式的法定证据，必须依照《刑事诉讼法》规定的程序和方法进行。否则，便失去法律效力。

（二）选择提炼

收集材料多多益善，没有大量充足的材料，就不可能写出严谨有力的文书。在收集积累时，应注意到材料的价值和作用，在使用之前，必须对材料进行认真的鉴别、选取与提炼。

1. 材料的鉴别

鉴别就是仔细审查所收集材料的真假好坏，去伪存真，去粗取精，从表象中认识内在本质，从典型中探索一般规律，对材料的重要性及其指导意义做到心中有数，以备量材使用。对材料的鉴别，宏观上要用辩证唯物主义方法审视每一个材料，进行科学的分析与归纳，认清材料的实质与表象相互间的联系，衡量其在文书中可能具有的理论与实践价值，根据其价值大小，确定弃留。具体可采用如下方法：

（1）实证法。又称之为印证法。在分析研究材料时，如对其内容的真实性产生疑问，最佳的方法是将其与事实进行实际比照校验,以辨真假。

(2)考证法。又称之为间接证实法。发现材料或有疏漏,或事实不复存在,或难以寻找,最好根据多种材料来加以考查与辨析,以判断真伪。

(3)比较法。对反映同一内容而又互有出入的材料,通过相互比较分析,寻找出最接近实际的材料,可以把它与已经确认可靠的材料相比较,还可以将材料本身的观点与论据相比较,寻找两者的相同点与差异点,从而发掘出其内在的价值与作用。

此外还有反证法、逻辑归类法、实验实证法等鉴别材料的方法。上述方法或单独使用,或综合使用,应当根据情况灵活掌握。

2.材料的选取

材料经过鉴别,其中已经渗透了作者的主观判断标准与价值观,乃至思想观念,具有很强的针对性与目的性。选材的基本精神是要"严",具体的原则与方法有:

(1)围绕主旨选取材料。主旨是全文的统帅,一经确定,便需要材料予以支持与证明,选取材料一定要围绕主旨,这是选材的基本原则。材料的主要作用在于表现与支持主旨。因此,在写作中,必须以主旨表现为依据来决定材料的取舍,决定主次与详略。凡是能有力说明、证明与突出表现主旨的材料就选用;反之,与主旨无关,不能起到上述作用的材料,就要坚决舍弃。

(2)选取真实的材料。真实的材料一是指实有其事、确凿无疑的材料;二是指事实要素(时间、地点、人物、事件、方式、原因、结果等)齐全完整的材料;三是指材料本身能反映事物的本质。应用写作一定要选择真实可靠的材料,力戒虚妄,才能如实地反映客观事物,并帮助读者正确认识之。事实真实可靠,才具有强大的说服力,才能成为判断问题最有力的根据。公安应用写作中使用的一切材料与案例,包括事实与应用理论,特别是间接材料都要反复核实,仔细鉴别,查看原始材料是否清楚完整、符合实际,是否真实可靠、有根有据。真实是材料的生命,是行文的基础,只有真实可靠的材料才具有价值。这既是写作的基本要求,更是公安工作的性质与任务所决定的。

(3)选取典型充分的材料。典型材料是指能够深刻反映事物的本质、具有广泛代表性和强大说服力的材料。典型材料具有驾一驭万的功效。文章要想在有限的篇幅内给人以更多的信息,就必须选择典型材料,以增加文章内容的密度与质量。尤其是十分典型的反面材料,它能更有力地证实作者的观点。应注意的是,材料的真实性并不等同于其作用的重要性,只有典型的材料,说明主旨才最具说服力。典型材料的选取要充分考虑数量限度及其必要性。最大限度是尽可能多的,但必须是必要的,不必要的则应当舍弃;最小限度是尽可能少的,但必须是充分的,没有充分的材料,也难以得出科学的结论。因此选取典型材料应把握既是必要的又是充分的。

(4)选取与文书性质体式要求相适应的材料。文书的性质、体式不同,对材料的要求则不同,同一个材料,在此文书中是典型的,而在彼文书中就不一定典型。如法规性公文,不摄取具体事实材料,而只是将其作为行文基础,将从中提取的基本原则和精神写入文中,观点明确,庄重严肃。相反,证据性文书,必须依据事实说明问题,保持文书的客观性,而不能直接表述作者的观点。

(5)应当选取新颖的材料。新颖的材料包含两方面的意义:其一是指以前没有被别人使用过或很少使用的材料,其二是指对旧材料的灵活运用。作者站在时代精神和科学思维的高度,突破了固有的思维定式,生发出崭新的理论和实践创意,从而揭示出材料的普遍意义。所谓新颖,是指新出现的新观念、新思想、新问题、新经验。所谓独特,是指它与众不同。独特的见解,独特的材料,有助于文章的新颖,能产生极强的吸引力。新颖独特的材料还应当具有针对性,即材料能够最贴切地论证公文观点,揭示事物或问题的本质。从新的角度选择新颖独特的材料,用崭新的方法,以科学的方式灵活运用和分析研究旧材料,从而化腐朽为新奇,对公安工作产生新的指导作用,给读者以富有时代精神的新启示。

3.材料的提炼

所谓提炼,就是对选取的材料进行加工整理,提纯炼精。有的材料在选取时就相当精炼,无须加工。而那些零散无序的材料,则需要反复提炼。提炼的具体方法有三种:

(1)压缩提炼。压缩,即对于已经形成书面文字的材料,在不改变原意的情况下,适当减少其文字量,加大语言的信息量和浓度。提炼,即将纷繁复杂的事物,抓住其最能反映事物本质特征的材料,用精练的语言表述出来。对大量具体材料进行内容上的提炼后,还要根据不同文种需要和内容上的主次地位,进行文字上的压缩。一般而言,提炼与压缩互相包容,提炼偏重于内容,重在质;压缩偏重于形式,重在量。

(2)改换词语。原材料语言啰唆,表达拖沓。根据文体需要,应尽可能少用含混不清、抽象笼统的词语,而改用精练的语言,更准确更鲜明地表达原意。恰当处理好用词精练与精确表述具体事物之间的关系,这既是写作技巧方面的问题,更是语言修养方面深层次的问题。“豪华落尽见真景,看似平实最奇崛。”这同样适用于公安应用写作。

(3)提取综合。反映同一内容的多个材料,表述得不完整或不准确,这就需要提炼。提取综合是将每份材料中有价值的那些内容提取出来,用新的语言进行精炼的、风格统一的表述与概括。一般有三种综合方式:一是将多个部分合并为一个整体;二是将同类内容合并起来;三是将提取的材料糅合在一起,进行材料的最优化处理,使之产生出全新的效果。这种提取综合材料的能力,就是所谓文字综合能力。

总之,提炼的方法有很多种,但并非单一进行的,经常是多种方法同时交替使用。上述提炼方法贯穿自材料收集至写作完成的始终。

(三)材料的运用

收集材料,鉴别选取,加工提炼,一切准备都完全是为了写作运用。运用材料的原则是有利于表现主旨。文书的性质与体式不同,写作目的不同,运用材料的方法也不尽相同,没有固定不变的统一模式。一般做法是:

1.合理分类,顺序使用

在材料较多的情况下,首先将选好的材料按一定标准分成若干类,然后将同类材料按时间或事理顺序进行排列,并根据需要引入到公文当中。材料的选择应当按照一定的标准,或者按内容与性质,或者按时间顺序,或者按空间位置,或者按分量轻重等,划分成几个类别,然后再根据使用需要对同类材料进行排序。典型材料往往能够说明事物的普遍规律,揭示出事物的本质特征,并具有较强的说服力与感召力,因此要将典型材料放在最能表达作者观点、最能表现公文主旨的关键位置。如叙述团伙案件，就应该先概述团伙形式，再简述团伙的犯罪活动及其造成的后果，然后分述各作案嫌疑人在犯罪活动中的具体作用、具体罪责及其应受处罚等。这样有总有分，整体情况及具体责任清晰准确，一目了然。如果一人在长时期内多次犯有同一种罪行，其犯罪事实可采用分类归纳的方法描述，或择其重大罪行进行分述，其余部分综述。如一人在不同条件下犯有数罪，可把各罪分开叙述，切不可综述，否则，它们之间互相影响，造成行文的障碍。

2.确立详略，疏密相间

材料有了顺序，还需考虑详略疏密。对那些最能说明问题的材料，须多用些笔墨与篇幅，把情况交代得更为清楚充分，更为详尽透彻。材料在使用时要注意繁简适当，有详有略，重点突出，主次分明。如撰写请示材料应一人一事，简略精炼；撰写总结材料应充分翔实，既有事实又有数据，既有书面情况又有突出事迹，既有成绩又有不足等。注重详略疏密的作用是：能够清楚与具体、充分而突出地表现主旨。略与疏，就是对那些不需要详细之处或比较次要的材料，应采取精练简明的笔法处理。具体处理方法有：删节与压缩、截取与跳跃、总结与概述、一笔带过、一语道破等。略与疏之处虽然用字少，笔墨不多，但容量较大，准确性较高，文字更须凝练。详略疏密是相对的，配合得当，可使行文内容显得匀称自然，充实饱满，有利于突出主旨，达到写作目的。

3.抓住个性，显示特色

材料有类别，类内有个性，使用材料时要注意抓住每个材料的个性，在文中使其个性特色充分显示出来。一是材料本身的特色，二是文体所要求的特色，三是作者具体的行文目的和感情特色，应使三者统一起来，否则，事与愿违。如公安法律文书，要求客观真实，符合相关法律规定，作者的态度是严肃的，感情是凝重的。再如表彰性通报与批评性通报，尽管文种相同，内容都要求真实客观，但风格迥异，褒贬分明。前者是热情、生动、赞扬的；后者是冷静、沉稳、严肃的。材料特色与情感特色是统一关系，不能互相代替。

总之，材料积累得丰富并不等于能够充分自如地驾驭材料，这不仅是个使用方法问题，其中涉及作者的思想水平、政策水平、执法水平、认知能力和文字表达能力等一系列写作功底问题，因此，综合业务素质与水平的提高是对一个合格的公安工作者更高的要求。

第三节 结构

一、公安应用文结构的概念

如何围绕主旨准确地把相关内容材料有条有理地组织起来，将主旨明确表达出来，使之构成一个完整的篇章或一个有机的整体，这就是结构要解决的问题。人们常把主旨比喻为灵魂，材料比喻为血肉，结构比喻为骨骼，可见结构之重要。

结构是指文章各部分以一定的组合关系联结而成的序列形式。“结构”一词，原是建筑学中的术语，后来借指文章的总体安排。结构又称之为组织、布局、章法、格局、文序等。结构主要包括两方面内容：一是文章各部分的先后顺序；二是文章各部分之间的内在联系。文章的先后顺序关系到文章的总体布局,以及如何开头、如何展开、如何结尾这样一些具体的操作性问题,而文章各部分之间的内在联系则涉及文章的完整性、条理性及其层次与组合方式等问题。

结构在公文写作中是最艰巨复杂的环节。它是作者按照主旨的需要,对材料进行科学的组织安排,付诸书面语言的构造样式。结构既是作者构思的结果,又是作者思路的体现。当主旨与材料确定之后,结构就成为写作的决定因素,它往往决定文章的成败与质量水平的高低。结构并不单纯是方式方法问题,它直接反映着作者对客观事物的认识水平和组织驾驭材料的能力,也体现了作者的思想方法和逻辑思维能力。

公安应用文的结构是文章材料的载体,是主旨的依附。结构将公安工作中孤立的事实与数据以及从这些材料中提炼出的理性认识,组成一个完整的篇章,并使这些材料和主旨在这个篇章中表现出特定的意义。

二、公安应用文结构的特点

(一)公安应用文的结构是完整、严谨、统一的

其结构遵守一般文章结构的共性,每篇公安应用文都包含着文章的诸多构成要素:标题、开头、主体(层次、段落、过渡与照应)、结尾。每篇文章的各个要素互为条件,互相关联,使其形成一个和谐完整的统一体。

(二)公安应用文结构的程式化

公安应用文每一种文体,都具有相对固定的模式,其结构多由职能部门具体规定。公安应用文规范化和程式化的特点是公安工作实用性和时限性所决定的,无论是行政公文,还是司法文书,从标题到落款格式都相对固定,项目完整;正文结构中从发文缘由到目的和要求,不允许随便增减或调换。某些事务文书的结构比较灵活,但也有自己的惯用格式。尤其是公安应用文中的表格类文书,更是高度程式化的产物,规范程度很高,结构形式完全定型。公安机关常用事务和司法文书结构的程式化,是由于业务工作上的具体需要和长期以来约定俗成的原因而逐步形成的。公安机关刑事司法文书的格式甚至定型到大部分文书由公安部制定统一的表格形式,依法颁布,统一填写。这种遵循着某种模式而定型或趋向定型的情况,反映了公安应用文特殊的文章风格。

公安应用文结构的程式化,是由公安工作的规范化而形成的,它使公安应用文加速流转,办事效率大为提高。

(三)公安应用文的结构简明

公安应用文属于公用应用文范畴,是公安工作的依据、凭证和记录,也是公安工作的一种有效的管理手段。“简明”一是表现为篇章的简短,层次的简单;二是表现为层次的清晰,段落的排列具有合理的逻辑顺序,构成样式简单明了。

三、公安应用文结构的基本要求

(一)结构必须适应表达公安应用文主旨的需要

形式为内容服务,结构为主旨服务。在写作时,不仅选材要根据主旨的需要,而且组织

与安排材料，同样要根据主旨的需要，为主旨服务。无论是拟定标题、设计开头、展开主体、总结结尾，还是确定详略主次，都要考虑到主旨的需要。下笔千言，离题万里；东拉西扯，毫无主旨可言，这是结构文章的大忌。主旨是文章的统帅，一篇文章不论由主旨演绎出多少个层次，构成多么复杂的格局，都必须以纲统目，主次有序。只有如此，文章才能保持严谨统一。反之，脱离了表现主旨的需要，所谓主次、轻重、大小、详略、疏密就都失去了意义，结构文章就没有准绳。

(二)结构必须适应不同公文文种的需要

不同用途的公文，其结构形式一般也是不同的。如记叙文以描绘刻画人物与事件为主，选材则相应以此为重点，而释理、抒情次之。议论文是运用概念、判断进行推理，因而在结构上注重通过论据对提出的问题进行严密的逻辑论证，它一般是按照提出问题、分析问题、解决问题的顺序来论证的。

公安机关常用文书的结构，具有自己独特的风格和特点，许多文种都有其比较固定和明确的格式，并且显示出不同程度的程式化。在具体写作时，应当特别注意遵循一定的模式或程式，但又应当在规定的模式或程式范围内讲究章法。

(三)结构应当具有逻辑性

公安应用文的层次结构既要符合所用材料自身的内在逻辑联系，又要符合事物发展的宏观规律，同时还要尊重特定读者的阅读心理。尤其要注意避免张冠李戴、前后不一、自相矛盾的情况发生。

四、公安应用文结构的内容

公安应用文结构的主要内容包括层次与段落、过渡与照应、开头与结尾三大部分。

(一)层次与段落(主体)

1.层次

层次是指内容上相对完整的意义单位，又称之为意义段。层次的划分，体现了作者基本思路的走向和文章内容展开的逻辑顺序。

层次的划分应注意两点：第一，划分层次的标准要统一，每次划分只用一个标准，划分出的层次就比较合理。第二，各层次的意义要具有相对的完整性和独立性，作者除了要根据层次之间的关系去判断外，也应当考虑局部与整体的关系。

层次是文章的重要单位，其划分使得文章条理清晰、秩序井然，也使得主旨的表现按照已有的逻辑顺序渐次展开。

段落是指在书面形式上以换行为标志的章法单位，又称之为自然段。层次只能通过一定的段落形式才能表现出来，而段落的划分因不同的作者有不同的处理方式，表现出较大的随意性。

层次可以大于、等于或小于自然段，即一个层次可包括几个自然段，也可以只有一个自然段，而较长的一个自然段中，也可以分出几个层次。

公安应用文划分层次的方式经常使用的有以下几种：

(1)纵向组合式。所谓纵向组合式是指按时间顺序或逻辑顺序安排层次。它是按照事件发展或客观事物内部展开的逻辑顺序排列的。这种类型的主要特点是:各层次之间是延续与承接的先后关系,它主要是由文章内容所决定的。叙述事件发展过程、介绍人物经历、交代案情、总结经验等多用这种形式。其优点在于合乎事物的自然顺序,脉络清晰。

(2)横向组合式。所谓横向组合式就是将正文内容的各个部分按空间顺序,或事物、事理的不同类别,或不同方面来安排层次。其主要特点是:各层次之间呈现依次展开的并列关系。作者往往先把议论的问题分解成不同的因素或不同的方面,然后再分别加以论述,其目的是为了把问题讲深、讲细、讲透。另外,需要分门别类,或从不同层面来说明某一事物时,也会用到横向组合式。它具体包括以下三种方式:

总分式。其为先总述后分述的布局方式。公安公文开头首先提出问题,点明主旨;然后从各个侧面进行分析与论证,即提出分论点和论据;最后提出解决问题的措施和方法。总分式结构主要适用于综合性较强的各种公安应用文,如工作总结、情况报告、调查报告、立案报告等。

分类式。具为按材料性质分类的逻辑划分方法,适用于综合分析型文章。其优点是结构严谨、逻辑性强。分类时要注意逻辑划分的要求,即按一个标准进行同一级别划分。这种划分层次的方法体现出认识事物的科学性与严密的逻辑性,突出了文章的完整性与系统性。

要素式。这种样式的特点是按事物的内部构成分解组成要素,主要适用于说明单个事物。如接受报案笔录就由报案时间、报案地点、接报案人、报案人的基本说明和报案内容等几部分构成。无论报案的内容如何,上述要素是客观事物自身所固有的,而且必不可少,并按规定的顺序排列。各个案件之间的区别只在于报案内容部分有所不同,而结构层次的式样则是共通的,充分体现了公安应用文结构程式化的特点。

(3)递进组合式。其为按照事物的内在联系和逻辑发展顺序,由浅入深、由因到果、由表及里、由现象到本质、从一般到特殊、从部分到整体层层深入排列的布局方式。其特点是各层次间的进层关系,层次间的排列位置不能互换。适用于宣传提纲、工作研究、报告、总结、简报以及案情的全面分析等以议论为主的文章。

2.段落

段落是构成文章的最小单位,是文章在表达时由于转折、强调、间歇等情况所造成的文字停顿,具有换行的明显标志。

段落侧重于形式上的划分。其作用首先是逻辑地表现思维进程的每一转折、停顿,在形式上清晰地表现文章内在的层次;其次是显示文章内容的顺序及节奏。段落将文章内容从形式上划分成块和层,若干段落组成一个层次,一个段落也可以表现一个层次,一个大的段落也可以由几层意思组成。层次侧重于内容的安排,段落侧重于形式的划分。层次与段落的配合保证了文章的条理与顺序。段落的疏密决定了文章的节奏,段落少而内容长,节奏舒缓;段落多而内容短,则节奏紧凑。

划分段落要注意段落的单一性和完整性。所谓单一性是指一个句子表达一个中心,围绕一个中心组织内容。所谓完整性,第一是指一个意思要在一个段落里集中讲完,切忌将一个完整的意思拆分得七零八落。第二是指各个段落之间的意思应有内在联系,内容上连贯,形式上衔接,使每一段都成为全篇的一个有机组成部分,分之为一段,合则为全篇。第三是指分段应适当注意整体的匀称,做到轻重相当,长短合度。

(二)开头和结尾

1.开头是全篇文章结构的序幕或引子

其作用首先是理清头绪、把握线索、寻找叙述的起点。其次是整理思路,提出问题,或定出文章的基调。开头可以成为文章的着重点,它能够笼盖全篇,产生先入为主的效果。

公安应用文开头的主要方式有:

(1)目的式。开头交代行文目的,文中有“为了”“为”等词语出现。常用于通知、报告、请示。

(2)起因式。开头交代行文的缘由,文中多出现“由于……为此……”“鉴于”等词语。如“由于……为此,特作如下通知”。起因式常用于通知、通报。

(3)根据式。开头说明行文依据,形式上常有“根据”“遵照”“按照”等词语出现。如《关于××会安全保卫工作的报告》的开头:“根据市公安局××会安全保卫工作的总体部署,我分局全体动员……现将情况报告如下”。这种开头方式常用于计划、通知、报告、请示。

(4)时间式。开头点明某事件、某情况发生发展的时间,形式上常有“最近”“近一时期”等词语出现。时间式常用于纪要、通知、通报、简报、调查报告。

2.结尾是全文的自然收束

公安公文的结尾应简洁有力,意尽而止,其作用区别于非应用性文章,表现为行文过程的结束。它具有画龙点睛,深化主旨,加深认识,归纳总结,表明态度,鞭策行动等作用。

公安应用文结尾的主要方式有:

(1)自然式。全文自然结束,主要是以事物发展的结果作结尾,指出事件的意义,点明主旨。如某简报的结尾“最后,各地市公安局领导表示坚决贯彻执行省公安厅严打整治的指示精神”。

(2)总结式。总结全文内容,深化主旨,加深印象。如“综上所述……”之类的词语都是典型的归纳总结。

(3)分析归纳式。即对公安应用文中所论述的问题进行全面分析,或肯定成绩与经验,找出差距与不足,或提出可行性意见和建议,或表明态度,或指明发展的方向。这种结尾自然和谐,顺理成章,是最通用的结尾形式。

(三)过渡与照应

1.过渡

过渡是指上下文之间的沟通与衔接。过渡的主要作用是使文章表述脉络顺畅贯通,衔接自然紧密。即过渡在文章中起承上启下的作用,将前后层次与上下段落的意思联结起来,使之形成一个有机的整体。需要过渡的情况通常有两种:一是内容转换时需要过渡。如记叙文中的时间转换、地点变动、事件变化时的过渡;议论文中论述问题转换时的过渡。二是表现方式、表达方法变化时需要过渡。如由总到分、由分到合的开合处的过渡;倒叙或插叙时的过渡等。

过渡的方法一般有两种:一是使用关联词或转折词作过渡,如“因此”“综上所述”“与此同时”“总之”“但是”“尽管”“然而”等;二是使用行政公文固定用语作为过渡句,如“现报告如下”“特此报告”“妥否,请批示”等,其主要用于公安行政公文和公安司法文书中。

2.照应

指文章首尾、前后内容的呼应。写文章不仅要上下连贯,而且要首尾呼应,从而保证文章的紧凑性与完整性。

公安应用文常用的照应方式主要有以下几种:文题照应,指公文标题与内容的照应;内容照应,指文章中前后内容或首尾内容之间的对应关系;体式照应,指相关文种体式之间的对应关系,如请示与批复、来函与复函等。

第四节 语言

语言是人们表达思想意志的重要工具,是人类思维的物质外壳。写作的过程是思维的过程,思维必须借助一定的语言工具,在众多表达思想和情感的手段中,语言是最重要、最常用的一种。语言分口头语言和书面语言。写作是运用书面语言将作者对事物的认识、体会、感触与意志表达出来的过程。在此过程中,语言既是思维工具,又是表达工具。语言是公文的必备要素,也是文章好坏的关键因素之一。其使用是否准确恰当,直接关系到行文意图、行文目的及其预期效能能否顺利地实现。

一、语言的特性与要求

(一)语言的特性

语言的特性是指在写作过程中,语言的使用除应遵循一些基本要求外,还应根据不同的文体,考虑其特殊性质。语言的特性应当与文章体裁相适应,为此,要求作者应具有敏锐的语体感,善于根据表达的需要来选择语体。

所谓语体,是指语言在不同体裁的文章中所形成的体式特征。语体的选择遵循一般语言的语法规则,采用相同的修辞手段,但在选择词语、句式、语言手段等方面,在与文章体裁的关系方面,则有明显的不同。公安应用写作是经过精心加工而形成的,其语言须具有应用语体的特性,即具有系统性、规范性、严密性、稳定性的特点。

具体而言,应用语体要求遣词造句必须合乎规范,合乎事实,语义要单一,句式要完整,力求通俗易懂,透彻说明问题,应尽可能多用专业性很强的科学术语,少用描述性、表情性的词语;多用陈述句、判断句,少用疑问句和感叹句,注重客观实际,讲究实效,体现出简明性、程式化、模式化的特性。

(二)公安应用写作对语言的要求

1.准确简明

所谓语言准确,是指在写作过程中遣词造句要准确恰当,在思维方式上,应做到概念明确,判断真实精当,推理合乎逻辑;语言所表达的思想内容应当合乎事实,合乎情理,合乎真理。它体现的是科学性、确切性与严密性的完美统一。

语言准确是对一切文章最基本的要求,特别是在公文中尤为重要。公安应用文是公安机关依法行使职权的工具，代表着公安机关的行政权威。语言准确，才能起到应用公文的效能；语言不准确，就会因词害意，甚至歪曲事实，造成思想上的混乱，工作上的失误。一字之假，可毁全文之誉。语言是否准确，是一切公文写作成败的关键所在。

准确的对立面是模糊。模糊语言，是一种客观存在的语言现象，它是由人们对客观事物认知上的模糊和语言符号的有限性所决定的。从语言实践的角度而言，一方面由于它往往造成歧义等现象，以至引起误解，这是模糊语言运用的消极方面；但从其积极方面看，模糊语言修辞的自觉而巧妙的使用，有时又是必要的和适宜的。然而模糊语言并不等于模棱两可，含糊其辞，令人费解。它是依靠语义的模糊性而获得思想表达的某种确定性。因此，它是模糊性与精确性的辩证统一。

公安应用文有时就需要模糊语言修辞。具体表现在：一是某些次要内容的说明和陈述；二是交代某种特殊背景，概括总结情况；三是表达有策略性的问题，如涉及社会影响极大的有关案件的鉴定部门，不能将实际鉴定部门公之于众；四是某些特殊内容，如刑侦与技侦手段、国家的或商业的重要机密、作案的恶劣手段与具体情节以及个人隐私等等。

所谓语言简明，是指言简而意足，文约而意丰，即用最少的文字传递尽可能多的信息。古人历来讲求"文贵精、言贵简"。公安应用文旨在实际应用，执法办案，其语言的简明是十分必要的。简洁性表现为：

(1)避免重复与重复修饰，坚决删除可有可无的词语。公安文书中语句表意清楚的词语不宜多加修饰语。重复是形成冗长的主要毛病，因此，刘勰在《文心雕龙·熔裁》中说："善删者字简而意留"。

(2)避免长句过多过滥，应长短句兼用。受欧式语言影响，公安文书中也出现许多长句。这些长句有些是必要的，但长句过多容易危害文书的简洁，应学会使用新生词，新生词具有短语化、成族化、词缀化的特点。如现代化、机械化、低龄化、标准化、城镇化等。

短语化的词很多是经简化缩略语形式造就的。如"全国人民代表大会、全国政治协商会议"，简称"两会"；综合治理委员会简称"综治委"。典型的简化缩略语如："等靠要""传帮带""责权利""关停并转""吃拿卡要"等。

(3)为了更富有说服力，公安文书中常用图表、公式等其他更浓缩的表现方法来辅助表达。

总之，要做到语言使用准确简明，主要是讲求逻辑思维。语言应当合乎逻辑和语法规范，这其中不仅是文章作者存在严肃认真、一丝不苟的写作态度问题，也包括写作技巧方面的问题，更包含深层次的语言修养问题。上述几方面都需要日积月累形成良好的语言思维习惯。

3.规范得体

所谓规范，是指写文章应当使用当代规范的汉语书面语，而规范化语言就是符合文法、约定俗成的通用语言。写文章一般主要遵守三方面的语言规范，即语法规范、术语规范和固定用语规范。当然，由于公安应用文内容与用途的特殊性，还有一部分公文经常使用程式化的固定用语与特殊的专业术语，它们具有很强的专业性和特定性，其使用保证了内容表达上的准确性。在长期的公安应用写作实践中，某些语言的使用已形成了专门的术语表达体系，如“枪弹痕迹”“人证物证”等专业化了的术语，在写作中遣词准确，语义缜密。特别是一些表达专业概念的句式，以较长的修饰语表述了事物的分寸，外延极小，避免了歧义的发生。公安应用文中使用的法言法语也是术语化的产物，具有法律含义。如“配偶”一词虽然与“爱人”一词同义，但在公安应用文中却只能使用“配偶”这一准确用语。

语言的规范性还表现在必须遵守国家文字法规。

(1)数字用语要规范达标。公安文书中的数字写法，中共中央办公厅、国务院办公厅发布的《党政机关公文处理工作条例》(以下简称《条例》)有标准规定的应按照规定执行。《条例》规定：公文使用的汉字、数字、外文字符、计量单位和标点符号等，按照有关国家标准和规定执行。《党政机关公文格式》规定：文中结构层次序数依次用第一层为“一”，第二层为“(一)”，第三层为“1”，第四层为“(1)”。在词、词组、惯用语、成语中数字作为词素构成的词，如十八大，一府两院，七国集团，一概而论等，应用汉字小写数字。在缩略语中，用数字的缩略语多用数字概括几种具有共同性质的事物或行为，如“三个代表”重要思想，五项禁令等。此外，对数字的使用，应遵照国家语言文字工作委员会对出版物的相关规定。

(2)引文、简称、计量单位要按国家规定使用。《条例》规定：“引用公文应当先引标题，后引发文字号。引用外文应当注明中文含义”。对于“简称”，《条例》规定：“文内使用非规范简称，应当先用全称，并注明简称。使用国际政治外交名称或其缩写形式，应在第一次出现时注明准确的中文译名。”计量单位必须用国家法定的计量单位。

(3)多义词、近义词、同义词的选用，要看具体的语境，确保用语准确恰当。如“武断”变为“果断”，才是褒义词。

所谓得体，是指在准确、简明、庄重、规范的公安应用语体定式的基础上，每篇公安公文的用语还应当因体而异，与质相谐，上下有别，口吻适当。其中的“体”是指文种，“质”是指正文的内容，“上下”是指行文关系，上行或是下行等等。如：上行公文的陈述性报告，其结语常用“以上报告，请审查”，其请示用语常用“妥否(当否)，请批示(批复)”；指令性公文的结语常用“如无不当，请批转有关单位贯彻执行”等。平行公文结语常用“特此函达”“请函复”“请予协助”等。下行公文的结语常用“以上内容，请执行”“请认真贯彻执行，并将执行情况上报”等等。

3.质朴生动

所谓质朴，是指公安应用文的语言应当具体实在、朴素自然，不故意造作修饰，也不艰涩怪僻，应当坚持因意遣词，词到意出；质朴同时又是一种很高的语言美境界，着墨不多而用意隽永淡远。语言质朴具体表现如下：

(1)选词平和朴实，不故意夸大或缩小，应力避官僚习气而行谦虚谨慎之风。

(2)选词平白朴素，不滥用文言词语，矫饰造作。不用或少用形容词之类的附加成分，避免语言的泡沫性修饰。

(3)具体表达方式上，叙事应直陈其事，片言展要；说明应言简意明，通俗浅显；论理应直截了当，一语破的。

(4)谨慎地使用修辞手法，主要以消极修辞为主。讲究迭词用语，语言具有精确的分寸感。

所谓生动，就是要讲究形象和文采，使语言新鲜优美，富有感染力。古人说：言之无文，行而不远。说明文章必须具有文采，语言生动活泼，才能起到广泛的传播效应。公安应用文的语言也应力求鲜明、生动、形象，切忌呆板和雷同化。

如何做到语言生动，应注意几点：首先，应使用形象化的语言。形象化的语言有声响、有色彩、有具体形象，能够唤起读者的想象，给人以具体可感的画面，因而富于表现力。其次，应使用新鲜的语言。文章的立意不能拾人牙慧，使用的语言也应具有自己的个性，不得人云亦云，甚至使用几乎灭失了信息传递价值的陈旧字眼。再次，注意多种句式和几种表达方式的综合使用。公安文书的生动性具体表现如下：

(1)句式多变。句子按字数有长短句、整散句；按语气有陈述句、感叹句、疑问句、祈使句等。

(2)四字格的恰当使用。四字格词组是汉语结构的一大特色，其结构集中，语言简练，表意丰富，声韵铿锵。邓小平同志在《党和国家领导制度的改革》中抨击官僚主义所用“四字格”就很有表现力：

“官僚主义现象是我们党和国家政治生活中广泛存在的一个问题。它的主要表现和危害是：高高在上，滥用职权，脱离群众，好摆门面，好说空话，思想僵化，墨守成规，机构臃肿，人浮于事，办事拖拉，以致官气十足，动辄训人，打击报复，压制民主，欺上瞒下，专横跋扈，徇私行贿，贪赃枉法等等。”

应注意的是，四字格如果滥用，会导致语言重复叠加，烦冗累赘。

(3)修辞构词法的使用。如“畅通出口”针对人事改革要有实际举措，就使用了双关的构词法。

4. 严肃庄重

公安文书语言必须严肃郑重，以确保公安文书效力的权威性。公安文书使用的范围和目的决定了这种语言风格。公安文书中常出现命令性的词语，如“要”“必须”等；也常用强制性的词语，如“严禁”“责令”“坚决查处”“严肃执纪”“从严惩处”等。

二、公安应用写作常用词语和句式

(一)公安应用写作的常用词语

1. 标题语：关于。称谓语：本、我、你、贵、他、该、各。

2. 起首语：根据、依据、据、据报、据了解、据核实；兹因、兹将、兹派、兹悉、兹介绍、兹定于、兹有、为了、为、对于、关于、鉴于；随着、随；按照、比照、遵照；欣闻、欣悉、欣逢、欣值、得以、借以、鉴于此、际此、值此；前接、近接、现接、顷接；悉、收悉、详悉、知悉、均悉；经、经由、查、奉。

3. 表态语：应、应该；同意、不同意、批准、不予批准；照此办理、遵照执行、组织实施、贯彻执行；拟、现；支持、反对；不妥；照办、请核查；取消、禁止、力戒、力避、切勿、切记；取缔、废止、废除、严惩；查办、查询、查勘、查明、查对、查证、查禁、查考；酌办、酌定、酌情、酌予；原则同意、原则批准；拟应、拟同意、参照执行、供参考、可借鉴、酌情处理。

4.命令语:着即、着令、责成。告诫语:切切、毋违、不得有误。

5.时间语:一时、即时、不日、不时、即日、即将、即行、当即、迅即、顷刻、过去、向日、现在、最近、目前、时下、日内、日趋、日益、日常、日程、日期、时间、时机、时期、时限、时宜、逾期。

6.期请语:恳请、敬请、提请、报请、拟请、请、请予、请示、请酌、请教、请求、请降、请问、请援;希、希望、务希、希能、希于、即希、尚希、尚祈、尚盼、望、尚望、深望、望即给予;接洽、商洽、面洽、商量、商定、商讨、商议、商酌;须即、须经、务须、应于、应予、应以、应当、悉力、盼、切盼。

7.谦敬语:请、报请、呈送;拟、烦、承、承蒙、如蒙、大力、通力。

8.征询语:当否、可否、妥否、是否可行、是否同意、是否妥当、意见如何;如有不妥、如有不当、如无不当、如无不妥、如果可行。

9.过渡语:为此,为此……特通告如下;值此、据此、至此、总之、综上所述、现将有关事项通知(告)(报)如下、为此……提出如下工作要求。

10.结尾语:请批示、请批复、请审批、请审阅、盼复、特此函告、特此函达、请复、此复、特此请示。

(二)公安应用写作的常用句式

公安文书的主要功能在于陈述情况和意见,表明态度,提出建议。常用的句式是陈述句和祈使句。

1.常用“是”字句为主的判断句。

2.常用有复杂修饰语的长句。为使语义表达更清晰周密,公安文书大量选用介词短语做状语或定语,对表达对象的时间、地点、场所、对象、范围、原因、目的、根据、方式等进行限定。如:为了加强畜禽屠宰、防疫检验的管理,保证商品质量,维护国家和消费者利益,保障人民群众的身体健康,根据国务院指示,现就畜禽屠宰管理工作的有关问题通知如下。

3.常用“被”字句为主的被动句。它往往因为施事主体不出现或不用再说。如:19××年×月×日胡长清因触犯党纪国法被“双规”。

4.常用并列句式或文言句式。并列句式如:是……是……如:环境规划是小城镇环境保护的一项重要基础,是促进小城镇健康发展的重要措施。文言句式如:凡有违反上述规定者,视情节轻重,进行批评教育,或给予党纪、政纪处分。

5.常用无主句,省略了主语,形成简洁表达。无主句如:要多方筹集水污染防治资金。“十五”期间辽河流域水污染防治资金,由地方人民政府负责筹集,国家适当给予支持。

6.常用“把”字句或“将”字句。如:坚持把群众满意作为检验工作成效的最高标准,保证学习活动取得实效。逐步将领导干部实施可持续发展战略的评估结果和最后验收结果,作为定量考核主要依据。

7.常用“的”字短语作主语的句式。如:造成经济损失的,依法承担赔偿责任;构成犯罪的,依法追究刑事责任。

8.常用动宾词组作谓语的连用句式。如:办公室通知各处室科下午准时在会议室开大会。

三、公安应用写作的修辞手法

修辞指选择最恰当的语言形式加强表达效果的技巧。公安应用写作中以消极修辞为主要方式。消极修辞运用使语言通畅明了的修辞方法,目的是使表达内容没有歧义或避免模糊,消极修辞使用理性的、抽象的、概括的表达手法,属逻辑思维的表达形式。积极修辞与此相反,使用形象的、具体的、感性的表达手法,属于形象思维的表达形式。具体的修辞技巧包含三方面内容:词语的锤炼,句式的使用,辞格的运用。

(一)词语的锤炼

词语锤炼应精心区分词的语气色彩和语境色彩。必须注意:准确区分词的内涵,如"罚款"和"罚金"内涵不同;准确把握词的外延,如"公民"与"人民"内涵外延不同;恰当掌握词的感情色彩,如"顽强"与"顽固"褒贬不同。

(二)句式的使用

句子分类标准较多,按主语是否为施事者,分为主动句与被动句;按主谓语关系,分为陈述句、判断句、描写句;按语气,分为陈述句、疑问句、祈使句、感叹句;按句子结构,分为单句与复句、整句与散句。

(三)辞格的运用

辞格属积极修辞。常见修辞格有多种,如比喻、拟人、排比、层递、比拟、对比、反复、夸张、衬托、借代、摹状、设问、反问、引用、对偶等。

公安文书以消极修辞为主,辅以适当的积极修辞,必须把握公安文书的适用语境,才能恰当地运用各种修辞手法。

综上所述,公安应用写作要求运用语言时准确简明,规范得体,平实生动等诸方面,它们是互为联系、互为作用、相互影响、和谐一致的整体。巧妙、恰当、准确地综合运用上述原则,就能够赋予公安应用写作一个完整的、具有鲜活生命的形式。

第五节　表达方式

写作表达方式是指文章写作中经常使用的具体方法与手段,它是运用写作技法的前提和基础,许多写作技法包含于表达方式中,而写作技法又具体地体现着表达方式,是表达方式的延伸与拓展。写作技法大多是从不同的表达方式中派生而来的,但它比表达方式的内涵更细致更具体。

公安应用写作的表达方式包括叙述、说明与议论三种方式,不同的文体有着各自不同的表达方式,通常以一种表达方式为主,同时综合运用其他表达方式。

一、叙述

(一)叙述的概念

叙述是指表述人物的经历及其行为或事物发展变化进程的一种表达方式,是公安应用写作中最主要的表达方式之一。

公安应用写作的叙述，应基于事实真相本身，绝不能夸张或想象。它并不等同于文学创作中发展深化为某种艺术传达方式和艺术思维方式的那种叙述。

（二）叙述的要求

叙述的基点在于表述人物或事件的进程及其原委。对叙述的要求包括以下几点：

1.叙述要素须准确清晰

时间、地点、人物、事件起因、经过与结果，是叙述的“六要素”。叙述的准确清晰主要表现在上述要素的表述之中。具体而言，人物的经历行为自始至终，事件的前因后果、来龙去脉等，这一切构成叙述的主要内容。

在公安应用写作中，叙述犯罪事实，应通过表述犯罪动机与目的，犯罪手段与情节，来达到叙述的目的；叙述如涉及人物，应对有关犯罪嫌疑人自身诸要素的表述做到清楚明白；叙述侦查过程，则应按时间和案情发展顺序，呈现整个过程。

2.叙述视角的确定

叙述在选定对象之后，应解决的首要问题是确定视角。视角或分为内视角和外视角，或分为固定视角与移动视角等。但最直接影响叙述视角及其效果的是人称的选择。叙述人称的选择，根本上是叙述者观察点与立足点的设置问题。在叙事中，第三人称使用范围最广，第一人称次之，第二人称最少使用。

第三人称是叙述者以局外人的口吻表述事件，是最自由灵活的叙述角度，可以根据行文的需要，随意转换时间、空间。因此，它是多角度、多方位的叙述方式，几乎被看作是一种全知全能的视角。其叙事态度是对人物或事件的客观外部观察与叙述，在公安应用写作中是使用频率最高的叙述方式。

第一人称是以主观视角来观察与感知，以“我”或“我们”的口吻叙述其所见所闻及所思所感，它是一种单向内视角。第一人称叙述易形成真实、亲切的格调，带有鲜明的主体特征。其长于人物内部深入的展示与呈现，又适宜于事件的叙述，从而在组织篇章结构时显得无所拘束，洒脱自如。但它却拙于客观形象的塑造，不利于事件的客观展示。因此，在公安应用写作中其使用范围受到了局限。

3.主旨突出、线索清晰、详略得当

叙事或写人，首先应设定一个明确的主旨或中心，整个行文过程均应紧紧围绕这个中心或主旨进行写作，这一点在公安应用写作中尤其重要。

线索是贯穿于文章中的脉络，它体现了作者组织文章的思路和安排叙述的顺序。线索清晰，在公安应用写作中非常重要，应注意在叙述案件事实时，将时间与空间线索，特别是应将案件事实之间的因果关系梳理交代清楚。

人物事件有主次之分，叙述应当详略得当。叙述中应把握对象环节的节奏快慢，选材与剪裁则应疏密适宜，万不可平均使用笔墨，不论主次轻重，致使文章丧失应有的叙述效果。

（三）叙述的方法

叙述按其表达的先后顺序可分为顺叙、倒叙、插叙、补叙、平叙等。

1.顺叙

是指作者按时间的推移，空间的自然序列，或按人物活动、思想变化及事件发展的进程来叙述,这是最常用、最基本的叙述方法。它遵循事物发展的程序,符合人们的接受心理与阅读习惯,便于将叙述内容表述得条理清晰,自然通畅。运用顺叙应区分主次,讲究详略,注意疏密相间,防止平铺直叙,枯燥呆板。

在公安应用写作中,运用顺叙方法进行叙述,文章的主体思路,层次段落的先后次序,时间概念与行文条理等,均应符合案情进展的客观实际,有利于展现案件的整体面貌。

2.倒叙

是指先将叙述事件的结局或事件发展进程中某一突出片断提到前头来写,而后再按事件的发生、发展顺序展开叙述的方式。传统上又称为“倒插笔”。倒叙强调事件结果或高潮,运用这种叙述方式或者为了突出主旨,或者为了造成悬念,或者为了启发思考,或者为了使结构产生变化,形成行文波澜。公安应用写作常将主旨、段旨写在前面,先作结论,而后分别加以叙述,如报告、总结等。

需指出的是,采用倒叙的方法一定要根据表达的需要,而不应人为地强制。应注意起笔的“倒叙”与后文“顺叙”部分的衔接,使之连接紧密,过渡自然。

3.插叙

是指在叙述过程中,根据内容表达的需要,暂时插入相关的事件或主要的解说。插叙之后,依旧回归叙述主线。

插叙的内容可以是对某些特殊情况做诠释说明,可以是对人物、事件或背景的介绍。插叙的作用是使文章的人物、事件及其背景更加丰富完整,使文章内容得以充实,造成叙述的断续变化,行文的错落有致。一般而言,插叙不宜过于频繁。

4.补叙

是指在叙述过程中,对前文涉及的某些事件和情状作主要的补充与交代。其作用在于对前文所设伏笔作出回应,或对前文中有意留下的接榫处予以弥合。补叙常用于公安通讯写作之中,它可以使内容充实完整,案情结构完善,使叙述周全严密,不留破绽。

5.平叙(又称之为分叙)

是指对同一时间内发生在不同地点的两件或多件事情所作的平行叙述或交叉叙述。在公安应用写作中,对于那些紧系于同一主干事件中的分支进行叙述时,多采用交叉叙述。这可以使头绪纷繁的人物与案情表现得有条不紊,且突出了紧张气氛,增强了表达效果;对那些由同一主线贯穿的几个人物与事件进行叙述时,则多采用齐头并进的平行叙述,这不仅可使平行发展的案件或事件表述得眉目清晰,从容不迫,且就读者接受心理而言,可获得综合立体的感受。

总之,在公安应用写作过程中叙述笔法呈现多样化趋势,但叙述中每次是以上述一、两种笔法为主,不可能面面俱到,有时还可采用先总后分法、综合归纳法等,这些叙述方法必须因不同行文要求而灵活运用。制作公安文书时,常常是多种笔法相互配合、交互使用,以达到最佳的表现效果。

二、说明

说明是指用简洁的文字,对客体的各种具体属性(如形状或结构)作出解说,对事物的抽象属性(如来源、起因、功能、意义)作出阐释。

说明是一种较客观中性的表达方式,说明的目的是使写作受体(读者)对写作客体(客观事物)的构造及本质有一个全面确切的认识和理解。

说明的具体方法主要有以下几种:

(一)定义说明

定义说明俗称“下定义”,又称为“科学界说”。它是用最准确的表达方式将某一特定客体区别于其他事物的本质属性概括出来,作出科学的说明。

定义说明要求用精练准确的术语,明确表达所下定义客体的内涵和外延,清楚界定客观事物的本质特征及其范围界限。定义说明所用的逻辑表达是直言判断,因而必须用陈述句,应注意避免同语重复或同义反复的循环说明。

(二)诠释说明

诠释是指根据某种需要对客体事物进行解释。诠释说明主要是根据特定的需要对事物作比下定义更进一步的解说,它要求用简洁准确的语言揭示事物的特征,即对事物的内涵和外延作更具体、更全面的表述。诠释说明是定义说明的具体化,但其表述不像下定义那样高度概括,用语精练严密。

应用写作中,写作主体表达某个概念之后,需要进行多方面、多层次的解释才能表达清楚。

(三)分类说明

分类说明是根据客体(事物)的成因、形状、性质、关系、功用等不同的观察角度划分出不同的标准,从而进行某种标准下有深度的解释及多角度、全方位的表述。

如:人类的视网膜有两种感光细胞,一种为视杆细胞,对弱光有很强的敏感性,是黑夜视觉的感受细胞;另一种是视锥细胞,极适于感受强光,是白昼视觉和色觉的感受细胞。这两种细胞能保证人在明火暗处都能清楚看到物体的存在和颜色的区别。

两种细胞对光的反应不同。视锥细胞被强光激活,分三种类型:第一类吸收蓝色波段的光,第二类吸收绿色波段的光,第三类吸收黄色波段的光。人能看见颜色,是因为有这三类视锥细胞。

(四)举例说明

举例说明是指运用列举例证和引证资料的方式对客体(事物)给予说明。它常常是诠释说明的一种必要补充。举例说明能用具体生动的事例,将抽象复杂的事物及事理解释得较为清楚。

应用举例说明要注意事例的典型、真实和相关程度。如:人的体能有没有极限?一些专家确信,极限根本不存在。人们称其看法为“无极限说”。

该派专家列举以下实例,作为证据。1983年美国运动员摩西创造了47.02秒的400米跨栏世界纪录。在场的教练员都认为,谁敢断言它还会被打破,一定是痴人说梦。然而仅仅9年之后,1992年美国运动员凯文·杨却潇洒地跑出46.78秒,当时在场的人都怀疑自己的眼睛看错了。经裁判仔细审查,确认无误,记者才敢报道。

(五)比较说明

比较说明是指将两种或两种以上的事物加以比较,进而对客体(事物)进行说明。从微观看,比较说明是一种表达方式,但从宏观看,又是一种必需的科学研究方法。在思辨及实证过程中,通过比较同类事物的联系与区别,就可以更明确地了解和把握事物的特点,将抽象概括变为形象具体,事物的本质、特征、起因、形态、构造等就能得到清楚的说明。这种比较也使读者(写作受体)的思维更有联系性,能给读者以明显深刻的印象。

(六)引用说明

引用说明是引用相关的资料,如公理、格言、文献等,进一步说明对象的特色,从而增加说明的可信度。

(七)数据说明

数据说明是指列举事物相关的具体数值,对事物进行定量说明,数据说明是现代社会数字化在应用写作中的一个具体表现。在具体使用中,应严格注意所用的测量方法和统计方法的科学性。否则,数据说明就是浮夸造假的代名词。

如:在中国,若以常见的50余种疾病(发病率在0.5%~0.05%)估算,基因诊断可能导致每年减少几十万患者。从市场角度看,若有100万人次接受基因诊断与遗传筛查,并考虑到与之配套的试剂设备,将创收30亿元人民币;假如总人口中有1%的人接受诊断性或预测性的遗传检查,将创年产值400亿元人民币。因此,以基因诊断和遗传筛查为主体的遗传检查,包括其生产前的遗传医学、新生儿的遗传医学以及儿童与成年遗传医学中的应用,将在新世纪中带来巨大的社会和经济效益。

(八)图表说明

图表说明是指将语言文字难以清楚高效表达的事物、现象或数字,列成图表加以说明,从而使写作受体一目了然。

图表说明分为图解和表格。图解的直观形象,可补充语言表达之不足;表格附加文字或数据,可表达大信息量的客体(事物),又可使内容清晰,篇幅短小。图表说明便于分门别类地说明不同事物的特性,或揭示事物的特点和规律。图表说明经常与数据说明同时使用。随着办公自动化的深入,应用写作制表更趋便利,图表说明更成为主要的说明方式之一。

三、议论

议论是指通过列举事实和逻辑推理,表达写作主体(作者)观点和态度的表达方式。议论有三要素,即论点、论据和论证。议论关键在证明自己观点(论点)的正确无误,通过摆事实,讲道理,以及严密的逻辑推理,论证自己观点正确或证明其他观点的错误。在说明文中,议论是在说明客观事物的基础上,对客观事物进行评价。在议论文中,议论是主要的表达方式,常常围绕中心论点,按照客观事物的内在联系,以充分的论据,缜密的论证,取得议论的成功。

议论三要素中,论点要正确鲜明,论据要可靠充实,论证要严密而无懈可击。

(一)论点

论点是写作主体提出的观点和见解,是组织材料的根据,也是论证的出发点和归宿点,是全文的统帅。

论点又分为中心论点和分论点；中心论点一般又叫总论点或基本观点。中心论点是文章整体论述的核心，分论点都是从中心论点中引发和派生出来的，属于总论点某个方面的内容，分论点从各个侧面为总论点服务。

在议论文中，篇幅短的政论文只有中心论点。而一些内容丰富、篇幅较长的工作报告、总结，往往会有总论点和分论点。把握这类议论时，应做到论点统一一致的要求，避免文章前后不一，自相矛盾。

（二）论据

论据是用以证明自己观点正确的事实和理论，它们与论点有着内在的一致性和必然的逻辑联系。论点的成立及正确与否要靠论据的有力证明，论据不充分往往是论证失败的主要原因。因此，论据是议论的基础和关键。

论据中的事实论据是指社会生活反映出来的实际情况，调研考察得到的实物与事实，以及科学实验得到的数据与结果等。而理论论据则包括已被科学证实和公认的公理、定律、公式、结论、观点，还有国家颁布的法律法规，政府发布的政策规章等。

在使用论据时应注意鉴别论据的真实性和可靠性。在鉴别的基础上，进一步选择有典型价值的论据；更为重要的是应把握好论据与论点内在的逻辑必然性。

（三）论证

论证是写作主体运用逻辑推导的方法，使用证据证明论点正确并成立的过程。论点和论据是相对独立固定的东西，只有经过论证才能使二者产生有机的联系，完成整个议论的过程，使论点论据变成相对的、鲜活的、运动的事物。论证分为立论和驳论两种。

1.立论

立论就是直接以充足的论据，正面确立和证明自己观点的论证方法。立论的主要方式有归纳与演绎，分析与综合，对比和类比等。

公安应用写作常用的论证方法有：

(1)归纳和演绎。归纳是从同一性质的两个以上个别事例中，归纳概括出一个具有共同一般性结论的论证方法。它多用于以事实论据来证明论点。如：云南存在贩毒犯罪活动，广西存在贩毒犯罪活动。所以，西南部分地区存在贩毒犯罪活动。

演绎是从已知的一类事物符合客观规律的一般性原理，推导出该类事物中的个别事物也有一般性原理所表现的结论。如：科学是经过实践检验的知识，经济学原理是科学，因此，经济学原理是经过实践检验的知识。

归纳和演绎在写作实践中常互相补充，交替运用。

(2)对比和类比。对比是将性质截然相反或差异很大的两种事物进行比较，作出明确结论。类比是将性质相同或相近的两种事物进行对比，从甲事物的结论推导出乙事物也具有前者属性的结论。

(3)例证和引证。例证是用典型事实来论证观点。引证是引经据典，用权威言论和经典论著来证明观点。

2.驳论

驳论与立论相反,它是通过反驳对方错误的论点论据,从而确立自己正确观点的论证方法。驳论的方法主要有反驳论点法、反驳论据法、反驳论证法。而最常见的方法是反证和反驳。

反证也叫假设,即以事实否定跟正确论点相反的错误观点,从而证明自己观点的正确性。

驳论还有归谬法,即先假设被反驳的论点正确,再从这一论点引申出极其荒谬可笑的结论,进而推倒所驳斥的论点。

反驳通过否定对方的论点、论据及论证过程的某些谬误,从而证明自己观点的正确性。

公安应用写作中议论有其特殊之处,明显不同于一般的议论文章。在写作中,最常用的手法是综合表述,其中又以叙述和说明为主,议论处于从属地位,多数是在叙述说明的基础上进行阐发,其论证也不需要完整的多方面的逻辑推导,甚至于议论三要素论点、论据、论证都不完备,仅在需要论证的地方,采用夹叙夹议的手法,用三言两语的方式议论一番,点到为止,不作深入全面的论证。而一般议论文,议论三要素缺一不可,论证必须全面深刻,否则,文章就是失败的。

第六节　草拟

一、公安应用写作的草拟

(一)草拟

是指写作主体将对文章主旨的运思起草拟制成文字草稿。草拟包括设计运思、起草拟稿两个阶段。

1.运思

是指写作主体对材料信息主旨导向写作客体进行系统整合加工,探索材料的内在联系,准备构建语言文字逻辑表达的阶段。本阶段可通过探求材料内在联系,进一步明确主旨,选择安排材料,也可通过语言的准备过程,精炼美化语言。

2.运思的特色

运思是一个创造思维过程,具有以下特色:

(1)鲜明的目的性。是为完成公务而非为抒发个人情感而运思。

(2)创造性。运思是写作主体不断将思维内容积极主动地整理完善,进行语言文字表述的过程。

(3)动态性。运思是一个双向动态过程,是不断输入信息和输出信息的过程。

3.运思的原则和要求

(1)全面准确把握公务文书主旨。

①全面准备、深刻领会公务文书的发文意图。

②理解发文的关键意图，避免泛泛而论。

③通过平时记录讲话，或直接请示，领会上级精神，确保主旨正确无误。

（2）正确选定相应公安应用写作文种。每一文种的功能不同，内容篇幅写作要点、语言格调均有差异。应严格按国务院公文处理办法来确定文种。

（3）精心准备典型材料。主旨、文种确定之后，材料就成为最关键的因素。材料是公务文书的生命线。没有材料，公文的撰制便无从谈起。应广泛收集与占有、鉴别与选择材料，以便获得各个方面、各个层次、各个环节的典型材料。这种典型还包括真实、客观、新颖、生动的内在含义。

选取典型材料不等于将其写入公务文章，有的典型材料可以直接引用，如党的方针、政策，法规法律；有的可用自己的特色语言加以转述；有些则需要根据领导的意图，突出强调某些方面，进而达到化用的效果。

（4）潜心运思，编拟提纲。提纲是文章内容的提要及其要点的排列组合顺序，是文章整体结构的展现。提纲以四层标准分为粗纲和细纲。四层以内称为粗纲。细纲是超过四层，将具体数字与情况全部罗列的提纲。内容复杂、篇幅较长的文章宜拟细纲，内容适中的可拟粗纲。文章篇幅短小，可直接打腹稿。提纲由于有了大的轮廓，就不会脱离基本结构。同时，由于每一段具体内容不预先决定，可以“任临时触机，写时可以有意到笔随之乐”，这样文章便不至于过分板滞。

编拟提纲要求逻辑严密，内容简洁，思想完整，层次清晰，语句多为判断句式。编拟提纲具体要求如下：

①撰写标题，简明精当。编拟文书提纲时，一般应先定标题，实践中可先完成文书冠题。

②明确和补充公务文章的内容。设计公务文书的内容有哪些部分构成，各部分在整个文书篇幅上是否达到了协调、均衡的程度。

③确定公务文书部分内容的先后顺序，做到言之有序。公务文书的层次安排顺序有三种：

横式结构（平行模式）：即按事物内容的性质、意义、种类等分类，横向布局段落层次。

纵式结构（链状模式）：即按时间与逻辑顺序、认识发展顺序等安排文书层次。

纵横式结构（复式模式或网状模式）：即将平行和链状两种结构交叉运用，这种文书的层次顺序是文书的主干结构，一般应根据主旨表达的需要和占有的材料来提前确定。写作过程中，为取得更好的表达效果，也可打破这种结构。

④编写文书提纲有两种方式：图表式提纲和文字式提纲。

图表式提纲：主要以图表形式，辅以简明的文字，列出文书内容要点与排列组合顺序。如：

标题
开头
中间
结尾
（一）
（二）
（三）
（四）
1
2
3
（1）
（2）
（3）

文字式提纲:使用提要句概括出文书各部分的内容,以序号显示文书内容之间的关系。如:公安部关于向刘金国同志学习的决定。

开头:简要概括刘金国同志的先进事迹,学习其先进事迹的重要意义。

第一,学习他立场坚定、对党忠诚的政治本色,永远做党和人民的忠诚卫士。

第二,学习他一心为民,甘当公仆的崇高精神,始终牢记并努力实践全心全意为人民服务的根本宗旨。

第三,学习他实事求是、深入扎实的工作作风,高标准严要求做好各项工作。

第四,学习他严于律已、清正廉洁的高尚品德,大力加强公安机关的党风廉政建设。

结尾:要求贯彻"三个代表"重要思想,结合"三项教育"搞好学习先进的活动。

二、公安应用写作的起草

公安应用写作的起草是写作者将运思撰制成文,把思想内容用书面语言表达并记载下来的过程。

(一)起草的原则和要求

1.符合党的路线、方针、政策和国家的法律、法规。

2.主旨鲜明,观点清晰。应完整准确地表达发文机关的意图。

3.内容客观真实,材料充实,结构严谨,表达准确。

4.开门见山,语言精练,篇幅简短。

5.条理清楚,逻辑严密。

6.文种、格式选用正确。

7.使用专业术语规范符合国家规定。

(二)起草的方法

起草初稿的方法有两种:

1.一气贯通法。在写内容单纯、篇幅短小、材料充足的文书时,按照拟定粗纲一气呵成,中途不中断,直到写完全文,再返回仔细推敲。

2.分部合围法。在遇到材料众多、内容繁杂、篇幅较长的文书写作时,应先按细纲将全文分成几块,每一块集中表述一个问题,逐块扫清,最后合围,在各块之间搞好过渡与照应,直至完成全文初稿。

第七节　修改

一、修改的概念

修改是指写作者改正和补充草稿的失误与不足。它是使文书更合理更简明,从而确定初稿的过程。好的文书都是经过反复修改而写成的,因此,修改是文书写作成功不可或缺的环节。

二、修改的必要性

（一）修改是信息时代写作的必然要求

写作已进入办公自动化时代，许多写作是在电脑辅助下完成的，写作效率大大提高，但写作文书的质量并未同步提升。创造性思维是人类思维的特质，电脑仅仅是人们思维的工具。现代社会的快节奏使人们少有时间深入思考，因而文章中出现许多废话，要改变这种现象必须从文章的修改入手。

（二）修改是正确全面理解认识客观事物的必然过程

经过实践，人的认识是从感性认识到理性认识，再从理性认识回归到感性认识，该认识过程如此不断循环往复，以至无穷。在写作过程中，拟制草稿时，涉及的诸多情况与问题很难全盘把握，要想文章写得很全面，且一气呵成是相当困难的，出现问题与毛病是正常现象。认真审视修改，才可能产生思维的飞跃。因此，修改文章是提高与深化对客观事物认识的必然历程。清人廉彪在《学有专攻深造之法》中道："盖作文如攻玉然，今日攻去石一层，而玉微见；明日又攻去石一层，而玉更见；再攻不已，石尽而玉全出矣。作文亦然，致穷作文，重作旧题，始能深造。"

（三）修改是公安文书写作的必经阶段

中共中央办公厅、国务院办公厅发布的《党政机关公文处理工作条例》（以下简称《条例》）第20条规定："公文文稿签发前，应当由发文机关办公厅（室）进行审核。"第25条规定："已经发文机关负责人签批的公文，印发前应当对公文的审批手续、内容、文种、格式等进行复核；需作实质性修改的，应当报原签批人复审。"公安应用写作是一种法定写作，只有认真修改，才能确保公务活动正常进行。

三、修改的立足点

修改的立足点有七个方面，合称"七查七改"。一查立意主旨是否正确鲜明，是否符合党和国家的方针、政策及法律法规，应修改错误和片面的观点；二查材料内容是否真实、典型、新鲜，并围绕主旨，修改抽象笼统或臃肿累赘的内容；三查工作措施、具体实施方法是否切实可行，修改主观形式主义的内容；四查文书结构是否清楚严密，修改重复或杂乱的文字；五查语言是否简洁精练，修改词不达意或冗长烦琐的语句；六查标点符号是否规范；七查公文格式是否正确规范，修改不妥文种及错误格式。

四、修改的具体方法

修改的方法可归纳为四个字，即"增、删、调、改"。"增"是指在文书中增添补充新的材料，从而使文章内容充实，更有说服力与操作性。"删"是指删减文书中多余的材料。古人讲"善改者不如善删，善取者不如善舍。"恰当的删减可以更加突出文书的主旨。"调"是指对文书结构布局做全面或部分的调换。一般有两种方式：一是文书的主旨发生了变化，其结构自然要随之调换；二是主旨未变，但为突出主要观点，应进行段落层次布局的调整。"改"是指对文书主旨、材料、结构、语言、标题、文种都要进行全面修正，而尤其集中在语言错误方面。它通常包括:改正生造字词;校正词类误用或用词不当;理清调整错误逻辑;避免修辞不当,改正语句、语法错误。

修改的具体方法有三种:

(一)逐字逐句修改法

文书写作完成,立刻逐字逐句,边读边改,即时完成。

(二)约请专家修改法

重要的文书应当专门约请专家进行修改,每个人的写作都受个人认识的局限,旁观者清,约请专家修改更见效果。

(三)冷置处理修改法

冷置处理可以使人获得认识上的距离感,打破心理相近律的束缚,从而获得更深层的认识。

第二章　公安机关刑事法律文书综述

第一节　公安机关刑事法律文书的概念、特点

一、公安机关刑事法律文书的概念

公安机关刑事法律文书是指公安机关在办理刑事案件过程中，依据《中华人民共和国刑事诉讼法》（以下简称《刑事诉讼法》）和《公安机关办理刑事案件程序规定》（以下简称《程序规定》），按照《公安机关刑事法律文书格式（2020版）》的标准，制作使用的具有法律效力或法律意义的文书材料的总称。

公安机关刑事法律文书的作用在于体现国家意志，实现法律职能，打击犯罪，保护人民。

二、公安机关刑事法律文书的特点

（一）内容的法律性

公安机关在办理刑事案件过程中，严格按照《刑事诉讼法》和《程序规定》的要求，代表国家行使法律职权。刑事法律文书必须实事求是记载刑事诉讼活动从接受立案到结案执行全过程，其内容是实施法律的客观记录，这是公正执法的必然要求。

（二）格式的规范性

公安机关刑事法律文书具有法定格式，公安部于2020年8月21日下发了《关于修改和补充部分刑事法律文书式样（2012版）的通知》，这一文书格式标准进一步规范了刑事法律文书的制作格式，为法律实施的规范统一奠定了形式基础。

（三）功能的强制性

刑事法律文书主要职能侧重于打击犯罪，在刑事诉讼过程中，调查取证，侦查案情，均有法制强制力保证法律意志的实行，并以法律文书的形式表现出来。一纸强制措施文书，就能限制犯罪嫌疑人的人身和财产权利，任何违背文书所代表的法律意志的行为必然受到更严厉的法律制裁。

（四）时效的限定性

《刑事诉讼法》明确规定了刑事诉讼活动的时间限制，以前只体现了法律强制力的要求，而《刑事法律文书格式（2020版）》则更为明确地将诉讼活动时限通过诉讼活动参与人填写或签字体现出来，这也是刑事法律文书保护公民的合法权利的直接体现。

第二节　公安机关刑事法律文书的分类

为了贯彻修改后的刑事诉讼法和《公安机关办理刑事案件程序规定》，规范公安机关刑事执法活动，公安部办公厅于2020年8月21日下发《关于修改和补充部分刑事法律文书式样的通知》（公法制〔2020〕1009号），对《公安机关刑事法律文书式样（2012版）》中的部分法律文书式样进行修改和补充。新格式根据修改后的《刑事诉讼法》《公安机关办理刑事案件程序规定》等有关规定，针对近年来各地在使用刑事法律文书过程中反映的问题，对原格式进行了删减、合并、新增、补充。原格式共有文书92种，修订后现有文书97种。

公安机关刑事法律文书可以根据不同的方法进行分类。

一、根据文书的制作方式分类

根据文书的制作方式，可以将文书分为表格类文书、笔录类文书、叙述类文书。

（一）表格类文书

表格类文书都是表格，可分为单联式表格和多联式表格。单联式表格在形式上只有一联，制作时一般要求制作多份，可以复写或复印，但单位印章不能复写或复印，须逐一加盖。公安机关刑事法律文书中的清单类文书、审批类文书多为单联式表格。多联式表格为一纸二联或一纸三联、一纸四联甚至可以是一纸五联，一般分为存根、正本、副本、回执等联，各联之间有骑缝线，骑缝线一律用汉字大写填写发文字号，并加盖单位印章或专用骑缝章。多联式文书制作的要求较为严格，各联之间的有关内容应当一致。公安机关刑事法律文书中的决定类文书、通知类文书多为多联式表格。

（二）笔录类文书

笔录类文书是在刑事诉讼活动中以实录的形式记录下来的文字材料，笔录忠实地记载了诉讼和非诉讼活动的实际情况，能够证明某一事实的客观存在，可以作为证据使用，因而具有法律效力或法律意义。笔录按其形式内容可分为两大类，一类是问话类，如询问/讯问笔录，主要采用问答形式来记录审讯、询问证人等办案活动；另一类是记写类，如现场勘验笔录、检查笔录、侦查实验笔录等，即把侦查活动的真实情况及所获有关证据等记录清楚。公安机关刑事法律文书的笔录类文书有检查笔录、询问/讯问笔录、现场勘验笔录、复验复查笔录、侦查实验笔录、搜查笔录、辨认笔录等。

（三）叙述类文书

文字叙述类文书的写作比较复杂，其正文的内容根据案件的实际情况而决定，这类文书在印制文书格式时只需印制文书名称、文书编号或文书尾部有关事项部分，其他内容都须办案人员撰制并书写或打印。写作这类文书要在充分了解案情的基础上，依据政策和法律法规，掌握叙述、议论、说明等多种表达方法，根据文书的书写格式和写作要求进行写作。公安机关刑事法律文书中的各种呈请报告书、提请批准逮捕书、起诉意见书等都属于文字叙述式文书。

二、按照公安机关办理刑事案件所涉及的各个诉讼阶段及有关诉讼制度分类

按照公安机关办理刑事案件所涉及的各个诉讼阶段及有关诉讼制度,可以将公安机关刑事法律文书分为八种,即立案、管辖、回避文书,律师参与刑事诉讼文书,强制措施文书,侦查取证文书,技术侦查文书,执行文书,刑事通用文书,规范性文书。

(一)立案、管辖、回避文书

立案、管辖、回避文书8种:受案登记表、受案回执、立案决定书、不予立案通知书、不立案理由说明书、指定管辖决定书、移送案件通知书、回避/驳回申请回避决定书。

(二)律师参与刑事诉讼文书

律师参与刑事诉讼文书4种:提供法律援助通知书、会见犯罪嫌疑人申请表、准予会见犯罪嫌疑人决定书/通知书、不准予会见犯罪嫌疑人决定书。

(三)强制措施文书

强制措施文书30种:拘传证、传讯通知书、取保候审决定书及执行通知书、取保候审保证书、收取保证金通知书、退还保证金决定书及通知书、没收保证金决定书及通知书、对保证人罚款决定书、对保证人罚款/没收保证金复核决定书、责令具结悔过决定书、解除取保候审决定书及通知书,等等。

(四)侦查取证文书

侦查取证文书37种:传唤证、提讯提解证、犯罪嫌疑人诉讼权利义务告知书、询问/讯问笔录、未成年人法定代理人到场通知书、询问通知书,等等。

(五)技术侦查文书

技术侦查文书4种:采取技术侦查措施决定书、执行技术侦查措施通知书、延长技术侦查措施期限决定书、解除技术侦查措施决定书。

(六)执行文书

执行文书6种:减刑/假释建议书、假释证明书、暂予监外执行决定书、收监执行通知书、准许拘役罪犯回家决定书、刑满释放证明书。

(七)刑事通用文书

刑事通用文书5种:呈请报告书、复议决定书、要求复议意见书、提请复核意见书、死亡通知书。

(八)规范性文书

规范性文书3种:刑事侦查卷宗(封面)、卷内文书目录、告知书。

《公安机关刑事法律文书式样(2012版)》规定,凡与刑事诉讼有关的须经内部审批的文书,一律使用《呈请报告书》。《办理刑事案件程序规定》明确规定了公安机关在采取拘传、取保候审、监视居住、拘留、逮捕等强制措施时和写作结案报告时要使用《呈请报告书》。此外,上述事项以外的其他与刑事办案有关的需要审批的事项,并且是《公安机关刑事法律文书式样(2012版)》没有明确规定的,均可以制作《呈请报告书》。

第三节　公安机关刑事法律文书的写作要求

一、基本要求

公安机关刑事法律文书应当严格依照《刑法》《刑事诉讼法》《程序规定》以及有关的法律法规，正确选取、制作和使用有关文书，要求是：

(一)选准文种

每一种文书都有特定的使用条件和范围，办案人员应对有关法律规定、文书格式和办案实际有完整的了解，才能根据适用条件，正确选取文种。

(二)写作文书

具体写作法律文书，要注意有关文书涉及的事实、法律依据、语言等方面的要求。每一种文书的内容，大都涉及案件的有关事实依据、法律依据和结论等主体内容。制作文书时，应当做到案件事实叙述清楚，法律条文引用准确，文书格式规范，语言准确精练。同时，还要注意对称呼、数字等的特殊规定，并按照要求填写。

(三)使用文书

文书制作后，应按照要求时限予以送达，并履行签收手续，办案单位留存的文书，应当根据规定归卷。

二、常见项目写作的注意事项

(一)表格类文书的写作要求

在97种刑事法律文书中，表格类文书较多，这些文书有的是单联，有的是多联，单联文书在整体结构上只有一联，但一般要求制作多份，实际制作时可以复写或复印。多联式文书一般是对外使用的，制作要求较为严格，一般由存根、正本、副本及其他联组成，各联之间有骑缝线。填写时，各联之间的有关内容应保持一致，骑缝线上要填写发文字号并加盖印章。

表格类文书中的一些项目，几乎在每一种文书中都存在，具体填写时须注意以下事项：

1.文书的标题

表格式文书的标题都是事先印好的，只需在标题之上填写公安机关的名称即可，公安机关的名称与该文书的标题应分两行书写。例如，“××市公安局”“移送案件通知书”。

2.文书的编号

文书编号，是为了便于对文书的管理、统计、存档。公安机关刑事法律文书的文书编号一般由五个部分组成：机关代字、部门代字、文书代字、年号、顺序号。在文书格式的印制上表现为：“×()字〔〕号”。在“×”处填写制作法律文书的机关代字，在()内填写办案部门的简称，“字”前应填写文书的代字，在〔〕内填写年度，在“号”前填写文书的顺序号。机关代字是将公安机关所在地方具有代表性的地名加上公安局的“公”字，如兰州市公安局的代字为“兰公”，部门代字是具体办案业务部门的代字，如刑侦支队简称“刑”、经侦支队简称“经”等。文书代字是该文书具有代表意义的一二个字，如逮捕证简称“捕”、起诉意见书简称“诉”等。年号是该文发出的年份，只写年度，不写月、日，年度用阿拉伯数字，不能简写，如2015年即为〔2015〕。顺序号是该文书在本年度内的发文排列序号，一般是从1开始排序，序号前不要加“第”字。

3.案件名称

这是对案件确定的概括性称呼，便于工作中指称某一具体案件。案件名称的确定没有明确的法律规定，办案中根据不同的案件情况，命名的方法有所不同，可按“人名+涉嫌罪名”命名，如“张××杀人案”，这种方法适用于有明确的犯罪嫌疑人和涉嫌犯罪情节清楚的案件；可按被害人情况命名，如“张××被害案”，这种方法适用于犯罪嫌疑人不明而被害人和被害情况清楚的案件；可按案件发生时间或立案时间或者地名来命名，如“8·18案”“××××(地名)抢劫案”，这种方法适用于犯罪嫌疑人和被害人不明，或犯罪嫌疑人、被害人人数众多不便概括，或有保密必要的案件等。

4.犯罪嫌疑人姓名

应写明犯罪嫌疑人合法身份证件上的姓名，如果没有合法身份证件的，应写明在户籍登记中使用的姓名。如无法查明其真实姓名，可填写其自报姓名。如犯罪嫌疑人是外国人，除填写其合法身份证件上的姓名外，还应同时写明汉语译名。对一些以叙述为主要表达方式的法律文书，如《呈请　　报告书》《起诉意见书》等，应写明犯罪嫌疑人使用过的与犯罪有关的所有名字，包括乳(小)名、绰(外)号、曾用名、化名、笔名、网名等。

5.犯罪嫌疑人的出生日期

犯罪嫌疑人的年龄应当是实足年龄，以公历计算，以日计算，出生日期一律具体到年月日，即过了14岁生日，从第二天起才认为是已满14岁。如果犯罪嫌疑人的年龄是以农历计算的，要换算成公历。对于犯罪时已满14周岁不满18周岁的犯罪嫌疑人，为了界定其是否应负刑事责任以及是否应当从轻或减轻刑罚，更应写明犯罪嫌疑人的出生年月日。确定犯罪嫌疑人的刑事责任，应以其实施犯罪行为时的年龄为准；确定其是否享有未成年人的诉讼权利，应以其诉讼时的年龄为准。

6.犯罪嫌疑人住址

确定犯罪嫌疑人的住址，可以确定犯罪嫌疑人的身份，查明案件有关情况，便于诉讼过程中执行某些强制措施，以及联系和送达法律文书。因此，犯罪嫌疑人的住址，应当填写犯罪嫌疑人被采取强制措施前的经常居住地。一般来说，犯罪嫌疑人的经常居住地就是户籍登记中的住址，如果经常居住地与户籍登记中住址不一致的，应当在填写经常居住地的同时，填写户籍登记的住址，如果身份、住址不明的，可以填写其自报的住址。

7.犯罪嫌疑人的单位及职业

填写犯罪嫌疑人的工作单位名称以及从事的职业种类，单位名称应当填写全称，必要时在前面加上地域名称，认定犯罪嫌疑人的工作单位，不能单纯凭人事档案是否在该单位，而应当视其是否实际在该单位工作，只要其实际在该单位工作的，即可认定为工作单位。职业应当填写从事工作的种类。没有工作单位的，可以根据实际情况填写经商、务工、农民、在校学生或者无业等。

8.犯罪嫌疑人身份证件种类及号码

填写犯罪嫌疑人居民身份证、军官证、护照等法定身份证件的种类及号码。

9.犯罪嫌疑人文化程度

应填写国家承认的学历。文化程度分为研究生(博士、硕士)、大学、大专、中专、高中、初中、小学、文盲等档次。

10.法律条文的援引

引用法律条文应当写明法律的全称,引用的法律的条款,要写明具体的条文号,条文中有款、项的,要具体到款、项。

11.其他须注意的问题

(1)批准人。这是指批准制作该法律文书的有关负责人。

(2)批准时间。这是指批准制作该法律文书的有关负责人的签字时间。

(3)办案人。这是指办理案件的人或者是有关事项的承办人。

(4)办案单位。这是指具体办案的单位或部门。

(5)填发时间。这是指实际制作法律文书的时间。

(6)填发人。这是指实际制作法律文书的人。

(7)成文日期。成文日期填写批准人的批准日期。内部审批使用的文书的日期,制作人在末尾落款处填写制作日期,批准人、审核人在其签名下方填写批准时的日期。

(8)印章。印章,即公安局的印章,对外使用的文书,应当在成文日期上加盖能够对外独立承担法律责任的单位印章,不能使用内部印章。

(9)骑缝线。多联式文书各联之间都有骑缝线相连,骑缝线要用汉字大写将该文书的文书编号写出来,然后加盖单位印章或专用骑缝章,每联的骑缝线都要书写文书编号并盖章,便于文书各联撕开后能够核对。如果是打印的电子版法律文书,可以无骑缝线,不必加盖骑缝章。

(10)选择项目的填写。文书其他部分出现选择性项目的,根据具体情况删去不需要的内容。表格类文书的空余部分、较短的文字内容等,可用斜线“\”划去,如犯罪嫌疑人是男性的,填写“男/女”在“女”字上划斜线;有较长文字的,可用横线“——”划去,如决定回避,填写“回避/驳回申请回避”在字上划横线。

(11)空白处的处理。制作法律文书时,应当将文书中空缺的地方全部填满,但确有些栏目或者空格不必填写或者无法填写。对这种情况,应当在空白处划线,不能留白。以上格式项目的填写要求,既适用于公安刑事法律文书的制作,基本上也适用于公安行政法律文书的写作。

(二)笔录类文书的写作要求

笔录类文书按其形式内容可分为两大类,一类是问话类,如询问/讯问笔录,主要采用问答形式来记录审讯、询问证人等办案活动。另一类是记写类,如现场勘验笔录、侦查实验笔录等,即把侦查活动的真实情况及所获有关证据等记录清楚。2012版修订的公安法律文书式样,对笔录文书的修改,首先将询问/讯问笔录通用于办理刑事案件和行政案件。所以,无论是办理刑事案件,还是办理行政案件,不论是询问违法嫌疑人、受害人、证人,还是讯问犯罪嫌疑人，一律使用《询问/讯问笔录》这一个格式。另外，其他各种笔录也都一律使用《笔录》一个格式，减少了文书种类，使文书制作更为简便快捷。

从严格意义上讲，笔录文书应是证据材料，它如实记录了讯问、询问、勘验、检查、搜查等活动，是刑事诉讼的有力证据。笔录类文书除应注意前面表格类文书中应注意的一些问题外，两类笔录在制作中还应注意以下几点：

1.问话类笔录

(1)记录要规范。询问/讯问笔录只有标题和首部是印好的固定格式，其他部分都须制作人自己书写，制作中要注意层次清晰，每次问答都应另起一行，文中必须写明“问”“答”，不能用“?”“:”等符号来表示。

(2)记录要不失原意。笔录是具有法律效力的证据类文书，必须如实反映询问/讯问的整个过程，不仅要记明案件的事实，还应尽可能地再现原始过程，使人清楚地了解案件的全貌。另外，还必须注意询问/讯问中出现的伴随语言，即身势语，如犯罪嫌疑人的表情、手势、动作、眼神等，伴随语言有时比有声语言传达的信息还要生动具体。由于询问/讯问笔录记录的是口语，免不了粗糙、重复、无章法之嫌，因而制作人还应在不失原意的基础上，善于归纳、概括、提高，使之成为书面语形式的口语。

(3)要全面了解案情。了解案件情况和证据材料，制定询问/讯问计划和询问/讯问提纲，了解与案件有关的人名、地名、单位及一些专用名词、术语、方言，对于快速记录具有极其重要的作用。一份笔录制作得成功与否，虽然与制作人的业务水平与记写能力有相当的关系，但对案情熟悉、对与案件有关的其他情况了如指掌，无疑是制作好一份询问/讯问笔录的必要条件。

2.记写类笔录

(1)掌握说明的方法。记写类笔录，如现场勘验笔录、检查笔录、侦查实验笔录、搜查笔录等都详细记录了勘验检查的过程，使用的方法都是说明。说明是运用简洁精练的语言，把事物的形状、性质、特征，把事件运行的过程、顺序、结果作以详细解说的一种表达方法。说明不同于记叙、议论，记叙的方法是要求作者把人物、事件作以一般性的陈述和交代，使之再现在读者的面前；议论是要求作者运用逻辑推理的方法论证论点的正确性，使读者心服口服；而说明只要求作者说清楚事物的性质、特征或是事件的过程、结果，让读者对事物或事件过程有所了解。在公安机关刑事法律文书中，使用的说明有现场的空间说明、人物的体貌说明、静态的物品说明等。

(2)掌握说明的顺序。说明的方法虽然不难掌握，但要想说明得好还应掌握说明的顺序。说明的顺序可以以实际勘验、实验的顺序作为说明的顺序，即边勘验边作记录，笔录的顺序与现场勘验的顺序是一致的。也可以以现场环境的逻辑关系为顺序，所说逻辑关系是指从大环境到小环境、从主要环境到次要环境的说明方法，即先说明现场坐落的位置和周围的环境，再说明中心现场的情况，等等。

3.文字叙述类文书的写作要求

在公安机关97种刑事法律文书中，叙述式文书是最为复杂、最为难写的文书。在文字叙述式文书中，既要叙述案件的事实、证据，又要论述犯罪的性质、危害，还要援引法律条款，说明其罪状,如果是要求复议意见书或提请复核意见书,还要进行充分的说理,以反驳检察机关的不批准逮捕或不起诉决定。文字叙述式文书在案件事实的叙述上应掌握如下方法:

(1)按照时间的顺序叙述。当犯罪事实是一人多次犯同一罪行时,可以按照犯罪嫌疑人作案时间的先后顺序来叙述,清楚明了。

(2)按照犯罪的性质叙述。当犯罪事实是一人或者多人多次犯罪,且涉嫌不同罪名时,可以按照犯罪性质的轻重程度来叙述,也就是重罪在前、轻罪在后的顺序,以突出重点,主次分明。

(3)按照犯罪嫌疑人在案件中的地位叙述。这种方法通常称为突出主犯法,即先叙述主犯的犯罪事实,再按照从犯、胁从犯的顺序,将每个犯罪嫌疑人的犯罪事实以及在案件中所处的地位、所起的作用分别作以介绍,以分别主次,分清罪责。

(4)按照概括归纳的方法叙述。当犯罪事实是两人或多人多次涉嫌同一罪名,且作案的方式、方法等情节基本相同时,可以选择其中最有代表性的一两次犯罪事实加以详细叙述,而对其他几次犯罪事实则采用概括归纳的方法来叙述。

(5)综合运用多种方法叙述。当犯罪事实是共同犯罪或集团犯罪,情节复杂,罪行交错,犯罪嫌疑人在犯罪过程中所处的地位也不同时,应先用概括归纳法把共同犯罪的主要事实叙述清楚,再按照犯罪的性质,重罪在前、轻罪在后或是按照犯罪嫌疑人在犯罪过程中的地位,主犯在前,从犯、胁从犯在后的顺序,把每桩罪、每一个犯罪嫌疑人的罪责叙述清楚。

第三章　立案、管辖、回避文书

第一节　立案文书

一、受案登记表

（一）概念及法律依据

受案登记表是公安机关接受公民扭送、报案、控告、举报、犯罪嫌疑人自首以及有关单位移送案件时使用的文书。它是公安机关依法受理案件的法律凭证，是依法受理刑事案件的依据。适用于行政案件、刑事案件，是一种通用的法律文书，主要作用是如实记录案件来源和简要案情。

《刑事诉讼法》第110条第3款规定："公安机关、人民检察院或者人民法院对于报案、控告、举报，都应当接受。对于不属于自己管辖的，应当移送主管机关处理，并且通知报案人、控告人、举报人；对于不属于自己管辖而又必须采取紧急措施的，应当先采取紧急措施，然后移送主管机关。"第4款规定："犯罪人向公安机关、人民检察院或者人民法院自首的，适用第3款规定。"

《公安机关办理刑事案件程序规定》第168条规定："公安机关接受案件时，应当制作受案登记表，并出具回执。"

《公安机关办理行政案件程序规定》第47条规定，公安机关对报案、控告、举报、群众扭送或者违法嫌疑人投案，以及其他行政主管部门、司法机关移送的案件，应当及时受理，制作受案登记表，并做出处理。

在接处警和其他警务工作中，发现有以下情形之一的，应当制作受案登记表：

1.公民扭送、报案、控告或者举报的；

2.110报警服务台指令的；

3.违法嫌疑人投案、自首的；

4.公安机关及民警在日常执法执勤中发现有违法犯罪事实发生的；

5.有关单位移送案件的。

（二）结构内容及写作方法

本文书是表格式单联文书，由首部、正文、尾部组成。一式两份，一份附卷，一份存根。

1.首部。首部由文书名称、受案单位名称和印章、文书编号、案件来源、报案人基本情况和移送单位、接报民警、接报时间及地点等组成。受案单位，是指受理案件的具有侦查职能的部门，如派出所、治安大队等，受案单位名称和所盖印章应当一致。案件来源栏由受案民警根据实际情况在“110指令”“工作中发现”“报案”“投案”“移送”“扭送”或“其他”前面的方框中选择打钩。报案人栏填写报案人、举报人、控告人、投案人、扭送人的基本情况。如果没有报案人或者报案人匿名的，本栏不用填写，但应当在简要案情栏中注明。如果案件是其他单位移送过来的，则只需填写“移送单位”栏，填写移送案件的单位全称、移送人和联系方式。接报地点，通常是指发现、处置警情的地点或者向报案人了解情况、制作笔录的地点，应根据具体情况如实填写。

2. 正文。正文部分是对案情的简要描述。这是本文书的主体部分，要围绕犯罪构成要件，写清楚发案的时间、地点、简要过程、涉案人基本情况、受害情况等。表述要简明扼要、准确清楚。正文还应注明是否有接受证据情况。

3. 尾部。尾部包括受案意见栏和受案审批栏。“受案意见”是受案民警在初步判定案件性质、管辖权限以及可否追究法律责任等情况后提出的处理建议，由受案民警在相应的方框处打钩。选择“其他”情形的，应当在随后的横线处注明具体情况。“受案审批”栏由受案部门负责人根据具体案情签署相应的审批意见，如“拟立刑事案件侦查”“拟立行政案件调查处理”“移送××公安局”等，并签名、注明日期。

（三）制作与使用应注意的事项

（1）《刑事诉讼法》第109条第1款规定，接受口头报案、控告、举报的，应当写成笔录，经宣读无误后，由报案人、控告人、举报人签名或者盖章。因此，在制作本文书时，应当制作报案笔录。一般情况下，先制作报案笔录，再填写受案登记表。

（2）受案登记表为刑事、行政案件通用，如果所受理的案件为刑事案件，受案登记表应存入刑事案件卷宗；如果所受理的案件为行政案件，受案登记表则应存入行政案件卷宗。

（3）如果扭送人、报案人、控告人、举报人、自动投案人向公安机关提供了有关的证据材料，受案单位应当做好登记，制作接受证据材料清单，作为证据材料来源的证明，并由扭送人、报案人、控告人、举报人、自动投案人签名。

（4）受案部门负责人应及时在受案登记表上签署审批意见。对于在审查中发现案件事实或者线索不明的，必要时，经办案部门负责人批准，可以进行初查。在初查过程中，公安机关可以依照有关法律和规定采取询问、查询、勘验、鉴定和调取证据材料等不限制被调查对象人身、财产权利的措施。

【例文】

受案登记表

（受案单位名称和印章）　　　　　　　　　　　　×公（刑）受案字〔20××〕32 号

<table>
<tr><td colspan="2">案件来源</td><td colspan="6">□110 指令□工作中发现☑报案□投案□移送□扭送□其他</td></tr>
<tr><td rowspan="4">报案人</td><td>姓　名</td><td>王××</td><td>性别</td><td>女</td><td>出生日期</td><td colspan="2">19××年6月8日</td></tr>
<tr><td>身份证件种类</td><td>身份证</td><td colspan="2">证件号码</td><td colspan="3">××××××××××××××××××</td></tr>
<tr><td>工作单位</td><td colspan="3">××大学第二医院</td><td>联系方式</td><td colspan="2">138××××××××</td></tr>
<tr><td>现住址</td><td colspan="6">××市××区××路××号</td></tr>
<tr><td>移送单位</td><td>——</td><td>移送人</td><td>——</td><td>联系方式</td><td colspan="3">——</td></tr>
<tr><td>接报民警</td><td>李××</td><td>接报时间</td><td>20××年
7月10日
19时30分</td><td>接报地点</td><td colspan="3">××市公安局刑侦支队</td></tr>
<tr><td colspan="8">简要案情或者报案记录（发案时间、地点、简要过程、涉案人基本情况、受害情况等）以及是否接受证据：
20××年7月10日19时30分，××大学第二医院医生王××来我支队报称，她于当晚19时下班回到家中，发现家中门锁被撬，室内东西凌乱。经查，发现被盗现金人民币6000元；联想笔记本电脑一台，价值7000元。</td></tr>
<tr><td colspan="2">受案意见</td><td colspan="6">□属本单位管辖的行政案件，建议及时调查处理
☑属本单位管辖的刑事案件，建议及时立案侦查
□不属于本单位管辖，建议移送＿＿＿＿处理
□不属于公安机关职责范围，不予调查处理并当场书面告知当事人
□其他＿＿＿＿
受案民警：田××　　　　20××年7月10日</td></tr>
<tr><td colspan="2">受案审批</td><td colspan="6">拟立刑事案件侦查。

受案部门负责人：李××　　　　20××年7月10日</td></tr>
</table>

一式两份，一份留存，一份附卷。

二、受案回执

(一)概念及法律依据

受案回执是公安机关接受案件之后给报案人、控告人、举报人、扭送人开具的凭证,用于告知接受案件的情况,属于刑事案件、行政案件通用文书,与受案登记表配套使用。它的目的在于确保办案人、控告人、举报人、扭送人了解监督受案单位的工作进展情况。

《刑事诉讼法》第110条第3款规定:"公安机关、人民检察院或者人民法院对于报案、控告、举报,都应当接受。对于不属于自己管辖的,应当移送主管机关处理,并且通知报案人、控告人、举报人;对于不属于自己管辖而又必须采取紧急措施的,应当先采取紧急措施,然后移送主管机关。"第4款规定:"犯罪人向公安机关、人民检察院或者人民法院自首的,适用第3款规定。"

《公安机关办理刑事案件程序规定》第168条规定:"公安机关接受案件时,应当制作受案登记表,并出具回执。"

(二)结构内容及写作方法

受案回执是填充式单联文书,一式两份,一份附卷,一份交报案人、控告人、举报人、扭送人。本文书由首部、正文和尾部组成。

1.首部。首部由文书名称、受送达人姓名(报案单位名称)组成。受送达人姓名(报案单位名称)栏填写报案人、控告人、举报人、扭送人姓名或者单位名称。

2.正文。正文包括报案日期、案件名称、受案登记表文号、查询方式、联系人和联系方式等。查询方式常见的有来电查询、来信来函查询、电子政务平台查询等方式。"联系人、联系方式"后的横线处填写受案民警或者办案民警的姓名、电话或者其他联系方式。

3.尾部。填写成文时间、单位名称,加盖受案单位印章。

(三)制作与使用应注意的事项

受案回执应及时送达。若报案人、控告人、举报人、扭送人在场时,应由受送达人在附卷联上签名;不在场的,可以通过传真、邮寄等方式送达。如果同一案件有多名报案人的,可以开具多份受案回执,也可以让他们在同一份回执的附卷联上签名,另一份复印后分别送达多名报案人。

【例文】

受案回执

王×× ：

你（单位）于20××年7月10日报称的 家中被盗 一案我单位已受理（受案登记表文号为×公（刑）受案字〔20××〕32号）。

你（单位）可通过 来电 查询案件进展情况。

联系人、联系方式： 李××，电话139××××××××。

受案单位（印）
二〇××年七月十日

报案人、控制人、
举报人、扭送人：王××

20××年7月10日

一式两份，一份附卷、一份交报案人、控告人、举报人、扭送人。

三、立案决定书

（一）概念及法律依据

立案决定书是公安机关发现犯罪事实或者犯罪嫌疑人，决定立案侦查时制作使用的决定类文书。立案决定书是公安机关开展侦查活动的重要依据，其作用在于表明公安机关已经立案，案件进入侦查阶段，可以开始采取有关强制措施和侦查措施。

《刑事诉讼法》第109条规定："公安机关或者人民检察院发现犯罪事实或者犯罪嫌疑人，应当按照管辖范围，立案侦查。"第112条规定："人民法院、人民检察院或者公安机关对于报案、控告、举报和自首的材料，应当按照管辖范围，迅速进行审查，认为有犯罪事实需要追究刑事责任的时候，应当立案；认为没有犯罪事实，或者犯罪事实显著轻微，不需要追究刑事责任的时候，不予立案，并且将不立案的原因通知控告人。控告人如果不服，可以申请复议。”

《公安机关办理刑事案件程序规定》第175条规定，公安机关接受案件后，经审查，认为有犯罪事实需要追究刑事责任，且属于自己管辖的，经县级以上公安机关负责人批准，予以立案。

（二）结构内容及写作方法

本文书是多联式填充型文书，一纸二联，由正本和存根组成。

1.正本。正本是立案决定书的依据和凭证。正本的首部包括制作机关名称、文书名称和文书字号。正文主要填写两项内容：法律依据和案件名称。法律依据是《刑事诉讼法》第109条和第112条，需要根据具体情况进行选择。如果是公安机关工作中发现犯罪事实或者犯罪嫌疑人的，法律依据选择第109条；如果是公民报案、控告、举报、扭送或者犯罪嫌疑人自首的，应当选择第112条。尾部填写成文日期并加盖公章。

2.存根。包括案件名称、案件编号，犯罪嫌疑人姓名、性别、出生日期、住址、单位及职业，批准人、批准时间，办案人、办案单位、填发时间和填发人。存根由制作单位存档备查。

（三）制作与使用应注意的事项

1.公安机关制作立案决定书，标志着公安机关对某一犯罪事实已经立案，可以开始采取有关强制措施和侦查措施。

2.立案决定书在侦查终结后，正本应当存入诉讼卷。

【例文】

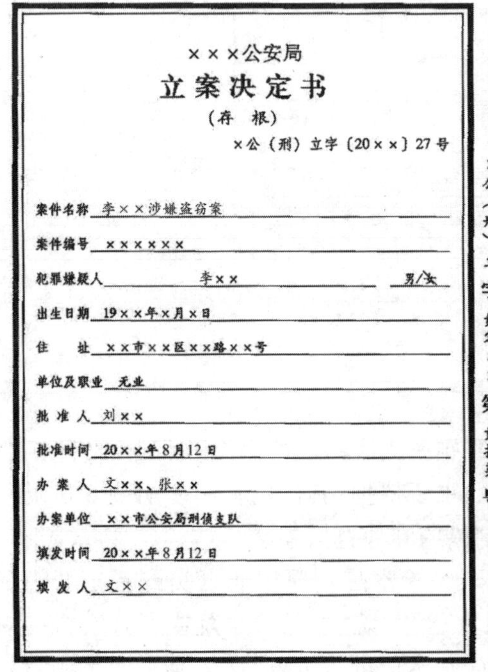

×××公安局

立案决定书

（存 根）

×公（刑）立字〔20××〕27号

案件名称 李××涉嫌盗窃案

案件编号 ××××××

犯罪嫌疑人 李×× 男/女

出生日期 19××年×月×日

住 址 ××市××区××路××号

单位及职业 无业

批 准 人 刘××

批准时间 20××年8月12日

办 案 人 文××、张××

办案单位 ××市公安局刑侦支队

填发时间 20××年8月12日

填 发 人 文××

×公（刑）立字贰零××第贰拾柒号

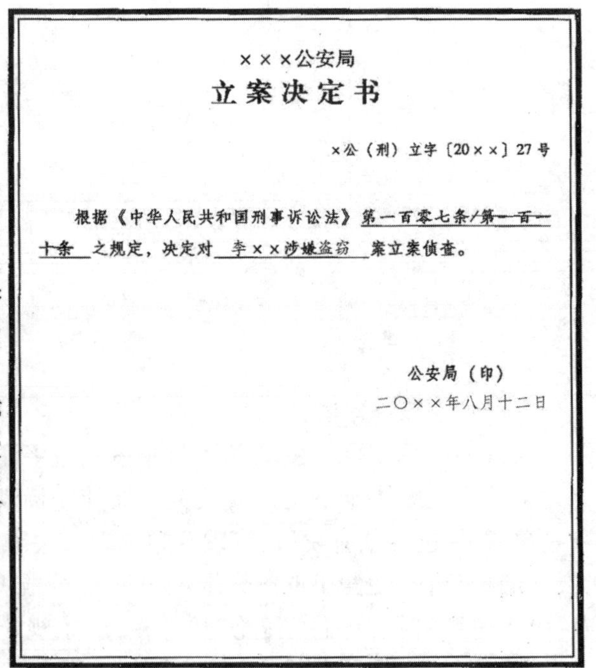

×××公安局

立案决定书

×公（刑）立字〔20××〕27号

根据《中华人民共和国刑事诉讼法》第一百零七条/第一百一十条之规定，决定对 李××涉嫌盗窃 案立案侦查。

公安局（印）

二〇××年八月十二日

此联附卷

四、不予立案通知书

（一）概念及法律依据

不予立案通知书是公安机关对控告人控告的或行政执法机关移送的案件经过审查，认为没有犯罪事实，或者犯罪事实显著轻微，不需要追究刑事责任的时候，不予立案，并且将不立案的原因通知控告人时制作的法律文书。它的作用在于对有控告人控告的案件，如果不予立案的，将结果通知控告人，以便让其知道不立案的原因，并对不予立案的案件采取其他的救济途径。它也是公安机关对案件不予立案侦查的法律凭证。

《刑事诉讼法》第112条规定："人民法院、人民检察院或者公安机关对于报案、控告、举报和自首的材料，应当按照管辖范围，迅速进行审查，认为有犯罪事实需要追究刑事责任的时候，应当立案；认为没有犯罪事实，或者犯罪事实显著轻微，不需要追究刑事责任的时候，不予立案，并且将不立案的原因通知控告人。控告人如果不服，可以申请复议。"

《公安机关办理刑事案件程序规定》第175条规定："公安机关接受案件后，经审查，认为有犯罪事实需要追究刑事责任，且属于自己管辖的，经县级以上公安机关负责人批准，予以立案；认为没有犯罪事实，或者犯罪事实显著轻微，不需要追究刑事责任，或者具有其他依法不追究刑事责任情形的，经县级以上公安机关负责人批准，不予立案。对有控告人的案件，决定不予立案的，公安机关应当制作不予立案通知书，并在3日以内送达控告人。"第177条也有相关规定。

（二）内容结构及写作方法

本文书是多联式填充型文书，一纸三联，由存根、正本、副本三部分组成。

1.正本。首先要写明控告人的姓名或移送单位的名称、控告或移送的时间和控告事由（如×××盗窃案），接着写明公安机关不予立案的理由，或者是犯罪事实轻微，或者是不构成犯罪，或者犯罪已过追诉时效，等等。最后是告知控告人有申请复议的权利。

2.副本。副本是公安机关决定不予立案的凭证，用于办案部门附卷，其内容及制作方法与正本相同。

3.存根。存根是公安机关不予立案的凭证，用于公安机关留存备查。存根中的控告事由、不子立案的原因、批准人、批准时间应当与正本中的填写内容一致。

（三）制作与使用应注意的事项

1.办案单位应当在决定不予立案3日内将不予立案通知书送达控告人，并让控告人在副本"本通知书已收到"处签名，并注明日期。

2.控告人对不予立案决定不服的，可以在收到不予立案通知书后7日以内向作出决定的公安机关申请复议；公安机关应当在收到复议申请后7日以内作出决定，并书面通知控告人。控告人对不予立案的复议决定不服的，可以在收到复议决定书后7日以内向上一级公安机关申请复核；上一级公安机关应当在收到复核申请后7日以内作出决定。对上级公安机关撤销不予立案决定的，下级公安机关应当执行。

3.移送案件的行政执法机关对不予立案决定不服的，可以在收到不予立案通知书后3日以内向作出决定的公安机关申请复议；公安机关应当在收到行政执法机关的复议申请后3

日以内作出决定,并书面通知移送案件的行政执法机关。

【例文】

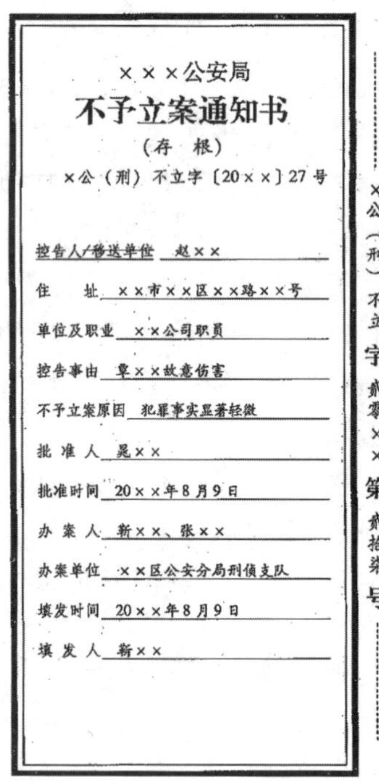

×××公安局

不予立案通知书

(存 根)

×公(刑)不立字〔20××〕27号

~~控告人/移送单位~~ 赵××

住　址 ××市××区××路××号

单位及职业 ××公司职员

控告事由 章××故意伤害

不予立案原因 犯罪事实显著轻微

批准人 晁××

批准时间 20××年8月9日

办案人 靳××、张××

办案单位 ××区公安分局刑侦支队

填发时间 20××年8月9日

填发人 靳××

×公(刑)不立字贰零××第贰拾柒号

×××公安局

不予立案通知书

(副 本)

×公(刑)不立字〔20××〕27号

赵××:

你~~(单位)~~于2013年×月×日提出控告~~/移送~~的章××故意伤害案,我局经审查认为章××故意伤害行为显著轻微,不构成犯罪,根据《中华人民共和国刑事诉讼法》第一百一十二条之规定,决定不予立案。

如不服本决定,可以在收到本通知书之日起~~三日/~~七日内向××区公安分局申请复议。

公安局(印)

二〇××年八月九日

本通知书已收到。

签收人:赵××

20××年8月9日

此联附卷

×公(刑)不立字贰零××第贰拾柒号

×××公安局

不予立案通知书

×公(刑)不立字〔20××〕27号

赵××:

你~~(单位)~~于2013年×月×日提出控告~~/移送~~的章××故意伤害案,我局经审查认为章××故意伤害行为显著轻微,不构成犯罪,根据《中华人民共和国刑事诉讼法》第一百一十二条之规定,决定不予立案。

如不服本决定,可以在收到本通知书之日起~~三日/~~七日内向××区公安分局申请复议。

公安局(印)

二〇××年八月九日

此联交控告人或者移送单位

五、不立案理由说明书

(一)概念及法律依据

不立案理由说明书是公安机关应人民检察院的要求,说明不立案理由时使用的法律文书。要求公安机关说明不立案的理由,是《刑事诉讼法》赋予人民检察院在刑事案件立案环节的法律监督职能。

《刑事诉讼法》第113条规定:"人民检察院认为公安机关对应当立案侦查的案件而不立案侦查的,或者被害人认为公安机关对应当立案侦查的案件而不立案侦查,向人民检察院提出的,人民检察院应当要求公安机关说明不立案的理由。人民检察院认为公安机关不立案理由不能成立的,应当通知公安机关立案,公案机关接到通知后应当立案。"

《公安机关办理刑事案件程序规定》第179条规定:"对人民检察院要求说明不立案理由的案件,公安机关应当在收到通知书7日以内,对不立案的情况、依据和理由作出说明,回复人民检察院。公安机关作出立案决定的,应当将立案决定书复印件送达人民检察院。人民检察院通知公安机关立案的,公安机关应当在收到通知书后15日以内立案,并将立案决定书复印件送达人民检察院。"

(二)结构内容及写作方法

本文书是多联式填充型文书,一纸三联,由存根、正本、副本三部分组成。正本交人民检察院，副本附卷。

1.正本。正本是公安机关说明不立案理由的凭证，送交要求说明不立案理由的人民检察院。首部包括文书名称、文书编号、送达人民检察院的名称。正文需要填写三项内容：检察院通知书的来文日期及文书编号、案件的名称、不立案的理由。对于没有案件名称的，可以按照检察院发文中提到的名称填写。不立案的理由，要根据《刑事诉讼法》的有关规定，写清楚不符合立案条件的具体原因，然后引用法律条款，说明不立案的法律依据。尾部填写成文日期并加盖公章。

2.副本。副本是公安机关说明不立案理由的凭证，由办案部门留存，其内容及制作方法与正本相同。

3.存根。存根是公安机关留存的部分，目的是留存备查。

（三）制作与使用应注意的事项

1.公安机关在接到人民检察院要求说明不立案理由通知书后7日以内，对不立案的情况、依据和理由作出书面说明，回复人民检察院。

2.本文书正本送人民检察院，还要请人民检察院收件人在文书的副本上签收。

第二节　管辖、回避文书

一、指定管辖决定书

（一）概念及法律依据

指定管辖决定书是上级公安机关对下级公安机关发生管辖争议的案件或者情况特殊的案件作出指定管辖决定时制作的文书。所谓管辖有争议，往往是因为犯罪地涉及几个地方，有关公安机关对案件都主张有管辖权。所谓情况特殊，主要是指公安机关在办案中由于遇到的问题特殊，使有管辖权的公安机关的侦查活动难以正常进行，如犯罪嫌疑人在当地影响较大，需要由上级公安机关指定其他公安机关管辖。指定管辖对公安机关打击犯罪及侦查活动的顺利进行具有十分重要的作用。

《公安机关办理刑事案件程序规定》第19条规定："对管辖不明确或者有争议的刑事案件，可以由有关公安机关协商。协商不成的，由共同的上级公安机关指定管辖。对情况特殊的刑事案件，可以由共同的上级公安机关指定管辖。"

（二）结构内容及写作方法

本文书是一式多份填充型文书，一纸一联。由首部、正文和尾部三部分组成。

1.首部。包括制作机关名称、文书名称、文书编号。制作机关为公安厅的，可以直接印制为"××省公安厅"。

2.正文。首先填写需要指定管辖的案件名称。对案件名称有争议或者尚未确定案件名称的，由决定机关确定案件名称。然后填写确定的管辖机关全称。需注意的是，上级公安机关在指定管辖机关时，只能指定下一级公安机关，而不能指定下一级公安机关辖区内的再下一级公安机关。例如，省公安厅只能指定设区的市一级公安机关，而不能直接指定县级公安机关。最后填写在几日内移送有关的证据材料。

3.尾部。填写成文时间、单位名称、加盖印章。

(三)制作与使用应注意的事项

1.指定管辖决定书根据实际需要确定制作的份数。制作后,决定机关留存一份,其余分送被指定管辖的公安机关和其他有关的公安机关。

2.被指定的公安机关应当将收到的指定管辖决定书存入诉讼卷。

【例文】

×××公安局

指定管辖决定书

×公(×)指管字〔20××〕6号

经对武××涉嫌合同诈骗案件的管辖问题进行审查,根据《公安机关办理刑事案件程序规定》第十九条之规定,决定由A县公安局管辖。请B县公安(分)局在×日内将与案件有关的证据材料移送该公安机关。

××市公安局(印)
二〇××年×月×日

本决定书一式若干份,决定机关留存一份,其余分送被指定的公安机关和其他有关的公安机关。

二、移送案件通知书

(一)概念及法律依据

移送案件通知书是公安机关对于接受后但不属于自己管辖的案件,需移送有关机关处理时制作和使用的法律文书。

《刑事诉讼法》第110条第3款规定:“公安机关、人民检察院或者人民法院对于报案、控告、举报,都应当接受。对于不属于自己管辖的,应当移送主管机关处理,并且通知报案人、控告人、举报人；对于不属于自己管辖而又必须采取紧急措施的，应当先采取紧急措施，然后移送主管机关。”

《公安机关办理刑事案件程序规定》第172条规定：“经过审查，认为有犯罪事实，但不属于自己管辖的案件，应当立即报经县级以上公安机关负责人批准，制作移送案件通知书，移送有管辖权的机关处理。对于不属于自己管辖又必须采取紧急措施的，应当先采取紧急措施，然后办理手续，移送主管机关。”第181条也作了相应的规定。

（二）结构内容及写作方法

本文书属于多联式填充型文书，一纸五联，第一联存根，第二联交报案、控告、举报人或移送单位，第三联交送往单位，第四联由送往单位填写后退回附卷，第五联交看守所。

1.存根联由制作单位留存备查。按规定格式和内容填写相关内容，其中移送原因要简要填写通知书中的移送理由。

2.第二、三、四、五联均由首部、正文、尾部组成。

交报案、控告、举报人或移送单位联：

首部，包括制作文书的机关、文书名称、文书编号。

正文，填写案件名称、移送的理由、送往的管辖机关。移送的理由应写明移送案件的事实根据，如“该案是属于检察机关立案侦查的案件”“该案发生在××县辖区范围内，不属于我单位管辖”等。送往的管辖机关应写明送往机关的全称。

尾部，填写成文日期，并加盖移送单位的印章。

交送往单位联、回执附卷联和交看守所联按照相关内容填写。

（三）制作与使用应注意的事项

1.移送案件通知书是在呈请移送案件报告书经县级以上公安机关负责人批准后制作的文书，是根据呈请移送案件报告书制作的。

2.如果犯罪嫌疑人没有被羁押，不填看守所联；如果没有报案人、控告人、举报人，此联也不填写。如果致送单位有多个，或致送对象有多个，可将此联复印后分送。

3.移送案件通知书适用于公安机关之间移送案件，也适用于向人民检察院、人民法院、国家安全部门移送案件，但不适用于公安机关内部警种之间、责任区中队之间对案件管辖的调整。

【例文】

×××公安局
移送案件通知书
（存　根）

×公（刑）移字〔20××〕×号

案件名称　李××涉嫌贪污案
案件编号　××××××××
嫌 疑 人　李××　男/女
出生日期　××年×月×日
住　　址　××市××区××路××号
单位及职业　中国农业银行××市分行××支行××分理处主任
移送原因　该案属于检察机关侦查的案件
送往单位　××市人民检察院
批 准 人　阎××
批准时间　20××年×月×日
办 案 人　陆××、蔡××
办案单位　××市公安局经侦支队
填发时间　20××年×月×日
填 发 人　陆××

×公（刑）移字贰零××第×号

×××公安局
移送案件通知书

×公（刑）移字〔20××〕×号

吕××：

经对李××涉嫌贪污案进行审查，认为该案是属于检察机关立案侦查的案件，根据《中华人民共和国刑事诉讼法》第一百一十条第三款之规定，决定将该案移送××市人民检察院管辖。

公安局（印）
二〇××年×月×日

此联交报案、控告、举报人或移送单位

×公（刑）移字贰零××第×号

×××公安局
移送案件通知书

×公（刑）移字〔20××〕×号

××市人民检察院：

经对李××涉嫌贪污案进行审查，认为该案是属于检察机关立案侦查的案件，根据《中华人民共和国刑事诉讼法》第一百一十条第三款之规定，决定将该案移送你单位管辖。

公安局（印）
二〇××年×月×日

附：案件材料共2卷46页。

此联交送往单位

×公（刑）移字贰零××第×号

×××公安局
移送案件通知书
（回　执）

×公（刑）移字〔20××〕×号

××市公安局：

你局于20××年×月×日以×公（刑）移字〔20××〕×号移送案件通知书移送我单位的李××涉嫌贪污案已收到。

送往单位（印）
二〇××年×月×日

附：收到案件材料共2卷46页。

此联由送往单位填写后退回附卷

×公（刑）移字贰零××第×号

×××公安局
移送案件通知书

×公（刑）移字〔20××〕×号

××市看守所：

经对李××涉嫌贪污案进行审查，认为该案是属于检察机关立案侦查的案件，根据《中华人民共和国刑事诉讼法》第一百一十条第三款之规定，决定将该案移送××市人民检察院管辖。请办理该案犯罪嫌疑人李××的移交工作。

公安局（印）
二〇××年×月×日

此联交看守所

三、回避/驳回申请回避决定书

(一)概念及法律依据

回避/驳回申请回避决定书是回避决定书和驳回申请回避决定书两种文书合并而成的,是公安机关对案件当事人对有关公安机关的负责人、侦查人员、鉴定人、记录人以及翻译人员提出回避的申请经审查后,决定是否回避并通知当事人时制作的文书。

《刑事诉讼法》第29条规定:"审判人员、检察人员、侦查人员有下列情形之一的,应当自行回避,当事人及其法定代理人也有权要求他们回避:

(1)是本案的当事人或者是当事人的近亲属的;

(2)本人或者他的近亲属和本案有利害关系的;

(3)担任过本案的证人、鉴定人、辩护人、诉讼代理人的;

(4)与本案当事人有其他关系,可能影响公正处理案件的。"

第30、31、32条也有相关规定。

《公安机关办理刑事案件程序规定》第30、31、32、33条也作了相关规定。

(二)结构内容及写作方法

本文书属于多联式填充型文书,一纸四联,由存根、正本和两个副本组成。

1.存根。存根是公安机关作出回避或者驳回申请回避决定的凭证,用于公安机关留存备查。填充内容根据栏目进行填写。

2.正本。正本是对有关人员决定回避或者不予回避以及申请人据以提出复议申请的依据,主要填写申请事项,即申请人提出申请的时间、办理的案件名称和被申请人具有刑事诉讼法规定的哪种情形。然后填写决定的理由及法律依据,并填写决定人和决定的内容。

3.副本。副本包括交被申请人联和附卷联。填写的内容与正本基本相同。需要注意的是,因为被申请人没有复议的权利,所以交被申请人联的正文部分没有复议单位一项。附卷联尾部需要申请人签收。

(三)制作与使用应注意的事项

1.本文书正本交申请人,并要求申请人在副本(附卷联)上签收。

2.根据《刑事诉讼法》第31条的规定,检察长和公安机关负责人的回避,由同级人民检察院检察委员会决定。

3.根据《办理刑事案件程序规定》第34条的规定,当事人及其法定代理人对侦查人员提出回避申请的,公安机关应当在收到回避申请后2日以内作出决定并通知申请人;情况复杂的,经县级以上公安机关负责人批准,可以在收到回避申请后5日以内作出决定。《办理刑事案件程序规定》第35条规定:当事人及其法定代理人对驳回申请回避的决定不服的,可以在收到驳回申请回避决定书后5日以内向作出决定的公安机关申请复议。公安机关应当在收到复议申请后5日以内作出复议决定并书面通知申请人。

4.根据《办理刑事案件程序规定》第36条的规定,在作出回避决定前,申请或者被申请回避的公安机关负责人、侦查人员不得停止对案件的侦查。作出回避决定后,申请或者被申请回避的公安机关负责人、侦查人员不得再参与本案的侦查工作。《办理刑事案件程序规定》第

37条规定,被决定回避的公安机关负责人、侦查人员在回避决定作出以前所进行的诉讼活动是否有效,由作出决定的机关根据案件情况决定。

【例文】

×××公安局

回避/驳回申请回避决定书

(存　根)

×公(刑)回/驳回字〔20××〕9号

案件名称　高××盗窃案

案件编号　××××××

申 请 人　高××

被申请人　杨××

决定内容　同意回避

决定理由　杨××是被害人的妹夫

决 定 人　王××

批准时间　20××年×月×日

办 案 人　粟××、赵××

办案单位　××市公安局刑侦支队

填发时间　20××年×月×日

填 发 人　粟××

×公(刑)回字贰零××第玖号

×××公安局

回避/驳回申请回避决定书

(副　本)

×公(刑)回/驳回字〔20××〕9号

申请人　高××　,性别　男　,出生日期　19××年×月×日　,住址　××市××区××路××栋××号　,单位　××市××汽车修理厂　,本案中的身份　犯罪嫌疑人　。

被申请人　杨××　,单位及职务　××市公安局刑侦支队侦查员　。

申请人于　20××　年　×　月　×　日以　杨××是被害人贾××的妹夫　为由,提出要求办理　高××盗窃案的　杨××　回避的申请,经审查,认为　杨××确系被害人贾××的妹夫　,根据《中华人民共和国刑事诉讼法》第二十九条、第三十一条之规定,由　本局局长王××　决定　侦查员杨××回避　。

如不服本决定,申请人可以在收到本决定书五日以内向　××公安局　申请复议。

公安局(印)

二〇××年×月×日

本决定书已收到。

申请人:高××

20××年×月×日

此联附卷

第四章　律师参与刑事诉讼文书

第一节　提供法律援助通知书

一、概念及法律依据

提供法律援助通知书是公安机关在办案中发现犯罪嫌疑人属于《刑事诉讼法》34条、第267条规定的法律援助对象，通知法律援助机构指派律师提供法律援助时使用的文书。

《刑事诉讼法》第35条规定："犯罪嫌疑人、被告人因经济困难或者其他原因没有委托辩护人的，本人及其近亲属可以向法律援助机构提出申请。对符合法律援助条件的，法律援助机构应当指派律师为其提供辩护。犯罪嫌疑人、被告人是盲、聋、哑人，或者是尚未完全丧失辨认或者控制自己行为能力的精神病人，没有委托辩护人的，人民法院、人民检察院和公安机关应当通知法律援助机构指派律师为其提供辩护。犯罪嫌疑人、被告人可能被判处无期徒刑、死刑，没有委托辩护人的，人民法院、人民检察院和公安机关应当通知法律援助机构指派律师为其提供辩护。"《刑事诉讼法》第278条规定："未成年犯罪嫌疑人、被告人没有委托辩护人的，人民法院、人民检察院、公安机关应当通知法律援助机构指派律师为其提供辩护。"

《公安机关办理刑事案件程序规定》第41条规定："公安机关在第一次讯问犯罪嫌疑人或者对犯罪嫌疑人采取强制措施的时候，应当告知犯罪嫌疑人有权委托律师作为辩护人，并告知其如果因经济困难或者其他原因没有委托辩护律师的，可以向法律援助机构申请法律援助。告知的情形应当记录在案。对于同案的犯罪嫌疑人委托同一名辩护律师的，或者两名以上未同案处理但实施的犯罪存在关联的犯罪嫌疑人委托同一名辩护律师的，公安机关应当要求其更换辩护律师。"第44条规定："符合下列情形之一，犯罪嫌疑人没有委托辩护律师的，公安机关应当及时通知法律援助机构为犯罪嫌疑人指派辩护律师：(1)犯罪嫌疑人是盲、聋、哑人，或者是尚未完全丧失辨认或者控制自己行为能力的精神病人；(2)犯罪嫌疑人可能被判处无期徒刑、死刑。"

二、结构内容及写作方法

本文书是多联式填充型文书，一纸三联，由存根、附卷联（副本）、交法律援助机构联（正本）组成。

1.存根。存根是公安机关通知法律援助机构的凭证，用于留存备查。按照有关栏目填写内容。

2.正本。主要填写案件名称、犯罪嫌疑人的基本情况、提供法律援助的理由、法律依据、犯罪嫌疑人羁押处所／住所、联系人姓名及联系方式。其中，提供法律援助的理由应当根据《刑事诉讼法》第35条和第278条规定的几种情形选择填写。法律依据也应按照具体的情形选择《刑事诉讼法》第35条或是《刑事诉讼法》第278条。

3.副本。副本填写的内容与正本制作要求相同。

三、制作与使用应注意的事项

1.《公安机关办理刑事案件程序规定》第45条规定："公安机关收到在押的犯罪嫌疑人提出的法律援助申请后，应当在24小时以内将其申请转交所在地的法律援助机构。并通知申请人的监护人、近亲属或者其委托的其他人员协助提供有关证件、证明等相关材料。犯罪嫌疑人的监护人、近亲属或者其委托的其他人员地址不详无法通知的，应当在转交申请时一并告知法律援助机构。犯罪嫌疑人拒绝法律援助机构指派的律师作为辩护人或者自行委托辩护人的，公安机关应当在3日以内通知法律援助机构。"

2.本文书正本交法律援助机构，并让法律援助机构收件人在副本上签名。

【例文】

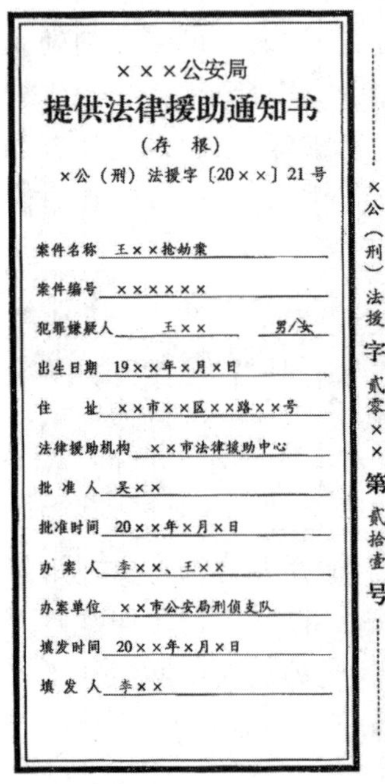

×××公安局

提供法律援助通知书

（存　根）

×公（刑）法援字〔20××〕21号

案件名称　王××抢劫案

案件编号　××××××

犯罪嫌疑人　王××　男/女

出生日期　19××年×月×日

住　　址　××市××区××路××号

法律援助机构　××市法律援助中心

批 准 人　吴××

批准时间　20××年×月×日

办 案 人　李××、王××

办案单位　××市公安局刑侦支队

填发时间　20××年×月×日

填 发 人　李××

×公（刑）法援字贰零××第贰拾壹号

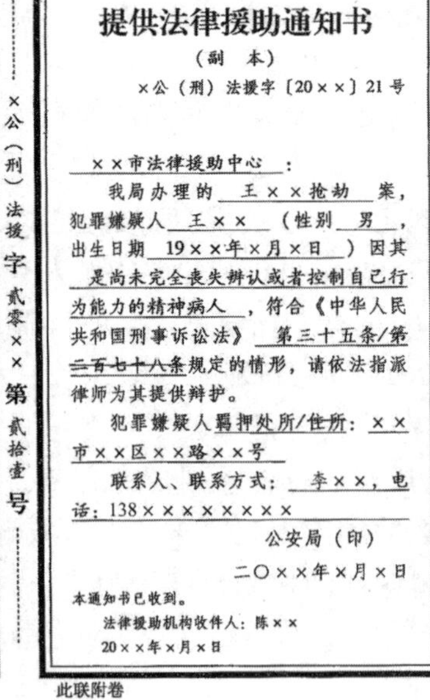

×××公安局

提供法律援助通知书

（副　本）

×公（刑）法援字〔20××〕21号

××市法律援助中心：

我局办理的王××抢劫案，犯罪嫌疑人王××（性别男，出生日期19××年×月×日）因其是尚未完全丧失辨认或者控制自己行为能力的精神病人，符合《中华人民共和国刑事诉讼法》第三十五条/~~第二百七十八条~~规定的情形，请依法指派律师为其提供辩护。

犯罪嫌疑人羁押处所/~~住所~~：××市××区××路××号

联系人、联系方式：李××，电话：138××××××××

公安局（印）

二〇××年×月×日

本通知书已收到。

法律援助机构收件人：陈××

20××年×月×日

此联附卷

×公（刑）法援字贰零××第贰拾壹号

×××公安局

提供法律援助通知书

×公（刑）法援字〔20××〕21号

×××法律援助中心：

我局办理的刘××抢劫案，犯罪嫌疑人王××（性别男，出生日期19××年×月×日）因其是尚未完全丧失辨认或者控制自己行为能力的精神病人，符合《中华人民共和国刑事诉讼法》第三十五条/~~第二百七十八条~~规定的情形，请依法指派律师为其提供辩护。

犯罪嫌疑人羁押处所/~~住所~~：××市××区××路××号

联系人、联系方式：李××，电话：138××××××××

公安局（印）

二〇××年×月×日

此联交法律援助机构

第二节　会见犯罪嫌疑人申请表

一、概念及法律依据

会见犯罪嫌疑人申请表是公安机关在办理涉及危害国家安全犯罪、恐怖活动犯罪案件过程中，对辩护律师要求会见犯罪嫌疑人的申请进行审查时使用的文书。

《刑事诉讼法》第39条第3款规定："危害国家安全犯罪、恐怖活动犯罪案件，在侦查期间辩护律师会见在押的犯罪嫌疑人，应当经侦查机关许可。上述案件，侦查机关应当事先通知看守所。"该条第5款规定："辩护律师同被监视居住的犯罪嫌疑人会见、通信，适用本条第1、3、4款的规定。"

《公安机关办理刑事案件程序规定》第48条规定："辩护律师可以同在押或者被监视居住的犯罪嫌疑人会见、通信。"第49条第1款规定："对危害国家安全犯罪案件、恐怖活动犯罪案件，办案部门应当在将犯罪嫌疑人送看守所羁押时书面通知看守所；犯罪嫌疑人被监视居住的，应当在送交执行时书面通知执行机关。"第2款也作了相应规定。

二、结构内容及写作方法

本文书是单联表格式文书。由申请人情况、犯罪嫌疑人情况、申请内容和侦查机关意见四部分组成。

1.申请人基本情况包括申请人的姓名、性别、出生日期、单位、律师执业证编号。

2.犯罪嫌疑人情况包括犯罪嫌疑人的姓名、性别、出生日期、涉嫌的罪名、拘留、逮捕或监视居住的时间。

3.申请内容应填写委托人的姓名、犯罪嫌疑人或其亲属、法律依据。

4.侦查机关意见由办案人意见、办案单位意见和领导批示三个部分组成。办案人意见由承办该案的侦查人员填写，提出或是同意会见或是不同意会见的建议性意见。办案单位意见由办案单位负责人填写。领导批示由县级以上公安机关负责人填写。

三、制作与使用应注意的事项

1.对辩护律师提出的会见申请，应当在收到申请后48小时以内，报经县级以上公安机关负责人批准，作出同意或者不同意的决定。

2.本文书经领导签署意见后即具有法律效力。如果批准会见，则应制作准予会见犯罪嫌疑人决定书、通知书；如不批准会见，则制作不准予会见犯罪嫌疑人决定书、通知书。

3.侦查终结时，本文书存入侦查卷。

【例文】

会见犯罪嫌疑人申请表

<table>
<tr><td>申请人</td><td>李××</td><td>性　别</td><td>女</td><td>出生日期</td><td>19××年×月×日</td></tr>
<tr><td>单　位</td><td>××市阳光律师事务所</td><td>律师执业证
编　号</td><td colspan="3">××××××××</td></tr>
<tr><td>犯罪
嫌疑人</td><td>王××</td><td>性　别</td><td>男</td><td>出生日期</td><td>19××年×月×日</td></tr>
<tr><td>涉嫌罪名</td><td>危害国家安全罪</td><td colspan="3">拘留/逮捕/监视居住
时　间</td><td>20××年×月×日</td></tr>
<tr><td colspan="6">我受　王××　委托，为犯罪嫌疑人提供辩护。根据《中华人民共和国刑事诉讼法》第三十九条第　三　款之规定，特申请会见犯罪嫌疑人。
申请人：李××　　　　20××年×月×日</td></tr>
<tr><td rowspan="3">侦查机关
意见</td><td colspan="5">办案人意见：
因涉及危害国家安全犯罪，律师会见犯罪嫌疑人可能妨碍案件侦查，建议不批准律师会见犯罪嫌疑人高××。
20××年×月×日</td></tr>
<tr><td colspan="5">办案单位意见：
拟同意办案人意见。
20××年×月×日</td></tr>
<tr><td colspan="5">领导批示：
同意办案单位意见。
20××年×月×日</td></tr>
</table>

第三节　准予会见犯罪嫌疑人决定书、通知书

一、概念及法律依据

准予会见犯罪嫌疑人决定书、通知书是公安机关在办理涉及危害国家安全犯罪、恐怖活动犯罪案件中，经过审查，依法决定批准委托律师会见犯罪嫌疑人时制作和使用的文书。

《刑事诉讼法》第39条第3款规定："危害国家安全犯罪、恐怖活动犯罪、特别重大贿赂犯罪案件，在侦查期间辩护律师会见在押的犯罪嫌疑人，应当经侦查机关许可。上述案件，侦查机关应当事先通知看守所。"该条第5款规定："辩护律师同被监视居住的犯罪嫌疑人会见、通信，适用本条第1、3、4款的规定。"

《公安机关办理刑事案件程序规定》第49条第3款、第5款也作了相关规定。

二、结构内容及写作方法

本文书属于多联式填充型，一纸四联，由存根、决定书正本、副本、通知书组成。

1.存根。存根用于公安机关留存备查。按照栏目填写内容。

2.决定书正本。包括申请人的基本情况、法律依据、会见的犯罪嫌疑人姓名、看守所或监视居住执行部门名称等。申请人的基本情况应填写律师的姓名、所在律师事务所的名称和律师执业证编号。法律依据即《刑事诉讼法》第39条第3款或者第5款，如果是会见在押的犯罪嫌疑人，法律依据为《刑事诉讼法》第39条第3款；如果会见被监视居住的犯罪嫌疑人，法律依据为《刑事诉讼法》第39条第5款。

3.副本。副本与正本内容相同。按照栏目填写内容。

4.通知书。通知书是看守所或者监视居住执行部门接待律师会见犯罪嫌疑人的凭据，主要填写法律依据、律师事务所名称、律师姓名、律师执业证编号、犯罪嫌疑人基本情况、被采取刑事强制措施的时间和种类。

三、制作与使用应注意的事项

1.本文书是根据公安机关批准的会见犯罪嫌疑人申请表制作。

2.本文书制作完毕后，应当及时将决定书正本送达申请会见的律师，副本请申请人签字后附卷。通知书应及时送达看守所或者监视居住执行部门，由他们安排会见的具体时间。

【例文】

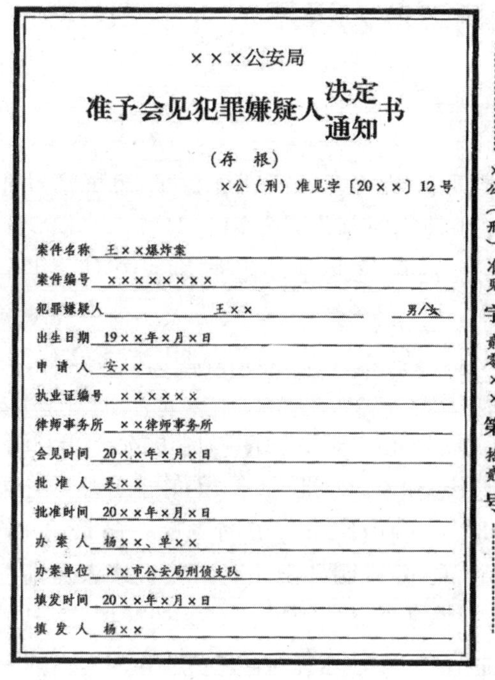

×××公安局

准予会见犯罪嫌疑人决定/通知书

（存 根）

×公（刑）准见字〔20××〕12号

案件名称 王××爆炸案

案件编号 ××××××××

犯罪嫌疑人 王×× 男/女

出生日期 19××年×月×日

申 请 人 安××

执业证编号 ××××××

律师事务所 ××律师事务所

会见时间 20××年×月×日

批 准 人 吴××

批准时间 20××年×月×日

办 案 人 杨××、单××

办案单位 ××市公安局刑侦支队

填发时间 20××年×月×日

填 发 人 杨××

×公（刑）准见字贰零××第拾贰号

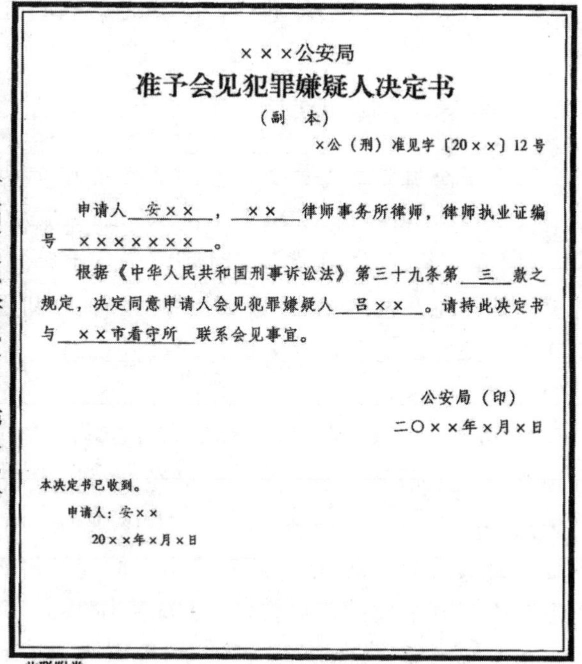

×××公安局

准予会见犯罪嫌疑人决定书

（副 本）

×公（刑）准见字〔20××〕12号

申请人 安×× ， ×× 律师事务所律师，律师执业证编号 ××××××× 。

根据《中华人民共和国刑事诉讼法》第三十九条第 三 款之规定，决定同意申请人会见犯罪嫌疑人 吕×× 。请持此决定书与 ××市看守所 联系会见事宜。

公安局（印）

二〇××年×月×日

本决定书已收到。

申请人：安××

20××年×月×日

此联附卷

×公（刑）准见字〔20××〕12号

×××公安局
准予会见犯罪嫌疑人决定书

×公（刑）准见字〔20××〕12号

申请人 安×× ， ×× 律师事务所律师，律师执业证编号 ×××××× 。

根据《中华人民共和国刑事诉讼法》第三十九条第 三 款之规定，决定同意申请人会见犯罪嫌疑人 王×× 。请持此决定书与 ××市看守所 联系会见事宜。

公安局（印）
二〇××年×月×日

此联交申请人

×公（刑）准见字〔20××〕12号

×××公安局
准予会见犯罪嫌疑人通知书

×公（刑）准见字〔20××〕12号

××市看守所 ：

根据《中华人民共和国刑事诉讼法》第三十九条第 三 款之规定，决定同意 ×× 律师事务所安×× 律师（律师执业证编号 ×××××× ）会见犯罪嫌疑人 王×× （性别 男 ，出生日期 19××年×月×日 ，于 20×× 年 × 月 × 日被执行 逮捕 ）。请予以安排。

公安局（印）
二〇××年×月×日

此联交看守所或者执行监视居住单位

第四节　不准予会见犯罪嫌疑人决定书

一、概念及法律依据

不准予会见犯罪嫌疑人决定书是公安机关在办理涉及危害国家安全犯罪、恐怖活动犯罪案件中，经过审查，依法决定不批准律师会见犯罪嫌疑人时制作和使用的文书。

《刑事诉讼法》第39条第3款规定：“危害国家安全犯罪、恐怖活动犯罪案件，在侦查期间辩护律师会见在押的犯罪嫌疑人，应当经侦查机关许可。上述案件，侦查机关应当事先通知看守所。”第5款规定：“辩护律师同被监视居住的犯罪嫌疑人会见、通信，适用本条第1、3、4款的规定。”

《公安机关办理刑事案件程序规定》第49条第3款规定：“对辩护律师提出的会见申请，应当在收到申请后48小时以内，报经县级以上公安机关负责人批准，作出许可或者不许可的决定。除有碍侦查或者可能泄露国家秘密的情形外，应当作出许可的决定。”该条第4款规定：“公安机关不许可会见的，应当书面通知辩护律师，并说明理由。有碍侦查或者可能泄露国家秘密的情形消失后，公安机关应当许可会见。”该条第5款规定：“有下列情形之一的，属于本条规定的‘有碍侦查’：(一)可能毁灭、伪造证据，干扰证人作证或者串供的；(二)可能引起犯罪嫌疑人自残、自杀或者逃跑的；(三)可能引起同案犯逃避、妨碍侦查的；(四)犯罪嫌疑人的家属与犯罪有牵连的。”

二、结构内容及写作方法

本文书属于多联式填充型文书，一纸三联，由存根、正本、副本组成。

1.存根。存根用于公安机关留存备查。按照栏目填写内容。

2.正本。正本是公安机关不准予受委托律师会见犯罪嫌疑人的依据。主要填写申请人基本情况、案件名称、涉及案件类型、法律依据、犯罪嫌疑人姓名等。

3.副本。副本与正本内容相同。主要用于公安机关作出不准予受委托律师会见犯罪嫌疑人决定的凭证。

三、制作与使用应注意的事项

1.本文书制作完毕后，侦查人员应当将文书的正本送达律师收存，并请律师在决定书副本上签收。

2.侦查终结时本文书存入诉讼卷。

【例文】

×××公安局

不准予会见犯罪嫌疑人决定书

（存　根）

×公（刑）不准见字〔20××〕24号

案件名称　杨××背叛国家案

案件编号　××××××××

犯罪嫌疑人　杨××　　男/女

出生日期　19××年×月×日

申 请 人　王××

执业证编号　××××××××

律师事务所　××市××律师事务所

不准予会见原因　有碍侦查

批 准 人　吴××

批准时间　20××年×月×日

办 案 人　杨××、单××

办案单位　××市公安局刑侦支队

填发时间　20××年×月×日

填 发 人　杨××

×公（刑）不准见字贰零××第贰拾肆号

×××公安局

不准予会见犯罪嫌疑人决定书

（副　本）

×公（刑）不准见字〔20××〕24号

申请人　王××　，　××市××　律师事务所律师，律师执业证编号　××××××××　。

因　杨××背叛国家　案属于危害国家安全犯罪案件/~~恐怖活动犯罪案件~~，会见有碍侦查或者可能泄露国家秘密，根据《中华人民共和国刑事诉讼法》第三十九条第　三　款之规定，决定不准予申请人会见犯罪嫌疑人　杨××

公安局（印）

二○××年×月×日

本决定书已收到。

申请人：王××

20××年×月×日

此联附卷

×公（刑）不准见字贰零××第贰拾肆号

×××公安局

不准予会见犯罪嫌疑人决定书

×公（刑）不准见字〔20××〕24号

申请人　王××　，　××市阳光律师事务所律师，律师执业证编号　××××××××　。

因　杨××背叛国家　案属于危害国家安全犯罪案件/~~恐怖活动犯罪案件~~，会见有碍侦查或者可能泄露国家秘密，根据《中华人民共和国刑事诉讼法》第三十九条第　三　款之规定，决定不准予申请人会见犯罪嫌疑人　杨××　。

公安局（印）

二○××年×月×日

此联交申请人

第五章　强制措施文书

第一节　拘传、传讯文书

一、拘传证

(一)概念及法律依据

拘传证是公安机关在侦查过程中,对未被逮捕、拘留的犯罪嫌疑人,依法强制其到指定地点接受讯问时制作和使用的凭证性文书。

《刑事诉讼法》第66条规定:"人民法院、人民检察院和公安机关根据案件情况,对犯罪嫌疑人、被告人可以拘传、取保候审或者监视居住。"第119条规定:"对不需要逮捕、拘留的犯罪嫌疑人,可以传唤到犯罪嫌疑人所在市、县内的指定地点或者到他的住处进行讯问,但是应当出示人民检察院或者公安机关的证明文件。对在现场发现的犯罪嫌疑人,经出示工作证件,可以口头传唤,但应当在讯问笔录中注明。传唤、拘传持续的时间不得超过12小时;案情特别重大、复杂,需要采取拘留、逮捕措施的,传唤、拘传持续的时间不得超过24小时。不得以连续传唤、拘传的形式变相拘禁犯罪嫌疑人。传唤、拘传犯罪嫌疑人,应当保证犯罪嫌疑人的饮食和必要的休息时间。"

《公安机关办理刑事案件程序规定》第74条第1款规定:"公安机关根据案件情况对需要拘传的犯罪嫌疑人,或者经过传唤没有正当理由不到案的犯罪嫌疑人,可以拘传到其所在市、县内的指定地点进行讯问。"

拘传证具有不可抗拒的法律强制性,被拘传人必须服从,不得违抗。适用拘传的对象必须是犯罪嫌疑人,对于犯罪嫌疑人以外的案件当事人不能使用拘传。

(二)结构内容及写作方法

本文书一纸二联,由存根、正本构成。

1.正本。正本是通知犯罪嫌疑人接受讯问的依据和凭证,用于附卷。主要填写拘传的法律依据和犯罪嫌疑人的基本情况。

2.存根。存根是公安机关采取强制措施的凭证,用于留存备查。按照栏目填写内容。

(三)制作与使用应注意的事项

1.拘传证是办案单位的呈请拘传报告书经县级以上公安机关负责人批准后制作的,没有县级以上公安机关负责人的批准,不得擅自制作。

2.拘传期限届满,未作出采取其他强制措施决定的,应当立即结束拘传。

3.侦查终结后,拘传证存入诉讼卷。

【例文】

×××公安局

拘传证

(存　根)

×公(经)拘传字〔20××〕43号

案件名称　齐××合同诈骗案

案件编号　××××××××

犯罪嫌疑人　齐××　男/女

出生日期　19××年×月×日

住　　址　××市××区××路××号

单位及职业　××公司经理

拘传原因　涉嫌合同诈骗罪接受讯问

批 准 人　王××

批准时间　20××年6月23日

执 行 人　王××、蔡××

办案单位　××市公安局经侦支队

填发时间　20××年6月23日

填 发 人　王××

×公(经)拘传字贰零××第肆拾叁号

×××公安局

拘传证

×公(经)拘传字〔20××〕43号

根据《中华人民共和国刑事诉讼法》第六十六条之规定,兹决定对犯罪嫌疑人齐××(性别男,出生日期19××年×月×日,住址××市××区××路××号)执行拘传。

公安局(印)

二〇××年六月二十三日

本证已于20××年6月23日9时向我宣布。

被拘传人:齐××(捺指印)

拘传到案时间20××年6月23日10时。

被拘传人:齐××(捺指印)

拘传结束时间20××年6月23日13时。

被拘传人:齐××(捺指印)

此联附卷

二、传讯通知书

(一)概念及法律依据

传讯通知书是公安机关通知被取保候审或者监视居住的犯罪嫌疑人接受公安机关讯问时制作和使用的通知性文书。

《刑事诉讼法》第71条第1款第3项规定:“被取保候审的犯罪嫌疑人应当在传讯的时候及时到案。”第77条第1款第3项规定:“被监视居住的犯罪嫌疑人应当在传讯的时候及时到案。”

《公安机关办理刑事案件程序规定》第85条、第111条也有相关规定。

(二)结构内容及写作方法

本文书一纸三联,由存根、正本和副本构成。

存根联由制作单位存档备查。包括发文字号、案件名称、案件编号、被传讯人姓名、性别、出生日期、住址、单位及职业、强制措施类型、传讯的指定时间、指定地点、批准人、批准时间、执行人、办案单位、填发时间、填发人等,被采取强制措施的类型为取保候审或者监视居住。

1. 正本。正本是公安机关通知犯罪嫌疑人接受传讯的依据和凭证，包括被传讯人姓名、传讯的法律依据、传讯犯罪嫌疑人的时间和地点。其中，传讯被取保候审人的法律依据是《刑事诉讼法》第71条；传讯被监视居住人的法律依据是《刑事诉讼法》第77条；传讯的时间要精确到小时；传讯的地点应当在公安机关执法办案场所的办案区内。

2. 副本。副本作为公安机关取证活动的凭证，用于附卷，其主要内容与正本的制作要求相同。附注部分，须由传讯人或其家属填写被传讯通知书接收时间；由被传讯人填写被传讯人到达时间；对于文书无法送达或被传讯人未按规定接受传讯的，侦查人员应当注明具体情况。

（三）制作与使用应注意的事项

1. 被传讯人无正当理由不到案情节严重的，或者经过两次传讯不到案的，公安机关可以提请批准逮捕。

2. 传讯通知书一次有效，如果需要再次传讯犯罪嫌疑人，应当重新制作新的传讯通知书。

3. 侦查终结后，传讯通知书存入诉讼卷。

【例文】

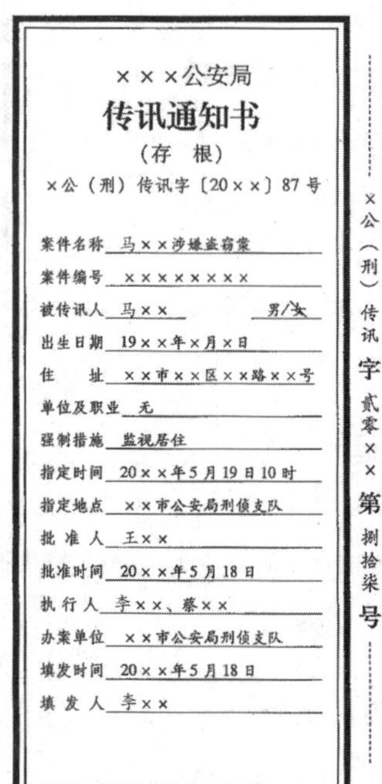

×××公安局

传讯通知书

（存　根）

×公（刑）传讯字〔20××〕87号

案件名称　马××涉嫌盗窃案

案件编号　×××××××××

被传讯人　马××　　男/~~女~~

出生日期　19××年×月×日

住　　址　××市××区××路××号

单位及职业　无

强制措施　监视居住

指定时间　20××年5月19日10时

指定地点　××市公安局刑侦支队

批 准 人　王××

批准时间　20××年5月18日

执 行 人　李××、蔡××

办案单位　××市公安局刑侦支队

填发时间　20××年5月18日

填 发 人　李××

×公（刑）传讯字贰零××第捌拾柒号

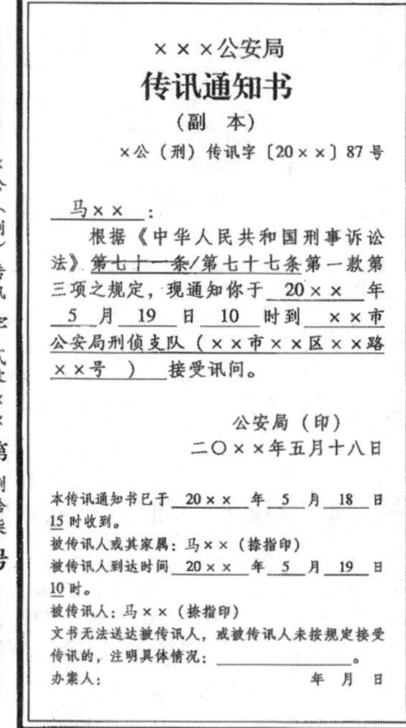

×××公安局

传讯通知书

（副　本）

×公（刑）传讯字〔20××〕87号

马××：

根据《中华人民共和国刑事诉讼法》~~第七十一条~~/第七十七条第一款第三项之规定，现通知你于20××年5月19日10时到××市公安局刑侦支队（××市××区××路××号）接受讯问。

公安局（印）

二〇××年五月十八日

本传讯通知书已于20××年5月18日15时收到。

被传讯人或其家属：马××（捺指印）

被传讯人到达时间20××年5月19日10时。

被传讯人：马××（捺指印）

文书无法送达被传讯人，或被传讯人未按规定接受传讯的，注明具体情况：＿＿＿＿＿＿。

办案人：　　　　　年　月　日

此联附卷

×公（刑）传讯字贰零××第捌拾柒号

×××公安局

传讯通知书

×公（刑）传讯字〔20××〕87号

马××：

根据《中华人民共和国刑事诉讼法》~~第七十一条~~/第七十七条第一款第三项之规定，现通知你于20××年5月19日10时到××市公安局刑侦支队（××市××区××路××号）接受讯问。

公安局（印）

二〇××年五月十八日

此联交被传讯人或其家属

第二节　取保候审文书

一、取保候审决定书、执行通知书

（一）概念及法律依据

取保候审决定书、执行通知书是公安机关在侦查过程中依法对犯罪嫌疑人采取取保候审措施时制作和使用的决定性、凭证性文书。取保候审是《刑事诉讼法》规定的刑事强制措施之一，有利于公安机关调查取证以及有效约束犯罪嫌疑人，对公安机关侦查活动的顺利进行具有重要作用。

《刑事诉讼法》第66条规定："人民法院、人民检察院和公安机关根据案件情况，对犯罪嫌疑人、被告人可以拘传、取保候审或者监视居住。"第67条规定："人民法院、人民检察院和公安机关对有下列情形之一的犯罪嫌疑人、被告人，可以取保候审：(1)可能判处管制、拘役或者独立适用附加刑的；(2)可能判处有期徒刑以上刑罚，采取取保候审不致发生社会危险性的；(3)患有严重疾病、生活不能自理，怀孕或者正在哺乳自己婴儿的妇女，采取取保候审不致发生社会危险性的；(4)羁押期限届满，案件尚未办结，需要采取取保候审的。"第91条第3款、第98条也有相关规定。

《公安机关办理刑事案件程序规定》第77条对适用取保候审的条件也做了进一步说明，第1款规定了适用取保候审常见的几种情形；第2款规定，对拘留的犯罪嫌疑人，证据不符合逮捕条件，以及提请逮捕后，人民检察院不批准逮捕，需要继续侦查，并且符合取保候审条件的，可以依法取保候审。

（二）结构内容及写作方法

取保候审决定书、执行通知书一式四联，第一联存根；第二、三联为决定书的副本和正本，副本附卷，正本交被取保候审人；第四联为执行通知书，交执行单位。

1.存根。存根由制作单位存档备查。此联主要填写文书编号、案件名称、案件编号，被取保候审人姓名、性别、出生日期，取保候审原因、起算时间、保证人姓名、性别、出生日期、保证金数额、办案单位、执行机关、批准人、批准时间、填发时间和填发人等。

2.决定书。其正本与副本的制作内容相同，包括首部、正文、尾部。

正文，包括犯罪嫌疑人的基本情况、案件名称、取保候审的原因、取保候审的法律依据、取保候审的起算时间、保证人姓名或者保证金数额。取保候审的原因可根据案件情况按照《刑事诉讼法》第67条规定的有关事项分别填写，其中，因患有严重疾病被取保候审的，应写明患有何种疾病。法律依据可根据不同情况分别填写《刑事诉讼法》第67条第1款、第91条第3款或第98条等条款。取保候审的起算时间应填写取保候审决定日期。不能同时采取保证人保证和保证金保证，在填写时根据情况须划掉另一项。采取保证金取保候审的，保证金起点数额为人民币1000元。具体数额应当综合考虑保证诉讼活动正常进行的需要，犯罪嫌疑人的社会危险性，案件的性质、情节，可能判处刑罚的轻重，以及犯罪嫌疑人的经济状况等情况确定。保证金应当以人民币交纳。

决定书的正本交被取保候审人,是公安机关通知犯罪嫌疑人对其采取取保候审的凭证。副本作为公安机关采取强制措施的凭证,由被取保候审人签收后附卷。

3.执行通知书。该联是取保候审决定机关通知执行机关对被取保候审人进行监督管理的凭证,交被取保候审人居住地派出所。主要填写取保候审的理由、案件名称、被取保候审人的姓名、性别、出生日期、住址、单位及职业、联系方式、取保候审的起算时间和保证方式。

(三)制作与使用应注意的事项

1.公安机关需要对犯罪嫌疑人取保候审的,应当制作呈请取保候审报告书,说明取保候审的理由、采取的保证方式以及应当遵守的规定,经县级以上公安机关负责人批准,制作取保候审决定书。取保候审决定书应当向犯罪嫌疑人宣读,由犯罪嫌疑人签名、捺指印。

2.执行取保候审的派出所应当履行下列职责:告知被取保候审人必须遵守的规定,及其违反规定或者在取保候审期间重新犯罪应当承担的法律后果;监督、考察被取保候审人遵守有关规定,及时掌握其活动、住址、工作单位、联系方式及变动情况;监督保证人履行保证义务;被取保候审人违反取保候审规定以及保证人未履行保证义务的,应当及时制止、采取紧急措施,同时告知决定机关。此外,执行取保候审的派出所可以责令被取保候审人定期报告有关情况并制作笔录。

3侦查终结时,取保候审决定书副本应当存入诉讼卷。

二、取保候审保证书

(一)概念及法律依据

取保候审保证书是保证人向公安机关出具的保证监督犯罪嫌疑人遵守有关规定的文书。

《刑事诉讼法》第68条规定:“人民法院、人民检察院和公安机关决定对犯罪嫌疑人、被告人取保候审,应当责令犯罪嫌疑人、被告人提出保证人或者交纳保证金。”

(二)结构内容及写作方法

本文书是单联式填充型文书,一式两份,一份附卷,一份交保证人。

本文书由保证人情况、保证事项两部分组成。保证人情况应填写保证人的姓名、性别、出生日期、住址、身份证件名称及号码、单位及职业、联系方式、与犯罪嫌疑人的关系(如“父子”“夫妻”“兄弟”“姐妹”“朋友”“同事”等)。保证事项是《刑事诉讼法》第69条的规定,已经印在保证书上,需要选择填充的部分应该与被取保候审人义务告知书所填写的内容一致。最后是保证人应该承担的法律责任、送达机关和保证人签字。

(三)制作与使用应注意的事项

1.《公安机关办理刑事案件程序规定》第80条规定:“公安机关决定对犯罪嫌疑人取保候审的,应当责令犯罪嫌疑人提出保证人或者交纳保证金。对同一犯罪嫌疑人,不得同时责令其提出保证人和交纳保证金。”

2.侦查终结时,取保候审保证书存入诉讼卷。

【例文】

取保候审保证书

我叫江××，性别男，出生日期19××年×月×日，现住××市××区××号，身份证件名称身份证，号码××××××××××××××××××，单位及职业××市××，联系方式136××××××××，与犯罪嫌疑人李××是同事关系。

我自愿作如下保证：

监督犯罪嫌疑人在取保候审期间遵守下列规定：

(一)未经执行机关批准不得离开所居住的市、县；

(二)住址、工作单位和联系方式发生变动的，在二十四小时以内向执行机关报告；

(三)在传讯的时候及时到案；

(四)不得以任何形式干扰证人作证；

(五)不得毁灭、伪造证据或者串供。

监督犯罪嫌疑人遵守以下规定：

(一)不得进入__________等场所；

(二)不得与受害人张××、证人杨××会见或者通信；

(三)不得从事_______________等活动；

(四)将护照、驾驶证证件交执行机关保存。

本人未履行保证义务的，愿承担法律责任。

此致

××市公安局

保证人：江××

20××年3月15日

一式两份，一份附卷，一份交保证人。

三、收取保证金通知书

(一)概念及法律依据

收取保证金通知书是公安机关在侦查过程中，决定对犯罪嫌疑人采取保证金担保方式取保候审时，通知被取保候审的犯罪嫌疑人交纳保证金的文书。

《刑事诉讼法》第68条规定："人民法院、人民检察院和公安机关决定对犯罪嫌疑人、被告人取保候审，应当责令犯罪嫌疑人、被告人提出保证人或者交纳保证金。"

(二)结构内容及写作方法

本文书为多联式填充型文书，由存根、交被取保候审人联、交银行联、回执联组成。

存根。存根是公安机关收取保证金的依据和凭证，用于公安机关留存备查。按照规定栏目填写即可。

交被取保候审人联。该联是通知犯罪嫌疑人交纳保证金的依据和凭证。正文填写交纳保证金的截止日期、交款银行名称、交纳保证金的数额(大写)等。

交银行联。该联是银行收取被取保候审人交纳的保证金的依据。

回执联。该联是银行已经收取被取保候审人交纳的保证金并存入保证金专户的凭证，公安机关凭此回执给犯罪嫌疑人办理取保候审并留存备查。

（三）制作与使用应注意的事项

1.犯罪嫌疑人的保证金起点数额为人民币1000元，具体数额应当综合考虑保证诉讼活动正常进行的需要、犯罪嫌疑人的社会危险性、案件的性质、情节、可能判处刑罚的轻重以及犯罪嫌疑人的经济状况等情况确定。

2.县级以上公安机关应当在其指定的银行设立取保候审保证金专门账户，委托银行代为收取和保管保证金。提供保证金的人，应当一次性将保证金存入取保候审保证金专门账户。保证金应当以人民币交纳。保证金应当由办案部门以外的部门管理。严禁截留、坐支、挪用或者以其他任何形式侵吞保证金。

3.犯罪嫌疑人或其亲友、法定代理人、单位到公安机关指定的银行专户交纳保证金，公安机关收到银行的回执后，办理取保候审手续。

4.侦查终结时，收取保证金通知书存入诉讼卷。

【例文】

×××公安局

收取保证金通知书

（存　根）

×公（刑）收保字〔20××〕56号

案件名称　孙××涉嫌盗窃案

案件编号　××××××

被取保候审人　孙××　　男/女

出生日期　19××年×月×日

住　　址　××县××镇××村

单位及职业　××县××镇××村农民

保证金数额（大写）　伍仟元整

代收银行　××县××银行××支行

收取截止时间　20××年8月15日

批 准 人　肖××

批准时间　20××年8月12日

办 案 人　于××、魏××

办案单位　××县公安局刑侦大队

填发时间　20××年8月12日

填 发 人　魏××

×公（刑）收保字贰零××第伍拾陆号

×××公安局

收取保证金通知书

×公（刑）收保字〔20××〕56号

孙××：

根据《中华人民共和国刑事诉讼法》第六十八条、第七十二条之规定，请持此通知书于 20×× 年 8 月 15 日之前到××县××银行××支行 银行交纳取保候审保证金（大写） 伍仟 元。

公安局（印）

二〇××年八月十二日

此联交被取保候审人

×公（刑）收保字贰零××第伍拾陆号

×××公安局

收取保证金通知书

×公（刑）收保字〔20××〕56号

××县××银行××支行：

根据《中华人民共和国刑事诉讼法》第六十八条、第七十二条之规定，决定对被取保候审人孙××（性别男，出生日期19××年×月×日，住址××县××镇××村）收取保证金。请你单位将其交纳的取保候审保证金（大写）伍仟元存入我局保证金专户。

公安局（印）

二〇××年八月十二日

此联交银行

×公（刑）收保字贰零××第伍拾陆号

×××公安局

收取保证金通知书

（回　执）

×公（刑）收保字〔20××〕56号

××县公安局：

根据你局通知，我单位已于20××年8月14日收取孙××（性别男，出生日期19××年×月×日，住址××县××镇××村）交来的保证金（大写）伍仟元并存入你局保证金专户。

银行（印）

二〇××年八月十四日

此联由银行填写后退回办案机关附卷

四、退还保证金决定书、通知书

退还保证金决定书、通知书是公安机关在被取保候审人在取保候审期间未违反规定，在取保候审结束的时候依法退还其保证金时制作的文书。

《刑事诉讼法》第73条规定："犯罪嫌疑人、被告人在取保候审期间未违反本法第七十一条规定的，取保候审结束的时候，凭解除取保候审的通知或者有关法律文书到银行领取退还的保证金。"

《公安机关办理刑事案件程序规定》第97条也作了规定。

五、没收保证金决定书、通知书

没收保证金决定书、通知书是公安机关对被采取取保候审措施并交纳了保证金的犯罪嫌疑人在取保候审期间违反法律规定，依法没收其全部或者部分保证金时制作的文书。

《刑事诉讼法》第71条第3款规定："被取保候审的犯罪嫌疑人、被告人违反前两款规定，已交纳保证金的，没收部分或者全部保证金，并且区别情形，责令犯罪嫌疑人、被告人具结悔过，重新交纳保证金、提出保证人，或者监视居住、予以逮捕。"

六、对保证人罚款决定书、通知书

对保证人罚款决定书、通知书是被取保候审的犯罪嫌疑人、被告人在取保候审期间违反了有关规定，而保证人未履行保证义务，公安机关对保证人处以罚款时制作的文书。

《刑事诉讼法》第70条规定:“保证人应当履行以下义务:(1)监督被保证人遵守本法第七十一条的规定;(2)发现被保证人可能发生或者已经发生违反第七十一条规定的行为的,应当及时向执行机关报告。被保证人有违反本法第七十一条规定的行为,保证人未履行保证义务的,对保证人处以罚款,构成犯罪的,依法追究刑事责任。”

《公安机关办理刑事案件程序规定》第99条规定:“被保证人违反应当遵守的规定,保证人未履行保证义务的,查证属实后,经县级以上公安机关负责人批准,对保证人处1000元以上2万元以下罚款;构成犯罪的,依法追究刑事责任。”

七、责令具结悔过决定书

责令具结悔过决定书是公安机关对在取保候审期间违反取保候审规定的犯罪嫌疑人、被告人责令其具结悔过时制作与使用的文书。

《刑事诉讼法》第71条规定:“被取保候审的犯罪嫌疑人、被告人应当遵守以下规定:(1)未经执行机关批准不得离开所居住的市、县;(2)住址、工作单位和联系方式发生变动的,在24小时以内向执行机关报告;(3)在传讯的时候及时到案;(4)不得以任何形式干扰证人作证;(5)不得毁灭、伪造证据或者串供。人民法院、人民检察院和公安机关可以根据案件情况,责令被取保候审的犯罪嫌疑人、被告人遵守以下一项或者多项规定:(1)不得进入特定的场所;(2)不得与特定的人员会见或者通信;(3)不得从事特定的活动;(4)将护照等出入境证件、驾驶证件交执行机关保存。被取保候审的犯罪嫌疑人、被告人违反前两款规定,已交纳保证金的,没收部分或者全部保证金,并且区别情形,责令犯罪嫌疑人、被告人具结悔过,重新交纳保证金、提出保证人,或者监视居住、予以逮捕。对违反取保候审规定,需要予以逮捕的,可以对犯罪嫌疑人、被告人先行拘留。”

八、解除取保候审决定书、通知书

(一)概念及法律依据

解除取保候审决定书、通知书是公安机关依法解除对犯罪嫌疑人取保候审时制作和使用的文书。取保候审虽然没有对犯罪嫌疑人进行羁押,但对当事人的人身自由有一定的限制,因此,对于符合法定解除取保候审情形的,应当及时制作解除取保候审决定书、通知书,依法解除取保候审强制措施。

《刑事诉讼法》第79条规定:“人民法院、人民检察院和公安机关对犯罪嫌疑人、被告人取保候审最长不得超过12个月,监视居住最长不得超过6个月。在取保候审、监视居住期间,不得中断对案件的侦查、起诉和审理。对于发现不应当追究刑事责任或者取保候审、监视居住期限届满的,应当及时解除取保候审、监视居住。解除取保候审、监视居住,应当及时通知被取保候审、监视居住人和有关单位。”

(二)结构内容及写作方法

本文书由存根、决定书正本(交被取保候审人)、副本(附卷)、通知书(交保证人联和交执行机关联)组成。

存根联。存根作为公安机关解除取保候审的凭证,用于公安机关留存备查。

决定书联。该联作为公安机关解除被取保候审人的依据和凭证。正本与副本内容相同，正文包括取保候审的日期、解除的原因。取保候审的日期应与取保候审决定书注明的起算日期一致，解除的原因根据情况应分别填写“取保候审期限届满”或是“案件被撤销”或是“不应当追究刑事责任”等。

通知书有两联，一联交保证人，该联是保证人被解除保证义务的依据和凭证。一联交执行机关，该联是执行机关解除对取保候审人监督管理的依据和凭证。主要填写决定对犯罪嫌疑人取保候审的时间、犯罪嫌疑人的基本情况（姓名、性别、出生日期、住址），解除取保候审的原因，该原因应与决定书的原因应一致。

（三）制作与使用应注意的事项

1.本文书制作完毕，侦查人员应当送交负责执行的派出所，派出所应当及时将决定书正本送达被取保候审人，并让其在决定书副本上签收；如果犯罪嫌疑人是采取保证人方式取保候审的，派出所应当将通知书交保证人联送交保证人，以解除保证人的担保义务。

2.侦查终结时，解除取保候审决定书副本存入诉讼卷。

【例文】

×××公安局

解除取保候审决定/通知书

（存　根）

×公（刑）解保字〔20××〕57号

案件名称　杜××涉嫌盗窃案

案件编号　××××××

被取保候审人　杜××　男/女

出生日期　19××年×月×日

住　址　××市××区××街3号

取保方式　保证人担保

执行机关　××市公安局××派出所

取保候审决定时间　20××年×月×日

解除原因　取保候审期限届满

批准人　李××

批准时间　20××年10月27日

办案人　徐××、赵××

办案单位　××市公安局刑警大队

填发时间　20××年10月27日

填发人　黄××

×公（刑）解保字贰零××第伍拾柒号

×××公安局

解除取保候审决定书

（副　本）

×公（刑）解保字〔20××〕57号

被取保候审人＿杜××＿，性别＿男＿，出生日期＿19××年×月×日＿，住址＿××市××区××街3号＿。

我局于＿20××＿年＿×＿月＿×＿日起对其执行取保候审，现因＿取保候审期限届满＿，根据《中华人民共和国刑事诉讼法》第七十九条第二款之规定，决定予以解除。

公安局（印）

二〇××年十月二十七日

本决定书已收到。

被取保候审人：杜××（捺指印）

20××年10月27日

此联附卷

×公（刑）解保字贰零××第伍拾柒号

×××公安局

解除取保候审决定书

×公（刑）解保字〔20××〕57号

被取保候审人 杜×× ，性别 男 ，出生日期 19××年×月×日 ，住址 ××市××区××街3号 。

我局于 20×× 年 × 月 × 日起对其执行取保候审，现因 取保候审期限届满 ，根据《中华人民共和国刑事诉讼法》第七十九条第二款之规定，决定予以解除。

公安局（印）

二〇××年十月二十七日

此联交被取保候审人

×公（刑）解保字贰零××第伍拾柒号

×××公安局

解除取保候审通知书

×公（刑）解保字〔20××〕57号

段××：

我局于 20×× 年 × 月 × 日决定对犯罪嫌疑人 杜×× （性别 男 ，出生日期 19××年×月×日 ，住址 ××市××区××街3号 ）取保候审，现因 取保候审期限届满，根据《中华人民共和国刑事诉讼法》第七十九条第二款之规定，决定解除对其取保候审，并解除你的保证义务。

公安局（印）

二〇××年十月二十七日

此联交保证人

×公（刑）解保字贰零××第伍拾柒号

×××公安局

解除取保候审通知书

×公（刑）解保字〔20××〕57号

××市公安局××派出所：

我局于 20×× 年 × 月 × 日决定对犯罪嫌疑人 安×× （性别 男 ，出生日期 19××年×月×日 ，住址 ××市××区××街3号 ）取保候审，现因 取保候审期限届满 ，根据《中华人民共和国刑事诉讼法》第七十九条第二款之规定，决定予以解除。

特此通知。

公安局（印）

二〇××年十月二十七日

此联交执行机关

第三节　监视居住文书

一、监视居住决定书、执行通知书

(一)概念及法律依据

监视居住决定书、执行通知书是公安机关在侦查过程中依法决定对犯罪嫌疑人采取监视居住措施时制作和使用的决定性文书。

《刑事诉讼法》第74条规定："人民法院、人民检察院和公安机关对符合逮捕条件，有下列情形之一的犯罪嫌疑人、被告人，可以监视居住：(1)患有严重疾病、生活不能自理的；(2)怀孕或者正在哺乳自己婴儿的妇女；(3)系生活不能自理的人的唯一扶养人；(4)因为案件的特殊情况或者办理案件的需要，采取监视居住措施更为适宜的；(5)羁押期限届满，案件尚未办结，需要采取监视居住措施的。对符合取保候审条件，但犯罪嫌疑人、被告人不能提出保证人，也不交纳保证金的，可以监视居住。监视居住由公安机关执行。"第71条第3款规定，被取保候审的犯罪嫌疑人违反取保候审应当遵守的法律规定，可以监视居住。第91条第3款规定，对于人民检察院不批准逮捕，公安机关需要继续侦查，且符合监视居住条件的，依法监视居住。

《公安机关办理刑事案件程序规定》第105条也有相关规定。

(二)结构内容及写作方法

本文书由存根、决定书正本和副本、执行通知书组成。正本交被监视居住人,副本附卷,执行通知书交执行单位。

1.存根。存根用于公安机关存档备查。

2.决定书。该联是告知犯罪嫌疑人决定对其监视居住的依据。正本与副本的制作内容相同。包括犯罪嫌疑人的基本情况、案件名称、监视居住的原因、法律依据、执行监视居住的地点、监视居住的类型、执行机关、监视居住起算时间、犯罪嫌疑人在监视居住期间应当遵守的具体规定等内容。监视居住的原因,根据《刑事诉讼法》第74条、第71条第3款和第91条第3款的规定填写,如“患病、怀孕、哺乳自己的婴儿”“患有严重疾病”“生活不能自理”等。

监视居住的地点,根据《刑事诉讼法》的规定,可以是被监视居住人的固定住处或者公安机关指定的居所,对于涉嫌危害国家安全犯罪、恐怖活动犯罪,在住处执行可能有碍侦查的,经上一级公安机关批准,也可以在指定的居所执行。需注意的是,公安机关不得在羁押场所、专门的办案场所或者办公场所执行监视居住。执行机关即犯罪嫌疑人住处或指定的居所所在地的派出所。监视居住的起算时间应填写监视居住决定日期。

3.执行通知书。该联是执行机关对被监视居住的犯罪嫌疑人执行监视居住的依据,交执行机关。

(三)制作与使用应注意的事项

1.公安机关需要对犯罪嫌疑人监视居住的,首先应当制作呈请监视居住报告书,说明监视居住的理由、监视居住的地点及执行机关,经县级以上公安机关负责人批准后,方可制作监视居住决定书、执行通知书。

2.监视居住决定书应向犯罪嫌疑人宣读,由犯罪嫌疑人在副本上签名(盖章)、捺指印后附卷。

3.侦查终结时,监视居住决定书副本存入诉讼卷。

【例文】

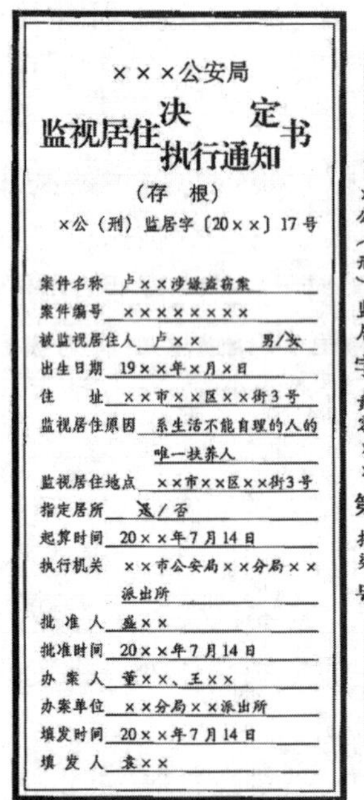

×××公安局

监视居住决定书/执行通知书

（存　根）

×公（刑）监居字〔20××〕17号

案件名称　卢××涉嫌盗窃案
案件编号　××××××××
被监视居住人　卢××　男/女
出生日期　19××年×月×日
住　　址　××市××区××街3号
监视居住原因　系生活不能自理的人的唯一扶养人
监视居住地点　××市××区××街3号
指定居所　是/否
起算时间　20××年7月14日
执行机关　××市公安局××分局××派出所
批 准 人　盛××
批准时间　20××年7月14日
办 案 人　董××、王××
办案单位　××分局××派出所
填发时间　20××年7月14日
填 发 人　袁××

×公（刑）监居字贰零××第拾柒号

×××公安局

监视居住决定书

（副　本）

×公（刑）监居字〔20××〕17号

犯罪嫌疑人　卢××　，性别　男　，出生日期　19××年×月×日　，住址　××市××区××街3号　。

我局正在侦查　卢××涉嫌盗窃　案，因　卢××系生活不能自理的人的唯一扶养人　，根据《中华人民共和国刑事诉讼法》第　七十四、七十五　条之规定，决定在　××市××区××街3号　对犯罪嫌疑人　监视居住/指定居所监视居住　，由　××分局××派出所　负责执行，监视居住期限从　20××　年　7　月　14　日起算。

在监视居住期间，被监视居住人应当遵守下列规定：

一、未经执行机关批准不得离开执行监视居住的处所；

二、未经执行机关批准不得会见他人或者通信；

三、在传讯的时候及时到案；

四、不得以任何形式干扰证人作证；

五、不得毁灭、伪造证据或者串供；

六、将护照等出入境证件、身份证件、驾驶证件交执行机关保存。

如果被监视居住人违反以上规定，情节严重的，可以予以逮捕；需要予以逮捕的，可以先行拘留。

公安局（印）

二〇××年七月十四日

本决定书已收到。

被监视居住人：卢××（捺指印）

20××年7月14日

此联附卷

×公（刑）监居字贰零××第拾柒号

×××公安局

监视居住决定书

×公（刑）监居字〔20××〕17号

犯罪嫌疑人　卢××　，性别　男　，出生日期　19××年×月×日　，住址　××市××区××街3号　。

我局正在侦查　卢××涉嫌盗窃　案，因　金××系生活不能自理的人的唯一扶养人　，根据《中华人民共和国刑事诉讼法》第　七十四、七十五　条之规定，决定在　××市××区××街3号　对犯罪嫌疑人　监视居住/指定居所监视居住　，由　××分局××派出所　负责执行，监视居住期限从　20××年　年　7　月　14　日起算。

在监视居住期间，被监视居住人应当遵守下列规定：

一、未经执行机关批准不得离开执行监视居住的处所；

二、未经执行机关批准不得会见他人或者通信；

三、在传讯的时候及时到案；

四、不得以任何形式干扰证人作证；

五、不得毁灭、伪造证据或者串供；

六、将护照等出入境证件、身份证件、驾驶证件交执行机关保存。

如果被监视居住人违反以上规定，情节严重的，可以予以逮捕；需要予以逮捕的，可以先行拘留。

公安局（印）

二〇××年七月十四日

此联交被监视居住人

×公（刑）监居字贰零××第拾柒号

×××公安局

监视居住执行通知书

×公（刑）监居字〔20××〕17号

　××市公安局××分局××派出所　：

因　卢××系生活不能自理的人的唯一扶养人　，我局决定在对涉嫌　盗窃　罪的犯罪嫌疑人　卢××　（性别男，出生日期　19××年×月×日　，住址　××市××区××街3号　）　监视居住/指定居所监视居住　，交由你单位执行，监视居住期限从　20××　年　7　月　14　日起算。

在监视居住期间，执行机关监督被监视居住人遵守下列规定：

一、未经执行机关批准不得离开执行监视居住的处所；

二、未经执行机关批准不得会见他人或者通信；

三、在传讯的时候及时到案；

四、不得以任何形式干扰证人作证；

五、不得毁灭、伪造证据或者串供；

六、将护照等出入境证件、身份证件、驾驶证件交执行机关保存。

如果被监视居住人违反以上规定，情节严重的，可以予以逮捕；需要予以逮捕的，可以先行拘留。

属于律师会见需经许可的案件：　是/否

公安局（印）

二〇××年七月十四日

此联交执行机关

二、指定居所监视居住通知书

（一）概念及法律依据

指定居所监视居住通知书是公安机关对犯罪嫌疑人执行指定居所监视居住后，通知被监视居住人的家属时使用的通知性文书。

《刑事诉讼法》第75条第1款规定："监视居住应当在犯罪嫌疑人、被告人的住处执行；无固定住处的，可以在指定的居所执行。对于涉嫌危害国家安全犯罪、恐怖活动犯罪，在住处执行可能有碍侦查的，经上一级人民检察院或者公安机关批准，也可以在指定的居所执行。但是，不得在羁押场所、专门的办案场所执行。"该条第2款规定："指定居所监视居住的，除无法通知的以外，应当在执行监视居住后24小时以内，通知被监视居住人的家属。"

《公安机关办理刑事案件程序规定》第109条规定也有相关规定。

(二)结构内容及写作方法

本文书由存根、通知书正本和副本组成。正本交被监视居住人，副本附卷。

1.存根。存根用于公安机关存档备查。

2.通知书。其正本与副本的内容基本一致，主要填写被指定居所监视居住人家属的姓名、法律依据、执行监视居住的时间、监视居住的原因、被监视居住人的基本情况。通知书的副本要由被监视居住人家属签收，并填写时间，时间要精确到小时，以监督公安机关是否在24小时内送达，在24小时内无法通知的应当注明原因。

(三)制作与使用应注意的事项

1.指定的居所应当符合下列条件：具备正常的生活、休息条件；便于监视、管理；保证安全。公安机关不得在羁押场所、专门的办案场所或者办公场所执行监视居住。

2.侦查终结时，指定居所监视居住通知书副本存入诉讼卷。

【例文】

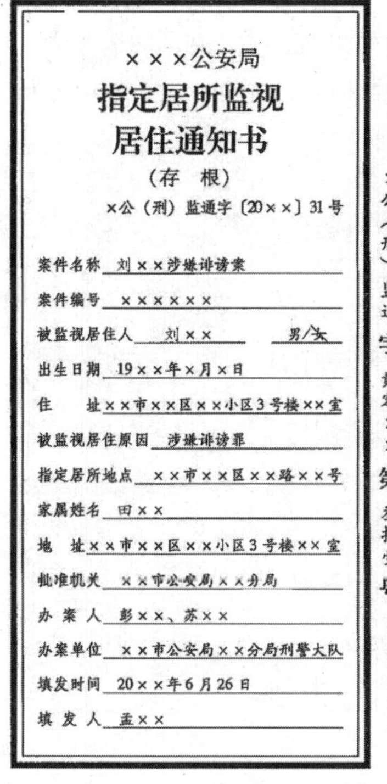

×××公安局

指定居所监视居住通知书

（存　根）

×公（刑）监通字〔20××〕31号

案件名称　刘××涉嫌诽谤案

案件编号　××××××

被监视居住人　刘××　男/女

出生日期　19××年×月×日

住　　址××市××区××小区3号楼××室

被监视居住原因　涉嫌诽谤罪

指定居所地点　××市××区××路××号

家属姓名　田××

地　址××市××区××小区3号楼××室

批准机关　××市公安局××分局

办 案 人　彭××、苏××

办案单位　××市公安局××分局刑警大队

填发时间　20××年6月26日

填 发 人　孟××

×公（刑）监通字贰零××第叁拾壹号

×××公安局

指定居所监视居住通知书

（副　本）

×公（刑）监通字〔20××〕31号

田××：

根据《中华人民共和国刑事诉讼法》第七十五条之规定，我局已于20××年6月26日16时对涉嫌诽谤罪的刘××（性别男，出生日期19××年×月×日，住址××市××区××小区3号楼××室）执行指定居所监视居住。

公安局（印）

二〇××年六月二十六日

本通知书已收到。

被监视居住人家属：田××

20××年6月27日11时

如在监视居住后24小时内无法通知的，注明原因：______。

办案人：

年　月　日　时

此联附卷

×公（刑）监通字贰零××第叁拾壹号

×××公安局

指定居所监视居住通知书

×公（刑）监通字〔20××〕31号

田××：

根据《中华人民共和国刑事诉讼法》第七十五条之规定，我局已于20××年6月26日16时对涉嫌诽谤罪的刘××（性别男，出生日期19××年×月×日，住址××市××区××小区3号楼××室）执行指定居所监视居住。

公安局（印）

二〇××年六月二十六日

此联交被监视居住人家属

三、解除监视居住决定书、通知书

(一)概念及法律依据

解除监视居住决定书、通知书是公安机关决定解除对犯罪嫌疑人监视居住时制作和使用的文书。

《刑事诉讼法》第79条规定:“人民法院、人民检察院和公安机关对犯罪嫌疑人、被告人取保候审最长不得超过12个月,监视居住最长不得超过6个月。在取保候审、监视居住期间,不得中断对案件的侦查、起诉和审理。对于发现不应当追究刑事责任或者取保候审、监视居住期限届满的,应当及时解除取保候审、监视居住。解除取保候审、监视居住,应当及时通知被取保候审、监视居住人和有关单位。”

《公安机关办理刑事案件程序规定》第119条也有相关规定。

(二)结构内容及写作方法

本文书由存根、决定书正本、副本、通知书组成。

存根。该联作为公安机关解除监视居住的凭证,用于公安机关留存备查。

决定书。该联是犯罪嫌疑人被解除监视居住的依据和凭证。正本与副本内容相同,主要填写被监视居住人的基本情况,监视居住的日期,解除监视居住的原因。解除监视居住的原因根据情况填写“不应当追究刑事责任”或“监视居住期限届满”。

通知书。该联是执行机关解除对被监视居住人监管的依据。

(三)制作与使用应注意的事项

1.在监视居住期间,公安机关不得中断对案件的侦查,对被监视居住的犯罪嫌疑人,应当根据案情变化,及时解除监视居住或者变更强制措施。监视居住最长不得超过6个月。

2.本文书制作完毕,侦查人员应当将通知书送达负责执行的派出所,以解除对犯罪嫌疑人的监控;将决定书正本送达犯罪嫌疑人,并让其在副本上签收。

3.侦查终结时,决定书副本存入诉讼卷。

【例文】

×××公安局

解除监视居住决定/通知书

（存　根）

×公（刑）解监字〔20××〕49号

案件名称　白××故意伤害案

案件编号　××××××

被监视居住人　白××　男/女

出生日期　19××年×月×日

住　　址　××县××乡××村

监视居住决定时间　20××年1月12日

执行机关　××县公安局××派出所

解除原因　监视居住期限届满

批 准 人　钱××

批准时间　20××年7月12日

办 案 人　宋××、林××

填发时间　20××年7月12日

填 发 人　郭××

×公（刑）解监字贰零××第肆拾玖号

×××公安局

解除监视居住决定书

（副　本）

×公（刑）解监字〔20××〕49号

被监视居住人　白××　，性别　男　，出生日期　19××年×月×日　，住址　××县××乡××村　。

我局于　20××　年　1　月　12　日决定对其监视居住，现因　监视居住期限届满　，根据《中华人民共和国刑事诉讼法》第七十九条第二款之规定，决定予以解除。

公安局（印）
二〇××年七月十二日

本决定书已收到。
被监视居住人：白××（捺指印）
20××年7月12日

此联附卷

×公（刑）解监字贰零××第肆拾玖号

×××公安局

解除监视居住决定书

×公（刑）解监字〔20××〕49号

被监视居住人　白××　，性别　男，出生日期　19××年×月×日，住址　××县××乡××村　。

我局于　20××　年　1　月　12　日决定对其监视居住，现因监视居住期限届满　，根据《中华人民共和国刑事诉讼法》第七十九条第二款之规定，决定予以解除。

公安局（印）
二〇××年七月十二日

此联交被监视居住人

×公（刑）解监字贰零××第肆拾玖号

×××公安局

解除监视居住通知书

×公（刑）解监字〔20××〕49号

××县公安局××派出所　：

我局于20××年　1　月　12　日决定对犯罪嫌疑人白××（性别男，出生日期　19××年×月×日，住址　××县××乡××村　）监视居住，现因　监视居住期限届满　，根据《中华人民共和国刑事诉讼法》第七十九条第二款之规定，决定予以解除。

公安局（印）
二〇××年七月十二日

此联交执行机关

第四节　拘留文书

一、拘留证

(一)概念及法律依据

拘留证是公安机关在办理刑事案件过程中依法对犯罪嫌疑人执行拘留时制作和使用的凭证性文书。

《刑事诉讼法》第82条和《公安机关办理刑事案件程序规定》第120条规定:"公安机关对于现行犯或者重大嫌疑分子,如果有下列情形之一的,可以先行拘留:(1)正在预备犯罪、实行犯罪或者在犯罪后即时被发觉的;(2)被害人或者在场亲眼看见的人指认他犯罪的;(3)在身边或者住处发现有犯罪证据的;(4)犯罪后企图自杀、逃跑或者在逃的;(5)有毁灭、伪造证据或者串供可能的;(6)不讲真实姓名、住址,身份不明的;(7)有流窜作案、多次作案、结伙作案重大嫌疑的。"

《刑事诉讼法》第71条第4款规定:"对违反取保候审规定,需要予以逮捕的,可以对犯罪嫌疑人、被告人先行拘留。"该法第77条第二款规定:"被监视居住的犯罪嫌疑人、被告人违反前款规定,情节严重的,可以予以逮捕;需要予以逮捕的,可以对犯罪嫌疑人、被告人先行拘留。"

拘留证是根据县级以上公安机关负责人批准的呈请拘留报告书制作的。因此,拘留证既是侦查人员执行拘留的凭证,也是对被拘留人执行羁押的依据,目的是对犯罪嫌疑人进行羁押。

(二)结构内容及写作方法

本文书由存根、正本、副本组成。

1.存根。存根由制作单位存档备查,是公安机关执行拘留的凭证。

2.正本。正本是侦查人员执行拘留犯罪嫌疑人的凭证。正本的正文包括拘留的法律依据、被拘留人的基本情况、送羁押的处所名称等。拘留的法律依据需根据不同的情形填写《刑事诉讼法》第82条、第71条、第77条。

正本由侦查人员执行拘留时向被拘留人出示,如果被拘留人不识字,要向其宣读,让被拘留人在正本的末尾填写宣布的时间并签名(盖章)、捺指印。如果被拘留人拒绝签名,应在拘留证上注明。在将犯罪嫌疑人送看守所执行时,应当要求接收民警签收,填写收押时间,并加盖看守所印章。

3.副本。副本是看守所收押犯罪嫌疑人的凭证。副本交执行羁押的看守所,由看守所收执,作为收押犯罪嫌疑人的依据。

(三)制作与使用应注意的事项

1.拘留犯罪嫌疑人,应当填写呈请拘留报告书,经县级以上公安机关负责人批准,然后制作拘留证。因情况紧急来不及办理拘留手续的符合拘留的案件,应将犯罪嫌疑人带至公安机关后立即办理拘留手续。

2. 拘留后，应当在24小时内将被拘留人送看守所羁押。异地执行拘留的，应当在到达管辖地后24小时以内将犯罪嫌疑人送看守所羁押。

3. 对被拘留的人，应当在拘留后24小时以内进行讯问。发现不应当拘留的，经县级以上公安机关负责人批准，制作释放通知书，看守所凭释放通知书发给被拘留人释放证明书，将其立即释放。

4. 拘留犯罪嫌疑人后，应当在24小时内制作拘留通知书，以通知被拘留人的家属或所在单位。

5. 侦查终结时，拘留证存入诉讼卷。

【例文】

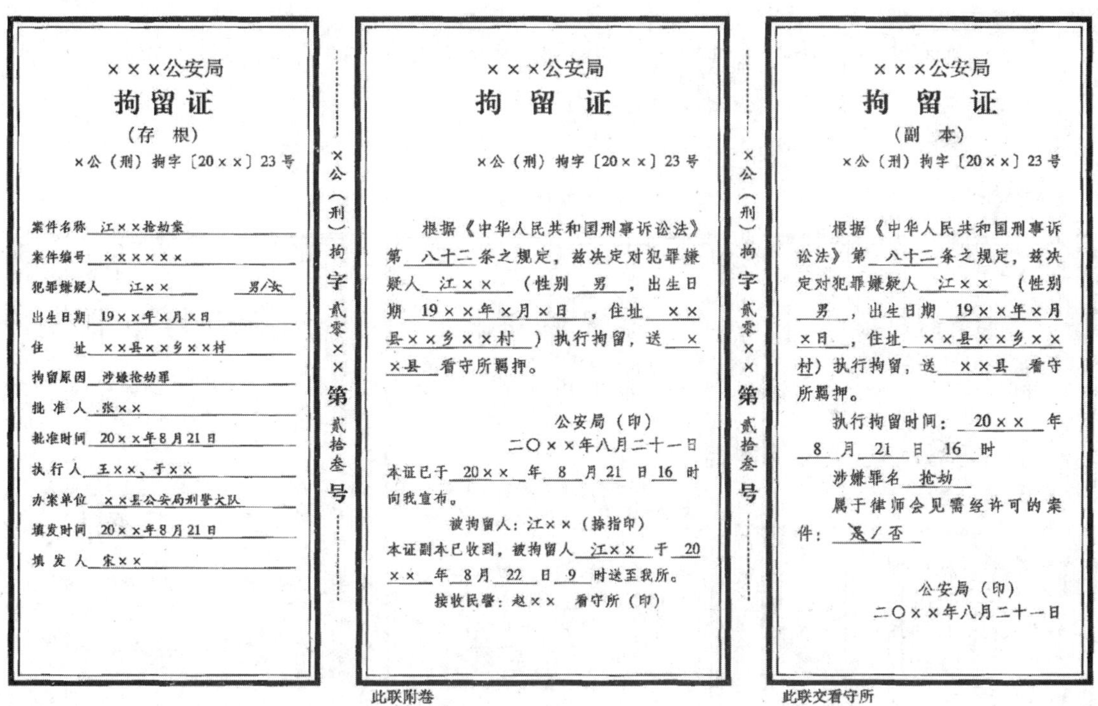

×××公安局
拘留证
（存　根）
×公（刑）拘字〔20××〕23号

案件名称　江××抢劫案
案件编号　××××××
犯罪嫌疑人　江××　男/女
出生日期　19××年×月×日
住　　址　××县××乡××村
拘留原因　涉嫌抢劫罪
批 准 人　张××
批准时间　20××年8月21日
执 行 人　王××、于××
办案单位　××县公安局刑警大队
填发时间　20××年8月21日
填 发 人　宋××

×公（刑）拘字贰零××第贰拾叁号

×××公安局
拘　留　证
×公（刑）拘字〔20××〕23号

根据《中华人民共和国刑事诉讼法》第八十二条之规定，兹决定对犯罪嫌疑人江××（性别男，出生日期19××年×月×日，住址××县××乡××村）执行拘留，送××县看守所羁押。

公安局（印）
二〇××年八月二十一日

本证已于20××年8月21日16时向我宣布。

被拘留人：江××（捺指印）

本证副本已收到，被拘留人江××于20××年8月22日9时送至我所。

接收民警：赵××　看守所（印）

此联附卷

×公（刑）拘字贰零××第贰拾叁号

×××公安局
拘　留　证
（副　本）
×公（刑）拘字〔20××〕23号

根据《中华人民共和国刑事诉讼法》第八十二条之规定，兹决定对犯罪嫌疑人江××（性别男，出生日期19××年×月×日，住址××县××乡××村）执行拘留，送××县看守所羁押。

执行拘留时间：20××年8月21日16时

涉嫌罪名抢劫

属于律师会见需经许可的案件：是/否

公安局（印）
二〇××年八月二十一日

此联交看守所

二、拘留通知书

（一）概念及法律依据

拘留通知书是公安机关在执行拘留后将拘留的原因和羁押的处所通知被拘留人家属而制作和使用的文书。

《刑事诉讼法》第85条第2款规定："拘留后，应当立即将被拘留人送看守所羁押，至迟不得超过24小时。除无法通知或者涉嫌危害国家安全犯罪、恐怖活动犯罪通知可能有碍侦查的情形以外，应当在拘留后24小时以内，通知被拘留人的家属。有碍侦查的情形消失以后，应当立即通知被拘留人的家属。"

《公安机关办理刑事案件程序规定》第123条也有相关规定。

(二)结构内容及写作方法

本文书由存根、正本、副本组成。

1.存根。该联用于公安机关留存备查。

2.正本与副本。正本与副本的内容相同,是公安机关通知被拘留人家属的凭证。正本交被拘留人家属,副本附卷。主要填写拘留的法律依据、拘留的时间、涉嫌的罪名、被拘留人的姓名和羁押的处所。拘留的时间应填写执行拘留的时间,应与拘留证正本上被拘留人签收部分填写的时间相一致,并应精确到小时。

(三)制作与使用应注意的事项

1.本文书制作完毕,侦查人员应在24小时之内将通知书送达被拘留人家属,正本由其家属收存,并请其在副本上签收。

2.如果未在24小时内送达被拘留人的家属,应在正本上注明,如被拘留人不讲真实姓名或住址,或无法在24小时内找到被拘留人家属等。

3.侦查终结时,本文书副本存入诉讼卷。

【例文】

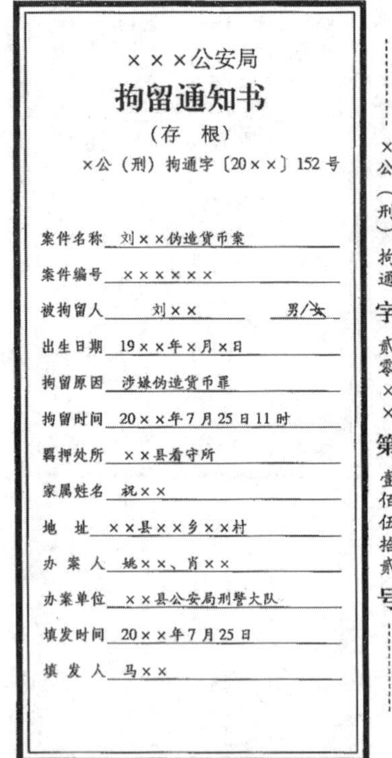

×××公安局

拘留通知书

(存 根)

×公(刑)拘通字〔20××〕152号

案件名称 刘××伪造货币案

案件编号 ××××××

被拘留人 刘×× 男/~~女~~

出生日期 19××年×月×日

拘留原因 涉嫌伪造货币罪

拘留时间 20××年7月25日11时

羁押处所 ××县看守所

家属姓名 祝××

地　址 ××县××乡××村

办案人 姚××、肖××

办案单位 ××县公安局刑警大队

填发时间 20××年7月25日

填发人 马××

×公(刑)拘通字贰零××第壹佰伍拾贰号

×××公安局

拘留通知书

(副 本)

×公(刑)拘通字〔20××〕152号

王××:

根据《中华人民共和国刑事诉讼法》第八十二条之规定,我局已于20××年7月25日11时将涉嫌伪造货币罪的刘××刑事拘留,现羁押在××县看守所。

公安局(印)

二〇××年七月二十五日

本通知书已收到。

被拘留人家属:王××

20××年7月26日9时

如未在拘留后24小时内通知被拘留人家属,注明原因:________。

办案人:

年 月 日 时

此联附卷

×公(刑)拘通字贰零××第壹佰伍拾贰号

×××公安局

拘留通知书

×公(刑)拘通字〔20××〕152号

王××:

根据《中华人民共和国刑事诉讼法》第八十二条之规定,我局已于20××年7月25日11时将涉嫌伪造货币罪的刘××刑事拘留,现羁押在××县看守所。

公安局(印)

二〇××年七月二十五日

注:看守所地址××县××路××号

此联交被拘留人家属

三、延长拘留期限通知书

(一)概念及法律依据

延长拘留期限通知书是公安机关对已经被刑事拘留的犯罪嫌疑人,由于具有法定的特殊情况,决定需要继续拘留犯罪嫌疑人时制作的文书。

《刑事诉讼法》第91条第1款、第2款规定："公安机关对被拘留的人，认为需要逮捕的，应当在拘留后的3日以内，提请人民检察院审查批准。在特殊情况下，提请审查批准的时间可以延长1日至4日。对于流窜作案、多次作案、结伙作案的重大嫌疑分子，提请审查批准的时间可以延长至30日。"

《公安机关办理刑事案件程序规定》第125条也有相关规定。

（二）结构内容及写作方法

本文书由存根、正本、副本组成。

1.存根。该联用作公安机关执行拘留的凭证，用于公安机关留存备查。

2.正本和副本。正本交看守所，是依法延长犯罪嫌疑人拘留期限的凭证，也是通知看守所继续羁押犯罪嫌疑人的凭证。副本向犯罪嫌疑人宣布后附卷。正本和副本内容相同，主要填写延长拘留期限的原因、法律依据、犯罪嫌疑人的基本情况、延长拘留的期限等。延长拘留期限的原因，如属于延长1～4日的"特殊情况"，要写明具体原因；如延长超过4日的，必须是流窜作案、结伙作案、多次作案三种情况。法律依据只能是《刑事诉讼法》第89条，如延长1～4日，填写第1款；如延长至30日的，填写第2款。犯罪嫌疑人基本情况包括姓名、性别、出生日期、被执行拘留的时间。延长后的拘留期限，起点是原拘留期限到期日。延长拘留期限的时间从执行拘留时起不得超过30日。

副本在向被拘留人宣读时，应令其在"本通知书已向我宣布"处签名，并注明日期，还应由看守所在"本通知书已收到"处加盖印章。

（三）制作与使用应注意的事项

1.办案单位需要依法对犯罪嫌疑人延长拘留期限的，首先要制作呈请延长拘留期限报告书，经县级以上公安机关负责人批准后方能制作延长拘留期限通知书。

2.延长1～4日的"特殊情况"在具体办案实践中有这样几种情况：有重大嫌疑，但犯罪事实尚未查明；收集到的证据尚未达到批准逮捕的要求；重要的鉴定结论尚未作出，可能影响对事实的认定。延长至30日的情况，根据《公安机关办理刑事案件程序规定》第125条规定，"流窜作案"，是指跨市、县管辖范围连续作案，或者在居住地作案后逃跑到外市、县继续作案；"多次作案"，是指三次以上作案；"结伙作案"，是指二人以上共同作案。

3.侦查终结时，延长拘留期限通知书副本存入诉讼卷。

【例文】

×××公安局
延长拘留期限
通知书
（存　根）

×公（刑）延拘字〔20××〕152 号

案件名称　王××抢劫案
案件编号　××××××
犯罪嫌疑人　王××　男/女
出生日期　19××年×月×日
羁押处所　××市看守所
执行拘留时间　20××年7月15日
延长拘留期限　至20××年8月15日
延长拘留期限原因　流窜作案
批 准 人　台××
批准时间　——
办 案 人　张××、郎××
办案单位　××市公安局刑警支队
填发时间　20××年7月18日
填 发 人　饶××

×公（刑）延拘字贰零××第壹佰伍拾贰号

×××公安局
延长拘留期限
通知书
（副　本）

×公（刑）延拘字〔20××〕152 号

××市看守所：

因王××流窜作案，根据《中华人民共和国刑事诉讼法》第九十一条第二款之规定，决定延长对犯罪嫌疑人王××（性别男，出生日期19××年×月×日，于20××年7月15日被执行拘留）的拘留期限，时间从20××年7月18日至20××年8月15日。

公安局（印）
二〇××年七月十八日

本通知书已向我宣布。
犯罪嫌疑人：王××
20××年7月18日

本通知书已收到。
看守所（印章）
20××年7月18日

此联附卷

×公（刑）延拘字贰零××第壹佰伍拾贰号

×××公安局
延长拘留期限
通知书

×公（刑）延拘字〔20××〕152 号

××市看守所：

因王××流窜作案，根据《中华人民共和国刑事诉讼法》第九十一条第二款之规定，决定延长对犯罪嫌疑人王××（性别男，出生日期19××年×月×日，于20××年7月15日被执行拘留）的拘留期限，时间从20××年7月18日至20××年8月15日。

公安局（印）
二〇××年七月十八日

此联交看守所

第五节　逮捕文书

一、提请批准逮捕书

（一）概念及法律依据

提请批准逮捕书是公安机关侦查人员对有证据证明有犯罪事实，可能判处有期徒刑以上刑罚，采取取保候审、监视居住等方法尚不足以防止发生社会危险性，而有逮捕必要的犯罪嫌疑人实施逮捕前，制作的提请同级人民检察院审查批准逮捕的文书。

《刑事诉讼法》第 80 条规定："逮捕犯罪嫌疑人、被告人，必须经过人民检察院或者人民法院决定，由公安机关执行。"第 81 条规定："对有证据证明有犯罪事实，可能判处徒刑以上刑罚的犯罪嫌疑人、被告人，采取取保候审尚不足以防止发生下列社会危险性的，应当予以逮捕：（1）可能实施新的犯罪的；（2）有危害国家安全、公共安全或者社会秩序的现实危险的；（3）可能毁灭、伪造证据，干扰证人作证或者串供的；（4）可能对被害人、举报人、控告人实施打击报复的；（5）企图自杀或者逃跑的。批准或者决定逮捕，应当将犯罪嫌疑人、被告人涉嫌犯罪的性质、情节，认罪认罚等情况，作为是否可能发生社会危险性的考虑因素。对有证据证明有犯罪事实，可能判处十年有期徒刑以上刑罚的，或者有证据证明有犯罪事实，可能判处徒刑以上刑罚，曾经故意犯罪或者身份不明的，应当予以逮捕。被取保候审、监视居住的犯罪嫌疑人、被告人违反取保候审、监视居住规定,情节严重的,可以予以逮捕。”该法第87条规定:“公安机关要求逮捕犯罪嫌疑人的时候,应当写出提请批准逮捕书,连同案卷材料、证据,一并移送同级人民检察院审查批准。必要的时候,人民检察院可以派人参加公安机关对于重大案件的讨论。”

制作提请批准逮捕书,充分体现了我国宪法规定的公民人身权利不受侵犯的保护人权的精神。公安机关在需要逮捕犯罪嫌疑人时,要制作提请批准逮捕书,将提请批准逮捕书和案件材料一并报人民检察院审批。人民检察院经过审查,认为案件符合逮捕条件,则批准逮捕;认为案件事实不清或证据不足,则不批准逮捕,并向公安机关说明理由;需要补充侦查的,要通知公安机关补充侦查。这充分体现了公安机关与同级人民检察院在行使诉讼权利时属于分工负责、互相制约、互相配合的关系。

(二)结构内容及写作方法

提请批准逮捕书由首部、正文、尾部组成。

1.首部。包括标题、发文字号、犯罪嫌疑人的基本情况、违法犯罪经历及因本案被采取的强制措施情况。

(1)标题及发文字号。标题写“××市公安局提请批准逮捕书”。名称的右下方写上发文字号,如“×公捕字〔2015〕××号”。

(2)犯罪嫌疑人的基本情况。应依次写明犯罪嫌疑人姓名(包括别名、曾用名、绰号等与案件有关的名字)、性别、出生年月日、出生地、身份证件号码(包括身份证、护照等有关身份证件的号码)、民族、文化程度、职业或工作单位及职务、住址、政治面貌等(如是人大代表、政协委员,一并写明具体级、届代表、委员)。对共同犯罪案件,应按照每个成员在共同犯罪中所处的地位和作用,分别按主犯、从犯的顺序依次写明每个人的基本情况。

(3)违法犯罪经历及因本案被采取的强制措施情况。即犯罪嫌疑人接受刑事处罚、行政处罚的情况,及因本案被采取的强制措施情况,可以表述为:××××年××月××日因××罪被判处××××,××××年××月××日(目前)因××被刑事拘留。单位犯罪案件还应写清单位的名称、地址。

(4)辩护律师情况。如有辩护律师,应写明其姓名,所在律师事务所名称,律师执业证编号。

2.正文。包括案件办理情况、犯罪事实、相关证据、法律依据四个部分。

(1)案件办理情况。案件办理情况包括案由、案件来源、案件侦查过程。包括犯罪嫌疑人涉嫌×××(罪名)一案,由×××举报(控告、移送)至我局(写明案由和案件来源,具体为单位或者公民举报、控告、上级交办、有关部门移送、本局其他部门移交以及办案中发现等)。简要写明案件侦查过程中的各个法律程序开始的时间,如接受案件、立案的时间。具体写明犯罪嫌疑人归案情况。

(2)犯罪事实。是本文书的核心内容。一般用统一用语“经依法侦查查明”作为承启,概括叙述经侦查认定的犯罪事实。应当根据具体案件情况,围绕刑事诉讼法的逮捕条件,简要叙述。犯罪嫌疑人的犯罪事实,按照《程序规定》第130条规定,是指同时具备下列情形:有证据证明发生了犯罪事实;有证据证明犯罪事实是犯罪嫌疑人实施的;证明犯罪嫌疑人实施犯罪的证据已经查证属实。犯罪事实应是经侦查获得确凿证据,初步认定的犯罪事实,包括犯罪的时间、地点、人物、动机、手段、经过、结果等。结构上依不同案情进行写作。如果是一人多次犯有同一罪行,则按时间的顺序记写其犯罪事实;如果是一人犯有多种罪行,则按罪行的轻重来写其犯罪事实,主罪在前,次罪在后。犯罪事实可以是犯罪嫌疑人实施的数个犯罪行为中的一个。例如,如果一人犯数罪(如多次盗窃、抢劫、强奸等),经过侦查,只获得了犯罪嫌疑人的抢劫行为的证据,就已符合逮捕条件,叙述中只要把犯罪嫌疑人的抢劫行为叙述清楚就可以了,其他的犯罪行为由于尚未有证据证明,则可以不必叙述。对于共同犯罪案件,在写清共同犯罪事实时,还应写清各犯罪嫌疑人在犯罪过程中所处的地位和作用,分清罪责。在共同犯罪事实中,有的犯罪嫌疑人还有单独罪行,也应交代清楚。

(3)证据。即认定上述犯罪事实的各种相关证据,表述为"认定上述犯罪事实的证据如下",然后分列各种证据。证据并不是将案件所有证据一一列举,而是要根据不同性质的案件的不同特点,有针对性地列举主要证据,并说明证据与犯罪嫌疑人的关系。

(4)法律依据。应依据确认的犯罪事实,说明犯罪嫌疑人的行为触犯了《中华人民共和国刑法》哪一条哪一款,涉嫌什么罪,有逮捕必要。再依照《中华人民共和国刑事诉讼法》第81条、第87条之规定,特提请批准逮捕。要求定性准确,引用法律条款适当。

3.尾部。写清送达的人民检察院的全称、成文日期并加盖公安局印章。附注应写明:本案卷宗×卷××页;犯罪嫌疑人羁押的处所等。

(三)制作与使用应注意的事项

1.提请批准逮捕书一案一份,如果一案有多个犯罪嫌疑人需提请逮捕数名犯罪嫌疑人时,合写一份提请批准逮捕书。

2.提请批准逮捕书是根据经县级以上公安机关负责人批准的呈请逮捕报告书制作的,不经县级以上公安机关负责人批准,不得擅自制作。

3.提请批准逮捕书一式三份,一份办案部门留存,其余两份连同案卷材料、证据,一并移送人民检察院批准审查。人民检察院批准逮捕或者不批准逮捕,都要将一份提请批准逮捕书和决定书、案卷材料、证据退回公安机关。

4.对于人民检察院不批准逮捕并通知补充侦查的,公安机关应当按照人民检察院的补充侦查提纲补充侦查。公安机关补充侦查完毕,认为符合逮捕条件的,应当重新提请批准逮捕。

5.对于人民检察院决定不批准逮捕的,公安机关在收到不批准逮捕决定书后,如果犯罪嫌疑人已被拘留的,应当立即释放,发给释放证明书,并将执行回执送达作出不批准逮捕决定的人民检察院。

6.对人民检察院不批准逮捕的决定,认为有错误需要复议的,应当在收到不批准逮捕决定书后5日以内制作要求复议意见书,报经县级以上公安机关负责人批准后,送交同级人民检察院复议。如果意见不被接受,认为需要复核的,应当在收到人民检察院的复议决定书后5日以内制作提请复核意见书,报经县级以上公安机关负责人批准后,连同人民检察院的复议决定书,一并提请上一级人民检察院复核。

7.提请批准逮捕书存入诉讼卷。

【例文】

××市公安局
提请批准逮捕书

×公捕字〔20××〕××号

犯罪嫌疑人李××，绰号"木龙"，男，汉族，农民，生于1987年10月20日，初中文化，××市人，家住××市××乡××村×组。20××年4月29日因涉嫌绑架罪被本局刑事拘留，现羁押于××市看守所。

辩护律师张××，××省××市××律师事务所律师，执业证号××××××××××××××××××。

犯罪嫌疑人陈××，绰号"老范"，男，汉族，农民，生于1988年11月19日，初中文化，××市人，家住××市××乡××村六组。20××年4月29日因涉嫌绑架罪被本局刑事拘留，现羁押于××市看守所。

辩护律师王××，××省××市××律师事务所律师，执业证号××××××××××××××××××。

犯罪嫌疑人李××、陈××涉嫌绑架一案，由杜××于20××年4月28日报案至我局。经我局审查，于4月28日立案侦查。犯罪嫌疑人李××、陈××已于20××年4月28日被抓获归案。

经依法侦查查明：20××年2月至4月，犯罪嫌疑人李××为达到勒索钱财的目的，多次向犯罪嫌疑人陈××提出绑架××乡××村一组的小学生张×（11岁）。后经陈××同意，两人共同预谋、策划了绑架的具体步骤，并于20××年4月27日下午准备好作案用的手机、绳索、红领巾、助力三轮车、铁锨、塑料编织袋、被褥等工具。4月28日早晨6时许，李××、陈××守候在××市××乡××村一组东干渠分水闸处。7时许，将上学经过的小学生张×劫持到分水闸旁的旱厕内，用红领巾将张×嘴勒住，用绳索将张×的手脚捆绑后装入塑料编织袋内，再抬上助力三轮车，盖上被褥，拉至××市××庙南戈壁滩。李××打电话向张×家长勒索现金20万元。后在李××的提议下，两名犯罪嫌疑人用铁锨铲沙土将张×活埋。当日18时许，本局将李××、陈××抓获。经审讯，李××、陈××对绑架、杀害张×的犯罪事实供认不讳。当日19时许，经犯罪嫌疑人辨认，侦查人员在××市××庙南戈壁滩一土坑内挖出被害人张×的尸体。经法医鉴定，张×系机械性窒息死亡后被他人用沙土掩埋。次日，从李××住处查获作案用的助力三轮车、铁锨、被褥等工具，从陈××住处查获作案用的"三星"N188型手机一部。

认定上述犯罪事实的证据如下：报案记录、现场勘查笔录、鉴定结论、证人证言、犯罪嫌疑人供述以及查获的作案工具手机、助力三轮车、铁锨、被褥等物证。

上述事实证明，犯罪嫌疑人李××、陈××以向被害人张×家长勒索现金为目的，采取暴力手段，绑架并杀害张×，其行为已触犯了《中华人民共和国刑法》第二百三十九条之规定，涉嫌绑架罪。根据《中华人民共和国刑事诉讼法》第八十一条第一款、第八十七条之规定，犯罪嫌疑人李××、陈××符合逮捕条件，特提请批准逮捕。

此致

××市人民检察院

（公安局印）

20××年5月×日

附:1.本案卷宗×卷×××页。

2.犯罪嫌疑人李××、陈××现被羁押于××市看守所。

二、逮捕证

(一)概念及法律依据

逮捕证是公安机关依法对犯罪嫌疑人执行逮捕时使用的凭证性文书。它既是侦查人员执行逮捕的凭证,也是公安机关对逮捕人执行羁押的依据。

《刑事诉讼法》第80条规定:"逮捕犯罪嫌疑人、被告人,必须经过人民检察院批准或者人民法院决定,由公安机关执行。"第93条第1款规定:"公安机关逮捕人的时候,必须出示逮捕证。"

《公安机关办理刑事案件程序规定》第138条规定:"接到人民检察院批准逮捕决定书后,应当由县级以上公安机关负责人签发逮捕证,立即执行,并将执行回执送达作出批准逮捕决定的人民检察院。如果未能执行,也应当将回执送达人民检察院,并写明未能执行的原因。"第139条规定:"执行逮捕时,必须出示逮捕证,并责令被逮捕人在逮捕证上签名、捺指印,拒绝签名、捺指印的,侦查人员应当注明。逮捕后,应当立即将被逮捕人送看守所羁押。执行逮捕的侦查人员不得少于二人。"

(二)结构内容及写作方法

本文书由存根、正本、副本组成。

存根用于制作单位留存备查。

正本和副本的内容相同。正本是公安机关逮捕犯罪嫌疑人的依据和凭证,在向被逮捕人宣布后附卷。副本是公安机关将被逮捕人送看守所以及看守所羁押被逮捕人的凭证。内容包括逮捕的法律依据、批准或者决定机关的名称、被逮捕人涉嫌的罪名、被逮捕人的基本情况、拟送羁押的处所等等。逮捕的法律依据是《刑事诉讼法》第80条,羁押的处所,即拟送羁押的看守所名称。尾部填写成文日期,并加盖公安机关印章。副本在落款下面还应写明逮捕的时间,在是否属于律师会见需经许可的案件栏目中根据实际情况选择"是"或"否"。副本交执行羁押的看守所,由看守所收执,作为收押被逮捕人的凭证。

(三)制作与使用应注意的事项

1.逮捕证是公安机关的提请批准逮捕书经人民检察院审查批准,由人民检察院作出批准逮捕决定书后,由县级以上公安机关负责人签发的,逮捕措施执行后应将执行回执及时送到作出批准逮捕的人民检察院,未执行的,应写明原因,送人民检察院。

2.人民检察院或者人民法院直接受理的案件,需要逮捕犯罪嫌疑人或被告人时,由公安机关凭人民检察院决定逮捕通知书或人民法院逮捕犯罪嫌疑人(或被告人)决定书签发逮捕证,并执行逮捕。

3.公安机关逮捕犯罪嫌疑人后,除有碍侦查或无法通知的情形以外,应当在24小时内制作逮捕通知书,将逮捕的原因和羁押的处所通知被逮捕人家属。

4.侦查结束时,逮捕证正本存入诉讼卷。

【例文】

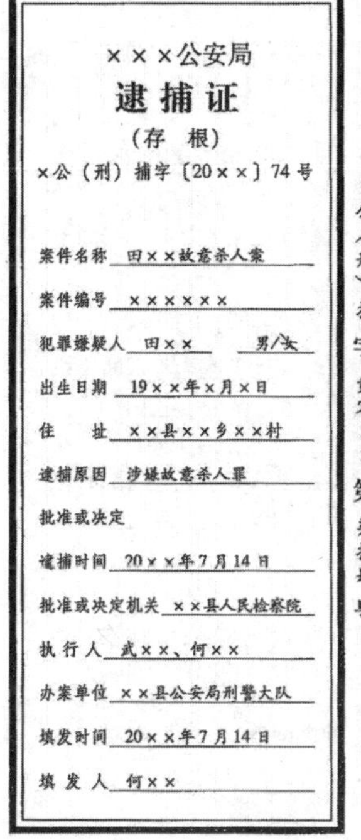
×××公安局
逮捕证
(存　根)
×公(刑)捕字〔20××〕74号

案件名称 田××故意杀人案
案件编号 ××××××
犯罪嫌疑人 田××　男/女
出生日期 19××年×月×日
住　址 ××县××乡××村
逮捕原因 涉嫌故意杀人罪
批准或决定
逮捕时间 20××年7月14日
批准或决定机关 ××县人民检察院
执行人 武××、何××
办案单位 ××县公安局刑警大队
填发时间 20××年7月14日
填发人 何××

×公(刑)捕字贰零××第柒拾肆号

×××公安局
逮　捕　证

×公(刑)捕字〔20××〕74号

根据《中华人民共和国刑事诉讼法》第八十条之规定，经 ××县人民检察院 批准/决定，兹由我局对涉嫌 故意杀人 罪的 田×× (性别 男 ，出生日期 19××年×月×日 ，住址 ××县××乡××村)执行逮捕，送 ××县 看守所羁押。

公安局(印)
二〇××年七月十四日

本证已于 20×× 年 7 月 14 日14 时向我宣布。
被逮捕人：田××(捺指印)
本证副本已收到，被逮捕人 田×× 已于 20×× 年 7 月 9 日送至我所(如先行拘留的，填写拘留后羁押时间)。
接收民警：李××　　看守所(印)
20××年7月14日

联附卷

×公(刑)捕字贰零××第柒拾肆号

×××公安局
逮　捕　证
(副　本)
×公(刑)捕字〔20××〕74号

根据《中华人民共和国刑事诉讼法》第八十条之规定，经 ××县人民检察院 批准/决定，兹由我局对涉嫌 故意杀人 罪的 田×× (性别 男，出生日期 19××年×月×日 ，住址 ××县××乡××村)执行逮捕，送 ××县 看守所羁押。

执行逮捕时间： 20×× 年 7 月 14 日 14 时

属于律师会见需经许可的案件：是/否

公安局(印)
二〇××年七月十四日

此联交看守所

三、逮捕通知书

(一)概念及法律依据

公安机关在执行逮捕后，将逮捕的原因和羁押的处所通知被逮捕人的家属时制作和使用的文书。

《刑事诉讼法》第93条第2款规定："逮捕后，应当立即将被逮捕人送看守所羁押。除无法通知的以外，应当在逮捕后24小时以内，通知被逮捕人的家属。"

(二)结构内容及写作方法

本文书由存根、正本、副本组成。

存根。用于公安机关留存备查。

正本与副本内容相同。正本是公安机关通知被逮捕人家属其已被逮捕的证明，副本是公安机关已经通知被逮捕人家属的凭证，用于附卷。内容主要填写批准逮捕的机关名称、逮捕的时间、逮捕的原因、被逮捕人的姓名、羁押的看守所名称。逮捕的原因应填写具体罪名，如盗窃、抢劫、强奸等；逮捕的时间应与逮捕证正本上被逮捕人在签收栏填写的时间一致，要精确到小时。

(三)制作与使用应注意的事项

1.本文书制作完毕，侦查人员应在24小时之内将通知书送达被逮捕人家属，正本由其家属收存，并请其在副本上签收。

2.如果未在24小时内送达被逮捕人的家属，应在正本上注明原因。

3.侦查终结时,本文书副本存入诉讼卷。

【例文】

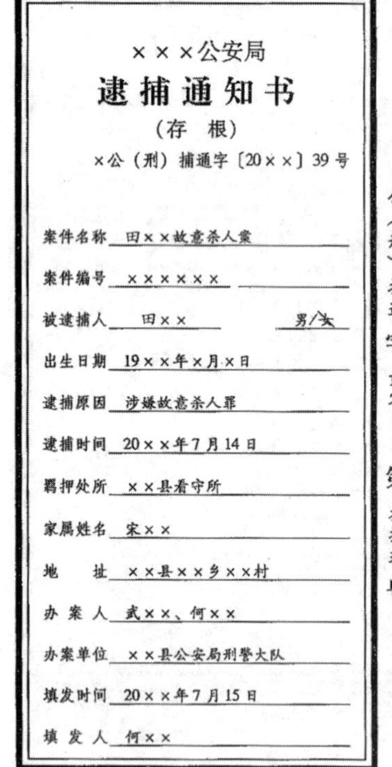

×××公安局

逮捕通知书

（存　根）

×公（刑）捕通字〔20××〕39号

案件名称　田××故意杀人案

案件编号　××××××

被逮捕人　田××　　男/女

出生日期　19××年×月×日

逮捕原因　涉嫌故意杀人罪

逮捕时间　20××年7月14日

羁押处所　××县看守所

家属姓名　宋××

地　　址　××县××乡××村

办 案 人　武××、何××

办案单位　××县公安局刑警大队

填发时间　20××年7月15日

填 发 人　何××

×公（刑）捕通字贰零××第叁拾玖号

×××公安局

逮捕通知书

（副　本）

×公（刑）捕通字〔20××〕39号

李××：

经　××县人民检察院　批准，我局于　20××　年　7　月　14　日　14　时对涉嫌　故意杀人　罪的　田××　执行逮捕，现羁押在　××县　看守所。

公安局（印）

二〇××年七月十五日

本通知书已收到。

被逮捕人家属：李××　　20××年7月15日10时

如在逮捕后24小时内无法通知的，注明原因：________。

办案人：

年　月　日　时

此联附卷

×公（刑）捕通字贰零××第叁拾玖号

×××公安局

逮捕通知书

×公（刑）捕通字〔20××〕39号

李××：

经　××县人民检察院　批准，我局于　20××　年　7　月　14　日　14　时对涉嫌　故意杀人　罪的　田××　执行逮捕，现羁押在　××县　看守所。

公安局（印）

二〇××年七月十五日

注：看守所地址　××县××路××号

此联交被捕人家属

第六节　变更强制措施文书

一、变更逮捕措施通知书

(一)概念及法律依据

变更逮捕措施通知书是公安机关依法对被逮捕的犯罪嫌疑人变更逮捕措施时制作的通知原批准逮捕的人民检察院时使用的通知性文书。

《刑事诉讼法》第96条规定:“人民法院、人民检察院和公安机关如果发现对犯罪嫌疑人、被告人采取强制措施不当的,应当及时撤销或者变更。公安机关释放被逮捕的人或者变更逮捕措施的,应当通知原批准的人民检察院。”

(二)结构内容及写作方法

本文书由存根、正本、副本组成。

存根用于公安机关留存备查。

正本是公安机关通知人民检察院变更逮捕措施的凭证。副本是公安机关通知人民检察院对已被逮捕的犯罪嫌疑人变更强制措施的依据和凭证。正本与副本内容相同,主要填写批准逮捕的时间、批准逮捕决定书的编号、被逮捕人的姓名、逮捕的时间、变更逮捕措施的原因、法律依据、变更逮捕措施的日期、变更后的强制措施种类等。

（三）制作与使用应注意的事项

1.本文书正本交原批准逮捕的人民检察院，并请其在副本上签收，侦查终结时，副本存入诉讼卷。

2.本通知书只适用于犯罪嫌疑人被逮捕的情况，如果犯罪嫌疑人只是被拘留或是取保候审、监视居住，变更强制措施时无须通知人民检察院。

3.不符合逮捕条件或者出现了需要变更逮捕措施的情形，符合《刑事诉讼法》第65条的，可以取保候审；符合《刑事诉讼法》第72条的，可以监视居住。

二、不予释放/变更强制措施通知书

（一）概念及法律依据

不予释放/变更强制措施通知书是人民检察院建议公安机关对犯罪嫌疑人予以释放或者变更强制措施，犯罪嫌疑人及其法定代理人、近亲属或者辩护人向公安机关申请变更强制措施，公安机关不同意对犯罪嫌疑人释放或者变更强制措施时，通知人民检察院或者犯罪嫌疑人及其法定代理人、近亲属或者辩护人时制作和使用的通知性文书。

《刑事诉讼法》第95条规定："犯罪嫌疑人、被告人被逮捕后，人民检察院仍应当对羁押的必要性进行审查。对不需要继续羁押的，应当建议予以释放或者变更强制措施。有关机关应当在10日以内将处理情况通知人民检察院。"第95条规定："犯罪嫌疑人、被告人及其法定代理人、近亲属或者辩护人有权申请变更强制措施。人民法院、人民检察院和公安机关收到申请后，应当在3日以内作出决定；不同意变更强制措施的，应当告知申请人，并说明不同意的理由。"

（二）结构内容及写作方法

本文书由存根、正本、副本组成。

存根用于公安机关留存备查。

正本是公安机关通知人民检察院或者申请人对犯罪嫌疑人不予释放/变更强制措施的凭证。副本是公安机关通知人民检察院或者申请人对犯罪嫌疑人不予释放/变更强制措施的依据和凭证。正本与副本内容相同，主要填写人民检察院或者有关当事人申请的时间、已经对犯罪嫌疑人采取的强制措施种类、犯罪嫌疑人的基本情况、不予释放/变更强制措施的理由和法律依据。法律依据要根据不同情形选择填写，如果是交人民检察院的，应填写《刑事诉讼法》第95条；交申请人的，则应填写《刑事诉讼法》第95条。

（三）制作与使用应注意的事项

1.本文书正本交建议释放或者变更强制措施的人民检察院，或者申请变更强制措施的犯罪嫌疑人及其法定代理人、近亲属或者辩护人，并请其在副本上签收。

2.侦查终结时，不予释放/变更强制措施通知书存入诉讼卷。

第七节　延长羁押期限文书

一、提请批准延长侦查羁押期限意见书

(一)概念及法律依据

提请批准延长侦查羁押期限意见书是公安机关在办理刑事案件过程中,对侦查羁押期限届满不能侦查终结的案件,依法提请人民检察院延长侦查羁押期限而制作的文书。

《刑事诉讼法》第156条规定:“对犯罪嫌疑人逮捕后的侦查羁押期限不得超过2个月。案情复杂、期限届满不能终结的案件,可以经上一级人民检察院批准延长1个月。”第157条规定:“因为特殊原因,在较长时间内不宜交付审判的特别重大复杂的案件,由最高人民检察院报请全国人民代表大会常务委员会批准延期审理。”第158条规定:“下列案件在本法第一百五十四条规定的期限届满不能侦查终结的,经省、自治区、直辖市人民检察院批准或者决定,可以延长2个月:(1)交通十分不便的边远地区的重大复杂案件;(2)重大的犯罪集团案件;(3)流窜作案的重大复杂案件;(4)犯罪涉及面广,取证困难的重大复杂案件。”第159条规定:“对犯罪嫌疑人可能判处10年有期徒刑以上刑罚,依照本法第一百五十八条规定延长期限届满,仍不能侦查终结的,经省、自治区,直辖市人民检察院批准或者决定,可以再延长2个月。”《公安机关办理刑事案件程序规定》第144条至第148条也有相关规定。

(二)结构内容及写作方法

本文书由存根、副本和正本组成。

1.存根。存根用作制作单位存档备查。

2.正本与副本内容相同,包括批准逮捕决定书发出的时间和编号、被逮捕人姓名、逮捕的时间、提请批准延长侦查羁押期限的原因、法律根据、提请批准延长的期限。提请批准延长侦查羁押期限的原因,应当根据《刑事诉讼法》的有关规定,结合案件的具体情况进行叙述,如延长1个月的,应当重点写明案件的复杂性,为什么在侦查羁押期限内不能办结,如案件涉及数个省市,犯罪嫌疑人作案次数多,调查取证涉及人员众多等。提请批准延长的法律依据要根据案件的具体情况,分别引用《刑事诉讼法》的不同条款,如果延长1个月的,应引用第156条;如需延长2个月的,应引用第158条等等。正本交原批准逮捕的人民检察院,并请收件人在副本上签收并注明收到时间,最后附卷。

(三)制作与使用应注意的事项

1.提请批准延长侦查羁押期限意见书应当在侦查羁押期限届满前7日送交原批准逮捕的人民检察院,不能等到超期羁押后才提请延长侦查羁押期限。

2.侦查羁押期限届满而人民检察院不批准延长的,必须立即释放被逮捕人;需要继续侦查的,可以采取取保候审或者监视居住。

3.侦查终结时,提请批准延长侦查羁押期限意见书存入诉讼卷。

【例文】

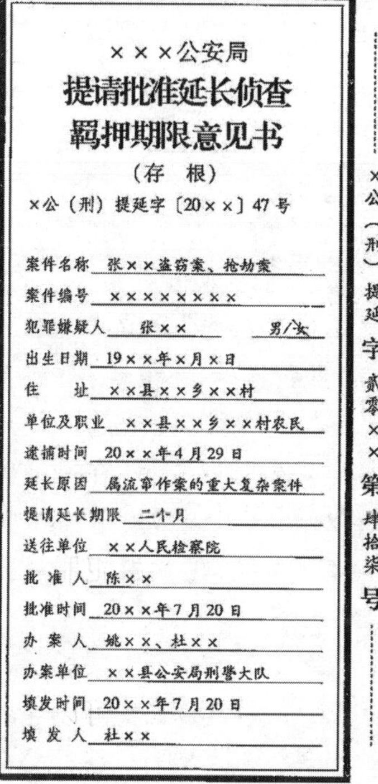

×××公安局

提请批准延长侦查羁押期限意见书

（存 根）

×公（刑）提延字〔20××〕47号

案件名称 张××盗窃案、抢劫案

案件编号 ××××××××

犯罪嫌疑人 张×× 男/女

出生日期 19××年×月×日

住 址 ××县××乡××村

单位及职业 ××县××乡××村农民

逮捕时间 20××年4月29日

延长原因 属流窜作案的重大复杂案件

提请延长期限 二个月

送往单位 ××人民检察院

批 准 人 陈××

批准时间 20××年7月20日

办 案 人 姚××、杜××

办案单位 ××县公安局刑警大队

填发时间 20××年7月20日

填 发 人 杜××

×公（刑）提延字贰零××第肆拾柒号

×××公安局

提请批准延长侦查羁押期限意见书

（副 本）

×公（刑）提延字〔20××〕47号

××人民检察院：

你院于20××年4月28日以×检刑捕字〔20××〕74号决定书批准逮捕的犯罪嫌疑人张××已于20××年4月29日被执行逮捕，因张××案系流窜作案的重大复杂案件，目前尚有两名犯罪嫌疑人负罪在逃，有大量犯罪事实需要到作案地收集、核实，取证工作困难，羁押期限届满不能侦查终结，根据《中华人民共和国刑事诉讼法》第一百五十八条之规定，特提请批准对其延长羁押期限二个月。

公安局（印）

二〇××年七月二十日

本意见书已收到。

检察院收件人：蔡××

20××年7月21日

此联附卷

×公（刑）提延字贰零××第肆拾柒号

×××公安局

提请批准延长侦查羁押期限意见书

×公（刑）提延字〔20××〕47号

××人民检察院：

你院于20××年4月28日以×检刑捕字〔20××〕74号决定书批准逮捕的犯罪嫌疑人张××已于20××年4月29日被执行逮捕，因张××案系流窜作案的重大复杂案件，目前尚有两名犯罪嫌疑人负罪在逃，有大量犯罪事实需要到作案地收集、核实，取证工作困难，羁押期限届满不能侦查终结，根据《中华人民共和国刑事诉讼法》第一百五十八条之规定，特提请批准对其延长羁押期限二个月。

公安局（印）

二〇××年七月二十日

此联交检察院

二、延长侦查羁押期限通知书

（一）概念及法律依据

延长侦查羁押期限通知书是公安机关在人民检察院批准对犯罪嫌疑人延长侦查羁押期限后，告知看守所时制作和使用的文书。

《刑事诉讼法》第156条、第158条、第159条规定，公安机关需要延长侦查羁押期限的，应当报请人民检察院审查批准，收到人民检察院的批准延长侦查羁押期限决定书后，应立即制作延长侦查羁押期限通知书通知看守所。

（二）结构内容及写作方法

本文书由存根、正本、副本组成。

1.存根。存根用作制作单位存档备查。

2.正本是看守所延长对犯罪嫌疑人羁押期限的凭证。副本是公安机关已经通知看守所延长对犯罪嫌疑人羁押期限的凭证，用于附卷。正本与副本的内容相同，主要填写执行逮捕的时间、犯罪嫌疑人的基本情况、延长羁押期限的原因、法律依据、批准延长羁押期限的单位和时间、起止日期等。延长羁押期限的原因根据案件的具体情况填写，如该案系“重大的犯罪集团案件”等；执行逮捕的时间应与逮捕证上犯罪嫌疑人签收的时间相一致。延长羁押期限的时间填写“1个月”或“2个月”等。

（三）制作与使用应注意的事项

1.本文书正本交羁押犯罪嫌疑人的看守所，并请看守所在副本“本通知书已收到”处签收；向犯罪嫌疑人宣布后，让其在副本“本通知书已向我宣布”处签收。

2.侦查终结时，本文书副本存入诉讼卷。

【写作实训】

1.根据下面所给材料，拟写一份呈请拘传报告书(不足内容可补充)。

200×年1月30日晚10时许，张××在××市××街盗取一辆凤凰牌自行车时被当场抓获。经讯问，张××供认：200×年9月至12月，曾伙同王××在××街××路××商场前等地采用螺丝刀、钢丝剪撬剪自行车车锁的手段，先后盗取“永久”“金狮”“飞鸽”“捷安特”“三枪”等牌号的自行车15辆，价值5000余元，并将盗取的自行车销赃于××村及××旧自行车市场等地，得赃款2000余元，王××获得部分赃款。

××市公安局××分局刑警队为了查清全部案情，根据《中华人民共和国刑事诉讼法》第92条的规定，于200×年2月3日呈请对王××进行传唤，要求其于同年2月5日上午9时到××分局刑警队接受讯问。王××接到传唤证后无正当理由未到指定地点接受讯问，据此拟对王××予以拘传。

2.根据下面所给材料，制作一份取保候审决定书、通知书。

艾×，女，27岁，住××县××村7组，因涉嫌重婚罪于200×年4月30日被××县公安局刑事拘留。在讯问中。艾×称自己已怀孕3个月，经医院检查证实艾×确已怀孕3个月。××县公安局针对艾×的怀孕情况，决定对其采取取保候审的强制措施，并由其父艾×出具保证书。

3.根据下面素材制作一份呈请解除监视居住报告书。

姚××，男，现年37岁，大专文化程度，汉族，四川省××市人，现住××市××路79号。职业：教师。

姚××在担任××市××中学体育教师期间，多次盗窃公共财物，并从事吸毒贩毒等违法犯罪活动，被我公安机关抓获。本应将其逮捕，但因姚××患有严重的甲型肝炎，于20××年×月×日依法对其实施监视居住。现姚××病已痊愈，经××人民检察院批准，我局于20××年4月7日将其逮捕，故决定对姚××解除监视居住。

4.根据下列提供的材料，拟写一份呈请拘留报告书。

200×年5月2日晚8时许，金星贸易大厦保安人员乔×与丁××在夜间巡逻时，发现四楼金银首饰和钟表柜台前的幽暗灯光下有人影晃动。于是两人合计后打开四楼电源总开关，拉响警报器，看到一名男子在强光下惊慌失措背着一包东西向楼梯口狂奔，企图逃跑。乔×与丁××凭借对大楼地形的熟悉，迅速追至楼梯口将逃跑的男子当场抓获，从其背的黄色背包中搜出金戒指20枚、金项链42条、高级珍珠项链20条，总价值达323500余元，并从包中搜出老虎钳、螺丝刀、手电筒等作案工具，于是立即向当地新光路派出所报案，由派出所受案民警对其刑事拘留。

经初步审讯查明，该男子高××是××省××县农民，现年22岁，初中文化。200×年2月28日来××市打工，由于缺少技术在××建筑工地当小工，住在该建筑工地2号临时宿舍。高××在一次逛超市时发现金星商厦三楼卫生间窗户没有栅栏，楼下是一人行道，于是产生晚上进入商厦盗窃的想法。200×年5月2日下午6时许，高××进入商厦藏在一楼地下室楼梯口的旧货架后面，等商厦晚上8时关门以后伺机作案，被保安人员抓获。

5.根据下列素材制作一份呈请拘留报告书。

张×，男，现年22岁，汉族，陕西省××县人，户口所在地××县南街村，现住址××市××路52号，无业。20××年2月11日晚，该张在××南路××歌舞厅跳舞时，与李××(女，现年19岁，××县大王乡人)相识。舞厅散场后，该张尾随李××来到其在××路狄寨村×排×号租住的房内。张×提出要同李××发生性关系，并对李××动手动脚。遭李××拒绝后，张×顿起恶念，用双手掐住李××的脖子，将其掐死。张×穿走李××的一件毛衣，拿走李××的钱包(内有现金100余元)，锁上房门逃离现场，并于当晚离开××市潜逃到青海省××市。后被我局干警在××市××路48号××歌舞厅抓获。经审讯，张×对其所犯罪行供认不讳。

6.根据下面素材制作一份呈请延长拘留期限报告书。

康××，男，22岁，××市人，现住五一路128号。职业：工人；民族：汉；高中文化程度。20××年元月5日被××分局刑侦队拘留。康××自20××年以来，在××市玉祥门十字、电力职工医院和环城西路南段等处，多次盗窃机动车数量，后经群众举报被我局拘留。但因康××作案时隔较久，涉及面广，一时无法取证报捕。为进一步审查并搜集证据，我局拟对康××延长拘留期限，得到了领导的批准。

7.根据所提供的材料，制作一份提请批准逮捕书，要求格式规范、用语准确，犯罪事实记写清楚，法律条款应用准确。

万××，男，29岁，系河北省某市工程队工人。万××于2000年8月与苗×结婚，婚后因经济问题与其妻及岳父母多次发生矛盾。次年7月某日，万××接到所在街道办事处司法办公室传唤他于当月15日接受经济纠纷调解通知后认为是其妻提出离婚，遂产生杀死苗×一家之念。同年7月7日凌晨1时许，万××手持斧头、尖刀窜入其岳父家，将熟睡中的岳父、岳母及苗×三人杀死。尔后，抢走其岳父家中人民币6000余元，作案后畏罪潜逃。后经公安机关查获归案。经查，万××，汉族，高中文化，现住河北省××市××区岩湾2幢8号。万××自幼上学，1992年高中毕业后在本市工程队做工至今。

8.根据下列素材，制作一份提请批准逮捕书。

20××年1月29日，××市公安局××区分局刑警大队破获了一起故意杀人案，拘留了犯罪嫌疑人周××，押于××区看守所。经讯问，犯罪嫌疑人周××交代了犯罪事实。下面是周××的亲笔供词：我叫周××，男，1976年8月24日出生，湖北省××县人，汉族，××市东风汽车修配技术服务部工人，户籍登记在××市，现住××市××区××乡××村第173号。我1984年至1990年在××市××区郭家店小学读书，1990年至1993年在××市第十三中学读书，初中毕业。1993年9月到××市东风汽车修配技术服务部工作至今。我于半年前向我单位职工钟××借了500元人民币，没有钱还钟，钟××多次要我还钱。20××年1月27日23时15分，我到钟家寄宿。次日3时多一点，我将睡得很熟的钟××推醒后，又向钟借钱，钟不借我，我想杀钟。趁钟睡得很香，我用双手紧扼钟的颈部，使钟当场死亡。我怕钟活了，又将钟拖到沙发上，解开自己的皮鞋带，勒住钟的颈部。然后从钟××的腰间摸出一串钥匙，共13把，将五屉柜锁打开，拿走了钟××的活期存折一个，存4920元；外币定期存款单两张，分别存11000元和4000元，都是港币，户口簿一本。根据周××的口供，局长徐××要求侦查人员立即搜集证据，证实口供，然后向××市××区检察院提请批准逮捕。经过几天的取证，证实了周××口供属实，本案有卷宗一册。

要求：请你在20××年1月31日制作一份《提请批准逮捕书》(此文书是第12份文书)提请逮捕周××。

第六章　侦查取证文书

第一节　询问/讯问文书

一、传唤证

（一）概念及法律依据

传唤证是公安机关为查明案情，对于不需要逮捕、拘留的犯罪嫌疑人传唤到指定地点接受讯问时使用的文书。

《刑事诉讼法》第119条第1款规定："对于不需要逮捕、拘留的犯罪嫌疑人，可以传唤到犯罪嫌疑人所在市、县内的指定地点或者到他的住处进行讯问，但是应当出示人民检察院或者公安机关的证明文件。对在现场发现的犯罪嫌疑人，经出示工作证件，可以口头传唤，但应当在讯问笔录中注明。"

《公安机关办理刑事案件程序规定》第193条也有相关规定。

（二）结构内容及写作方法

本文书由存根、正本、副本组成。

存根。存根作为公安机关取证活动的凭证，用于公安机关留存备查。包括案件名称、案件编号、犯罪嫌疑人的姓名、性别、年龄、住址、单位及职业，传唤的原因、指定的时间和地点、批准人、批准时间、办案人、办案时间、填发时间、填发人等。

正本是公安机关通知犯罪嫌疑人接受讯问的依据和凭证，交给被传唤人。副本作为公安机关取证活动的凭证，用于附卷。正本与副本内容相同，主要填写犯罪嫌疑人涉嫌的罪名、犯罪嫌疑人的基本情况、接受讯问的指定时间和地点。由于连续传唤的时间最长不得超过24小时，因此传唤的时间应以小时计算，填写时应精确到小时。地点可以是公安机关的办公地点，也可以是公安机关指定的其他地方或是犯罪嫌疑人的住处。

（三）制作与使用应注意的事项

1.本文书的副本上有三处签收：侦查人员将文书的正本送达犯罪嫌疑人时，应出示传唤证和侦查人员的证件，并告知其应当按照指定的时间和地点接受讯问，没有正当理由不到案的，公安机关可以对其拘传。犯罪嫌疑人应当在签注部分填写文书收到的时间，并签名、捺指印；犯罪嫌疑人到案后，侦查人员应当让其在签注部分填写到达时间并签名、捺指印；讯问结束时，侦查人员应当让其在签注部分填写传唤结束时间并签名、捺指印。犯罪嫌疑人拒绝签收的，侦查人员应当在副本的签注部分注明。

2. 传唤证一次有效，每次传唤的时间一般为12小时；案情特别重大、复杂，需要采取拘留、逮捕措施的，经办案部门负责人批准，传唤持续的时间不得超过24小时。如果需要再次传唤犯罪嫌疑人的，应当制作新的传唤证。不得以连续传唤的方式变相拘禁犯罪嫌疑人。

3. 侦查终结时，本文书副本存入诉讼卷。

【例文】

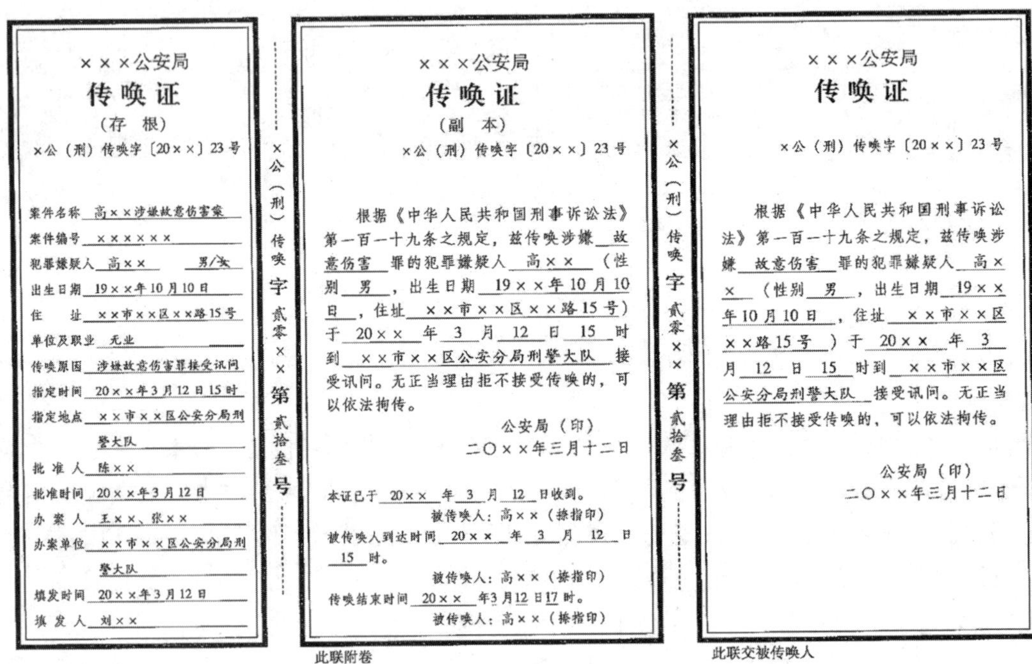

×××公安局
传唤证
（存 根）
×公（刑）传唤字〔20××〕23号

案件名称 高××涉嫌故意伤害案
案件编号 ××××××
犯罪嫌疑人 高×× 男/女
出生日期 19××年10月10日
住 址 ××市××区××路15号
单位及职业 无业
传唤原因 涉嫌故意伤害罪接受讯问
指定时间 20××年3月12日15时
指定地点 ××市××区公安分局刑警大队
批 准 人 陈××
批准时间 20××年3月12日
办 案 人 王××、张××
办案单位 ××市××区公安分局刑警大队
填发时间 20××年3月12日
填 发 人 刘××

×公（刑）传唤字贰零××第贰拾叁号

×××公安局
传唤证
（副 本）
×公（刑）传唤字〔20××〕23号

根据《中华人民共和国刑事诉讼法》第一百一十九条之规定，兹传唤涉嫌 故意伤害 罪的犯罪嫌疑人 高××（性别 男 ，出生日期 19××年10月10日 ，住址 ××市××区××路15号）于 20×× 年 3 月 12 日 15 时到 ××市××区公安分局刑警大队 接受讯问。无正当理由拒不接受传唤的，可以依法拘传。

公安局（印）
二〇××年三月十二日

本证已于 20×× 年 3 月 12 日收到。
被传唤人：高××（捺指印）
被传唤人到达时间 20×× 年 3 月 12 日 15 时。
被传唤人：高××（捺指印）
传唤结束时间 20×× 年3月12日17时。
被传唤人：高××（捺指印）

此联附卷

×公（刑）传唤字贰零××第贰拾叁号

×××公安局
传唤证
×公（刑）传唤字〔20××〕23号

根据《中华人民共和国刑事诉讼法》第一百一十九条之规定，兹传唤涉嫌 故意伤害 罪的犯罪嫌疑人 高××（性别 男 ，出生日期 19××年10月10日 ，住址 ××市××区××路15号 ）于 20×× 年 3 月 12 日 15 时到 ××市××区公安分局刑警大队 接受讯问。无正当理由拒不接受传唤的，可以依法拘传。

公安局（印）
二〇××年三月十二日

此联交被传唤人

二、提讯提解证

（一）概念及法律依据

提讯提解证是公安机关办案部门和看守所提讯、提解在押的犯罪嫌疑人时使用的凭证性文书。

根据《看守所条例》第19条、第20条的规定，公安机关、国家安全机关、人民检察院、人民法院提讯人犯时，必须持有提讯证或者提票。提讯人员不得少于2人。不符合前款规定的，看守所应当拒绝提讯。提讯人员讯问人犯完毕，应当立即将人犯交给值班看守人员收押，并收回提讯证或者提票。《看守所条例实施办法（试行）》第23条第2款规定，因侦查工作需要，提人犯出所辨认罪犯、罪证或者起赃的，必须持有县级以上公安机关、国家安全机关或者人民检察院领导的批示，凭加盖看守所公章的提讯证或者提票，由2名以上办案人员提解。

（二）结构内容及写作方法

本文书是单页表格类文书，由办案人和看守所人员分别填写。办案人填写犯罪嫌疑人的姓名、性别、年龄、提讯提解证编号、羁押期限、发证日期、每次提讯提解的时间、提讯提解的事由（如“讯问”“出所辨认”“出所起赃”等）及办案人姓名等。看守所人员应填写犯罪嫌疑人的代号、收监或回所时间，并签名。犯罪嫌疑人的代号，即看守所为被羁押的犯罪嫌疑人规定的编号。

(三)制作与使用应注意的事项

1.提讯提解证是一种可多次使用的文书,办案人每次提讯、提解在押犯罪嫌疑人时都要填写,侦查终结时本文书存入诉讼卷。

2.本文书附注部分规定,提讯、提解时办案人不得少于2人。提讯提解的“事由”应当根据具体情况填写。如果是在看守所内进行讯问的填写“讯问”,如果因侦查需要提解犯罪嫌疑人出所辨认、起赃的填写“出所辨认”或者“出所起赃”。

【例文】

××公安局提讯提解证

(看守所公章)

<table>
<tr><td>犯罪嫌疑人</td><td>邓××</td><td>性别</td><td>男</td><td>出生日期</td><td>1982年
7月8日</td><td>代号</td><td>28</td></tr>
<tr><td>提讯提
解证编号</td><td>108</td><td colspan="3">发证日期</td><td colspan="3">20××年6月8日</td></tr>
<tr><td>羁押期限</td><td>20××年6月7日至
20××年8月8日</td><td colspan="3">办案单位</td><td colspan="3">××公安分局
刑警大队</td></tr>
<tr><td>提讯
提解时间</td><td>事由</td><td>办案人
签名</td><td colspan="3">收监或
回所时间</td><td colspan="2">看守员
签　名</td></tr>
<tr><td>20××年
6月10日
8时30分</td><td>讯问</td><td>李××
刘××</td><td colspan="3">20××年6月10日
11时30分</td><td colspan="2">张××</td></tr>
<tr><td>20××年
6月13日
10时05分</td><td>讯问</td><td>李××
刘××</td><td colspan="3">20××年6月13日
10时55分</td><td colspan="2">张××</td></tr>
<tr><td>20××年
6月15日
9时40分</td><td>出所辨认</td><td>张××
王××</td><td colspan="3">20××年6月15日
12时10分</td><td colspan="2">张××</td></tr>
<tr><td>年　月　日
时　分</td><td></td><td></td><td colspan="3">年　月　日
时　分</td><td colspan="2"></td></tr>
<tr><td>年　月　日
时　分</td><td></td><td></td><td colspan="3">年　月　日
时　分</td><td colspan="2"></td></tr>
<tr><td>年　月　日
时　分</td><td></td><td></td><td colspan="3">年　月　日
时　分</td><td colspan="2"></td></tr>
<tr><td>年　月　日
时　分</td><td></td><td></td><td colspan="3">年　月　日
时　分</td><td colspan="2"></td></tr>
<tr><td>年　月　日
时　分</td><td></td><td></td><td colspan="3">年　月　日
时　分</td><td colspan="2"></td></tr>
<tr><td colspan="8">1.提讯、提解时办案人员不得少于二人。
2.“事由”栏根据情况填写“讯问”“出所辨认”“出所起赃”等。</td></tr>
</table>

三、讯问笔录

（一）概念及法律依据

讯问笔录是公安机关在依法讯问犯罪嫌疑人时，制作的如实记载讯问和供述或者辩解的文字记录。讯问笔录经查证核实即成为刑事诉讼的八种证据之一。它具有客观全面地记载案件事实及相关情况，反映犯罪嫌疑人态度的作用。同时，也是侦查人员掌握案情，查清事实，分析刻画犯罪嫌疑人的心理状态，确定侦审策略的重要依据。

讯问笔录是依据《刑事诉讼法》第118条至第123条的规定制定的。《程序规定》第173条至187条对讯问笔录的制作做了更为具体的规定和要求。讯问笔录经核查归入刑事侦查卷（正卷）。

《刑事诉讼法》第118条规定，讯问犯罪嫌疑人必须由人民检察院或者公安机关的侦查人员负责进行。讯问的时候，侦查人员不得少于两人。犯罪嫌疑人被送交看守所羁押以后，侦查人员对其进行讯问，应当在看守所内进行。第120条第1款规定，侦查人员在讯问犯罪嫌疑人的时候，应当首先讯问犯罪嫌疑人是否有犯罪行为，让他陈述有罪的情节或者无罪的辩解，然后向他提出问题。犯罪嫌疑人对侦查人员的提问，应当如实回答。但是，其对与本案无关的问题，有拒绝回答的权利。侦查人员在讯问犯罪嫌疑人的时候，应当告知犯罪嫌疑人享有的诉讼权利，如实供述自己罪行可以从宽处理的法律规定。第122条规定，讯问笔录应当交犯罪嫌疑人核对，对于没有阅读能力的，应当向他宣读。如果记载有遗漏或者差错，犯罪嫌疑人可以提出补充或者改正。犯罪嫌疑人承认笔录没有错误后，应当签名或者盖章。侦查人员也应当在笔录上签名。犯罪嫌疑人请求自行书写供述的，应当准许。必要的时候，侦查人员也可以要犯罪嫌疑人亲笔书写供词。

（二）结构内容及写作方法

讯问笔录由首部、正文、尾部构成。

1. 首部。包括文书名称讯问的次数，讯问的时间、地点，侦查员，记录员的基本情况，被讯问人的基本情况。

2. 正文。该部分是本文书的关键部分，采用一问一答的形式。第一次讯问，应逐项问明记清犯罪嫌疑人的基本情况，包括姓名、别名、曾用名、绰号、性别、民族、出生年月日、出生地点、身份证号码、户籍所在地、暂住地、籍贯、文化程度、现住址、职业、工作单位、家庭情况、社会经历、是否受过刑事处罚或行政处罚等情况。接着，应告知犯罪嫌疑人应依法如实回答侦查人员的问题，及对与违法犯罪无关的问题有拒绝回答的权利。在第一次讯问时应先将犯罪嫌疑人诉讼权利义务告知书送交犯罪嫌疑人，告知其权利义务，然后记写犯罪事实。如果是第一次讯问，首先要讯问犯罪嫌疑人是否有犯罪行为，让他陈述有罪的情节或无罪的辩解，然后再向其提出问题。记清对犯罪嫌疑人的讯问内容，即犯罪嫌疑人供述的有关犯罪的时间、地点、人物、动机、目的、手段、起因、经过、后果及相应证据等。犯罪嫌疑人进行无罪辩解时，记录人员应当将辩解的内容记录完整、清楚。如果是第二次或以后的讯问，主要是针对案件有关情况作进一步讯问，讯问的情况可以是案件的全部情况，也可以是案件情况的某一个情节。记录要抓住重点、详略得当。特别是要把涉及的有关的人、事、物及关键的情节，相关的证据，真实准确地记录下来，保证记录的完整性。

3.尾部。依据法律的规定，讯问结束时，笔录应当交犯罪嫌疑人核对，对于没有阅读能力的，应当向他宣读。如果记载有遗漏或者差错，犯罪嫌疑人可以提出补充或者改正，并在改正处的文字上捺指印。笔录经犯罪嫌疑人核对无误后，应当由其在笔录逐页签名(盖章)捺指印，并在末页写明“以上笔录我看过(或向我宣读过)，和我说的相符”。并签名(盖章)、捺指印，写明时间。同时，在笔录除最后一页以外的每页末尾右下角签名(盖章)、捺指印。拒绝签名、捺指印的，侦查人员应当在笔录上注明。

(三)制作与使用的注意事项

1.讯问犯罪嫌疑人要及时进行。要针对不同的讯问对象、案件、讯问重点，充分做准备，制订讯问计划和提纲，以保证讯问工作有目的、有重点地进行。讯问中不得少于2名侦查员，讯问人与记录人员要密切配合，保证讯问笔录的质量。

2.讯问要依法进行，保障《中华人民共和国宪法》赋予公民的基本权利不受侵犯。讯问严禁用非法手段，迫使犯罪嫌疑人供述。讯问未成年犯罪嫌疑人可以通知其法定代理人到场。讯问聋、哑犯罪嫌疑人，语言不通的外籍嫌疑人或少数民族犯罪嫌疑人，应请翻译人员参加并在笔录上签名或者盖章。笔录的法律手续必须完备。

3.讯问笔录要客观全面。既要记载犯罪嫌疑人有罪的供述，也要记清犯罪嫌疑人的有关无罪的辩解；既记载犯罪嫌疑人无声语言或情绪反应，也记载侦查人员采取的策略、方法和使用证据等情况。对于关键情节要尽量记录犯罪嫌疑人的原话，力求实事求是地反映讯问过程和讯问情况。

【例文1】

~~询问~~/讯问笔录(第1次)

时间　20××年4月28日20时08分至20××年4月28日22时57分

地点　××市公安局刑警大队

~~询问~~/讯问人姓名　陶××　邓××　单位　××市公安局刑警大队

记录人　邓××　单位　××市公安局刑警大队

被~~询问~~/讯问人　李××　性别　男　年龄　××　出生日期　19××年10月20日　身份证件种类及号码　身份证，××××××××××××××××××　是□否☑人大代表　现住址　××市××乡××村二组××号　联系方式　×××××××××××　户籍所在地　××市××乡××村二组××号

(口头传唤/被扭送/自动投案的被询问/讯问人于__月__日__时__分到达，__月__日__时__分离开，本人签名　×××)

问：我们是××市公安局刑警大队的侦查员(出示证件)，现在依法对你进行讯问。你叫什么名字？

答：李××。

问：性别？

答：男。

问：有无别名或绰号？

答：绰号“木龙”。

问:出生年月日?
答:19××年10月20日。
问:身份证号码?
答:62210319××××××××××。
问:民族?
答:汉族。
问:文化程度?
答:初中。
问:籍贯?
答:甘肃省××市。
问:家庭住址?
答:××市××乡××村二组××号。
问:职业?
答:农民。
问:家庭情况?
答:全家三口人,母亲:高××,49岁,农民;姐姐:李××,23岁,农民。
问:讲一下你的社会经历?
答:19××年9月至20××年7月在××市××乡××村小学读书,20××年9月至20××年7月在××市××乡中学读初中,后在家务农至今。
问:你以前是否受过刑事、行政等处罚?
答:没有。
问:这是《犯罪嫌疑人诉讼权利义务告知书》,送你阅读。你如果不识字,我们可以给你宣读。
答:我可以看。(阅读至完毕)
问:你是否完全理解告知书的内容?
答:理解。
问:你是否明白自己的诉讼权利和义务?
答:明白。
问:你是否申请我们回避?
答:不申请。
问:你还有什么请求?
答:没有。
问:根据《中华人民共和国刑事诉讼法》的规定,你要如实回答我们提出的问题.对与本案无关的问题.你有拒绝回答的权利,你听清楚了吗?
答:听清楚了。
问:你是什么时间被拘传的?
答:今天下午6点多钟。
问:你知道公安机关为什么拘传你并对你进行讯问吗?

答:今天上午,我和陈××绑架了张某,向张某的家人索要20万赎金,并把他活埋了。
问:你知道这是什么行为吗?
答:知道,是犯罪行为。
问:你把作案经过谈一下。
答:今天早上7点多,我和陈××到××村一组水渠旁,那是张某上学必须经过的地方。不一会张某就过来了,我把张某叫到路边一个新修的厕所里。在厕所里,我和陈××拿红领巾把张某的嘴勒住,用绳子把他的手脚绑住,又把塑料编织袋从他头上套住,抬上三轮车拉到南戈壁滩没有人的地方。我们先把张某的下半身在一个坑里埋住,再用手机给张某的家里打电话,就说张某被绑架了,让他家里李××(捺指印)准备20万现金准备赎人,还逼着张某给他妈说话。当时电话是张某的妈接的,她答应给我们赎金。过了一会,我不放心,怕张某的妈报案,就又打电话告诉张某的妈不准报案,否则就见不到张某了。还让她下午3点把钱准备好等电话。我们准备去取赎金的时候,发现张某的脚从塑料袋里伸出来了,我和陈××就商量张某认识我们,干脆把他活埋了。就在附近找了一个坑,拿沙土把张某活埋了。然后我俩就各自回家了。下午3点多钟,陈××到我家。我们就出来用手机给张某的妈打电话。她说钱已经准备好了。我让她过一个小时拿着钱到××公园门口等我。但我和陈××害怕张某家报警了,就没敢去取赎金。到陈××家待了一会,又到外面玩了一会。从陈××家出来时把手机扔下忘了拿,也没有回去取。下午6点多钟我们回到我家,就被警察抓住了。
问:陈××是什么人?
答:是××市××乡××村6组的人。我们平时关系挺好,经常在一块玩。
问:你们为什么要绑架张某?
答:我们想把张某绑架后,向张某家勒索些钱花。因为张某家是开金矿的,家里非常有钱。
问:是谁先提出绑架张某的?
答:是我。
问:是什么时间、什么地点提出的?
答:是4月20号左右,具体地点我记不清了。
问:陈××对你提议绑架张某勒索赎金是什么态度?
答:他当时没答应。后来,过了几天我又给他说把张某绑架了搞些钱花,才同意了。
问:具体是哪一天商量好的?
答:(回忆一下)是4月26号。
问:你说的"搞些钱花"是什么意思?
答:就是把张某绑架了,向张某家勒索钱。
问:你们在作案之前是否商量过如何绑架张某?
答:商量过。我们商量在张某上学的路上把他绑架,然后给他家里打电话要钱。
问:你们在预谋绑架时准备了什么东西没有?
答:准备了。我们准备了绳子、三轮车、一条红领巾、一把铁锹,一条塑料编织袋,还有一条褥子。昨天,我用我妈的存折到银行取了100块钱,办了一张手机卡。陈××把他妈的手机拿上,我们把卡装到手机上。后来就用这个手机给张某的家里打电话要的钱。

问:这些东西都是什么时间准备的?

答:都是昨天(4月27日)准备好的。

问:这些东西都是从哪来的?准备做什么用?

答:(犹豫一下)绳子、红领巾是陈××从他家里拿的。绳子用来捆张某。红领巾准备勒张某的嘴的。褥子、铁锹、三轮车和编织袋都是我家的。三轮车准备把张某捆住后用来拉张某。编织袋准备用来装张某。褥子是用来盖张某的。铁锹是准备实在不行就把张某埋了。

问:这些东西现在都在什么地方?

答:铁锹、三轮车、褥子都在我家。绳子、红领巾、编织袋还在张某身上。

问:你们是在什么地方绑架张某的?

答:是在××乡××村一组水渠旁边新修的一个厕所里把张某绑住的。

问:你们把张某绑住后又把他拉到什么地方去了?

答:拉到××湾南戈壁滩上。

问:为什么要拉到那里?

答:因为那地方没有人。我们本来想找个偏僻的地方把张某放下,然后我和陈某某去取赎金。

问:你们最后把张某怎么处理了?

答:我们把张某用铁锹埋在刚才我指认的南戈壁滩上的那个坑里。

问:是谁先提出要埋张某的?

答:(沉默了一会)是我。因为张某认识我。

问:你们把张某埋之前,张某活着没有?

答:活着。

问:现在呢?

答:(犹豫一下)死了。

问:张某为什么会死?

答:编织袋口子扎住了,土又埋得深。埋好后我还踩了几脚,张某肯定活不成了。

问:你们给张某家里打电话,拨打的号码是多少?

答:是882××××。

问:你们是怎么知道张某家的电话号码的?

答:我从我家的一本电话号码簿上查的。

问:你们总共给张某家里打过几次电话?分别都说过什么?

答:四次。第一次是今天早上8点多,我们把张某绑架后,我给张某家打电话,说是张某被我绑架了,让他家里的人准备20万的赎金,还逼着张某给他妈说话。过了十几分钟,我又打了第二次,告诉张某的妈不准报案,否则就见不到张某了。又过了一个小时左右,我又打了第三次,让张某的妈下午3点钟把钱准备好,到时候再打电话。下午3点多,我又打了第四次电话,让张某的妈把准备好的钱20万块赎金带到××公园门口。

问:这几次电话分别都是谁打的?

答:都是我打的。

问:打电话的手机卡号码是多少?

答:不知道。我只知道办的是联通的卡。
问:你们办手机卡时用的是谁的名字?
答:不知道。是手机店的人用别人的身份证复印件办的。
问:你们作案时用的手机和手机卡现在在哪里?
答:都扔到陈××家里了。
问:你作案时穿着什么鞋? 现在何处?
答:迷彩胶鞋。从南戈壁滩回来换下放到我床下了。
问:根据法律规定,在这次讯问后,你有权聘请律师,你是否聘请律师?
答:不聘请。
问:你还有什么要补充的吗?
答:没有了。
问:以上说的是否属实?
答:属实。
问:对你以上所说的话能否负法律责任?
答:能。
以上笔录我已看过,和我说的相符。

被讯问人:李××(捺指印)
20××年4月28日
侦查员:陶××、邓××
监护人:高××(捺指印)

【例文2】

询问/讯问笔录(第2次)

时间 20××年4月29日14时23分至20××年4月29日16时57分
地点 ××市看守所
询问/讯问人姓名 陶×× 邓×× **单位** ××市公安局刑警大队
记录人 邓×× **单位** ××市公安局刑警大队
被询问/讯问人 李×× **性别** 男 **年龄** ×× **出生日期** 19××年10月20日 **身份证件种类及号码** 身份证,×××××××××××××××××× 是□否☑人大代表 **现住址** ××市××乡××村二组××号 **联系方式** ××××××××××× **户籍所在地** ××市××乡××村二组××号
(口头传唤/被扭送/自动投案的被询问/讯问人于__月__日__时__分到达,__月__日__时__分离开,本人签名 ×××)
问:我们是××市公安局刑警大队的民警(出示证件),现在依法对你讯问,在第一次讯问时,你已经周知了《犯罪嫌疑人诉讼权利义务告知书》,你有什么要求吗?
答:没有。
问:这是你亲笔书写的供词吗?(出示李××亲笔供词)
答:是的。
问:上面所写是否都属实?

答:都属实。

问:我们再向你强调一下,你应当如实回答我们提出的问题,但对案件无关的问题,你可以拒绝回答,你听清了吗?

答:听清了。

问:你是什么时间、因涉嫌什么犯罪被刑事拘留的?

答:我因涉嫌绑架罪于20××年4月29日被刑事拘留的。

问:既然知道,希望你如实供述,不得隐瞒或歪曲事实,争取宽大处理,你听清了吗?

答:听清了。

问:你和陈××是什么关系?

答:是从小一起长大的小学、初中同学,他家在××村六组,我家在二组。我俩初中辍学之后,两人经常在一起玩。

问:你们是怎么产生绑架念头的?

答:20××年春节,我在电视连续剧《燕赵刑警》上,看到有绑架别人要钱的内容。看过之后,我就想绑架别人向他家里人要钱的事能干,而且还容易干成。后来我就想把我们同组的张某绑架上,再向他家要钱。因为他们家是经营金矿生意的,家里很有钱。想好后,过了几天,我给同学陈××说绑架张某并向他家要钱的事,当时陈××没同意,说害怕被公安局抓住。之后一直到4月20日左右,我跟陈××一起玩的时候,我又给他说绑架张某的事,问他干不干。陈××说这事能干,答应和我一起绑架张某,向张某家要钱。

问:当时你和陈某某是怎么商量的?

答:我俩商量先把张某找个地方绑架上,之后换个地方放下,再向张某家要钱。商量还要办个手机卡,到时候给张某家里打电话。陈××说他妈有个手机,办个卡就可以用。商量好之后,因为当时没有钱买手机卡,所以就一直没有行动。4月26日晚上,陈××来我家玩。晚上他和我就睡在我屋里。我就又提出绑架张某的事,陈××说要干。然后我俩就商量要怎么干。我说要先找好绳子,在张某上学时把他手脚捆住,用陈××家的三轮摩托车,将张某拉到南戈壁上放下,再向张某家打电话要钱。陈××说用胶布将张某的嘴封住,害怕他喊叫。我当时在我屋里找了宽胶带,试着在胳膊上贴了一下,发现贴不住。我就说还是找个红领巾把嘴绑住算了,陈××也说行。我说拉在三轮摩托车上太明显,还得找个编织袋装上。陈某某也同意了。他说走的时候盖上个褥子比较稳妥些,不容易被发现,商量好之后我们就睡觉了。

问:你们为作案做了哪些准备工作?

答:第二天(4月27日)我和陈××就开始准备绑架张某的东西。那天我妈正好不在家。我将我妈的存折取上,到银行里取了100元钱,和陈××到农贸市场东口对面的一个手机店里,办了手机卡。陈××拿着他妈的手机,我们把卡办好后就装到手机里。后来我们先到我家,把自行车骑上到了陈××家。当时大约是下午4、5点钟,我们先干了一会儿活。后来陈××向他妈要了10元钱,在他家拿了两根绳子,把他家的三轮摩托车骑上出来去加油。骑了一段路后,已经骑到××乡××村一组那里,摩托车坏了,我俩又把车推回到陈××家。我们把两根绳子拿上,陈××又将他以前上学时戴过的红领巾也拿上。又骑自行车到了我家,把我家的助力三轮车骑上,又拿了我家的一条塑料编织袋、一条褥子、一把铁锹,连绳子和红领巾一起都放在助力三轮车上。我和陈××就骑助力三轮车出来了。当时已经是晚上11点多钟了。我们到×村六组陈××爷爷家门前，在门外一张床上睡下，准备第二天早上就动手绑架张某。

问：交代绑架张某的详细过程。

答：睡到第二天凌晨6点多，我们起来后，骑着助力三轮车到×村一组水渠旁，就在路边等张某上学路过。因为那里是张某走×村小学的必经之路。等到早上7点钟左右，张某过来了。陈××先到路南边的一个小房子后面等下。等张某走到水渠旁，我将张某喊过来。张某听见后就来到我跟前，我给张某说走，咱们到那个房子后面去。说着指了一下路南边的小房子。张某听了后就跟着到那小房子后面。房后有个新修的厕所，我让张某到厕所里，陈××已经在厕所里等着。张某进到厕所后，我用拿来的红领巾将张某的嘴勒住，在他的头后面打了个活结。陈××从前面把张某的双手抓住，我用带来的一根绳子在张某的手腕上缠了几道，然后也打了个活结。陈××又用另外一根绳子在张某的脚腕处缠着绕了几道，打了个结。我再把塑料编织袋从张某的头上套下去，就把张某套在编织袋里了。

问：你和陈××捆绑张某时，张某有什么反应？

答：当时我边绑边对张某说不要动，哥哥只是想向他妈要些钱，不会伤害他的。张某就没有喊叫。

问：你继续说。

答：用塑料袋把张某套上后，我们两人把张某抬到助力三轮车上，将张某放在车的货厢内，又盖上褥子。陈××也坐在货厢上。我驾驶助力三轮车就往南戈壁滩上去了。到南戈壁没有人的地方，我们转着找了一个坑，将张某抬着扔在坑里。张某身上套的塑料编织袋也没有取，我就给张某说过会给他家打电话，让他说他被绑架了，不准报警，不然他就回不去了。张某听了就“嗯”了一声。我又给张某说不能胡说。张某说他不胡说，就照我的话说。然后我就用手机拨通了他家的固定电话882××××。打通后，我把手机对着张某的嘴和耳朵，张某在电话里给他的家人说他被绑架了，不知道在什么地方，也不要报警。张某说完后我把手机拿过来就跟张某的家人说话，我问接电话的是不是张某的妈。在这之前我问过张某他妈的名字。接电话的人说是张某的妈。我给她说从现在到下午3点钟，准备20万元，否则就等着给她儿子收尸。张某的妈听了后嗯了一声，我就把电话挂了。我给张某说在那里等着，我们去取钱。说完后，我和陈××就驾车离开了。刚走了一段，陈××从车上下去到张某那儿去了，我开车继续往前走。走了有50米左右，陈××向我招手，让我过去。我把车开回张某躺的坑那，见张某的两只脚已从塑料袋内伸出来了，而且从坑的一边挪到了另一边。我和陈××就商量着把张某活埋了。于是我俩又把张某抬着放到车上，把他拉着找坑埋。转了一阵，发现有个坑。我和陈××将张某抬起扔在那个坑里。然后我把张某身上套的编织袋取掉，陈××将绑张某的绳子解开，把张某的双手拉到背后，我用绳子又将张某的双手绑住，又用编织袋从张某的头上套下去。我害怕张某跑了，就用打火机从绑张某脚腕的绳子上烧断取了一截，把编织袋的口扎住。之后我和陈××就用带来的铁锨铲着坑周围的沙土埋张某。埋的时候，张某的腿挣扎着出来了。我上去将张某的腿压住，陈××就铲着沙土往张某身上埋。我们两人换着把沙土往张某身上、头上、腿上埋得挺厚了，张某就再不动弹了。

问：根据你的交代，你和陈××在绑架并活埋张某的过程中，没有遇到张某较为激烈的反抗，你认为这正常吗?
答:(沉默了一会)我让张某对他妈说话时说:"让你妈不准报警,不然你就回不去了。"后来我又在对他妈说:"准备20万元给我,否则就等着给你儿子收尸。"可能是我说的话把他吓住了,所以他才没敢反抗。
问:你继续说。
答:我们看张某不动弹了,就驾驶助力三轮车往回走了。回到我家后,把助力三轮车放下,陈××就回家去了。到下午2点多,陈××到我家来。待到下午3点钟,我用手机给张某家打了个电话,接电话的是张某的妈。我在电话里用普通话说钱准备好了吗?张某的妈说准备好了。我让她下午3点10分送到××公园。张某的妈说行,我听了后就把电话挂了。我和陈××就从我家出来去取钱。走到我家门前的巷口,我想张某的妈没有讲任何条件,就答应给我们送钱,而且我也想了,在几个小时内,银行里也不可能取到20万元。想到这儿,我觉得张某的家人报警了。我和陈××就没有到××公园去取钱。先上了趟陈××家,然后到我家巷口附近的一个茶园里玩麻将去了。玩到下午6点多,离开茶园回到我家,过了一会就被警察抓住了。
问:是谁先提出绑架的?
答:是我先提出来的。
问:为什么选择绑架张某?
答:我在张某家的矿上干过几天活,对张某家的情况比较熟,知道他家有钱。也认识张某,知道他在××小学上学,所以我提出来要绑架张某。
问:你们当时在预谋时是否商量过把张某杀掉?
答:没有,当时只是想要些钱。
问:为什么后来又把张某活埋了?
答:我和陈××把张某放到第一个坑里准备去取钱的时候,发现他在坑里挣扎。我们想张某认识我,害怕他告发我们,所以就商量着把他活埋掉。
问:既然没有杀掉张某的念头,事先准备的铁锹是用来干什么的?
答:(沉默一会)我撒了谎。事先有过杀掉张某的念头,和陈××商量如果不行就把张某埋了,不然没地方放。
问:是谁先提出要埋张某的?
答:是我。张某认识我,我怕放了他,他会告我。
问:你们当时是怎样捆绑张某的?
答:我先用红领巾把张某的嘴勒住,在他头后部打了个活结,然后陈××抓住张某的双手,我用一根绳子在他手腕上缠着绕了几道,打了个活结。陈××又用另外一根绳子在张某的脚腕处缠着绕了几道,把他的双脚捆住了。然后我和陈××把塑料编织袋从张某的头上套到他的身上,把他装在塑料编织袋里,将编织袋的口子扎住了。
问:张某的手是怎样绑的?
答:在××村一组水渠水闸那儿的厕所里时,我们是把张某的双手绑在他胸前的。到戈壁滩那里活埋他时,怕他跑了,我们又重新将张某的双手绑在他背后了。
问:你们为什么选择把张某拉到南戈壁滩上活埋?

答:因为南戈壁滩上没有人,不容易被人发现。

问:你们给张某家里打过几次勒索电话?

答:我先后打了四次电话,都是用普通话对张某他妈说的。在戈壁滩上,我用手机给张某家打了三次电话,第一次说张某被我绑架了,让他家里的人准备20万的赎金。还逼着张某给她妈说话。第二次是告诉张某的妈不准报案,否则就见不到张某了。第三次让张某的妈下午3点钟把钱准备好,到时候再打电话。下午3点多,我又打了第四次电话,让张某的妈把准备好的20万块钱赎金带到××公园门口。

问:你为什么要用普通话讲话呢?

答:我害怕用×话讲会被张某家里人听出来,所以就用普通话讲话了。

问:张某家里的电话号码你是怎么知道的?

答:我从我家的一本电信局发的电话号码本上看下的。

问:你们作案时打勒索电话的手机卡呢?

答:手机和卡都在陈××家里。

问:手机卡号是多少?

答:我和陈××卡办好就离开手机店了,离开时忘了问卡号是多少。陈××说不用问了,这张卡用完后就扔了,没有必要问号码。我听了后认为陈××说得对,所以就没有回去问卡的号码是多少。我现在只知道办的手机卡是联通的,具体号码是多少,我说不上。

问:你们办理手机卡的手机店名称是什么?

答:什么名字我说不上,就是我带你们指认的农贸市场东口对面的那个手机店。

问:你们办理手机卡使用的什么名字?

答:不知道。办卡时,店里的一个男工作人员向我们要身份证。我说没有身份证能办上手机卡吗,那个男的说可以,他给我们找个身份证。于是他就找了一张身份证复印件给我们办了手机卡,用谁的身份证办下的,我们没问。

问:你们绑架张某时用的手机是什么型号的?

答:是一部三星牌手机,具体型号我说不上。

问:作案时用的铁锹是哪来的?

答:铁锹是我家的。

问:有什么特征?

答:是尖头的,木把,锹把上有铁制的铁拐。

问:现在何处?

答:在我家里放着。

问:绳子呢?

答:绳子本来有两根,每根绳都长约1米左右。是白色的棉绳。都绑在张某的手、脚上。后来,又从绑张某脚腕的绳子烧断了一截,扎在塑料袋口子上。

问:红领巾呢?

答:是红色的纤维制的,我家摘棉花用了,现在已是浅黄色的了,也在张某尸体上绑着呢。

问:褥子呢?

答:褥子是白底红花的,里面是白底绿花的布,现在我家放着呢。
问:塑料编织袋呢?
答:就是那种普通的塑料编织袋,是从我家里拿的,套在张某尸体上了。
问:你们作案时用的是什么车?有何特征?现在何处?
答:用的是我家助力三轮车。助力三轮车的货厢是白铁皮制的,车的三脚架是绿色的。现在也放在我家里。
问:陈××家的三轮摩托车是怎么回事?
答:我们开始准备用他家的三轮摩托车,因为4月27日那车没油了,所以改用我家的助力三轮车。
问:你作案时穿的什么鞋?现在何处?
答:我穿平时干活时穿的迷彩胶鞋。从南戈壁滩回来后,我把鞋换下放到我床下了。
问:你们绑架张某时,张某当时穿什么衣服?
答:他上身穿一件黑蓝色的运动服,下身穿一件牛仔裤,脚穿一双布鞋,背一个蓝黑色的双背带书包。
问:张某身上背着的书包呢?
答:张某的书包被我们扔到戈壁滩上第一次埋张某的坑跟前了。
问:你知道你们做的这件事情是什么性质吗?
答:知道,是犯罪行为,是绑架。
问:你还有什么要补充吗?
答:没有了。
问:以上所讲的是否属实?
答:属实。
问:对你以上所说的话能否负法律责任?
答:能。
以上笔录我已看过,和我说的相符。

被讯问人:李××(捺指印)
20××年×月××日
讯问人:邓××、陶××
监护人:高××(捺指印)

四、询问笔录

(一)概念及法律依据

询问笔录是公安机关依法询问证人、受害人时所做的文字记录。它是证人、受害人提供的有关案件情况的记录,是分析案情的依据,经核实即成为刑事诉讼的八种证据之一。

询问笔录是依据《刑事诉讼法》第124条至第127条制作的。《程序规定》第188条至第192条也进一步明确了制作询问笔录应注意的问题。

(二)结构内容及写作方法

询问笔录由首部、正文、尾部构成。

1.首部。包括文书名称,询问次数,询问的时间、地点,侦查员、记录员的基本情况,被询问人的基本情况。

2.正文。正文是笔录的核心内容,采用一问一答的形式。询问开始时应向被询问人告知侦查人员的身份、询问目的及被询问人有关作证义务的要求。告诉被询问人应如实提供证据和证言,根据《刑事诉讼法》第一百二十五条规定,如有意作伪证或隐匿罪证要负法律责任,并将证人诉讼权利义务告知书送交证人,将被害人诉讼权利义务告知书送交被害人。侦查人员接着应记清围绕案件情况所进行的询问,及证人提供的有关证实案情的时间、地点、人物、事件的原因、经过、结果等情况。要特别注意记清有关线索的来源和被询问人所提供的证实案件关键情节的物证、书证的证言证词。记录要客观、全面、准确,被询问人陈述的情况的材料来源要记录清楚,要写明是亲眼所见,还是自己的猜测或是听别人所说。如果是听别人说的,要记下传说人的姓名,住址等。对被询问人提供的物证、书证,在笔录中也要反映出来。

3.尾部。询问结束后,侦查人员应把询问笔录交被询问人核对,对于没有阅读能力的,应向他宣读。如果记载有遗漏或差错,被询问人可以提出补充或者改正,并在每一页的页码及改正处的文字上捺指印。并在末页写明"以上笔录我看过(或向我宣读过),和我说的相符",并签名、捺指印,写明时间。同时,在笔录最后一页以外的每页末尾右下角签名(盖章)、捺指印。

(三)制作与使用应注意的事项

1.询问证人应严格依法进行。询问证人、被害人应个别进行,侦查人员不得向证人、被害人泄露案情或者表示对案件的看法,严禁使用威胁、引诱和其他非法方法询问证人、被害人,以保证询问及笔录的真实性。

2.记录应客观准确。既要记清能证明犯罪嫌疑人有罪的内容,也要记清犯罪嫌疑人无罪的证言。记录语言要以实录式为主,也要做到重点突出。

3.询问笔录归入刑事诉讼卷。

【例文】

询问/~~讯问~~笔录

时间 20××年4月28日18时30分至20××年4月28日19时51分

地点 ××市××乡××村二组××号杨××家

询问/~~讯问~~人 陈×× 陆×× 单位 ××市公安局刑警大队

记录人 陆× 单位 ××市公安局刑警大队

被询问/~~讯问~~人 杨×× 性别 女 年龄 42岁 出生日期 19××年×月××日 身份证件种类及号码 身份证,×××××××××××××××××× 是□否☑人大代表 现住址 ××市××乡××村二组××号 联系方式 ××××××××××× 户籍所在地 ××市××乡××村二组××号

(口头传唤/被扭送/自动投案的被询问/讯问人于__月__日__时__分到达,__月__日__时__分离开,本人签名 ×××)

问:我们是××市公安局刑警大队的侦查员(出示证件),今天找你了解有关张某被绑架的情况,希望你如实回答我们提出的问题。根据法律规定,做伪证、说假话、隐瞒事实真相,要负相应的法律责任。你听明白了吗?

答:听明白了。

问:这是证人权利义务告知书,你阅读一下?

答:好。(阅读至完毕)

问:你是否完全理解告知书的内容?

答:理解。

问:你是否明白自己的诉讼权利和义务?

答:明白。

问:你还有什么要求?

答:没有。

问:张某和你是什么关系?

答:张某是我的二儿子。他生于19××年1月26日,在××乡××村小学读五年级。

问:谈一下4月28日(今天)张某和你的活动情况。

答:今天早晨7点10分,张某出门去上学。8点多我正在家里待着,我家的座机响了。我接起电话,听到电话里一个男的说我儿子被他们绑架了,拿钱给他们,准备20万元现金。我在电话里问他是谁?他说不要管他是谁,听我儿子说话。我听见儿子在电话里叫了两声“妈妈”。那人又接着说准备20万元现金,不许报警。我就说我不报警。之后对方就把电话挂断了。又过了约10分钟,电话又响了。我接起电话,还是那个声音说拿钱来,不准报警。说如果报警我儿子就回不来了,等着给我儿子收尸。我说不报警,绝对不报警,我儿子比钱重要。接着电话又断了。然后我就给审计局的杜××打电话把情况给他说了一下,又到××乡××村小学去找我儿子,发现我儿子真的不在学校里。我回到家里又过了约1个小时,到9点多钟,电话又响了。这时候警察已经到我家了。我接起电话,那人说:拿钱来,不准报警。我就说不报警,让我儿子接电话。我儿子就在电话里叫“妈妈”。我问是不是亮亮(我儿子张某的小名叫亮亮)。他说就是。我问他在哪儿。他说不知道在哪儿。我就说你不要怕,我把钱准备好就给那叔叔送去了。那人又接过电话,我就问什么时候在哪儿送钱?他说等他的电话,下午3点钟把钱准备好,到时候再打电话。并说不准报警,电话又断了。一直到下午3点多电话又响了。那人在电话里说把钱送××公园门口,现在就开始走,不准报警。然后电话又断了。我就把20万元钱装入一个大提包拿到××公园大门口,在那儿一直等了两个多小时也没有人来拿钱,我就又回到家里去等电话。

问:你家的座机号是多少?

答:882××××。

问:打入你家座机向你勒索钱的电话号码是多少?

答:1323949××××。

问:你怎么知道是这个号码?

答:我家的座机有来电显示。今天早上,我只接过这一个号码的电话。开始我还以为是外地的号,这个电话号码以前没有见过,绑我儿子的人一直用这个号码给我打电话的。

问:你总共接到1323949××××打入的几次电话?分别是什么时间?对方都说了些什么?

答:总共接过四次。第一次来电显示时间是8点11分,先是一个男的说我儿子被他们绑架了,拿钱给他们,准备20万元现金。又让我儿子叫了两声“妈妈”。那人接着说准备20万元现金,不许报警。第二次是又过了约10分钟,那人又打电话说拿钱来,不准报警。如果报警我儿子就回不来了,等着给我儿子收尸。第三次是我们报案后,9点多那人又打电话说拿钱来,不准报警。我儿子就在电话里叫“妈妈”,那人又说等他的电话,下午3点钟把钱准备好,到时候再打电话。第四次是下午3点10分那人又打电话说:把钱送××公园门口,现在就开始走,不准报警。四次打电话的时间我家的座机都存着呢。

问:是不是这几次?(把电话来电显示依次按给杨看)

答:是的。

问:打电话的有几个人?

答:给我家里打电话的一直是一个人的声音,说着带××口音的普通话。

问:你能听出是谁的声音吗?

答:听不出来。

问:你接电话期间,你家还有什么人在跟前?

答:就我一个人,我丈夫张××和大儿子都在矿上。

问:接到电话后,你采取了什么措施?

答:8点20分左右接到绑我儿子的人打的第二个电话后,我就给审计局的杜××打电话说了情况,问他怎么办。他说应该报警,于是他就先向公安机关报了案。

问:你们家和别人有没有比较大的矛盾或经济纠纷?

答:没有什么矛盾,我们两口子一般不和别人结仇。孩子他爸(张××)和别人多少有些欠账,但都是正常的,数目也不大,没有听说闹什么事。

问:你还有要补充的吗?

答:没有了。

问:以上说的是否属实?

答:属实。

以上笔录我已看过,和我说的相符。

被询问人:杨××(捺指印)
20××年4月28日
侦查员:陈×× 陆×

五、犯罪嫌疑人诉讼权利义务告知书

犯罪嫌疑人诉讼权利义务告知书是公安机关在对犯罪嫌疑人采取强制措施之日或者对其第一次讯问时,将《刑事诉讼法》规定的犯罪嫌疑人在侦查阶段所享有的权利和应当承担的义务告知犯罪嫌疑人的文书。

犯罪嫌疑人诉讼权利义务告知书是已经印好的文书,办案人员向其告知后,应当让其在有关强制措施文书的附卷联签注签收,对拒绝签收的,办案人员应当予以说明。同时,要求犯罪嫌疑人在犯罪嫌疑人诉讼权利义务告知书空白处签名,并复印一份存入证据卷。在对

犯罪嫌疑人第一次讯问时，办案人员将本文书交给犯罪嫌疑人后，要讯问犯罪嫌疑人是否看清、听清其内容，并应在讯问笔录中记明。

【例文】

犯罪嫌疑人诉讼权利义务告知书

根据《中华人民共和国刑事诉讼法》的规定，在公安机关 对案件进行侦查期间，犯罪嫌疑人有如下诉讼权利和义务：

1. 不通晓当地通用的语言文字时有权要求配备翻译人员，有权用本民族语言文字进行诉讼。

2. 对于公安机关及其侦查人员侵犯其诉讼权利和人身侮辱 的行为，有权提出申诉或者控告。

3. 对于侦查人员、鉴定人、记录人、翻译人员有下列情形 之一的，有权申请他们回避：(一) 是本案的当事人或者是当事 人的近亲属的；(二)本人或者他的近亲属和本案有利害关系的；(三)担任过本案的证人、鉴定人、辩护人、诉讼代理人的；(四) 与本案当事人有其他关系，可能影响公正处理案件的。对于驳 回申请回避的决定，可以申请复议一次。

4. 自接受第一次讯问或者被采取强制措施之日起，有权委 托律师作为辩护人。如在押或者被监视居住，公安机关应当及 时转达其委托辩护人的要求；也可以由其监护人、近亲属代为 委托辩护人；依法同辩护律师会见和通信。 因经济困难或者其 他原因没有委托辩护人的，本人及其近亲属可以向法律援助机 构提出申请。对于未成年人，盲、聋、哑人，尚未完全丧失辨 认或者控制自己行为能力的精神病人，以及可能判处无期徒刑、死刑的犯罪嫌疑人，没有委托辩护人的，有权要求公安机关通 知法律援助机构指派律师提供辩护。

犯罪嫌疑人没有委托辩护人，法律援助机构也没有指派律 师提供辩护的，有权约见值班律师，获得法律咨询、程序选择 建议、申请变更强制措施、对案件处理提出意见等法律帮助。

5. 在接受传唤、拘传、讯问时，有权要求饮食和必要的休 息时间。

6. 本人及其法定代理人、近亲属或者辩护人有权申请变更 强制措施；对于采取强制措施届满的，有权要求解除强制措施。

7. 对于侦查人员的提问，应当如实回答。但是对与本案无 关的问题，有拒绝回答的权利。在接受讯问时有权为自己辩解。 如实供述自己罪行的，可以从轻处罚；因如实供述自己罪行，避免特别严重后果发生的，可以减轻处罚。

8. 犯罪嫌疑人自愿如实供述自己的罪行，承认指控的犯罪 事实，愿意接受处罚的，可以依法从宽处理。

9. 有核对讯问笔录的权利；如果没有阅读能力，侦查人员 应当向其宣读笔录。笔录记载有遗漏或者差错，可以提出补充 或者改正。可以请求自行书写供述。

10. 未成年犯罪嫌疑人在接受讯问时，有要求通知其法定 代理人到场的权利。女性未成年犯罪嫌疑人有权要求讯问时有 女性工作人员在场。

11. 聋、哑的犯罪嫌疑人在讯问时有要求通晓聋、哑手势 的人参加的权利。

12. 有权知道用作证据的鉴定意见的内容，可以申请补充鉴 定或重新鉴定。

13. 依法接受拘传、取保候审、监视居住、拘留、逮捕等 强制措施和人身检查、搜查、扣押、鉴定等侦查措施。

14.公安机关送达的各种法律文书经确认无误后,应当签名、捺指印。

15.知悉案件移送审查起诉情况。

以上内容,我已看过/已向我宣读。(犯罪嫌疑人本人书写)

犯罪嫌疑人:__________
办案民警:__________

此告知书在第一次讯问犯罪嫌疑人或对其采取强制措施之日交犯罪嫌疑人。并在第一次讯问笔录中记明或责令犯罪嫌疑人在强制措施文书附卷联中签注。

六、询问通知书

(一)概念及法律依据

询问通知书是公安机关在办理刑事案件过程中,通知证人、被害人到公安机关接受询问时制作和使用的文书。

《刑事诉讼法》第124条第1款规定:"侦查人员询问证人,可以在现场进行,也可以到证人所在单位、住处或者证人提出的地点进行,在必要的时候,可以通知证人到人民检察院或者公安机关提供证言。在现场询问证人,应当出示工作证件,到证人所在单位、住处或者证人提出的地点询问证人,应当出示人民检察院或者公安机关的证明文件。"

(二)结构内容及写作方法

本文书由存根、正本、副本组成。

存根联包括案件名称、案件编号、证人/被害人的姓名、出生日期、住址、单位、应到时间、应到地点、批准人、批准时间、办案人、办案单位、填发时间、填发人等。

正本与副本的内容相同,正文主要填写案件的名称,接受询问的时间和地点,接受询问的时间要精确到小时,询问的地点写公安机关的办公地点。

(三)制作与使用应注意的事项

1.本文书制作完毕,侦查人员应将文书的正本送达接受询问的证人或者被害人,并让其在副本上签收,对于拒绝签收的,应当予以注明。

2.如果在证人或被害人的住处或所在单位或证人、被害人提出的地点询问,侦查人员应当在出示公安机关的询问通知书和工作证件后,进行询问。

3.案件终结时,本文书副本存入诉讼卷。

【例文】

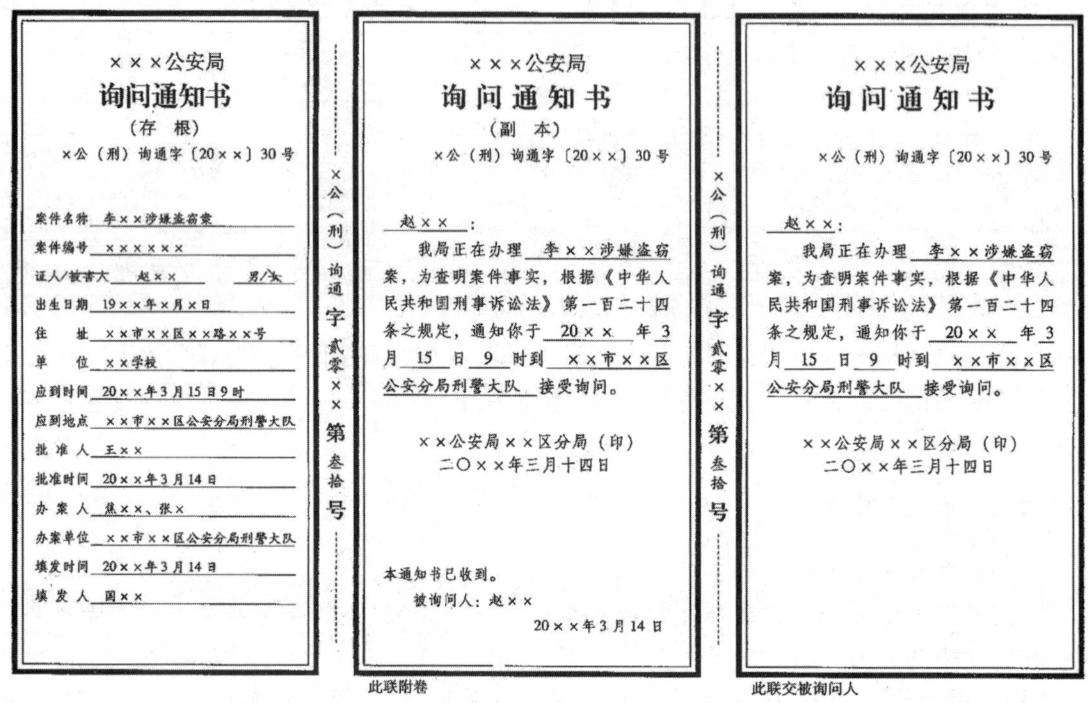

×××公安局
询问通知书
（存 根）
×公（刑）询通字〔20××〕30号

案件名称 李××涉嫌盗窃案
案件编号 ××××××
证人/被害人 赵×× 男/女
出生日期 19××年×月×日
住 址 ××市××区××路××号
单 位 ××学校
应到时间 20××年3月15日9时
应到地点 ××市××区公安分局刑警大队
批 准 人 王××
批准时间 20××年3月14日
办 案 人 焦××、张×
办案单位 ××市××区公安分局刑警大队
填发时间 20××年3月14日
填 发 人 国××

×公（刑）询通字贰零××第叁拾号

×××公安局
询问通知书
（副 本）
×公（刑）询通字〔20××〕30号

赵××：

我局正在办理 李××涉嫌盗窃 案，为查明案件事实，根据《中华人民共和国刑事诉讼法》第一百二十四条之规定，通知你于 20×× 年 3 月 15 日 9 时到 ××市××区公安分局刑警大队 接受询问。

××公安局××区分局（印）
二〇××年三月十四日

本通知书已收到。
被询问人：赵××
20××年3月14日

此联附卷

×公（刑）询通字贰零××第叁拾号

×××公安局
询问通知书
×公（刑）询通字〔20××〕30号

赵××：

我局正在办理 李××涉嫌盗窃 案，为查明案件事实，根据《中华人民共和国刑事诉讼法》第一百二十四条之规定，通知你于 20×× 年 3 月 15 日 9 时到 ××市××区公安分局刑警大队 接受询问。

××公安局××区分局（印）
二〇××年三月十四日

此联交被询问人

第二节 笔录文书

一、现场勘验笔录

（一）概念及法律依据

现场勘查笔录是公安机关侦查人员依法勘验与犯罪有关的场所、物品、尸体时，制作的记录现场勘查情况以及勘查人员在现场提取证据等情况的文书。

现场勘查笔录是刑事诉讼八种证据之一，可用来分析案情，甄别犯罪嫌疑人口供，印证证词，证实犯罪事实，为破案提供线索和证据。

现场勘查笔录有以下三方面的作用：

1. 是搜集证据、发现线索、揭露犯罪的可靠依据，也是甄别作案嫌疑人口供，证实作案的有力证据。

2. 是分析案情，判断案件性质，确定侦查方向和侦查计划的重要依据。

3. 是对犯罪嫌疑人定罪量刑的重要证据之一。

现场勘查笔录是依据《刑事诉讼法》第128条至第130条、第133条的规定制作的。《程序规定》第193条至197条对现场勘查也做了明确具体的规定。《刑事诉讼法》第128条规定：“侦查人员对于与犯罪有关的场所、物品、人身、尸体应当进行勘验或者检查。在必要的时候,可以指派或者聘请具有专门知识的人,在侦查人员的主持下进行勘验、检查。”现场勘查笔录和现场照相(含录像)、现场绘图相辅相成、相互联系,但后两者主要是补充文字材料的不足。现场勘查笔录制成后,归入刑事诉讼卷。

(二)结构内容及写作方法

现场勘验笔录由首部、正文、尾部构成。

1.首部。包括文书名称,现场勘验单位、指派/报告单位及时间(时间要求精确到分),勘验事由(填写案件来源和简要案情),现场勘验的起止时间、地点(时间要求精确到分),现场保护情况,填写保护人的姓名、单位,采取的保护措施、原始现场还是变动现场(如果现场有变动,写明变动的原因),天气情况(写明勘验时的天气、温度、湿度、风向等情况),勘验前现场的情况(在选项中钩选是变动现场还是原始现场),现场勘验利用的光线(在选项中钩选是自然光还是灯光),现场勘验指挥人的基本情况,填写姓名、单位、职务。

2.正文。包括勘验过程及结果。该部分是笔录的关键部分,应记清发现或者接到报案的情况以及组织人员赶赴现场勘验的情况,然后再重点记载现场和勘验的具体情况。主要写清以下内容:

(1)勘查过程首先写明发现或者接到报案的情况以及组织人员到达现场勘查情况。应着重介绍案件发生、发现的时间、经过和主要犯罪事实,勘查人员到达现场的时间,写明现场保护人对现场已采取的保护措施,保护过程中发生的情况以及对案件情况的介绍。

(2)写明现场勘查指挥人员、现场照相人员、现场平面图绘制人员及见证人。

(3)现场的具体地点、方位及周围环境。如现场所在的市区县、街道、居民区、门牌号、楼层、单元号,现场的毗邻房屋、街巷、道路等。现场的范围要由犯罪活动相关场所的范围大小来决定。

(4)中心现场情况及勘查情况,要写清以下内容:①中心现场的空间状况、构造、建筑布局及结构;②中心现场物体的摆放情况;③中心现场的异动情况;④中心现场发现的物证、痕迹及其发现的地点、位置、种类、数量、特征情况。须注明是否拍照或提取。现场勘查内容的写作要根据不同的案件,确立不同的勘查记录重点,把与犯罪有关的现场异动情况,被害人和损失物品情况详尽记录下来。由于案件性质的不同,要针对不同的案件特点进行勘查,对于凶杀现场,要记录尸体的具体方位、头脚的朝向、姿势、表情、受伤部位及特征、周围的血迹情况、尸表检查情况等。如果是盗窃现场,要记清楚现场门窗是否关闭、被盗物品的存放处、有无撬压痕迹、门窗及作案工具上有无指纹、足迹,室内家具有无移动、破坏等情况。记录的顺序应与勘查的顺序相符。

(5)现场勘查结果,主要包括对现场物证、痕迹的处理情况,写明提取到物证的名称、数量、标记和特征;提取痕迹的名称和数量,拍摄的现场照片、绘制现场图的种类、数量,录像的种类和数量等。

3.尾部。由现场勘查的指挥人、侦查员、见证人和记录人分别签名,最后写明制作日期。

(三)制作与使用应注意的事项

1.犯罪案件如有多个现场,应分别制作笔录。同一现场若多次勘查,每次均应制作现场勘查笔录。

2.现场勘查笔录记录人要与刑技人员相互配合,一般以勘查顺序记写,当场制作笔录。笔录要与现场照相、现场绘图相一致,互为印证,互为补充,不得矛盾。

3.现场勘查笔录应突出重点、详略得当。与犯罪有关的证据情况要详写,无关紧要的情况则一笔带过。

4.现场勘查笔录是一种客观记录,不能将主观的分析推测内容写入笔录。

5.现场勘查笔录在案件侦查终结时存入诉讼卷。

【例文】

现场勘验笔录

现场勘验单位:××市公安局××区分局刑警大队

指派/报告单位:××派出所　时间:20××年2月1日8时30分

勘验事由:20××年2月1日8时20分群众电话报警称:××村小学东南侧田地里发现一具尸体,请速派员勘验现场。

现场勘验开始时间:20××年2月1日9时10分

现场勘验结束时间:20××年2月1日11时20分

现场地点:××市××区××办事处××村小学东南侧50米崔××田地

现场保护情况:现场已由××派出所民警李××、王××划定保护范围,并使用警戒带隔离。

天气:阴□/晴☑/雨□/雪□/雾□,温度:20.0℃,湿度:40%,风向:南

勘验前现场的条件:变动现场□/原始现场☑

现场勘验利用的光线:自然光☑/灯光□

现场勘验指挥人:孙××　单位:××公安局刑警支队　职务:支队长

现场勘验情况:20××年2月1日9时10分,刑警大队大队长房××带领刑警大队民警扬××、李××、张××、刘××,法医王××,痕检室技术员任××,照相技术员刘××到达现场。

××派出所副所长李××汇报了有关案件情况:20××年2月1日8时20分接到××村小学东南侧田地里发现一具尸体的报警,就立即到达现场。

现场勘验由市公安局刑警支队支队长孙××指挥.由李××制作现场勘验笔录.由刘××制作现场勘验平面示意图,技术员李××现场照相,并邀请××村委会工作人员刘××、赵××作为现场勘验的见证人。

现场位于××市××区××办事处××村小学东南侧50米崔××田地。崔××田地南邻王××玉米地、东邻孟××棉花地,北邻崔××玉米地,西邻一条宽3米的南北土路,该土路向北通往××村村里,向南向东与省道××线相通。

崔××田地南北长12米,东西宽8米,地内有成趟高0.2米不等的玉米秸秆,地内铺有玉米秸。该田地西南角有一坡度45度、坡长2.5米的土坡,土坡上长满枯萎的杂草。在土坡距坡顶1.2米处头西脚东仰卧一具男性尸体,尸体上覆盖有长0.8米至1.6米不等的杂草,杂草根部及断茬新鲜。土坡顶端西南侧0.8米处土垄上,在1.7米×0.7米范围内可见拔草痕迹。掀开尸体上的杂草,尸体面部朝上,盖有一蓝色塑料袋,取走塑料袋,可见面部附着大量血迹;双臂外翻压于身下,双腿朝东北方向弯曲。尸体上身盖有一军绿色褂子,褂子上可见大量浸透血迹。取走褂子,上身外穿蓝白相间的圆领秋衣,秋衣胸前附着血迹;下身外穿棕色裤子,

腰间系一黑色腰带,腰带左后倒挂一黑色手机包,内无物品;脚穿标有“李宁”牌标志的白色运动鞋,右鞋鞋带缺失。翻过尸体,可见双手被一根带有黑点、黄线的红色绳子反绑于腰部,绳子在左手腕缠绕两圈,用一活扣系于右手腕上。剪断绳子,绳子为双股,长52厘米,宽头端系一死扣。现场勘验未见其他异常。对现场周围进行扩大搜索勘查,亦未见异常。

现场勘验于2月1日11时20分结束。提取了现场遗留的红色绳子、蓝色塑料袋、军绿色上衣。

现场勘验制图1张;照相20张;录像15分钟。

现场勘验记录人员:

笔录人:李××

制图人:张××、扬××

照相人:刘××

录像人:刘××

现场勘验人员:

本人签名:王××,单位:××区公安分局刑警大队,职务:法医

本人签名:张××,单位:××区公安分局刑警大队,职务:侦查员

本人签名:扬××,单位:××区公安分局刑警大队,职务:侦查员

本人签名:刘××,单位:××区公安分局刑警大队,职务:技术员

本人签名:李××,单位:××区公安分局刑警大队,职务:侦查员

本人签名:刘××,单位:××区公安分局刑警大队,职务:技术员

本人签名:任××,单位:××区公安分局刑警大队,职务:技术员

现场勘验检查见证人:刘××、赵××

本人签名:刘××,性别:男,出生日期:1971年5月6日,住址:××区××村

本人签名:赵××,性别:男,出生日期:1962年3月7日,住址:××区××村

20××年2月1日

二、____笔录

____笔录是通用型文书,在画线处填写检查、复验复查、侦查实验、搜查、查封、扣押、辨认、提取八种侦查措施,可分为八种笔录。

(一)概念及法律依据

1.搜查笔录是公安机关依法对犯罪嫌疑人以及可能隐藏罪犯或者犯罪证据的人的身体、物品、住处和其他有关地方进行搜查时,对搜查的情况所作的文字记录。

《刑事诉讼法》第136条规定:“为了收集犯罪证据、查获犯罪人,侦查人员可以对犯罪嫌疑人以及可能隐藏罪犯或者犯罪证据的人的身体、物品、住处和其他有关的地方进行搜查。”第138条规定:“进行搜查,必须向被搜查人出示搜查证。在执行逮捕、拘留的时候,遇有紧急情况,不另用搜查证也可以进行搜查。”《公安机关办理刑事案件程序规定》第221条也有相关规定。

2.辨认笔录是公安机关为了查明案情,在组织辨认活动时,将辨认的经过和结果记录下

来的文字凭证。

《公安机关办理刑事案件程序规定》第249条规定："为了查明案情，在必要的时候，侦查人员可以让被害人、证人或者犯罪嫌疑人对与犯罪有关的物品、文件、尸体、场所或者犯罪嫌疑人进行辨认。"第253条规定："对辨认经过和结果，应当制作辨认笔录，由侦查人员、辨认人、见证人签名。必要时，应当对辨认过程进行录音或者录像。"

3.复验复查笔录是公安机关的侦查人员在进行复验、复查时，对复验复查的情况所作的文字记录。

《刑事诉讼法》第134条规定："人民检察院审查案件的时候，对公安机关的勘验、检查，认为需要复验、复查时，可以要求公安机关复验、复查，并且可以派检察人员参加。"《公安机关办理刑事案件程序规定》第215条也有相关规定。

4.侦查实验笔录是侦查人员为了查明案情进行侦查实验时，如实记载侦查实验情况的文字记录。

《刑事诉讼法》第135条规定："为了查明案情，在必要的时候，经公安机关负责人批准，可以进行侦查实验。侦查实验的情况应当写成笔录，由参加实验的人签名或者盖章。侦查实验，禁止一切足以造成危险、侮辱人格或者有伤风化的行为。"《公安机关办理刑事案件程序规定》第216条也有相关规定。

5.检查笔录是公安机关在办理刑事案件过程中，对被害人、犯罪嫌疑人进行人身检查时，记录检查的经过和结果时制作的文书。

《刑事诉讼法》第128条规定："侦查人员对于与犯罪有关的场所、物品、人身、尸体应当进行勘验或者检查。在必要的时候，可以指派或者聘请具有专门知识的人，在侦查人员的主持下进行勘验、检查。"第132条、133条也有相关规定。

6.查封、扣押笔录是公安机关对涉案财物执行查封、扣押时记录查封、扣押经过和结果的文书。

《公安机关办理刑事案件程序规定》第224条第2款规定："查封、扣押的情况应当制作笔录，由侦查人员、持有人和见证人签名。对于无法确定持有人或者持有人拒绝签名的，侦查人员应当在笔录中注明。"

7.提取笔录是在办理刑事案件过程中，对非现场勘验、检查过程中发现的，与案件有关的痕迹、物证、生物样本、电子数据等证据及时进行提取而依法制作和使用的文书。

《公安机关办理刑事案件程序规定》第56条第2款第7项规定："证据包括勘验、检查、侦查实验、搜查、查封、扣押、提取、辨认等笔录。"

（二）结构内容及写作方法

笔录是叙述型文书，由首部、正文、尾部组成。

1.首部。包括文书名称、起止时间、侦查人员和记录人的姓名和单位、当事人、对象、见证人、其他在场人员的情况、事由和目的、地点。

（1）时间要精确到分钟。

（2）当事人。根据不同的对象，如检查笔录、提取笔录可填写"被害人""犯罪嫌疑人"的基本情况，搜查笔录填写"犯罪嫌疑人"基本情况，查封、扣押笔录填写"涉案财物持有人”基本情况，辨认笔录填写“辨认人”基本情况，基本情况指当事人的姓名、性别、年龄、住址或单位。侦查实验笔录、复验复查笔录无此项内容，可直接将此栏留空或将此项用横线划除。

(3)对象。检查、搜查、辨认、提取笔录填写人或场所的名称，如提取笔录填写“现场遗留的痕迹、物证”“犯罪嫌疑人藏匿的赃物”等，检查笔录可填写“犯罪嫌疑人身体”“被害人身体”等，查封、扣押笔录可填写涉案财物名称。复验复查笔录、侦查实验笔录无此项目，可直接用横线划除。

(4)见证人。检查、搜查、查封、扣押、辨认、提取笔录应填写见证人的姓名、性别、年龄、住址或单位。复验复查笔录、侦查实验笔录不强制要求见证人在场，如果没有见证人，可直接在见证人后注明“无”或将此项用横线划除；如果有见证人在场，须按要求填写其个人情况。

(5)其他在场人员。填写其他在场人员的诉讼身份，包括姓名、性别、年龄、住址或单位。例如，复验复查笔录填写检察人员情况，检查笔录中填写检查人员(医师)的身份情况，搜查笔录中填写犯罪嫌疑人家属情况。如果没有其他在场参与人员，可直接填写“无”或将此项用横线划除。

(6)事由和目的。填写简要案情和开展侦查措施的对象、目的，如检查目的是为了确定被害人或者犯罪嫌疑人的某些特征、伤害情况或者生理状态等；搜查目的是为了查找赃物等。辨认笔录中的辨认对象可填写在此栏。

(7)地点。填写侦查措施实施的地点。

2.正文。过程和结果是笔录的主体部分。

(1)侦查实验笔录。写明在何种条件和环境(如现场的天气、气温、光线、湿度及其他有关情况)下，使用何种材料进行了哪些实验，如何组织实施，再分层次写清楚侦查实验的具体活动，实验的次数，每次的具体情况。最后写明侦查实验得到的结果，即通过实验证实某种现象或某种行为在某种条件下能否发生，某种情况是否属实等。

(2)检查笔录。首先应写明在本案侦查人员的主持下。在见证人的见证下，对被害人或者犯罪嫌疑人进行了人身检查，检查采用了什么方法、手段或仪器，接着详细记载检查的情况，即被检查人身体的某些特征、伤害情况、身体状况、生理状态等，最后还要写出检查的结论，说明检查是否达到了预期的目的。如果检查中进行了拍摄或录像，也要予以说明。

(3)复验复查笔录。应记录复验复查的主持人、参加人，复验复查的具体地点及环境、复验复查使用的方法或仪器、现场有关物品的方位、发现的与案件有关的痕迹物证及复验复查的结果等。

(4)辨认笔录。主要应记录已经掌握的有关的案件的情况、辨认对象的情况、见证人的情况、辨认的方法、辨认的过程和辨认人的态度、辨认的结果(辨认人对辨认对象确认、不能确认或提出的理由、疑义、要求等)。

(5)搜查笔录。应当根据搜查的顺序写明搜查的对象和范围，扣押的赃物或证据的名称、规格、数量及位置。还应记录在搜查中有无损坏物品现象，被搜查人及其家属是否配合等。如果对查获的证据进行了拍照,也应在笔录中注明。最后要写明扣押物品清单已交被搜查人或其家属收执。

(6)查封、扣押笔录。主要记录执行查封、扣押的情况。写清查封或者扣押财物的地点、规格、名称等,执行过程中财物有无变动、损坏等情况。

(7)提取笔录。主要记录提取证据的过程和结果,包括证据所处现场的位置及建筑布局,提取对象所处的具体位置、分布情况,种类、大小、特征、数量,提取的方法和仪器设备使用的情况,提取时有无变动、损坏,以及其他需要记录的情况。

(三)制作与使用应注意的事项

1.上述笔录经查证属实,可以作为证据使用,侦查终结后,应当存入诉讼卷。

2.在采取检查、复验复查、侦查实验、搜查、查封、扣押、辨认、提取等侦查措施的过程中有拍摄的照片、录像,应在笔录中说明,并随笔录附卷。

3.搜查笔录应当在搜查时当场制作,并交被搜查人或其家属签字,如果扣押物品,扣押清单也应当场制作。

4.辨认笔录中,主持辨认的侦查人员不得少于2人;辨认物品时,混杂同类物品不得少于5件;辨认犯罪嫌疑人时,被辨认的犯罪嫌疑人不得少于7人;辨认犯罪嫌疑人的照片时,不得少于10人的照片。

5.复验复查笔录是根据人民检察院在审查案件过程中,认为公安机关的勘验、检查需要复验复查,公安机关应检察院的要求进行复验复查时而制作的。

【例文1】

辨认笔录

时间　20××年×月××日××时××分至20××年×月××时××分

侦查人员姓名、单位　张××,××公安分局××派出所

记录人姓名、单位　王××,××公安分局××派出所

当事人:辨认人张××,××厂职工,××市××区××街××号

对象:照片

见证人:王××,××街道居委会,××市××区××街××号

其他在场人员:无

事由和目的:被害人张××称能辨认出案发时抢其挎包的犯罪嫌疑人,为此,侦查人员准备了一组不同男性正面免冠照片11张,让其辨认,确认这组照片中是否有本案的犯罪嫌疑人。

地点:××公安分局××派出所

过程和结果:20××年1月11日10时10分,在××市西关什字发生一起抢夺案,辨认人张××是该案的被害人。张××称虽然说不上嫌疑人的姓名,但能认出是谁抢了她的包。为此,侦查人员准备了一组不同男性正面免冠照片11张,其中有一张是本案犯罪嫌疑人的照片,并依次编号1－11号,无规则排列在一张纸上。在侦查人员的主持下,对辨认人说明要求后,在××街道居委会王××的见证下,将照片提供给张××辨认。

张××经过认真审视,指出8号照片上的人(犯罪嫌疑人刘××)就是抢她挎包的人。侦查人员对辨认过程进行了录音、录像。

结果:标号为8号照片的是抢包的人。

侦查人员:张××
记录人:王××
当事人:张××
见证人:王××
其他在场人员:无

(辨认照片、辨认照片说明略)

【例文2】

扣押笔录

时间 20××年×月××日××时××分至20××年××月××日××时××分
侦查人员姓名、单位 李××,××公安分局××派出所
记录人姓名、单位 王××,××公安分局××派出所
当事人:犯罪嫌疑人马××,男,30岁,住××市××区××街××号
对象:犯罪嫌疑人马××的手机、摩托车
见证人:王××,××街道居委会工作人员
其他在场人员:马××的妻子王××,28岁,无业
事由和目的:经侦查查明,犯罪嫌疑人马××将摩的司机骗至僻静处抢劫财物。根据马××供述,先通过手机联系摩的司机,然后抢劫摩托车等财物。马××作案使用的手机、抢劫的摩托车是证明马××犯罪行为的证据,需要予以扣押。
地点:××市××区××街××号
过程和结果:侦查人员邀请××街道居委会工作人员王××作为见证人,经出示扣押决定书,执行了扣押,马××的妻子王××在场。

侦查人员在其住室的卧室内发现黑色诺基亚1860型号的手机一部,在其住室楼下的储藏室内发现红色幸福98摩托车一辆。扣押过程中会同在场人员对手机、摩托车的外观、使用情况进行了检查,并对上述物品执行了扣押。马××的妻子王××能够配合扣押工作,对扣押活动没有意见。

扣押清单一式三份,一份已交犯罪嫌疑人马××的妻子王××收执。

侦查人员:李××
记录人:王××
当事人:马××
见证人:王××
其他在场人员:王××

【例文3】

搜查笔录

时间　20××年1月13日9时10分至20××年1月13日9时30分
侦查人员姓名、单位　李××,××公安分局刑警一中队
记录人姓名、单位　孙××,××公安分局刑警一中队
当事人:犯罪嫌疑人高××,男,34岁,住××市××区××街××号
对象:犯罪嫌疑人高××的住宅
见证人:王××,××街道居委会工作人员
其他在场人员:高××的妻子吕××,32岁,××公司职员
事由和目的:犯罪嫌疑人高××供述其抢劫的现金放在家中卧室床铺下的鞋盒内。为及时获取犯罪证据,查找赃物,需对高××的住宅进行搜查。
地点:××市××区××街××号
过程和结果:侦查人员邀请××街道居委会工作人员王××作为见证人,经出示搜查证,对高××的住宅进行搜查,高××的妻子吕××在场。侦查人员在高××卧室床铺下的李宁牌运动鞋盒内发现带有血渍的百元人民币150张。

在搜查过程中,未有物品损坏。搜查时进行了拍照。高××的妻子吕××能够配合搜查工作,对搜查活动没有意见。

扣押物品详见扣押清单。

扣押清单一式三份,一份已交犯罪嫌疑人高××的妻子吕××收执。

侦查人员:李××
记录人:孙××
当事人:高××
见证人:王××
其他在场人员:吕××

第三节　侦查措施文书

一、解剖尸体通知书

解剖尸体通知书是公安机关在办案过程中,为了确定死者的死亡原因,决定对尸体进行解剖时,通知死者家属到场而制作和使用的文书。

《刑事诉讼法》第131条规定:“对于死因不明的尸体,公安机关有权决定解剖,并且通知死者家属到场。”《公安机关办理刑事案件程序规定》第213条、第214条也有相关规定。

二、调取证据通知书、调取证据清单

调取证据通知书是公安机关在办案过程中,依法向有关单位或者个人调取与案件有关的证据时制作和使用的通知性文书。

调取证据清单是公安机关在办案过程中，依法向有关单位或者个人调取证据时制作和使用的清单类文书。

《刑事诉讼法》第54条第1款规定："人民法院、人民检察院和公安机关有权向有关单位和个人收集、调取证据。有关单位和个人应当如实提供证据。"

《公安机关办理刑事案件程序规定》第59条也有相关规定。

调取证据通知书填写案件的名称和需要调取的证据的有关情况，证据的情况包括证据的名称、数量、特征等，特征要写具体，如牌号、产地、规格、有无磨损、新旧程度等。

调取证据清单包括调取的物品或文件的编号、名称、数量、特征和备注。数量要用大写，物品的特征要写详细，如牌号、规格、新旧程度、有无磨损欠缺、产地等；文件要写清文件的制作者、字号、制作日期以及是否复印件等有关特征。文书的最后要分别由物品、文件持有人、办案人签名并注明时间。

三、搜查证

（一）概念及法律依据

搜查证是公安机关在办理刑事案件过程中，为了搜集犯罪证据、查获犯罪嫌疑人，依法对犯罪嫌疑人及处所、物品进行搜查时制作和使用的凭证性文书。

《刑事诉讼法》第136条规定："为了收集犯罪证据、查获犯罪人，侦查人员可以对犯罪嫌疑人以及可能隐藏罪犯或者犯罪证据的人的身体、物品、住处和其他有关的地方进行搜查。"第138条第1款规定："进行搜查，必须向被搜查人出示搜查证。"《公安机关办理刑事案件程序规定》第217条、第218条也有相关规定。

（二）结构内容及写作方法

本文书由存根、正本组成。

存根。存根用于公安机关留存备查。主要包括案件名称、案件编号、犯罪嫌疑人姓名、性别、出生日期、住址、单位及职业，搜查原因、被搜查对象等。搜查原因可根据案件情况，填写"查找××物品"或"查找犯罪嫌疑人×××"。被搜查对象应填写具体的人、物、场所等。

正本。正本是公安机关对有关人、物品、处所进行搜查的凭证。主要填写侦查人员的姓名和被搜查的对象。被搜查的对象要写清楚是人的身体、物品，还是住处或其他有关的地方，如果是住处，要写清具体地址。

搜查时要向被搜查人出示正本，并要求被搜查人或其家属或其他见证人在文本末签注时间和姓名。如果被搜查人或其家属或其他见证人拒绝签名，侦查人员应当在搜查证上予以注明。

（三）制作与使用应注意的事项

1.搜查证须经县级以上公安机关负责人批准后制作。在搜查过程中，侦查人员应将搜查情况写出笔录，经过核实后的搜查笔录，可作为认定案情的证据。

2.搜查证正本存入诉讼卷。

【例文】

×××公安局

搜查证

(存 根)

×公(刑)搜查字〔20××〕50号

案件名称 张××诈骗案

案件编号 ××××××

犯罪嫌疑人 张×× 男/女

出生日期 19××年××月××日

住 址 ××市××区××镇××村××号

单位及职业 农民

批 准 人 马××

批准时间 20××年3月20日

办 案 人 高×、董×

办案单位 ××公安局××区分局刑警大队

填发时间 20××年3月20日

填 发 人 张××

×公(刑)搜查字贰零××第伍拾号

×××公安局

搜查证

×公(刑)搜查字〔20××〕50号

因侦查犯罪需要,根据《中华人民共和国刑事诉讼法》第一百三十六条之规定,我局依法对 犯罪嫌疑人张××在××市××区××镇××村××号的住处 进行搜查。

××公安局××区分局(印)

二〇××年三月二十日

本证已于 20×× 年 3 月 20 日 11 时向我宣布。

被搜查人或其家属或其他见证人:张××

(被搜查人家属)

此联附卷

四、查封决定书、扣押决定书

查封决定书是公安机关在侦查活动中发现的可以证明犯罪嫌疑人有罪或无罪的各种财物、文件,应当对其予以查封、扣押时制作和使用的文书。

《刑事诉讼法》第141条第1款规定:“在侦查活动中发现的可用以证明犯罪嫌疑人有罪或者无罪的各种财物、文件,应当查封、扣押;与案件无关的财物、文件,不得查封、扣押。”《公安机关办理刑事案件程序规定》第222条、第223条也有相关规定。

五、扣押清单

(一)概念及法律依据

扣押清单是侦查人员在办案过程中,对发现的可以证明犯罪嫌疑人有罪或者无罪的物品、文件进行扣押时制作和使用的文书。

《刑事诉讼法》第142条规定:“对查封、扣押的财物、文件,应当会同在场见证人和被查封、扣押财物、文件持有人查点清楚,当场开列清单一式二份,由侦查人员、见证人和持有人签名或者盖章,一份交给持有人,另一份附卷备查。”《公安机关办理刑事案件程序规定》第225条也有相关规定。

(二)结构内容及写作方法

本文书是单联式表格,主要填写扣押物品的编号、名称、数量、特征和备注。数量要用大写,物品的特征要写详细,如牌号、规格、新旧程度、有无磨损、产地等等。最后要分别由物品、文件持有人、见证人、保管人、办案单位盖章并注明扣押时间。

（三）制作与使用应注意的事项

1.本文书制作完毕，如果清单有空格，应在空格对角画一条斜线，以示"以下无内容"。

2.扣押清单一式三份。一份附卷，一份交持有人，一份交公安机关的证据保管人员。

六、登记保存清单

登记保存清单是对作为犯罪证据但不便于提取的财物、文件，经登记、拍照或者录像、估价后，交财物、文件持有人保管或者封存时制作和使用的文书。

《公安机关办理刑事案件程序规定》第226条规定："对作为犯罪证据但不便提取的财物、文件，经登记、拍照或者录像、估价后，可以交财物、文件持有人保管或者封存，并且开具登记保存清单一式两份，由侦查人员、持有人和见证人签名，一份交给财物、文件持有人，另一份连同照片或者录像资料附卷备查。财物、文件持有人应当妥善保管，不得转移、变卖、毁损。"

七、发还清单

发还清单是公安机关在办理刑事案件过程中，需要退还有关单位或者个人财物、文件时所制作和使用的文书。

《刑事诉讼法》第245条第1款规定；"公安机关、人民检察院和人民法院对查封、扣押、冻结的犯罪嫌疑人、被告人的财物及其孳息，应当妥善保管，以供核查，并制作清单，随案移送。任何单位和个人不得挪用或者自行处理。对被害人的合法财产，应当及时返还。对违禁品或者不宜长期保存的物品，应当依照国家有关规定处理。"第145条规定："对查封、扣押的财物、文件、邮件、电报或者冻结的存款、汇款、债券、股票、基金份额等财产，经查明确实与案件无关的，应当在3日以内解除查封、扣押、冻结，予以退还。"《公安机关办理刑事案件程序规定》第228条、第229条也有相关规定。

八、扣押/解除扣押邮件/电报通知书

扣押/解除扣押邮件/电报通知书是公安机关为了查明案情，依法通知有关部门扣押犯罪嫌疑人的邮件、电报，或者对于不需要继续扣押而依法予以解除时制作和使用的文书。

《刑事诉讼法》第143条规定："侦查人员认为需要扣押犯罪嫌疑人的邮件、电报的时候，经公安机关或者人民检察院批准，即可通知邮电机关将有关的邮件、电报检交扣押。不需要继续扣押的时候，应即通知邮电机关。"

《公安机关办理刑事案件程序规定》第227条规定："扣押犯罪嫌疑人的邮件、电子邮件、电报，应当经县级以上公安机关负责人批准，制作扣押邮件、电报通知书，通知邮电部门或者网络服务单位检交扣押。不需要继续扣押的时候，应当经县级以上公安机关负责人批准，制作解除扣押邮件、电报通知书，立即通知邮电部门或者网络服务单位。"

九、通缉令

(一)概念及法律依据

通缉令是公安机关为缉拿应当逮捕而在逃的犯罪嫌疑人时制作的具有法律效力的文书。

《刑事诉讼法》第155条规定:"应当逮捕的犯罪嫌疑人如果在逃,公安机关可以发布通缉令,采取有效措施,追捕归案。各级公安机关在自己管辖的地区以内,可以直接发布通缉令,超出自己管辖的地区,应当报请有权决定的上级机关发布。"

《公安机关办理刑事案件程序规定》第265条第2款、第3款规定:"县级以上公安机关在自己管辖的地区内,可以直接发布通缉令;超出自己管辖的地区,应当报请有权决定的上级公安机关发布。通缉令的发送范围,由签发通缉令的公安机关负责人决定。"

(二)结构内容及写作方法

通缉令由存根、对内发布联、对外发布联组成。

1.存根。存根是公安机关发布对犯罪嫌疑人通缉的凭证,由公安机关存档备查。

2.对内发布联是通缉犯罪嫌疑人的正式文书。内容包括:

(1)犯罪嫌疑人的基本情况。应写明被通缉人的姓名(别名、曾用名、绰号等)、性别、年龄、民族、职业、工作单位、户籍所在地、住址等。在逃人员网上编号、身份证号码。

犯罪嫌疑人的体貌特征,应具体写明其身高、肤色、体型、面部特征(如脸型、眼睛、鼻、口、牙齿、皮肤等)、发型、衣着等,对被通缉人的突出特点尤其要写清,如脸上的疤痕、牙齿镶补情况、视听觉缺陷、走路的姿势、口音特征、生活习惯、文身等。犯罪嫌疑人逃跑时的衣着(质地、式样、颜色等)。携带物品要写明是否携带枪支、弹药、爆炸物、赃款赃物,要特别写明是否有行凶、自杀等情况。特殊技能应写明被通缉对象掌握何种技能,如驾驶、开锁、射击等。

(2)发布范围。根据《刑事诉讼法》第155条第2款的规定:"各级公安机关在自己管辖的地区以内,可以直接发布通缉令;超出自己管辖的地区,应当报请有权决定的上级机关发布。"

(3)简要案情。要简要写明被通缉的犯罪嫌疑人的作案时间、地点、手段、案件性质、情节及后果等。需注意的是,叙述案情要简要,不要讲具体的方式,只写作案的性质(如杀人、盗窃、抢劫等),对发案的时间地点,不要太详细具体,要注意保密。此外,对涉及认定案件性质的重要情节也不要写。

(4)工作要求和注意事项。这部分主要是提出对被通缉人的追捕措施及抓捕后如何处理等,还要写明办案单位、联系人、联系电话及通信地址等。

(5)附件。如果有条件,可以附上犯罪嫌疑人的照片、指纹、DNA编号及社会关系。公开发布的通缉令不得将犯罪嫌疑人的社会关系公开。

(6)抄送部门。写明通缉令应抄送的部门名称。

3.对外发布联。该联与对内发布联内容相同。是公安机关通过广播、电视、报刊、网络等方式对外发布通缉令的凭证。

(1)对外发布的通缉令可公开发布犯罪嫌疑人的照片,不需公开犯罪嫌疑人的指纹、DNA信息。

(2)需要对外保密的,应当有选择性地说明。

（三）制作与使用应注意的事项

1. 通缉令的发布，可以发布给有关公安机关，也可以通过新闻媒体发布，还可以在公共场所张贴，实际工作中还经常采用电传的形式发布。

2. 公安部通缉令分为A级和B级两种，A级通缉令是公安部重点通缉的在逃人员的命令，B级通缉令是各省、市公安机关请求公安部发布的命令，A、B两种通缉令制作的内容和方法都相同。

【例文】

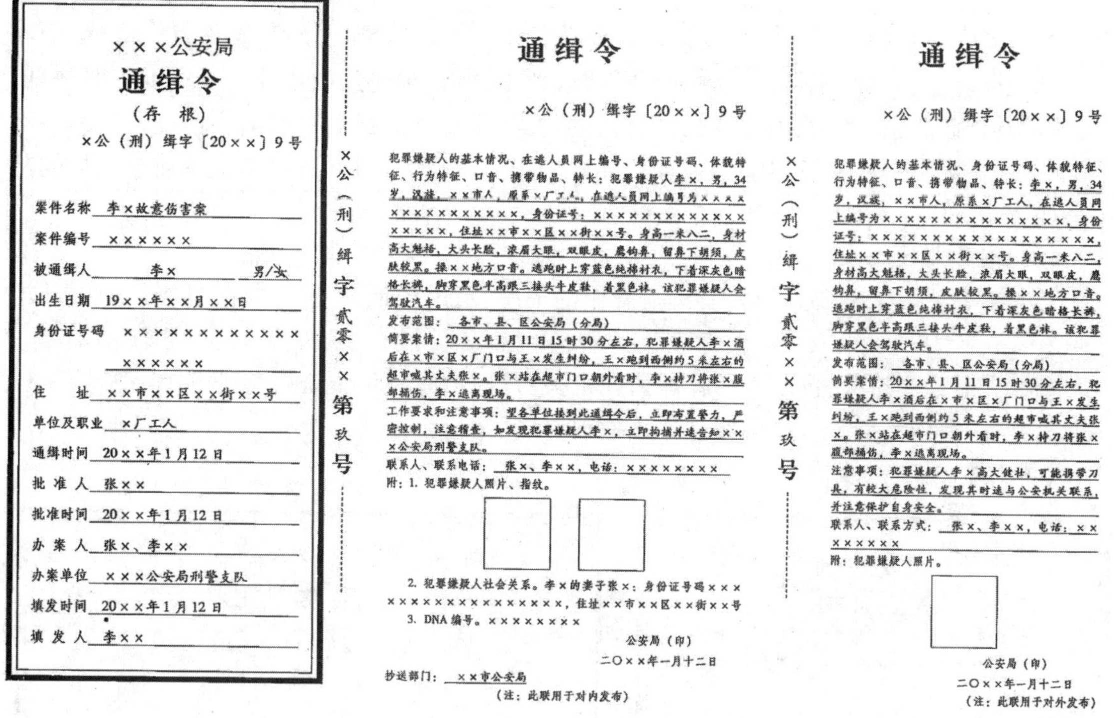

×××公安局

通缉令

（存　根）

×公（刑）缉字〔20××〕9号

案件名称　李×故意伤害案

案件编号　××××××

被通缉人　李×　男/女

出生日期　19××年××月××日

身份证号码　××××××××××××××××××

住　　址　××市××区××街××号

单位及职业　×厂工人

通缉时间　20××年1月12日

批 准 人　张××

批准时间　20××年1月12日

办 案 人　张×、李××

办案单位　×××公安局刑警支队

填发时间　20××年1月12日

填 发 人　李××

×公（刑）缉字贰零××第玖号

通缉令

×公（刑）缉字〔20××〕9号

犯罪嫌疑人的基本情况、在逃人员网上编号、身份证号码、体貌特征、行为特征、口音、携带物品、特长：犯罪嫌疑人李×，男，34岁，汉族，××市人，原系×厂工人，在逃人员网上编号为××××××××××××××××，身份证号：××××××××××××××××××，住址××市××区××街××号。身高一米八二，身材高大魁梧，大头长脸，浓眉大眼，双眼皮，鹰钩鼻，留鼻下胡须，皮肤较黑。操××地方口音。逃跑时上穿蓝色纯棉衬衣，下着深灰色暗格长裤，脚穿黑色半高跟三接头牛皮鞋，着黑色袜。该犯罪嫌疑人会驾驶汽车。

发布范围：各市、县、区公安局（分局）

简要案情：20××年1月11日15时30分左右，犯罪嫌疑人李×酒后在×市×区×厂门口与王×发生纠纷，王×跑到西侧约5米左右的超市喊其丈夫张×。张×站在超市门口朝外看时，李×持刀将张×腹部捅伤，李×逃离现场。

工作要求和注意事项：望各单位接到此通缉令后，立即布置警力，严密控制，注意稽查，如发现犯罪嫌疑人李×，立即拘捕并速告知×××公安局刑警支队。

联系人、联系电话：张×、李××，电话：××××××××

附：1. 犯罪嫌疑人照片、指纹。

2. 犯罪嫌疑人社会关系。李×的妻子张×：身份证号码××××××××××××××××××，住址××市××区××街××号

3. DNA编号。××××××××

公安局（印）

二〇××年一月十二日

抄送部门：××市公安局

（注：此联用于对内发布）

×公（刑）缉字贰零××第玖号

通缉令

×公（刑）缉字〔20××〕9号

犯罪嫌疑人的基本情况、身份证号码、体貌特征、行为特征、口音、携带物品、特长：李×，男，34岁，汉族，××市人，原系×厂工人，在逃人员网上编号为××××××××××××××，身份证号：××××××××××××××××××，住址××市××区××街××号。身高一米八二，身材高大魁梧，大头长脸，浓眉大眼，双眼皮，鹰钩鼻，留鼻下胡须，皮肤较黑。操××地方口音。逃跑时上穿蓝色纯棉衬衣，下着深灰色暗格长裤，脚穿黑色半高跟三接头牛皮鞋，着黑色袜。该犯罪嫌疑人会驾驶汽车。

发布范围：各市、县、区公安局（分局）

简要案情：20××年1月11日15时30分左右，犯罪嫌疑人李×酒后在×市×区×厂门口与王×发生纠纷，王×跑到西侧约5米左右的超市喊其丈夫张×。张×站在超市门口朝外看时，李×持刀将张×腹部捅伤，李×逃离现场。

注意事项：犯罪嫌疑人李×高大健壮，可能携带刀具，有较大危险性，发现其时速与公安机关联系，并注意保护自身安全。

联系人、联系方式：张×、李××，电话：××××××××

附：犯罪嫌疑人照片。

公安局（印）

二〇××年一月十二日

（注：此联用于对外发布）

十、关于撤销字〔〕号通缉令的通知

关于撤销字〔〕号通缉令的通知是公安机关在办理刑事案件过程中，由于被通缉的犯罪嫌疑人投案、被抓获或已经死亡等原因，不需要继续通缉时，由原发布机关制作和使用的通知有关单位撤销通缉工作的文书。

《公安机关办理刑事案件程序规定》第272条规定："经核实，犯罪嫌疑人已经自动投案、被击毙或者被抓获，以及发现有其他不需要采取通缉、边控、悬赏通告的情形的，发布机关应当在原通缉、通知、通告范围内，撤销通缉令、边控通知、悬赏通告。"

十一、办案协作函

（一）概念及法律依据

办案协作函是公安机关在办理刑事案件过程中，需要异地公安机关协作时制作的请求

协作配合的文书。

《公安机关办理刑事案件程序规定》第336条:“县级以上公安机关办理刑事案件需要异地公安机关协作的,应当制作办案协作函件。负责协作的县级以上公安机关接到异地公安机关请求协作的函件后,应当指定主管业务部门办理。”

（二）结构内容及写作方法

办案协作函由存根、正本构成。

1.存根。该联是有关公安机关请求异地公安机关协作配合的凭证,用作公安机关留存备查。

2.正本。该联是有关公安机关请求异地公安机关予以办案以及异地公安机关提供协作依据和凭证。主要填写案件的名称和请求协助的事项,请求协助的事项包括查询犯罪信息、执行强制措施、查询、扣押、冻结与犯罪有关的物品、文件等。最后写明前往侦查人员的基本情况,包括姓名、单位、职务等。如果委托异地公安机关代为执行的,可不填写侦查人员的基本情况。

（三）制作与使用应注意的事项

1.本文书适用于需要异地公安机关协作的情况,所说异地,一般是指跨县级以上行政辖区。

2.本文书一次有效,再次需要异地公安机关协作的,应当制作新的办案协作函。

3.侦查终结时,办案协作函应当存入侦查卷。

【例文】

×××公安局

办案协作函

（存　根）

×公（刑）协字〔20××〕33号

案件名称　张××盗窃案

案件编号　××××××

犯罪嫌疑人　张××　男/女

出生日期　19××年××月××日

住　　址　××市××区××镇××村

单位及职业　农民

协作单位　××市公安局

协作事项　协查犯罪嫌疑人张××的身份、年龄、违法经历

批 准 人　王××

批准时间　20××年3月20日

办 案 人　江×、仲×

办案单位　×××公安局刑警支队

填发时间　20××年3月20日

填 发 人　吕××

×公（刑）协字贰零××第叁拾叁号

×××公安局

办 案 协 作 函

×公（刑）协字〔20××〕33号

××市公安局：

我局因办理　张××盗窃　案，需要前往你辖区/~~委托你局代为~~执行　协查犯罪嫌疑人张××的身份、年龄、违法经历　任务，请予以协助。

前往执行任务侦查人员姓名、单位、职务：

1. 江×，×××公安局刑警支队副支队长

2. 仲××，×××公安局刑警支队侦查员

公安局（印）

二〇××年三月二十日

此联交协作地公安机关

第四节　侦查终结文书

一、撤销案件决定书

（一）概念及法律依据

撤销案件决定书是公安机关对于已经立案侦查的案件，发现不应当追究犯罪嫌疑人的刑事责任，或者犯罪嫌疑人不负刑事责任，或者犯罪嫌疑人已经死亡，需要撤销案件时制作的文书。

《刑事诉讼法》第16条规定："有下列情形之一的，不追究刑事责任，已经追究的，应当撤销案件，或者不起诉，或者终止审理，或者宣告无罪：（1）情节显著轻微、危害不大，不认为是犯罪的；（2）犯罪已过追诉时效期限的；（3）经特赦令免除刑罚的；（4）依照刑法告诉才处理的犯罪，没有告诉或者撤回告诉的；（5）犯罪嫌疑人、被告人死亡的；（6）其他法律规定免予追究刑事责任的。"第163条规定："在侦查过程中，发现不应对犯罪嫌疑人追究刑事责任的，应当撤销案件；犯罪嫌疑人已被逮捕的，应当立即释放，发给释放证明，并且通知原批准逮捕的人民检察院。"

《公安机关办理刑事案件程序规定》第183条、第184条也有相关规定。

（二）结构内容及写作方法

本文书由存根联、附卷联、交原案件犯罪嫌疑人联、交原案件被害人或者其近亲属、法定代理人联、交移送机关联组成。

1.存根。该联是公安机关对不应追究刑事责任的犯罪嫌疑人撤销案件的凭证，用于存档备查。

2.附卷联。该联是公安机关撤销案件的依据。包括案件名称、撤销案件的原因、撤销案件的法律依据。撤销案件原因要简要说明是无犯罪事实，还是其行为不构成犯罪，还是虽构成犯罪但依法不应追究刑事责任等具体原因。法律依据是根据具体情形填写《刑事诉讼法》第16条或者第163条。办案人员将附卷联送达犯罪嫌疑人、被害人，还应令其在附卷联之末签署收到日期并签名。

3.交原案件犯罪嫌疑人联。该联是犯罪嫌疑人被撤销案件，不被追究刑事责任的凭证。其内容和制作要求同附卷联。

4.交原案件被害人或者其近亲属、法定代理人联。该联是公安机关将撤销案件的决定通知原案件被害人或其近亲属、法定代理人的依据和凭证。

5.交移送机关联。此联是公安机关将撤销案件的决定通知移送机关的依据和凭证。

（三）制作与使用应注意的事项

1.撤销案件决定书是办案人员呈请撤销案件报告书经县级以上公安机关负责人批准后制作的。

2.撤销案件决定书附卷联经犯罪嫌疑人、被害人签收后存入侦查卷。

【例文】

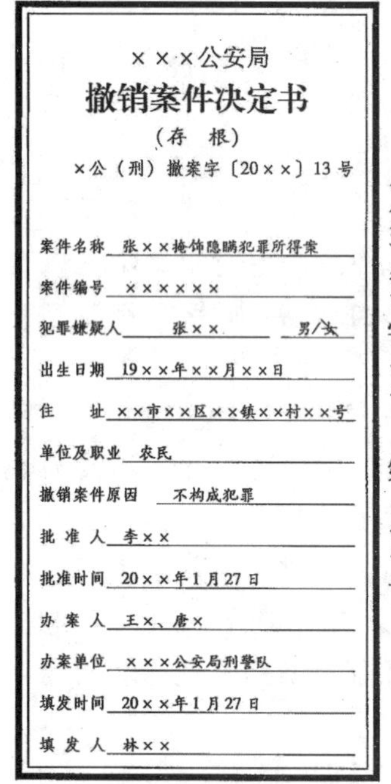

×××公安局
撤销案件决定书
（存　根）
×公（刑）撤案字〔20××〕13号

案件名称 张××掩饰隐瞒犯罪所得案
案件编号 ××××××
犯罪嫌疑人 张×× 男/女
出生日期 19××年××月××日
住　　址 ××市××区××镇××村××号
单位及职业 农民
撤销案件原因 不构成犯罪
批 准 人 李××
批准时间 20××年1月27日
办 案 人 王×、唐×
办案单位 ×××公安局刑警队
填发时间 20××年1月27日
填 发 人 林××

×公（刑）撤案字贰零××第壹拾叁号

×××公安局
撤销案件决定书
（副　本）
×公（刑）撤案字〔20××〕13号

我局办理的 张××掩饰隐瞒犯罪所得 案，因 被指控的事实不构成犯罪 ，根据《中华人民共和国刑事诉讼法》第 一百六十三 条之规定，决定撤销此案。

公安局（印）
二〇××年一月二十七日

本决定书已收到。
原案件犯罪嫌疑人：张××
20××年1月27日

本决定书已收到。
原案件被害人：赵××
20××年1月27日

本决定书已收到。
移送机关：

此联附卷

×公（刑）撤案字贰零××第壹拾叁号

×××公安局
撤销案件决定书
×公（刑）撤案字〔20××〕13号

我局办理的 张××掩饰隐瞒犯罪所得 案，因 被指控的事实不构成犯罪 ，根据《中华人民共和国刑事诉讼法》第 一百六十三 条之规定，决定撤销此案。

公安局（印）
二〇××年一月二十七日

此联交原案件犯罪嫌疑人（原案件犯罪嫌疑人死亡的交其家属）

二、终止侦查决定书

终止侦查决定书是公安机关经侦查发现有犯罪事实需要追究刑事责任，但不是被立案侦查的某犯罪嫌疑人实施的，对该犯罪嫌疑人终止侦查而制作的文书。

《公安机关办理刑事案件程序规定》第183条第2款规定："对于经过侦查，发现有犯罪事实需要追究刑事责任，但不是被立案侦查的犯罪嫌疑人实施的，或者共同犯罪案件中部分犯罪嫌疑人不够刑事处罚的，应当对有关犯罪嫌疑人终止侦查，并对该案件继续侦查。"第184条也有相关规定。

三、起诉意见书

（一）概念及法律依据

起诉意见书是公安机关对侦查终结的案件，认为犯罪嫌疑人的行为已构成了犯罪，需要追究刑事责任时，依法制作的向同级人民检察院提起诉讼，建议依法起诉的文书。

起诉意见书是对案件侦查情况的全面总结，是公安机关对犯罪嫌疑人的指控意见书，集中反映了公安机关办理案件的情况和质量，同时也是人民检察院提起公诉和人民法院审理案件的重要基础，因此，在公安机关办理刑事案件过程中具有重要地位。

《刑事诉讼法》第162条第1款规定："公安机关侦查终结的案件，应当做到犯罪事实清楚，证据确实、充分，并且写出起诉意见书，连同案卷材料、证据，一并移送同级人民检察院审查决定；同时将案件移送情况告知犯罪嫌疑人及其辩护律师。"

《公安机关办理刑事案件程序规定》第279条也有相关规定。

(二)结构内容及写作方法

起诉意见书由首部、正文和尾部三部分组成。

1.首部。包括标题、发文字号、犯罪嫌疑人的基本情况、违法犯罪经历及犯罪嫌疑人聘请律师情况等。

(1)标题。标题由制作文书的机关和文书名称组成,如"×××公安局起诉意见书"。

(2)发文字号。发文字号写在标题的右下方,如"×公诉字〔20××〕××号"。

(3)犯罪嫌疑人的基本情况。应依次写明犯罪嫌疑人姓名(包括别名、曾用名、绰号等与犯罪有关的名字)、性别、出生年月日、出生地、身份证件号码、民族、文化程度、职业或工作单位及职务、住址、政治面貌等。

(4)违法犯罪经历及因本案被采取强制措施的情况。写明犯罪嫌疑人以往的违法犯罪事实及曾经受过的刑事处分,同时应写明因本案被采取的强制措施情况。对于共同犯罪案件,应当按照各犯罪嫌疑人在犯罪过程中的地位和作用,依次写明每个人的基本情况和违法犯罪经历。单位犯罪案件还应当写明单位的名称和地址。

(5)犯罪嫌疑人聘请律师的,应当写明律师的姓名,所在的律师事务所或者法律援助机构名称、律师执业证编号等。

2.正文。正文是该文书的重点。包括以下内容:

(1)案件的办理情况。这部分主要由案由、案件来源、案件侦查过程等内容构成。案由,可表述为"犯罪嫌疑人×××涉嫌×××一案";案件来源,即公安机关获取案件线索或者受理案件的来源,具体为单位或者公民举报、控告、上级交办、有关部门移送以及工作中发现等;案件侦查过程,简要写明案件侦查过程中的各个法律程序开始的时间,如接受案件、立案等的时间;犯罪嫌疑人归案情况等。在这部分最后要写明"犯罪嫌疑人×××涉嫌×××案,现已侦查终结"。

(2)案件事实。主要应写明经过侦查终结确认的犯罪嫌疑人的犯罪事实,包括犯罪的时间、地点、经过、手段、目的、动机、危害后果等与定罪有关的事实要素。要根据具体案件情况,围绕刑法规定的相关罪的构成要件,简要写明。由于实际办案中案件的情况十分复杂,要根据案情,采取恰当的记叙方法安排结构。如果是一人一次犯罪、多人一次犯罪和一人多次犯涉嫌同一性质罪名的案件,可以以时间的推移,按照犯罪嫌疑人作案时间的先后顺序来叙述。如果是一人或者多人多次犯罪,且涉嫌不同罪名的案件,可以按犯罪的性质来叙述,即先叙重罪再叙轻罪。如果两人或多人多次涉嫌同一罪且作案的方式、方法、经过、手段等情节又基本相同的案件,可以采用综合归纳法叙述。如果是共同犯罪和集团犯罪案件,由于犯罪嫌疑人在犯罪过程中所处的地位不同,触犯的法律条款也不尽相同,可先采用综合归纳法,再按主犯、从犯、胁从犯的顺序来叙述。

(3)证据。在叙述清楚犯罪事实后,另起一行以"认定上述事实的证据如下"引出列举的证据。列举证据,并不是要将案件所有证据一一列举,而是根据不同性质的案件的不同特点,有针对性地列举部分主要证据,而且要简明扼要。在列举完证据后,另起一行,写明"上述犯罪事实清楚,证据确实充分,足以认定"。

(4)案件有关情节。简要说明犯罪嫌疑人是否有累犯、立功、自首等从重、从轻、减轻等量刑处罚的情节。

(5)起诉的理由和法律依据。写明犯罪嫌疑人的行为触犯了《刑法》哪条哪款、涉嫌的罪名,同时写明"根据《刑事诉讼法》第一百六十二条的规定,移送审查起诉"。一般用统一的规定用语:"综上所述,犯罪嫌疑人×××的行为触犯了《中华人民共和国刑法》第×条第×款,涉嫌××罪。根据《中华人民共和国刑事诉讼法》第一百六十二条之规定,现将本案移送审查起诉"。如果犯罪嫌疑人的犯罪行为触犯了《中华人民共和国刑法》多条,已构成多种罪名,要一一引用。

3.尾部。正文之后写上"此致,×××人民检察院"。附注要写明犯罪嫌疑人现羁押的处所,附送的本案卷宗共×卷×页,随案移送的物证名称和数量等。

(三)制作与使用应注意的事项

1.起诉意见书必须以事实为根据,准确地叙述经侦查证实的犯罪嫌疑人的犯罪事实。

2.起诉意见书中的犯罪事实,必须是构成犯罪,并有确凿证据来证实。

3.定性要准确,引用法律条款要适当。

【例文】

××市公安局

起诉意见书

×公诉字〔20××〕××号

犯罪嫌疑人李××,绰号"木龙",男,汉族,农民,生于1987年10月20日,初中文化,××市人,家住××市××乡××村二组86号。20××年4月29日因涉嫌绑架罪被本局刑事拘留,同年5月6日被××市人民检察院批准逮捕。

辩护律师张××,工作单位××律师事务所,律师执业证编号:××××××××××××。

犯罪嫌疑人陈××,绰号"老范",男,汉族,农民,生于1988年11月19日,初中文化,××市人,家住××市××乡××村六组3号。20××年4月29日因涉嫌绑架罪被本局刑事拘留,同年5月6日被××市人民检察院批准逮捕。

辩护律师刘××,工作单位××律师事务所,律师执业证编号:××××××××××××。

犯罪嫌疑人李××、陈××涉嫌绑架一案,由杜××于20××年4月28日报案至我局。经我局审查,于4月28日立案进行侦查。犯罪嫌疑人李××、陈××已于同年4月28日被抓获归案。犯罪嫌疑人李××、陈××涉嫌绑架案,现已侦查终结。

经依法侦查查明:20××年2月至4月,犯罪嫌疑人李××为达到勒索钱财的目的,多次向犯罪嫌疑人陈××提出绑架××乡××村一组的小学生张×(11岁)。后经陈××同意,两人共同预谋、策划了绑架的具体步骤,并于20××年4月27日下午准备好作案用的手机、绳索、红领巾、助力三轮车、铁锨、塑料编织袋、被褥等工具。4月28日早晨6时许,李××、陈××守候在××××乡××村一组东干渠分水闸处。7时许,将上学经过的小学生张×劫持到分水闸旁的旱厕内,用红领巾将张×嘴勒住,用绳索将张×的手脚捆绑后装入塑料编织袋内,再抬上助力三轮车,盖上被褥,拉至××市××庙南戈壁滩。李××打电话向张×家长勒索现金20万元。后在李××的提议下,两名犯罪嫌疑人用铁锨铲沙土将张×活埋。当日18时许,本局将李××、陈××抓获。

经审讯，犯罪嫌疑人李××、陈××对绑架、杀害张×的犯罪事实供认不讳。当日19时许，经犯罪嫌疑人辨认，侦查人员在××市××庙南戈壁滩一土坑内挖出被害人张×的尸体。经法医鉴定，张×系被他人用沙土掩埋致机械性窒息死亡。次日，从李××家中查获作案用的助力三轮车、铁锨、被褥等工具，从陈××住处查获作案用的“三星”N188型手机一部。

认定上述事实的证据如下：

1. 报警记录、被害人母亲证言、电信资料、视听资料证实：张×被绑架，张×母亲接到勒索电话；

2. 查获手机、电信资料证实：勒索电话为李××持手机所打；

3. 证人证言、辨认笔录证实：打勒索电话所用手机卡号，为李××、陈××月27日在××通讯店购买；

4. 现场勘查材料、鉴定结论、现场提取物证证实：被害人张×被捆绑后掩埋，导致张×机械性窒息死亡；

5. 查获的胶鞋、现场提取的足迹样本、足迹鉴定证实：掩埋被害人土坑旁足迹为犯罪嫌疑人李××所留；

6. 搜查笔录、辨认笔录、现场勘查及鉴定材料证实：搜查到的助力三轮车、铁锨、被褥、手机，现场提取的绳子、红领巾、塑料编织袋等物证，为犯罪嫌疑人作案时使用的工具；

7. 犯罪嫌疑人李××、陈××对犯罪事实供认不讳，其供述与其他证据一致。

上述犯罪事实清楚，证据确实、充分，足以认定。

综上所述，犯罪嫌疑人李××、陈××以勒索钱财为目的，采取暴力手段绑架张×，且造成张×死亡，其行为已触犯了《中华人民共和国刑法》第二百三十九条第一款之规定，涉嫌绑架罪。根据《中华人民共和国刑事诉讼法》第一百六十二条之规定，现将本案移送审查起诉。

此致

××市人民检察院

（公安局印）

20××年×月×日

附：1. 犯罪嫌疑人李××、陈××现羁押于××市看守所。

2. 本案卷宗××卷×××页。

3. 随案移交物品×件。

四、补充侦查报告书

（一）概念及法律依据

补充侦查报告书是公安机关接到人民检察院的补充侦查决定书，就案件的有关情况进行补充侦查后，将补充侦查的结果告知人民检察院时制作的文书。

《刑事诉讼法》第175条第2款、第3款、第4款规定：“人民检察院审查案件，对于需要补充侦查的，可以退回公安机关补充侦查，也可以自行侦查。对于补充侦查的案件，应当在一个月内补充侦查完毕。补充侦查以二次为限。补充侦查完毕移送人民检察院后，人民检察院重新计算审查起诉期限。对于二次补充侦查的案件，人民检察院仍然认为证据不足，不符合起诉条件的，应当作出不起诉的决定。"据此，补充侦查报告书一般有两种情况。一是提请逮捕的案件，人民检察院认为案件事实不清或者证据不足时，可退回公安机关补充侦查。二是移送起诉的案件，经人民检察院审查后，认为某些犯罪事实不清或证据不足，或遗漏罪行，遗漏犯罪嫌疑人而通知公安机关补充侦查。凡遇到以上两种情况，公安机关都要认真补充侦查，并制作补充侦查报告书，将补充侦查结果报告人民检察院。

（二）结构内容及写作方法

补充侦查报告书由首部、正文和尾部组成。

1.首部。包括标题、发文字号和受文单位。

标题由公安机关名称和文书的名称组成。如："×××公安局补充侦查报告书"。发文字号写在标题的右下方，如"×公补字〔20××〕××号"。受文单位写提出补充侦查的同级人民检察院的名称。

2.正文。包括三部分内容。

（1）引言。以同级人民检察院的补充侦查决定为缘由，写清来文的日期、发文字号、退回补充侦查案件的名称，并说明"已侦查完毕"。一般用统一的格式来写。如："你院于20××年×月×日以×检×补侦字〔20××〕××号补充侦查决定书退回的×××××一案，已经补充侦查完毕。结果如下："

（2）补充侦查结果。这是该文书的核心内容。要根据人民检察院补充侦查决定书上所提出的有关问题，详细地写明补充侦查的情况和结果，以及有关的证据。对于经过补充侦查，无法查清的问题应加以说明。对于一些问题，案卷中已记写清楚不需要补充侦查的，要说明在案卷中的页码及具体位置。如果在补充侦查中发现了新的问题，也应予以说明。

（3）移送案件的卷宗册数及补充侦查材料的页数。说明所附卷宗的册数、补充侦查的材料、页数，即"现将该案卷宗×册及补充侦查材料××页附后，请审查"。

3.尾部。注明发文时间，加盖单位印章。

（三）制作与使用应注意的事项

1.公安机关接到人民检察院的补充侦查决定书后，应及时地补充侦查，并在法定时间内制作补充侦查报告书，及时送往同级人民检察院。

2.补充侦查报告书的制作要语言简洁，条理清楚，针对性强。

【例文】

××市公安局

补充侦查报告书

×公补字〔20××〕14号

××市人民检察院：

你院于20××年9月8日以×检×字〔20××〕××号补充侦查决定书退回的黄××、张××、朱××抢劫一案，已经补充侦查完毕。结果如下：

1.关于犯罪嫌疑人张××、朱××盗窃一事。经查，二人于20××年5月28日夜2点多，在××

市××路撬开××石油公司特种油经销部商店，将店内机油、黄油、柴油、轴线油洗劫一空。后张××与同厂工人黄××去××县城销赃，得赃款700多元。朱××事后分赃款300元。查证中补充了××市××路特种油经销部商店郭××证言材料及报案材料各1份。所取材料证实：犯罪嫌疑人张××、朱××共盗走黄油200公斤，进口和国产机油60多桶，价值2940多元。

2. 关于犯罪嫌疑人张××、朱××交代在××市盗窃铸铁管、铝管、旧自行车以及在××河边抢劫谈恋爱者的财物之事，经查均无报案，无法查证。

3. 关于××市××厂工人黄××参与销赃、窝赃、抢劫、盗窃等问题是否涉嫌犯罪，××市公安局刑侦大队正在查找此人。

4. 关于犯罪嫌疑人张××、朱××的户籍问题，现将调查材料2份附上。

现将该案预审卷宗1卷及补充查证材料16页附后，请审查。

××市公安局（印）

20××年×月×日

本报告一式两份，一份交检察院，一份附卷。

五、没收违法所得意见书、违法所得清单

没收违法所得意见书、违法所得清单是公安机关对于贪污贿赂犯罪、恐怖活动犯罪等重大犯罪案件，犯罪嫌疑人、被告人潜逃，通缉一年不能到案，或者犯罪嫌疑人、被告人死亡的，依法应当追缴其违法所得及其他涉案财产时制作和使用的文书。

《刑事诉讼法》第298条第1款、第2款规定："对于贪污贿赂犯罪、恐怖活动犯罪等重大犯罪案件，犯罪嫌疑人、被告人逃匿，在通缉一年后不能到案，或者犯罪嫌疑人、被告人死亡，依照刑法规定应当追缴其违法所得及其他涉案财产的，人民检察院可以向人民法院提出没收违法所得的申请。公安机关认为有前款规定情形的，应当写出没收违法所得意见书，移送人民检察院。"

《公安机关办理刑事案件程序规定》第328条、第329条也有相关规定。

六、强制医疗意见书

强制医疗意见书是公安机关发现精神病人符合强制医疗条件移送同级人民检察院时制作和使用的文书。

《刑法》第18条第1款规定："精神病人在不能辨认或者不能控制自己行为的时候造成危害后果，经法定程序鉴定确认的，不负刑事责任，但是应当责令他的家属或者监护人严加看管和医疗；在必要的时候，由政府强制医疗。"

《刑事诉讼法》第302条规定："实施暴力行为，危害公共安全或者严重危害公民人身安全，经法定程序鉴定依法不负刑事责任的精神病人，有继续危害社会可能的，可以予以强制医疗。"第303条第2款规定："公安机关发现精神病人符合强制医疗条件的，应当写出强制医疗意见书，移送人民检察院。对于公安机关移送的或者在审查起诉过程中发现的精神病人符合强制医疗条件的，人民检查院应当向人民法院提出强制医疗的申请。人民法院在审理

案件过程中发现被告人符合强制医疗条件的,可以作出强制医疗的决定。”

《公安机关办理刑事案件程序规定》第332条也有相关规定。

【写作实训】

1.下面是报案材料中的一段内容,请阅读后仔细研究,拟定一份询问提纲,列出重点询问内容。

【材料】我叫李××,男,现年37岁,是××市××区李家堡村村民。今年元月4日下午5时左右,我在本村华××家串门,突然,闯进四五个小伙子,手里端着两支猎枪,用枪顶住我的头部,叫我跟他们走,我不从,有的歹徒用枪托打我,有的拳打脚踢,把我往外拖,一直拖到院外他们带来的桑塔纳轿车旁,我奋力挣扎。当时小车的钥匙被本村村民万××扔到房顶上,这伙歹徒向她要钥匙,万××便到房顶上,有个歹徒便向万××开了两枪,吓得她将钥匙扔给了他们。因枪声惊动了村民,他们看势不好,便扔下我开车跑了。他们开的蓝色桑塔纳轿车,车号是×A-52002,歹徒中有一个叫王××,是李家堡村的,平时吸毒贩毒,横行乡里,无恶不作。

2.根据下面所给材料,编写一份询问笔录。

200×年7月2日晚上7点30分左右,在市安达宾馆当保安的王××回到家正准备做饭,听到敲门声,以为是上中班的妻子提前回来了,忙前去开门。走到门前听到是敲对面邻居老刘家的门,在猫眼中看到一个身穿方格衬衣、留着板寸头、大约30岁的男子,侧着身子在敲门,于是就回厨房准备晚饭。接着听到那人撞门、踹门的声音以及门被撞开的声音和争吵声,不一会儿.又听见老刘和妻子的惨叫声、呻吟声和人跑的脚步声。王××不敢出门,就打电话报了警。

被害人刘××,现年42岁,××市液化气公司工人,平时喜欢交往,屋里常有人打牌、打麻将,左邻右舍都说是在聚赌。

3.根据下面的材料,制作一份讯问笔录(第一次),需要的相关信息自己补充制作。

犯罪嫌疑人:王×,25岁,汉族,原籍江苏××市,高中文化,现住北京路××号社会科学院家属院×号楼×××室,火车南站××商社业务主办。高中毕业后在家待业两年,之后一直在现单位工作。父亲王××,58岁,××文物考古研究所所长;母亲王××,51岁,××社会科学院编辑部编辑;弟弟,王×,23岁,省博物馆工作。

犯罪经过:20××年4月5日,王×和魏××、高××、张×在一起玩时,都说钱不够花,不如去盗窃保险柜。王×于是让魏××、高××准备作案工具。9日四人聚在一起时,王提出盗窃××沙区法院。傍晚王×和魏××去法院看了一次,当晚1时许,四人带上事先准备好的两个撬杠、两把起子、五把刀、四双手套、两把手电到了法院。四人绕到法院楼后面,魏××撬开一楼窗户后,四人先后进入,在发现值班室有人后,四人先踢开值班室的门将值班员绑住,王×和高××用床上的床单将值班员的头蒙住,由张×看着,其余三人上二楼撬开财务室的门,然后撬开保险柜,拿走了里面装有现金的一个信封(内有现金2.3万元)、3枚白金戒指、1条白金项链。约4时左右离开后去了魏××的房间分赃。

4.根据下列材料,制作一份现场勘查笔录。

20××年8月26日,三坪农场青年队的农民杜××(男,汉族,30岁)在农田劳动时,发现渠沟里有个东西。29日,他又去田间劳动,又见到渠沟里的那个东西,心里觉得特别可疑,就匆匆忙忙跑到农场派出所报了案。派出所立即派两名干警李××、吴××到可疑处一看,原来可疑物是一人体躯干(无头、无四肢)。于是他们回所于当日12时向市公安局刑侦队报了案。市公安局接到报案后,刑侦处处长董××、副处长刘××带领着刑技人员王×、袁×、阿××、刘××、温××、阎××、热××以及刑侦一队的侦查员姬××、李××、党×、马×、乌××等人快速赶往出事地点。于13时2分赶到现场。在此前,×××公安分局及××分局的技术员也已到达现场。同时,在市局刑侦处同志到达现场之际,市公安局副局长张×也赶到现场,并亲自指挥了勘查活动。勘查工作是从13时2分开始,19时50分结束。当时天气晴朗,在自然光线下展开勘查活动。当时在场的市局及刑侦处领导作了重要指示:顺着该渠水系状态逆流而上,寻找尸体其余残肢。现场勘查开始时,邀请了青年队农民刘××、周××作见证人。现场位于×市三坪农场青年队的一条呈南北方向的渠内。此渠为××河水渠的分支。该渠流经三坪农场青年队的六队、七队葵花地,渠宽为2米,深1.5米。西侧为林带,渠中部有一简易小桥,小桥系水泥柱搭成,呈东西向。在小桥北侧4.5米的渠里横斜有一长2.3米、粗0.05米的树干。尸躯被树干拦住。经勘查,尸体为一男性躯干,无头、无四肢,肤色粗黑。尸体腰部有一黑色松紧带,带宽0.05米,长0.7米(详情见法医尸检报告)。

现场勘查于当天19时50分结束。现场勘查提取了黑色松紧带一根;法医对尸体进行了检验,化验人员提取了尸体上的血迹,痕迹人员绘制了现场方位图1张,还进行了录像、现场方位、细目照相。

5.指出下列现场勘查笔录片段中的错误并加以修改。

(1)门内是一间南北长340cm、东西宽300cm的房间,在此屋靠东南墙角放有一张双人床,在此床北床头外侧躺着一具男尸,头部血肉模糊,旁边有一大摊血。

(2)现场位于××花园小区12栋楼一单元201室。进门是一个过道,在左边是一间厨房,厨房里放有冰箱、煤气灶、碗柜、切菜的案板,厨房内没有翻动的痕迹。再往前走右边是一间卧室……再往前走是客厅……

(3)财务室西南墙角有一三屉一头沉的写字台,中间的抽屉暗锁被撬坏,抽屉内的账册一部分散乱地放在写字台上,一部分在抽屉里,抽屉暗锁旁边有一道撬压痕迹,抽屉内15000元现金被盗,其余两个抽屉没有暗锁,里面没有翻动痕迹。

(4)现场草木丛中有两个当日留下的脚印,一种是皮鞋印记为报案人发现案情时所留;另一种是旅游鞋印记为犯罪嫌疑人所留。犯罪嫌疑人向山下逃离,并在水库北岸边洗过血迹。

6.评改下面的现场勘查笔录,根据现场勘查笔录的制作要求指出存在的问题,并重新改写,缺少的部分可以根据案情合理增补。

现场勘查笔录

200×年1月9日6时45分××市公安局刑侦支队接到110报案称:永泰路一住宅楼内发生一起凶杀案要求勘查现场。接报后,我们在张××大队长的带领下赶赴现场,7时40分在张大队长的统一指挥下,技术员李×,法医刘××,侦查员范××、朱××在无风、天晴、自然光的情况下对现场进行了勘查。

现场位于永泰路新民住宅小区2号楼1单元501室内。此屋在5楼东侧有向里开的单扇木结构的门,门锁完好。这是一套两居室的房间。进门往东120cm处南墙上有一壁橱。橱内距橱门25cm内有一把带血卷刃的菜刀全长28cm。橱的上两层摆放了一些日用品，没有翻动的痕迹。壁橱东侧120cm处有一单扇向里开的木质结构门，门内是一间东西长300cm、南北宽200cm的房间。室内东墙上陈列着大衣柜、酒柜，旁边有沙发。西墙边依次摆放着写字台、电视柜。南墙西侧距西墙300cm处有一向里开的木质结构门，门南是一凉台。此屋门北有一南北宽100cm的过道。在过道北墙上与此门相对有一同样大小向里开的门，门内是一间南北长340cm、东西宽300cm的房间。在此屋靠东南角放有一张双人床，床上铺着彩格床单，床单上放着一件蓝色西服上衣、一件长裤。床头处有两个手机充电器，床尾部床单上有一处血迹，周围还有点状喷溅血迹。床边地上有一具男尸，上身裹着彩格棉被，头部被砍得血肉模糊，头朝西侧，穿一短裤，赤裸的两腿上有大量擦蹭状血迹，尸体左小腿上捆有三道红白相间的尼龙绳。在双人床北床头下有一木箱，锁被撬坏，箱盖敞开着，锁键上有一枚工具痕迹，箱内有15000元现金被盗走。箱背面靠地面中间处有一绿豆大小的血迹。在北墙靠西侧有一向里开的双扇窗。在此屋西墙中间位置上放有一书架，没有翻动痕迹。在过道东头有一100cm×190cm的厕所，厕所西北角处有一距地面高20cm的水池，水池里放有一把旧拖把。在靠水池东侧北墙放有一洗衣盆，盆内有少量血水和一双染血的白手套。厕所靠东侧是一便池，没有什么反常情况。

在北间卧室西墙外靠北墙是一间厨房，厨房南侧是楼道，在楼道的西南角处就是501室的门，经勘查未发现异常。现场进行了拍照，绘制了平面图，并制作了笔录，还提取了以下物品……

7.以教室或宿舍为发案现场或根据模拟现场，按照现场勘查笔录制作的要求，制作一份现场勘查笔录。

8.根据所给材料写一份辨认笔录。

20××年10月2日晚8时，犯罪嫌疑人卞××(男，汉，21岁，××省××县人，自幼上学，19××年考入××师范学院体育系)同女友王×到××军区干休所去厅跳舞。他们在舞厅与待业青年王××及同伴发生碰撞，遂互相争吵。卞××看到对方人多便主动要求和解并赔礼道歉，双方互不追究。随后，卞将女友送回宿舍，气恼不过，从墙角拿起一根长约20厘米的废旧暖气管子，再次回到××舞厅找到王××寻衅。卞××抡起管子朝王××头部连打三下，丢弃凶器跑回宿舍。王××在送医院途中死亡。经法医鉴定，王××系脑颅骨被钝器打击塌陷，颈椎断裂死亡。为了确认案情事实，我侦查员孙××、王××从作案现场找回作案凶器，并于20××年10月5日下午4时让卞××在五根不同长度的暖气管子中辨认。经过认真审视，卞××认出作案凶器，并主动交代了罪行。

9.根据下面素材。制作呈请搜查报告书、搜查笔录和扣押物品清单。

20××年12月7日，××市××西路13-2-4号刘×家被盗。侦查人员经过多方面调查证实，××区保安公司工作人员宋××有重大嫌疑。宋××，20岁，××省××县人，高中文化程度，住本市××路93-4号。该宋于1989年10月5日出生，自幼在××矿区学校就读，2007年12月至今在本市××区保安公司工作。为查清案情，获取罪证，12月23日晚9时，经批准，由侦查人员李××、董×对宋××住处依法进行了搜查。搜查中，在宋××床下发现被盗诺基亚手机1部，现金3800元。在卧室墙角纸箱内发现黑兰州烟5条，储蓄卡3张，均为失窃物品。当时在场见证的有谢×、李×。搜查工作于10时结束。

10.根据下列素材,制作一份通缉令。

20××年6月27日凌晨,××市××村原西北一公司院内发生一起重大凶杀案。犯罪嫌疑人田××、谷××作案后,于当日晚10时畏罪潜逃。其特征是:

田××,又名宪宪,老田,27岁,××省××县人,××市钢厂工人,身高1.68米左右,瓜子脸,双眼皮,身体结实,有小胡子,脸稍发黄,腰系牛筋裤带,脚穿××市制的模压塑料平底布鞋,戴进口手表一块,钢链表带,左手食指有伤,××市口音,会讲普通话。

谷××,小名钩钩,男,20岁,中等个,脸稍长,大眼,双眼皮,浓眉,较胖,留运动头,上身穿旧劳动布工作服,内穿白背心,下穿蓝布裤,脚穿青年式皮鞋,左手臂有伤,××市口音,会讲普通话。

以上两名犯罪嫌疑人逃跑时携带枪支。

联系单位:××市公安局三处,电话:×××××××杨××,×××××××程××。

11.根据以下材料,以××公安厅名义制作一份通缉令。

20××年5月30日,××省××市发生一起抢劫杀人案。××市纺织机械厂工人李××伙同王××(同厂工人,男,28岁)窜入××市××路兴华苑小区,以敲门找人为由,强行进入××小区西9号楼602室,用刀威逼房主冯××(男,62岁,退休职工)交出2万元,冯不从,李××便趁其不备,用刀捅向冯××腹部,连捅三刀,冯当场死亡。李、王二人从冯家中盗走现金6500元,劳力士金表1块,18K金项链2条。犯罪嫌疑人王××已被抓获,李作案后逃跑。李××,男,30岁,身高1.72米,身材较瘦,方脸盘,面色较黑,右眼眉骨处有一明显疤痕,嘴唇较厚,走路较快。说话操河北口音。逃跑时上身穿灰衬衣,下身穿蓝西裤,脚穿黑皮鞋,手提一黑色皮包。

12.根据下列素材拟写一份查明无名尸体身份的(协查)通报。

20××年5月8日下午3时,××市××区××乡农民张××在××附近河岸发现一具女尸。下面是法医鉴定情况:

该尸为女性,姓名不详,年龄约25岁,身长1.61米,瓜子脸,单眼皮,大眼睛,牙齿的上门牙排列不整齐,烫有波浪式的卷发。上身穿乳白色西装(××牌),内穿红色圆领套头衬衣,贴身为白色带有两个纽扣的乳罩,下身穿黑色西裤(浙江××县生产),内穿蓝短裤,脚穿白色女式平底凉鞋。尸体头部及身上有多处伤痕,颅骨凹陷。死者血型为"O"型,死亡时间不超过20小时。

联系人为沈××,吴××。联系电话:×××××××。

13.根据下列材料拟写一份查找犯罪嫌疑人的协查通报。

20××年9月8日晚,××县天池宾馆被盗,罪犯持"×市食品第二清真卤制品厂"马×的工作证,包下"105""202"号房间,将室内大部分物品盗走。据服务员反映,登记住宿有两人,一人微胖,高1.80米,上身穿白衬衣,约29岁,讲普通话略带地方口音;另一个体型较瘦,身高1.75米,上身穿白衬衣.外套紫红色毛坎肩,头戴鸭舌帽,手提黑色公文包,约28岁,被盗物品合计5000余元。希望各地公安机关在侦查破案、严打斗争和收容审查中注意发现线索,如有情况请速告我局刑警队。联系电话:×××××××。据查具体损失物品如下:菊花牌电扇一台,价值603元;席梦思海绵床垫3个,价值2360元;毛毯6条(红、绿各3条),价值1800元;白色的棉布被套6条,价值300元。该通报的发文对象:××各地、州、市、县公安处、局、派出所,各企业事业单位公安处、保卫科。发文单位:××县公安局。发文时间:20××年9月16日。

14.根据下列材料,制作一份破案报告。

20××年3月28日早上8点30分,××市公安局××分局刑警队接到省农业勘查设计院报称:在设计院花园下水井内发现一具尸体。接报后,市局八处、××分局刑警队立即出动。经勘查,死者系男性,只发现上肢躯干,缺少两条腿,是一起特大恶性碎尸案。调查中,发现本单位电工张××(男,32岁,住设计院单身宿舍五楼,曾因赌博、偷盗行为被公安机关教育过)嫌疑重大。经搜查张××宿舍,发现在沙发上和地面上有擦干净的点状血迹,在其床下发现了死者的两条腿及带血的一把榔头。根据勘查和调查的情况分析:张××平时不务正业,有赌博、偷盗行为,谋财害命的可能性大。张平时和一些不三不四的人往来、赌博,也不能排除为讨债杀害人命的可能。张××家在外地,只身一人在此工作,可能杀人劫财后向外地逃窜。据此,××市公安局××分局刑警队决定,迅速向全省、全国各地发出案件通报.采用有力措施控制提款场所,注意发现犯罪嫌疑人;对车站及流动场所重点侦查,严密控制;将现场附近的几个派出所辖区划为重点侦查范围,广泛发动群众,依靠基层,发现犯罪嫌疑人逃跑线索。

本案是这样侦破的:20××年3月28日早10时许,守候在火车站附近的公安人员发现有一男性,30多岁,中等身材,戴一副宽边眼镜,手提一黑色提包,要买到济南去的车票。此人排队买票时神色慌张,不时左顾右盼。我公安人员发现其体貌特征与张××相似,便将此人带到车站派出所审查。经查,此人确系张××,并从其提包内搜出汇票一张,现金21360元及工作证、身份证等。经审讯,张××交代了杀人的经过:20××年3月14日,张××在××旅店认识了死者高××(男,32岁,河北省××市岩棉制品厂厂长)。张得知高急需聚乙烯醇,可从中谋利,便牵线与××西华经理部签订20吨的聚乙烯醇合同。3月23日高带11万7千元的汇票见了张。张想独得汇票,产生杀机。于25日早9时,张××将高骗到省农业勘察设计院五楼宿舍.用榔头猛砸高的头部,将高杀死后分尸、抛尸。27日晚,张××将高上肢尸体隐藏在院内的下水井内,下肢放在宿舍床下。28日逃离单位,购买去济南车票,被公安机关抓获。

一起特大恶性杀人碎尸案,仅用了四个小时就破获了。

15.根据下面所给材料,制作一份呈请破案报告书(材料不足的部分予以补充)。

犯罪嫌疑人王×,别名王××,绰号“铁蛋”,男,19××年1月20日生,身份证号码××××××××××××××××××,汉族,小学文化,××省××市人,住××市××区××花园小区8号楼1单元201室。200×年1月8日上午,张××来我局报称:其表妹朱×自1月5日上午,丢下五个月的婴儿,外出托人办事,至今未归。目前无任何音讯,怀疑有被害的可能。200×年1月8日,我局对此案进行初查,通过摸排走访与受害人有关的人员,发现租住在××市××大街100号的王×有重大作案嫌疑。200×年1月19日,我局工作人员将王×抓获,并在他的出租屋内发现地上和墙角有大量的血迹、毛发和失踪的朱×的提包、手机以及其他物品。王×被带回审查。经讯问,王×交代了200×年1月5日上午,在××市××街100号自己的租住房内,因托人为许×办理取保候审的事情与许×的妻子朱×发生矛盾。其间,犯罪嫌疑人王×挥拳猛击朱×的左太阳穴,致朱×倒地死亡。犯罪嫌疑人王×从朱×身上和提包内搜得人民币4100余元,××牌手机一部,金戒指一枚,银白色项链一条,银白色耳钉一副。后犯罪嫌疑人王×为了毁尸灭迹,用锯子、菜刀、剪刀等工具将朱×的尸体分解后进行抛尸。在抓获当天，犯罪嫌疑人王×已被刑事拘留。

根据上述情况，拟破案。

16.根据下面所给材料，制作一份呈请侦查终结报告书(材料不足部分予以补充)。

犯罪嫌疑人耿××，7岁上小学，19××年初中毕业后进××市石化设备厂当工人；200×年2月20日因盗窃罪被拘留，同年3月4日被逮捕，现在押于××市看守所。

200×年2月20日凌晨3时许，××路派出所接到××医院门卫王×的电话报案称：该院财务科被盗，损失情况不详。接到报案后，××公安分局刑警队及××市公安局刑警队侦查人员先后赶到现场。经勘查发现，在办公桌下面有一折断的螺丝刀把，上面留有指纹一枚。经侦查发现，××市石油化工设备厂耿××有作案嫌疑，且指纹相符。××公安分局于200×年2月20日将耿××拘留审查，同年2月24日经××市人民检察院××分院批准逮捕，现在押于××市看守所。

经××公安分局审讯调查，发现犯罪嫌疑人有下列犯罪事实：

200×年2月20日凌晨3时左右，犯罪嫌疑人耿××携带螺丝刀等工具，窜至本市××医院财务科，爬窗入室，用作案工具将保险柜撬开，窃得人民币126000元。200×年1月2日晚11时许，耿××又窜至本市××区××街22号居民家中，翻墙进院，盗窃现金9000余元，以及股票、兑换券、照相机等物，共折合人民币85000余元，赃款大部分已被挥霍。犯罪嫌疑人耿××对上述犯罪事实供认不讳，证据确凿。

17.根据下面的材料，制作一份呈请侦查终结报告书，要求格式规范，不足要素请补充。

200×年7月13日，××市××充值卡行的司机吴×和送货员王×，两人驾驶一辆黑色本田轿车在××高速公路××市出口处与客户进行充值卡交易并收取现金货款后，被犯罪分子抢劫。

7月14日晚10时许，专案组将犯罪嫌疑人蔡×、何×抓获。据蔡×、何×二犯罪嫌疑人供述，约1个多月前，蔡×了解到××市××充值卡行职员经常到××高速公路××站出口处送手机充值卡并收货款，而且货款达数百万元人民币，遂与何×密谋对该充值卡行送货员进行抢劫。7月11日，蔡×、何×两人在××市××租车公司租了面包车。7月13日中午，蔡×、何×两人驾驶租来的面包车，换上假车牌，到××高速公路××站出口附近预伏。在埋伏地，蔡×爬到现场附近的212号楼宇观察事主的交易情况。当观察到事主吴×、王×与客户交易完毕后，蔡×在楼顶处下令，指挥面包车上的犯罪嫌疑人何×实施抢劫作案，将车上现金及充值卡劫走。共劫走钱物价值约262万人民币。

18.根据下面材料，撰写一份格式规范，结构、内容安排合理，用语恰当的结案报告。

20××年12月15日凌晨，5时许，新华路派出所接到××医院门卫王××电话报案称：该院财务科被盗，损失情况不详。接到报案后，分局刑警队及市局刑警队侦查员先后赶到现场。现场勘查发现有一折断的螺丝刀把，上面留有指纹一枚。经侦查发现，××市石油化工设备厂耿××(自幼上学，19××年初中毕业后，进××市石化设备厂当工人)有作案嫌疑，且指纹相符，于同年12月20日将耿××拘留审查，24日，经××市人民检察院批准逮捕，现押于××市看守所。

经本局58天的审讯调查，发现法罪嫌疑人有以下犯罪事实：

20××年12月15日凌晨3时，犯罪嫌疑人耿××携带振动棒、螺丝刀等工具，窜至本市××医院财务科，爬窗入室，用工具将保险柜撬开，窃得人民币3622元。

20××年9月2日晚11时许,耿××窜至本市×区××街22号居民家中,翻墙入院,盗窃股票、兑换券、高档相机等物及现金900余元,赃款赃物大部分已被挥霍。

犯罪嫌疑人耿××对上述犯罪事实供认不讳,证据确凿。

19.根据下面素材,制作一份侦查终结报告(将省略的部分补充完整)。

20××年×月,××县公安局预审科预审员王××、马××审理了犯罪嫌疑人张××、任××盗窃一案。经过审理和调查工作,查清了全案,他写出预审终结报告,结束预审。

犯罪嫌疑人基本情况:(略)

案件事实情况如下:

20××年5月19日,犯罪嫌疑人张××、任××事先预谋到×市商业大楼进行盗窃活动,并商量了行窃的路线和手段。当天下午3时许,张、任二人跟踪一农民模样的人走进了××路××五金交电商店,乘顾客挑选音响时,盗走那位农民放在柜台旁的黑色手提包一个,内有人民币7000余元。当晚10时许,两人又到×市火车站,以同样的手段盗窃旅客提包时,张××被值勤人员当场抓获。任××逃跑后,于第二天被抓获归案。

经审查又发现张、任二人于20××年3月7日在×市××路××饭店,盗窃广东出差人员李××黑色提包一个,内有现金5340元及工作证、身份证、介绍信和各种发票等物。张分得2700元,任分得2640元。根据《中华人民共和国刑事诉讼法》第六十条第一款、第六十六条之规定,办理了提请逮捕手续,经×市人民检察院批准,已将二犯罪嫌疑人依法逮捕。

犯罪嫌疑人张、任被逮捕后,经预审和调查,证实张、任二人还有如下犯罪事实:

20××年8月13日上午,张、任在×市长途汽车站售票处盗窃旅客提包一个,内有人民币420余元,西装一套,香烟一条。钱二人平分。

20××年10月21日,张、任在×市火车站以帮助旅客拿行李为名,窃得旅客棕色提包一个,内有人民币500元及各种衣物,每人分得250元,物品扔掉。

20××年3月18日,张、任在××路162号入室窃得人民币340元、国库券720元,二人平分。

处理意见(略)。

20.根据下面材料,制作一份起诉意见书。

20××年4月26日中午,××火车站人来人往,候车大厅更是拥挤不堪,每个旅客都在期待着自己所乘列车早点启动。就在这时,一个十七八岁的小伙子,领着一个十四五岁的姑娘来回穿梭于人群之中。车站值勤民警感到此人形迹可疑,便注意他的行动。原来此人名钟×,男,20××年×月×日生,汉族,初小文化程度,系××省××县人,现住××省××市胜利路河坎港一号。他自幼读书,小学毕业后在家务农,20××年流窜到外地至今。现在他流窜到××企图作案。20××年4月26日下午8时左右,钟×以招工为名将高××骗到××火车站候车室二楼平台上,强行奸污,被火车站值勤民警抓获。

此案经过××铁路公安局××公安分局预审科自20××年4月29日至20××年5月15日的预审和调查,证实钟×强奸幼女,触犯了《中华人民共和国刑法》第二百三十六条之规定,涉嫌强奸罪。为此根据《中华人民共和国刑事诉讼法》第一百二十九条之规定,由××铁路公安局××公安分局将本案移送到××铁路运输人民检察院审查并依法起诉,追究犯罪嫌疑人的刑事责任。

第七章　执行看守文书

一、入所健康检查表

入所健康检查表是看守所对收押的犯罪嫌疑人、被告人进行健康检查时使用的文书。入所健康检查的目的在于对收押的犯罪嫌疑人进行健康检查，以确定是否符合收押条件。

《公安机关办理刑事案件程序规定》第150条规定："看守所收押犯罪嫌疑人、被告人和罪犯，应当进行健康和体表检查，并予以记录。"

《看守所条例》第10条规定："看守所收押人犯，应当进行健康检查，有下列情形之一的，不予收押：(1)患有精神病或者急性传染病的；(2)患有其他严重疾病，在羁押中可能发生生命危险或者生活不能自理的，但是罪大恶极不羁押对社会有危险性的除外；(3)怀孕或者哺乳自己不满一周岁的婴儿的妇女。"

二、换押证

换押证是公、检、法机关在变更刑事诉讼阶段，对羁押在看守所的犯罪嫌疑人、被告人办理换押手续时制作和使用的文书。

最高人民法院、最高人民检察院、公安部《关于羁押犯罪嫌疑人、被告人实行换押制度的通知》(公通字〔1999〕83号)第1条规定，凡对在押的犯罪嫌疑人、被告人依法变更刑事诉讼程序的，均应办理换押手续，即公安机关、国家安全机关侦查终结后人民检察院决定受理的，人民检察院审查或者侦查终结后人民法院决定受理的，以及人民检察院退回补充侦查的，在递次移送交接时，移送机关应当填写换押证，并加盖公章随案移送；接收机关应当在换押证上注明承接时间，填写本诉阶段的法定办案起止期限，加盖公章后及时送达看守所。看守所凭换押证办理换押手续。

三、释放通知书

释放通知书是公安机关决定释放被刑事拘留、逮捕的犯罪嫌疑人时，用以通知看守所和批准逮捕的人民检察院而制作和使用的文书。

《刑事诉讼法》第86条规定："公安机关对被拘留的人，应当在拘留后的二十四小时以内进行讯问。在发现不应当拘留的时候，必须立即释放，发给释放证明。"该法第91条第3款规定："人民检察院应当自接到公安机关提请批准逮捕书后的7日以内，作出批准逮捕或者不批准逮捕的决定。人民检察院不批准逮捕的，公安机关应当在接到通知后立即释放，并且将执行情况及时通知人民检察院。对于需要继续侦查，并且符合取保候审、监视居住条件的，依法取保候审或者监视居住。”第92条、第94条、第98条、第99条及《公安机关办理刑事案件程序规定》第124条也有相关规定。

四、释放证明书

释放证明书是看守所在释放被羁押的犯罪嫌疑人、被告人时出具的凭证性文书。

《刑事诉讼法》第86条规定：“公安机关对被拘留的人，应当在拘留后的二十四小时以内进行讯问。在发现不应当拘留的时候，必须立即释放，发给释放证明。”该法第92条规定：“公安机关对人民检察院不批准逮捕的决定，认为有错误的时候，可以要求复议，但是必须将被拘留的人立即释放。如果意见不被接受，可以向上一级人民检察院提请复核。上级人民检察院应当立即复核，作出是否变更的决定，通知下级人民检察院和公安机关执行。”第94条、第98条、第99条、第163条、第166条、第176条、第260条都有相关规定。

五、减刑/假释建议书

减刑/假释建议书是公安机关对符合减刑或假释条件的罪犯，予以减刑或假释时，经县级以上公安机关负责人批准后，向中级人民法院提出减刑或假释建议，提请审核裁定时制作和使用的文书。是公安机关依法提请人民法院对符合减刑或假释条件的罪犯予以减刑或假释的书面工作依据和凭证。

《刑事诉讼法》第273条第2款规定：“被判处管制、拘役、有期徒刑或者无期徒刑的罪犯，在执行期间确有悔改或者立功表现，应当依法予以减刑。假释的时候，由执行机关提出建议书，报请人民法院审核裁定，并将建议书副本抄送人民检察院。人民检察院可以向人民法院提出书面意见。”

《刑法》第78条、第79条和《公安机关办理刑事案件程序规定》第294条、第295条也有相关规定。

六、假释证明书

假释证明书是刑罚执行机关向被依法假释的罪犯出具的证明其身份和法律地位的文书。

《看守所留所执行刑罚罪犯管理办法》第37条规定：“看守所收到人民法院假释裁定书后，应当办理罪犯出所手续，发给假释证明书，并于三日内将罪犯的有关材料寄送罪犯居住地的县级公安机关。”

《公安机关办理刑事案件程序规定》第291条第2款规定：“对被判处管制、宣告缓刑、假释或者暂予监外执行的罪犯，已被羁押的，由看守所将其交付社区矫正机构执行。”第295条规定：“对依法留看守所执行刑罚的罪犯，符合假释条件的，由看守所制作假释建议书，经设区的市一级以上公安机关审查同意后，报请所在地中级以上人民法院审核裁定。”

七、暂予监外执行决定书

暂予监外执行决定书是公安机关对符合暂予监外执行条件的罪犯决定暂予监外执行，

并通知有关执行单位和被暂予监外执行人时制作和使用的文书。

《刑事诉讼法》第265条规定:“对被判处有期徒刑或者拘役的罪犯,有下列情形之一的,可以暂予监外执行:(1)有严重疾病需要保外就医的;(2)怀孕或者正在哺乳自己婴儿的妇女;(3)生活不能自理,适用暂予监外执行不致危害社会的。对被判处无期徒刑的罪犯,有前款第2项规定情形的,可以暂予监外执行。对适用保外就医可能有社会危险性的罪犯,或者自伤自残的罪犯,不得保外就医。对罪犯确有严重疾病,必须保外就医的,由省级人民政府指定的医院诊断并开具证明文件。在交付执行前,暂予监外执行由交付执行的人民法院决定;在交付执行后,暂予监外执行由监狱或者看守所提出书面意见,报省级以上监狱管理机关或者设区的市一级以上公安机关批准。”

《公安机关办理刑事案件程序规定》第296条、第297条也有相关规定。

八、收监执行通知书

收监执行通知书是罪犯的刑期未满,暂予监外执行的条件消失后,看守所通知执行暂予监外执行监管的社区矫正机构对罪犯予以收监执行的文书。

《刑事诉讼法》第268条第1款规定:“对暂予监外执行的罪犯,有下列情形之一的,应当及时收监:(1)发现不符合暂予监外执行条件的;(2)严重违反有关暂予监外执行监督管理规定的;(3)暂予监外执行的情形消失后,罪犯刑期未满的。对于人民法院决定暂予监外执行的罪犯应当予以收监的,由人民法院作出决定,将有关的法律文书送达公安机关、监狱或者其他执行机关。”

《公安机关办理刑事案件程序规定》第299条第1款也有相关规定。

九、准许拘役罪犯回家决定书

准许拘役罪犯回家决定书,是公安机关对于被判处拘役的罪犯在服刑期间依法准许其回家时制作与使用的文书。

《刑法》第43条第2款规定:“在执行期间,被判处拘役的犯罪分子每月可以回家1—2日;参加劳动的,可以酌量发给报酬。”

《刑事诉讼法》第264条第2款规定:“对被判处拘役的罪犯,由公安机关执行。”

《看守所留所执行刑罚罪犯管理办法》第55条也有相关规定。

十、刑满释放证明书

刑满释放证明书是看守所或拘役所对执行期满的罪犯释放时发给的证明文书。

《公安机关办理刑事案件程序规定》第292条规定:“对被判处有期徒刑由看守所代为执行和被判处拘役的罪犯,执行期间如果没有再犯新罪,执行期满,看守所应当发给刑满释放证明书。”

第八章　刑事通用文书

一、呈请××报告书

（一）概念和法律依据

呈请××报告书是公安机关在办理刑事案件过程中，对于拟进行的有关诉讼行为呈请领导审批的文书。

《刑事诉讼法》对案件所涉及的管辖、立案、侦查、提起公诉等每一个法律行为都有明确呈报规定。由于刑事案件的侦查审理涉及公民的人身及财产权利，因此《刑事诉讼法》和《公安机关办理刑事案件程序规定》对公安机关在办理刑事案件过程从管辖、立案、报送案件到侦查或采取强制措施，都规定了严格的审批程序。因此，依法认真制作呈请报告书，不仅可以规范公安机关的刑事执法活动，还可以最大限度地保证准确、及时地惩罚犯罪，对保护公民合法权益不受侵害具有十分重要的意义。

（二）结构内容及写作方法

呈请××报告书系叙述性文书，由首部、正文、尾部三部分组成。

1.首部。领导批示栏，包括办案单位意见、审核意见及主管领导批示三级审批程序。这部分是规范印制栏目，由相关部门办案人和相关负责人逐级呈报审批。名称应写“呈请××报告书”，标题右下方写上发文字号，如×公拘字〔2015〕10号。

2.正文。包括犯罪嫌疑人基本情况、呈请审批的案由、呈请审批的法律依据。

犯罪嫌疑人基本情况，包括姓名、性别、出生年月日、身份证号码、民族、文化程度、工作单位和职业、住址、政治面貌（若是人大代表或政协委员，要写明其具体的级、届等情况）、采取强制措施的情况、简历等。若立案初期犯罪嫌疑人不明确的可以直叙案件情况。

呈请审批的案由，这是本文内容的写作重点，也是文书展开部分。从写作的角度看，这部分是由对人的说明转为对事的叙述，用“现呈请对犯罪嫌疑人×××××予以××××，理由如下”为过渡句，由对犯罪嫌疑人基本情况的说明转入对呈请审批案由的陈述。

呈请审批的法律依据，这是文书的结尾，用“综上所述”收束全文。依据《刑法》有关条款说明犯罪嫌疑人的行为已触犯刑律，根据《刑事诉讼法》有关规定明确需要采取的有关侦查或强制措施的观点，突出呈报审批主旨。即“综上所述，犯罪嫌疑人×××的行为触犯了《中华人民共和国刑法》第×条×款之规定，涉嫌××罪。根据《中华人民共和国刑事诉讼法》第×条×款之规定，特呈请对犯罪嫌疑人×××××××。”

3.尾部。写明呈批用语、办案单位、承办人员、呈报日期并加盖印章。

(三)制作与使用应注意的事项

1.本文书是办理刑事案件履行内部审批程序的文书,要逐级审批,依法制作。

2.叙述案件事实要准确明了,分析判断要合理合法,呈报观点要正确鲜明。

3.本文书是一种内部审批文书,经领导审批后存入侦查卷。

【例文】

领导批示	同意拘留。　　王××　　200×年×月×日
审核意见	同意拘留。　　岳××　　200×年×月×日

呈请拘留报告书

×公拘字〔200×〕18号

赵××,男,1982年×月×日生,身份证号码××××××××××××××××××,汉族,现年21岁,初中文化程度,××省××县人,现住××市×××区美兰新村159号,系×××区西环××酒楼临时工。

简历:赵××8岁至16岁在××电器厂职工学校上学,17岁至19岁在家待业。20××年8月在×××区西环××酒楼干临时工。

现呈请对犯罪嫌疑人赵××刑事拘留,理由如下:

20××年1月18日13时许,赵××在西环××酒楼干活时与同事张××因抢要"蛇蛋"双方发生争吵厮打。赵××掏出随身携带的匕首朝张××的腹部猛捅一刀。张××经送医院抢救无效死亡。酒楼经理白×目睹了全过程,并指认赵××杀死了张××。

综上所述,犯罪嫌疑人赵××的行为触犯了《中华人民共和国刑法》第二百三十四条之规定,涉嫌故意伤害罪。根据《中华人民共和国刑事诉讼法》第八十二条第二款之规定,特呈请对犯罪嫌疑人赵××刑事拘留。

妥否,请批示。

承办单位:××公安局刑侦队(印)

承办人:杨××、李×

20××年×月×日

二、复议决定书

(一)概念及法律依据

复议决定书是公安机关在办案过程中,对当事人提请复议的事项作出复议决定时制作和使用的文书。

《刑事诉讼法》第31条第3款规定:"对驳回申请回避的决定,当事人及其法定代理人可以申请复议一次。"第112条规定:"公安机关对于报案、控告、举报和自首的材料,应当按照管辖范围，迅速进行审查，认为有犯罪事实需要追究刑事责任的时候，应当立案；认为没有犯罪事实，或者犯罪事实显著轻微，不需要追究刑事责任的时候，不予立案，并且将不立案的原因通知控告人。控告人如果不服，可以申请复议。”

《公安机关办理刑事案件程序规定》第35条、第95条、第100条、第176条、第178条都有相关规定。

（二）结构内容及写作方法

本文书是多联填充式文书，一纸三联，由存根、正本、副本组成。

1.存根。存根作为公安机关作出有关复议决定的凭证，用作留存备查。

2.正本与副本。正本交申请复议的当事人，是公安机关对当事人申请复议事项作出复议决定的凭证。副本是公安机关作出有关复议决定的凭证，副本附卷。正本和副本内容相同，主要填写申请人的基本情况、申请人不服原决定书的名称及文书编号、审查认定的事实以及复议决定的法律依据和复议的结果。

（三）制作与使用应注意的事项

1.本文书正本交申请人收执，并让其在副本上签收，副本存入诉讼卷。

2.复议的法律依据，对不服驳回申请回避的决定复议，填写《刑事诉讼法》第31条；对不予立案的决定申请复议，填写《刑事诉讼法》第112条。

三、要求复议意见书

（一）概念及法律依据

要求复议意见书是公安机关对同级人民检察院不批准逮捕、不起诉的决定认为有错误时，依法要求同级人民检察院重新复议时制作的文书。

《刑事诉讼法》第92条规定：“公安机关对人民检察院不批准逮捕的决定，认为有错误的时候，可以要求复议，但是必须将被拘留的人立即释放。”第179条规定：“对于公安机关移送起诉的案件，人民检察院决定不起诉的，应当将不起诉决定书送达公安机关。公安机关认为不起诉的决定有错误的时候，可以要求复议。”

《公安机关办理刑事案件程序规定》第137条第1款规定：“对人民检察院不批准逮捕的决定，认为有错误需要复议的，应当在5日内写出《要求复议意见书》，报经县级以上公安机关负责人批准后，送交同级人民检察院复议。”第283条第1款规定：“认为人民检察院作出的不起诉决定有错误的，应当在7日内制作《要求复议意见书》，经县级以上公安机关负责人批准后，移送同级人民检察院复议。”第319条第1款也有相关规定。

（二）结构内容及写作方法

要求复议意见书由首部、正文、尾部组成。

1.首部。包括标题、发文字号、受文单位名称。标题由制作单位名称和文书的名称组成。如：“×××公安局要求复议意见书”。发文字号写在标题的右下方，如“×公复字〔20××〕××号”。受文单位写清要求复议的人民检察院的名称。

2.正文。包括三部分内容。

（1）复议的原因。以同级人民检察院不批准逮捕或不起诉决定书的来文为缘由，依次写明时间、发文字号、犯罪嫌疑人姓名、案件性质,简要说明公安机关的意见,提出复议理由。

(2)要求复议的理由。要针对人民检察院不批准逮捕、不起诉的决定的理由,根据公安机关查证的有关事实和证据证明,依据有关法规进行分析,阐述公安机关要求复议的理由。

(3)复议的法律依据。应根据《刑事诉讼法》第92条或第179条之规定,提出要求检察院进行复议。

3.尾部。写明接受要求复议意见书的人民检察院的名称,成文日期,加盖公安局印章。左下方写明附注,即附本案卷宗共×卷××页。

(三)制作与使用应注意的事项

1.《要求复议意见书》是针对人民检察院的有关决定制作的,用语要注意分寸,做到恰当得体。

2.说理要充分,证据要确凿。对有关的事实情节分析要深入、具体。同时,要充分引用相关证据予以证明。

3.针对性要强,要紧紧围绕人民检察院不批准逮捕、不起诉决定的理由来论述。阐明公安机关的意见,条理要清楚。

【例文】

××市公安局××分局

要求复议意见书

×公复字〔20××〕××号

××区人民检察院:

你院于20××年12月25日以×检××字〔20××〕24号文决定对犯罪嫌疑人魏××不批准逮捕,我局认为该决定有误。犯罪嫌疑人魏××于20××年8月2日夜伙同马×(在逃)盗窃桑塔纳轿车一案,虽然同案人马×在逃,但犯罪嫌疑人魏××在20××年第一次被抓获时就供认了参与盗窃和销赃的犯罪事实。20××年12月3日魏××再次被抓获时,对其参与盗窃和销赃的犯罪事实仍供认不讳。提请批准逮捕后,魏××突然翻供,只能说明其狡辩,不能据此认为证据不力。根据《中华人民共和国刑法》第二百六十四条之规定,应追究犯罪嫌疑人魏××的刑事责任。

综上所述,根据《中华人民共和国刑事诉讼法》第九十二条之规定,特要求你院进行复议。

此致

××区人民检察院

××市公安局××分局

20××年×月×日×(印)

注:附本案卷宗共×卷××页。

四、提请复核意见书

(一)概念及法律依据

提请复核意见书是公安机关要求复议的意见,同级人民检察院不予复议或经复议仍维持原决定,需向上一级人民检察院提请复核时制作的文书。

《刑事诉讼法》第92条、第179条规定:“公安机关认为人民检察院不批准逮捕、不起诉,决定有误时,可以要求复议,如果不被接受,可以向上一级人民检察院提请复核。上级人民检察院应当立即复核,作出是否变更的决定,通知下级人民检察院和公安机关执行。”

《公安机关办理刑事案件程序规定》第137条、第283条也有相关规定。

(二)结构内容及写作方法

提请复核意见书由首部、正文和尾部组成。

1.首部。包括标题、发文字号及受文单位名称。标题写:“×××公安局提请复核意见书”。发文字号写在标题右下方,如“×公复字〔20××〕××号”。受文单位写清要求复核的人民检察院的名称,即同级人民检察院的上一级检察院。

2.正文。包括三部分内容。

(1)提请复核的缘由。以公安机关要求复议及同级人民检察院维持原决定或不予复议的情况为缘由。其格式为“我局于×年×月×日以××字〔20××〕××号文要求×××人民检察院复议的×××××一案,该院以××字〔20××〕××号文决定维持原不批准逮捕(或不予起诉或不予复议)的决定。我局认为该院决定有误,理由是……”以引起下文。

(2)提请复核的理由。应针对检察院复议决定书中的决定事项和理由,用查证的犯罪嫌疑人的犯罪事实及有关的法律规定,逐条进行反驳,指出复议决定的事项的错误,阐明公安机关提请复核的理由,以提请人民检察院复核,并作出正确决定。

(3)提请复核的法律依据及要求,应根据《刑事诉讼法》第92条或第179条之规定,提出要求复核的意见。

3.尾部。在正文之后,应另起一行,写明送达的上一级人民检察院的名称、签署日期,并加盖公安机关印章,同时在附注中写明本案卷宗共×卷××页。

(三)制作与使用应注意的事项

1.犯罪事实要简明具体,并以确凿的证据阐明公安机关提请复核的理由。

2.要针对同级人民检察院决定的错误,充分展开说理,以利于上级人民检察院作出正确的决定。

3.提请复核意见书一式两份,一份留存附卷,一份随有关材料送上级人民检察院审查复核。

五、告知书

告知书是公安机关在办理刑事案件过程中,按照法律规定,依法将立案、撤案,移送案件审查起诉等情况告知案件相关人时制作和使用的规范性文书。本文书可以规范告知这一执法行为,有效地记录、记载办案人员采取告知行为的情况,以保障当事人的合法权益。

《刑事诉讼法》第162条规定:“公安机关侦查终结的案件,应当做到犯罪事实清楚,证据确实、充分,并且写出起诉意见书,连同案卷材料、证据一并移送同级人民检察院审查决定;同时将案件移送情况告知犯罪嫌疑人及其辩护律师。”

《公安机关执法公开规定》第16条规定,公安机关应当向控告人,以及被害人、被侵害人或者家属公开刑事案件立案、移送起诉等情况，对犯罪嫌疑人采取强制措施的种类、期限等。

六、刑事侦查卷宗（封面）

（一）概念与法律依据

刑事侦查卷宗（封面）是公安机关在对案件材料立卷、归档时制作和使用的封面文书。

《公安机关办理刑事案件程序规定》第277条第1款规定："侦查终结后，应当将全部案卷材料按照要求装订立卷。"

（二）结构内容及写作方法

本文书系规范牛皮纸印制。需填写的主要内容有：

1.卷宗的种类：在办案实践中，根据刑事诉讼程序形成并随案移送的材料，装订成卷的，俗称为诉讼卷。表现内部工作程序、工作方案及技术侦查手段、方法、步骤等秘密的有关材料，装订成卷的，俗称侦查卷。在办案实践中，有些地区将诉讼卷又分为诉讼文书卷和证据材料卷。

2.案件名称：指办案过程中已确定的案件名称。

3.案件编号：一般情况下指作出立案决定时确定的编号。

4.犯罪嫌疑人姓名。

5.立案时间：指决定立案的时间，与立案决定书上的时间一致。

6.结案时间；必须与结案报告上领导签署时间一致。

7.办案单位：指具体办理刑事案件的主办单位（部门），可以具体到科、所、队一级。若有许多部门参与办案的，可填写主管案件侦查的共同上级部门，要写全称。必要时，参与的有关单位及部门的名称也需填写。

8.办案人：指侦查办案单位具体办理个案的侦查员，通常是刑侦、经侦等办案单位的人民警察。

9.立卷人：指整理、装订案卷、填写案卷目录及卷宗封面的有关人员。

10.审核人：指对案件审核把关的有关负责人。

【例文】

刑事侦查卷宗

（证据材料卷）

案件名称　　王××盗窃案

案件编号　　××××××

犯罪嫌疑人姓名　王××

立案时间　　20××年4月23日

结案时间　　20××年6月20日

办案单位　　××市公安局刑侦支队

办案人　李××、张××

立卷人　李××

审核人　王××

七、卷内文书目录

（一）概念

卷内文书目录是公安机关在对案件材料立卷、归档时针对卷内所收录的各种法律文书编号排序时制作和使用的书面记录性文书。

（二）结构内容

1.序号，指卷内文书排列的自然顺序号。

2.责任者，指依法对案件负有责任的法定单位或人民警察。

3.文号，指卷内收录的文书字号。

4.标题，指卷内所收录的有关案件材料及有关文书的名称。

5.日期，指卷内收录的各种法律文书各自的法定成文日期。

6.页号，指卷内收录的各种文书材料编码的统一排列编序的顺序号。若一个文书系多页，要按卷宗统一排列顺序写清其所涉页码的起止号，如×文书共6页，卷中从8页开始排列，可写为8－13页。

7.备注，指需要说明的问题。

（三）制作与使用应注意的事项

1.本文书系卷宗首页，装订时应放在刑事卷宗（封面）之后其他材料之前。

2.本文书系规范表格文书，与卷宗所收录材料有相互印证作用。

3.本目录下方若有空白，需从左至右在空白处划斜线，以示此处无内容。

特别提示：“2021版公安机关刑事案卷立卷规范”可扫描下方二维码阅读。

公安机关刑事案卷立卷规范（2021版）

第九章　公安行政法律文书

公安行政法律文书是公安机关在行政执法过程中制作和使用的法律文书。

公安行政执法涵盖的范围较广，涉及治安管理、边防管理、出入境管理、消防管理、计算机和网络安全管理、道路交通管理、禁吸戒毒等各个领域。为维护法律的权威性和严肃性，规范执法，促进执法公正，保护公民的合法权益，近年来，公安部先后印发了公安行政法律文书式样、公安消防管理法律文书式样、公安机关道路交通管理法律文书式样、公安机关戒毒法律文书式样，对公安行政法律文书进行了统一规范。本章中所称公安行政法律文书，均以2020版《公安行政法律文书式样》为准，与2020年8月6日公安部修订后的《公安机关办理行政案件程序规定》配套使用。

制作和使用公安行政法律文书应当遵循下列原则：

1.必须依照法定条件和程序制作。公安行政法律文书的制作既要符合法律、法规、规章所规定的文书种类、适用条件和时限等方面的要求，又要符合法定或者规定程序，履行相应的手续。

2.内容必须合法、准确。公安行政法律文书因种类不同，其所反映的内容也各不相同。文书的内容是适用法律的体现，必须遵循“以事实为根据，以法律为准绳”的原则。文书内容应当准确清晰、简明扼要，不能模棱两可，更不能夸大或缩小案件事实、随意改变或者增减法律适用的条件和范围。用词应当是法言法语，准确、简练，符合语言规范。

3.必须按照规范的格式制作。公安行政法律文书在形式结构、内容要素等方面都有规范要求，制作时应当严格遵守。公安行政法律文书的格式有以下基本特点:一是结构固定。每种文书的结构一般分为首部、正文、尾部三个部分。文书的每个部分都有各自的一些要求。比如，首部一般包括制作文书的公安机关名称、文书名称、文书文号等；正文是文书的主体内容，一般包括案件事实、理由、法律依据、结论等；尾部一般包括签名、制作日期、决定机关名称及其印章等。个别文书尽管在形式上没有严格区分首部、正文、尾部三部分，但其内容一般也分为相应部分，每部分所反映的内容都有明确的要求。二是文书所记载的事项是固定的，不能任意修改或者增减。三是文书中的用语是固定的或者是法定的，如文书中的违法行为名称、案件来源等，应当按照确定的类别及制作要求填写。文书中的违法行为名称适用2010年12月27日公安部印发的《违反公安行政管理行为的名称及其适用意见》(公通字〔2010〕72号)。

4.不得随意变更或者撤销。公安行政法律文书是公安机关对行政执法过程的记载，是公安机关依法行使职权的具体体现，同其他法律文书一样，具有相应的法律效力，不得随意更改或者撤销。如果发现执法行为存在过错，需要变更或者撤销文书时，也应当依照法定程序进行。

公安行政法律文书制作与使用说明

1.本说明中所称文书，是指与《公安机关办理行政案件程序规定》相配套的公安行政法律文书式样。继续盘问适用公安部印发的《继续盘问法律文书格式》（公通字〔2004〕60号）。

2.文书由各省、自治区、直辖市公安厅、局和新疆生产建设兵团公安局按照规定的式样自行印制，并由法制部门监制和管理。尽可能使用计算机制作。采用计算机制作文书的，阿拉伯数字用Times New Roman，除当场处罚决定书外，文书名称字体用2号小标宋简体，正文文字用3号仿宋。

当场处罚决定书采用130 mm×160 mm的版心尺寸制作，其他文书制作时统一使用国际标准A4型纸。

3.制作文书应当完整、准确、规范，符合相应的要求。

4.文书中注明的“（此处印制公安机关名称）”处，印制使用该文书的公安机关或者其他依法具有独立执法主体资格的公安机关内设机构、出入境边防检查机关的名称。依法不具有独立执法主体资格的公安机关内设机构使用文书时应当以其所属公安机关的名义，所使用的文书应当印制其所属公安机关的名称。

5.文书填写应当使用钢笔和能够长期保持字迹的墨水，做到字迹清楚、文字规范、文面整洁。文书设定的栏目，应当逐项填写；摘要填写的，应当简明、准确；不需要填写的，应当划去，不能留白。签名和注明日期，必须清楚无误。

6.文书所留空白不够记录时，可加附页，所加附页也应当按照文书所列项目要求制作，由相关人员签名或者捺指印，并按顺序编页码。

7.当场处罚决定书、收缴/追缴物品清单、证据保全决定书、证据保全清单等当场出具的文书可以采用复写形式。

8.文书中的记录内容应当具体详细，涉及案件关键事实和重要线索的，应当尽量记录原话。记录中应当避免使用推测性词句，防止发生词句歧义。描述方位、状态的记录，应当依次有序、准确清楚。

9.文书文号，即“×公（ ）字〔 〕号”，应当按照以下要求填写：“×”处填写制作法律文书的公安机关代字；“（ ）”处填写公安机关办案单位的简称，治安管理、边防、出入境管理、消防、交通管理、网络安全保卫等业务部门可分别简称为“治”、“边”、“境”、“消”、“交”、“网”等，公安派出所可填写其名称的简称；“〔 〕”处填写年度；“ 号”处填写该文书的顺序编号。

10.文书中所称“姓名”，是指法定身份证件或者居民户口簿上载明的姓名，与案件有关的姓名，如曾用名、绰号、化名、笔名等也应当注明。对外国人，应当填写其合法身份证件上的姓名，必要时，注明汉语译名。

11.文书中所称“出生日期”以公历（阳历）为准，除有特别说明的外，一律具体到年月日。年龄以公历（阳历）周岁为准。

12.文书中所称“工作单位”，是指机关、团体、企业、事业等单位的名称，填写时应当写全称。

13.文书中所称“文化程度”，是指国家承认的学历，以学校颁发的毕业证书为准。文化程度分为研究生(博士、硕士)、大学、大专、中专、高中、初中、小学、文盲等档次。

14.文书中所称的“身份证件种类及号码”,是指居民身份证、驾驶证、军官证、护照等法定身份证件的种类及号码。

15.文书中所称“现住址”,是指现在的经常居住地。

16.文书中“_____案”的横线处填写案件名称,即违法嫌疑人姓名或者单位名称加上违法行为名称。违法行为名称适用公安部印发的《违反公安行政管理行为的名称及其适用意见》(公通字〔2010〕72号)。

17.文书中的“现查明”后面的横线处填写违法事实情况。

18.文书中的证据应当写明证据名称。为保护证人,对外使用的文书中,证人证言可以不写明证人姓名。

19.填写法律依据时应当写明所依据的法律、法规和规章的全称并具体到条、款、项。

20.文书末尾应当按照要求写明出具文书的单位名称,并加盖该单位的印章。

21.需要当事人签名确认的文书应当由其本人签名,不能签名的,可以捺指印;属于单位的,由法定代表人、主要负责人或者其授权的人签名,或者加盖单位印章。

22.文书中的“/”表示其前后内容可供选择,在使用中应当将不用的部分划去。

23.文书中“□”表示其内容供选择,在选定的“□”中打勾。选择“其他”的,还应当在随后的横线处填写具体情形。

24.文书中的法律救济途径告知部分应当在相应的横线处写明当事人申请行政复议的具体行政复议机关名称或者提起行政诉讼的具体人民法院名称。

25.各种清单中“编号”栏一律使用阿拉伯数字填写,按材料、物品的排列顺序从“1”开始逐次填写。“名称”栏填写材料、物品的名称;“数量”栏填写材料、物品的数量,使用阿拉伯数字填写;“特征”栏填写物品的品牌、型号、颜色、新旧、规格等特点。表格多余部分应当用斜对角线划掉。

26.附卷或者公安机关留存备案的文书应当由文书中列明的所有人员或者单位签名或者盖章。交当事人或者其他有关单位和人员的文书,当事人或者其他有关单位和人员不必签名或者盖章。附卷的各种清单,应当填写“备注”或者“物品处理情况”栏。其中,收缴/追缴物品清单中“物品处理情况”栏以及调取证据清单、证据保全清单中的“备注”栏应当填写移交涉案财物保管人员、返还被侵害人或者善意第三人、上缴国库、销毁等处理情况,返还被侵害人或者善意第三人的,由接收人签名并注明日期;没收违法所得、非法财物清单中“备注”栏填写上缴国库、移交涉案财物保管人员等处理情况。

27.询问/讯问笔录、行政处罚告知笔录、听证笔录内容的记录采取问答形式。记录时,每段应当以“问”、“答”为句首开始,回答的内容以第一人称“我”记录。

28.文书内容不得涂改,必须更正的,应当由当事人签名确认,或者重新制作。

第一节　受案登记表

一、概念及法律依据

受案登记表是公安机关办理行政案件和刑事案件通用的法律文书。

《治安管理处罚法》第77条规定，公安机关对报案、控告、举报或者违反治安管理行为人主动投案，以及其他行政主管部门、司法机关移送的违反治安管理案件，应当及时受理，并进行登记。《公安机关办理行政案件程序规定》第47条规定，公安机关对报案、控告、举报、群众扭送或者违法嫌疑人投案，以及其他行政主管部门、司法机关移送的案件，应当及时受理，制作受案登记表。

二、结构内容及写作方法

1.文书文号的“（）”内一般填写办案部门的简称，如治安部门可填写“治”；“〔〕”内填写年号，如2013；“号”前的空格内填写受案登记表的编号，如编号为第一，填“1”或者“001”。

2.“案件来源”栏有110指令、工作中发现、报案、投案、移送、扭送、其他等方式，制作时由受案民警根据具体案件来源，在相应的“□”中打钩选定。

3.“报案人”栏填写报案人、举报人、控告人、投案人、扭送人的姓名、性别、出生日期、身份证件种类及号码、工作单位、联系方式和现住址。报案人不愿公开自己的姓名和报案行为的，此栏可注明“匿名”，但应当写明联系方式。

4.“移送单位”栏填写移送案件的单位名称、移送人姓名和联系方式。属于其他单位移送案件的，“报案人”栏无须填写。

5.“接报民警”填写接报民警的姓名；“接报时间”要准确填写到接报的时、分；“接报地点”填写接报警情的地点，如××派出所或者××大队等；在公安机关以外的地方接报的，应当填写接报的具体地点。

6.“简要案情或者报案记录”栏填写简要案情或者报案人报称的基本情况，一般采用陈述式记录方式，主要包括发案时间、地点、简要过程、涉案人员的基本情况等，如违法嫌疑人的姓名、性别、出生日期、现住址和工作单位等，以及到案经过。有被害人（被侵害人）的，应当写明人身伤害、财物损失及数量、特征等情况。违法嫌疑人是单位的，应当填写单位名称、地址和法定代表人。应当注意的是，该栏还应注明是否接受了报案人、举报人、控告人、投案人、扭送人等提交的证据。接受证据的，应当在该栏中注明“接受证据情况见所附接受证据清单”，并按照要求制作接受证据清单。报案人、举报人、控告人、投案人、扭送人等未提交证据的，则不必制作接受证据清单，也不必再单独注明未提交证据。

7.“受案意见”是受案民警在初步判定案件性质、管辖权限以及可否追究法律责任等情况后提出的处理建议。为方便民警使用，设计了由受案民警在相应的“□”内打钩选定的方式。如案件是属于本单位管辖的行政案件，则在“属本单位管辖的行政案件，建议及时调查处理”前的“□”内打钩选定。对于不属于本单位管辖的案件，则应当在“不属于本单位管辖，建议移送处理”前的“□”内打钩选定，并在横线处填写被移送的单位名称。选择“其他”情形的，还应当在随后的横线处注明具体情况。

8.“受案审批”栏由受案部门负责人签署审批意见，根据具体情况填写“同意”或者其他处理意见，并签名、注明日期。

三、制作与使用应注意的事项

公安机关及其人民警察在日常执法执勤中发现的违法行为，也应当制作受案登记表。对报案人不愿意公开自己的姓名和报案行为的，公安机关应当在受案登记时注明，并为其保密。对报案人、控告人、举报人、扭送人、投案人提供的有关证据材料、物品等应当登记，出具接受证据清单，并妥善保管。必要时，应当拍照、录音、录像。移送案件时，应当将有关证据材料和物品一并移交。

【例文】

受案登记表

（×××县公安局治安大队印章）　　　　　　　　　　×公（治）受案字〔2015〕15号

<table>
<tr><td colspan="2">案件来源</td><td colspan="6">□110指令□工作中发现☑报案□投案□移送□扭送□其他</td></tr>
<tr><td rowspan="4">报案人</td><td>姓　名</td><td>张××</td><td>性别</td><td>男</td><td>出生日期</td><td colspan="2">1986年3月5日</td></tr>
<tr><td>身份证件种类</td><td>居民身份证</td><td>证件号码</td><td colspan="4">××××××19860305××××</td></tr>
<tr><td>工作单位</td><td colspan="2">××市××公司</td><td colspan="2">联系方式</td><td colspan="2">139××××××××</td></tr>
<tr><td>现 住 址</td><td colspan="6">××市××区××路××号</td></tr>
<tr><td colspan="2">移送单位</td><td>————</td><td>移送人</td><td>————</td><td>联系方式</td><td colspan="2">————</td></tr>
<tr><td colspan="2">接报民警</td><td>刘××</td><td>接报时间</td><td>2015年1月22日
13时40分</td><td>接报地点</td><td colspan="2">××派出所</td></tr>
<tr><td colspan="8">简要案情或者报案记录（发案时间、地点、简要过程、涉案人基本情况、受害情况等）以及是否接受证据：
　2015年1月22日13时40分，××市××公司员工张××来我所报案，称其在××娱乐城门口，与××公司职员乔××发生口角，被乔殴打。</td></tr>
<tr><td colspan="2">受案意见</td><td colspan="6">☑属本单位管辖的行政案件，建议及时调查处理
□属本单位管辖的刑事案件，建议及时立案侦查
□不属于本单位管辖，建议移送　　　　　　　处理
□不属于公安机关职责范围，不予调查处理并当场书面告知当事人
□其他

受案民警　刘××　陈××　　　　　　　　　　　2015年　1月22日</td></tr>
<tr><td colspan="2">受案审批</td><td colspan="6">同意进行调查。

受案部门负责人　　林××　　　　　　　　　　2015年　1月22日</td></tr>
</table>

一式两份，一份留存，一份附卷。

第二节　传唤证

一、概念及法律依据

行政案件中的传唤证，是公安机关依法要求违法嫌疑人到公安机关或者公安机关指定的地点接受询问时所使用的文书。

《公安机关办理行政案件程序规定》第53条规定，需要传唤违法嫌疑人接受调查的，经公安派出所或者县级以上公安机关办案部门或者出入境边防检查机关负责人批准，使用传唤证传唤。第54条规定，使用传唤证传唤的，违法嫌疑人被传唤到案后和询问查证结束后，应当由其在传唤证上填写到案和离开时间并签名。拒绝填写或者签名的，办案人民警察应当在传唤证上注明。

二、结构内容及写作方法

1.在“涉嫌”后面的横线处填写传唤理由，即违法嫌疑人涉嫌的违法行为，填写时可以根据公安部《违反公安行政管理行为的名称及其适用意见》确定的违法行为名称规范填写。

2.法律依据部分，由办案民警根据不同案件的性质，在相应的“□”内打钩选定。对违反《消防法》和《出境入境管理法》的行为，分别在上述两法对应的法律依据前的“□”内打钩。对违反《治安管理处罚法》的行为，则应当在“《中华人民共和国治安管理处罚法》第82条”前的“□”中打钩，不必再选定“《公安机关办理行政案件程序规定》第53条”。对于上述三种案件以外的其他行政案件，需要传唤违法嫌疑人的，传唤法律依据为《公安机关办理行政案件程序规定》，即在“《公安机关办理行政案件程序规定》第53条”前的“□”中打钩。

3.“现传唤你于__年__月__日__时__分前”的横线处填写指定违法嫌疑人到达时间，精确到分钟。“到接受询问”的横线处填写指定违法嫌疑人到达的地点，应当详细明确地填写具体地点。

4.“被传唤人到达时间”“被传唤人离开时间”处分别填写被传唤人到达指定地点接受询问以及可以自由离开的时间，精确到分钟，由被传唤人本人签名确认。

5.本文书一式两份，一份交被传唤人，一份附卷。附卷的文书尾部必须由被传唤人分别填写其本人到达时间和离开时间并签名确认。

三、制作与使用应注意的事项

传唤分为口头传唤、书面传唤和强制传唤三种方式。口头传唤不需要制作传唤证。传唤证是公安机关对需要传唤的违法嫌疑人依法进行传唤时所使用的执法凭证。使用传唤证一般是指书面传唤的情形。适用传唤一般应具备下列条件：(1)传唤对象是需要传唤的违法嫌疑人；(2)传唤须经公安派出所或者县级以上公安机关办案部门或者出入境边防检查机关负责人批准；(3)传唤一般应当填写固定格式的传唤证。

【例文】

××市公安局××分局

传 唤 证

×公（治）行传字〔2015〕6 号

张××　：

因你（单位）涉嫌　殴打他人　，根据

☑《中华人民共和国治安管理处罚法》第八十二条

☐《中华人民共和国出境入境管理法》第五十九条第三款

☐《中华人民共和国消防法》第七十条第二款

☐《公安机关办理行政案件程序规定》第五十三条

之规定，现传唤你于 2015 年 1 月 23 日 10 时 00 分前到 ××市公安局××分局××派出所接受询问。

无正当理由拒不接受传唤或者逃避传唤的，依法强制传唤。

××市公安局××分局××派出所（印）

2015年1月22日

被传唤人到达时间　2015年1月23日10时00分

被传唤人　张××

被传唤人离开时间　2015年1月23日15时30分

被传唤人　张××

一式两份，一份交被传唤人，一份附卷。

第三节　询问/讯问笔录

一、概念及法律依据

询问/讯问笔录，是办案民警询问/讯问违法犯罪嫌疑人、被害人（被侵害人）及证人，记载询问/讯问经过时所使用的文书。

《公安机关办理行政案件程序规定》第七章第三节规定，对被传唤的违法嫌疑人，应当及时询问查证。该节中规定了询问的时间、地点等一些基本要求。

二、结构内容及写作方法

询问笔录和讯问笔录的结构是相同的,均由首部、正文和尾部三部分组成。在办理行政案件中,一般使用询问笔录,应划去“讯问”二字。

(一)首部

首部包括以下内容:

1.“时间_年_月_日_时_分至_年_月_日_时_分”处填写询问/讯问的起止时间,应当准确到分。

2.“地点”后面的横线处填写询问/讯问的地点。在公安机关询问的,填写公安机关名称;在公安机关以外的地点询问的,要详细填写地点名称。

3.“询问/讯问人(签名)”后的横线处分别由2名办案民警签名。“工作单位”后面的横线处填写询问/讯问人的工作单位。

4.“记录人(签名)”和“工作单位”后的横线处应当由记录人签名和填写工作单位。

5.“被询问/讯问人”及其“性别”“年龄”“出生日期”“身份证件种类及号码”“现住址”“联系方式”“户籍所在地”后的横线处分别填写被询问人的相应情况,同时将“询问”或“讯问”二字划掉。如被询问人是人大代表则在“□是□否人大代表”中“是”前的“□”中打钩,如不是则在“否”前的“□”中打钩。

(二)正文

正文是笔录的核心内容。在实际办案中,询问/讯问过程以问答形式如实记载。

1. 表明身份。人民警察应当先出示公安机关的证明文件或工作证件,并在笔录上予以记录。

2.重点提问。对相关案情进行询问,要求其回答。应详细、客观记录双方问答内容。

(三)尾部

在主要问题基本调查清楚之后,询问违法嫌疑人有没有补充,要求其阅读笔录并签名捺印。如记录有差错或遗漏,应当允许被询问人更正或补充,并在改正或补充的文字上捺指印。

三、制作与使用应注意的事项

新颁布的公安行政法律文书规范,将公安机关办理行政案件询问违法嫌疑人所使用的询问笔录,与办理刑事案件讯问犯罪嫌疑人所使用的讯问笔录进行了合并。这主要是考虑到询问笔录与讯问笔录的功能是相同的,都是用来记载对话经过的文书,有的案件在受理阶段还可能无法判断是行政案件还是刑事案件,采用询问笔录和讯问笔录两种笔录形式,也给办案人民警察选择询问笔录还是讯问笔录带来了不必要的麻烦。合并后的询问/讯问笔录可用于办理行政和刑事两种性质的案件。办案人民警察在办理行政案件时将“讯问”二字划去即可。

询问笔录是对询问过程的完整记载,一经核实和被询问人认可,就成为公安机关裁决行政案件以及日后行政复议、行政诉讼的重要证据。询问笔录不仅适用于被侵害人和其他证人,也适用于违法嫌疑人。

1. 对现场发现的违法嫌疑人,人民警察经出示工作证件,可以口头传唤,并在询问笔录中注明违法嫌疑人到案经过、到案时间和离开时间。对于投案自首或者群众扭送的违法嫌疑人,公安机关应当立即进行询问查证,并在询问笔录中记明违法嫌疑人到案经过、到案和离开时间。

2. 对被传唤的违法嫌疑人,应当及时询问查证,询问查证的时间不得超过8小时;案情复杂,违法行为依法可能适用行政拘留处罚的,询问查证的时间不得超过24小时。

3. 询问违法嫌疑人,应当在公安机关的办案场所进行。询问查证期间应当保证违法嫌疑人的饮食和必要的休息时间,并在询问笔录中注明。在询问查证的间隙期间,可以将违法嫌疑人送入候问室,并按照候问室的管理规定执行。

4. 询问违法嫌疑人、被侵害人或者其他证人,应当个别进行。

5. 询问未成年人时,应当通知其父母或者其他监护人到场,其父母或者其他监护人不能到场的,也可以通知其他成年亲属,所在学校、单位、居住地基层组织或者未成年人保护组织的代表到场,并将有关情况记录在案。确实无法通知或者通知后未到场的,应当在询问笔录中注明。

6. 询问聋哑人,应当有通晓手语的人提供帮助,并在询问笔录中注明被询问人的聋哑情况以及翻译人员的姓名、住址、工作单位和联系方式。对不通晓当地通用语言文字的被询问人,应当为其配备翻译人员,并在询问笔录中注明翻译人员的姓名、住址、工作单位和联系方式。

7. 询问笔录应当交被询问人核对,对没有阅读能力的,应当向其宣读。记录有误或者遗漏的,允许被询问人更正或者补充,并要求其在修改处捺指印。被询问人确认笔录无误后,应当在询问笔录上逐页签名或者捺指印。拒绝签名和捺指印的,应当在询问笔录中注明。办案人民警察也应当在询问笔录上签名,翻译人员应当在询问笔录的结尾处签名。

8. 询问时,可以全程录音、录像,并保持录音、录像资料的完整性。

9. 首次询问违法嫌疑人时,应当问明违法嫌疑人的姓名、出生日期、身份证件种类及号码、户籍所在地、现住址,是否为各级人民代表大会代表,是否受过刑事处罚或者行政拘留、收容教育、强制隔离戒毒、社区戒毒、收容教养等情况。

10. 询问笔录中还应当根据《公安机关办理行政案件程序规定》第43条第1款、第53条第4款、第56条第2款、第61条等的规定注明告知家属等情况。

【例文】

第一次

询问/讯问笔录

时间 2015年1月5日9时00分至2015年1月5日10时30分

地点 ××市公安局××分局××派出所

询问/讯问人(签名) 叶××、王×× 工作单位 ××市公安局××分局×派出所

记录人(签名)　高××　工作单位　××市公安局××分局×派出所
被询问/~~讯问~~人　刘××,性别:男,年龄38,出生日期:1977年2月1日
身份证件种类及号码　身份证:××××××××××××××××××
□是☑否人大代表
现住址:××市××区××小区××号,联系方式:138××××××××
户籍所在地:××省××市××县××乡××村
(口头传唤/被扭送/自动投案的被询问/讯问人__月__日__时__分到达,__月__日__时____分离开,本人签名______)。
问:我们是××市公安局××分局×派出所民警(出示执法证件),因你涉嫌殴打他人,现依法对你进行询问。你要如实回答我们提出的问题,对与案件无关的问题,你有拒绝回答的权利,你听明白了吗?
答:听明白了。
问:你叫什么名字,说一下你的出生日期和居民身份证号码。
答:我叫王××,1977年2月1日生,身份证号是××××××××××××××××××。
问:户籍所在地和现住址?
答:户籍地是××省××市××县××乡××村,现住在××市××区××小区××号。
问:你是不是人大代表或者政协委员?
答:都不是。
问:说一下你的家庭主要成员、文化程度、身体状况。
答:我和父母一起生活,单身。父亲叫王××,62岁,母亲叫朱××,59岁,都在家务农。
问:你有什么要求,是否需要申请回避?
答:没有,不要求回避。
问:知道派出所为什么要传唤你吗?
答:知道,因为我打人的事。
问:你以前受过公安机关的处理吗?
答:没有。
问:讲一下你打人的经过。
答:2015年1月4日晚上,我约朋友齐××(男,××市××镇人,和我是高中同学)去吃饭,我喝了点酒。饭后去县城××电影院看电影。坐下后,发现前面有个不认识的人有点挡我的视线,我就和他说,你能不能坐后边,我们看不见屏幕。他说,我的票就在这儿,你看不到与我没关系,找售票员去。我听了这话,心里很不舒服,就骂他几句,他也骂我了,我当时有点急了,又怕在朋友面前丢面子,就一拳打过去,打在他的鼻子上,当时就出血了,我还想再打时,被我朋友拉开了。
问:你是左手还是右手打的?
答:用右手。
问:你总共打了几下?
答:就打了一下,我朋友把我拉住了。

问:那人还手了吗?

答:没有,当时他鼻子出血,我就和朋友马上送他去了医院。

问:你认识被打的人吗? 他长什么样?

答:不认识,是个男的,个子不高,有点胖,穿黑色夹克,头发有点长,其他我不记得了。

问:你认为你的行为对吗?

答:不对,我现在很后悔,不应该动手打人。

问:你还有什么要补充的吗?

答:没有了。

以上笔录我看过,和我说的相符。

被询问人:王××(捺指印)2015年1月5日

第四节　当场盘问、检查笔录/继续盘问笔录

一、概念及法律依据

当场盘问、检查笔录/继续盘问笔录是指公安机关人民警察对有违法犯罪嫌疑的人员,经当场盘问、检查后,仍不能排除其违法犯罪嫌疑,且具有法定情形之一,将其带至公安机关继续盘问时所制作的笔录。

《人民警察法》第9条规定:为维护社会治安秩序,公安机关的人民警察对有违法犯罪嫌疑的人员,经出示相应证件,可以当场盘问、检查;经盘问、检查,有下列情形之一的,可以将其带至公安机关,经该公安机关批准,对其继续盘问:(1)被指控有犯罪行为的;(2)有现场作案嫌疑的;(3)有作案嫌疑身份不明的;(4)携带的物品有可能是赃物的。

《公安机关适用继续盘问规定》第8条规定:对有违法犯罪嫌疑的人员当场盘问、检查后,不能排除其违法犯罪嫌疑,且具有下列情形之一的,人民警察可以将其带至公安机关继续盘问:(1)被害人、证人控告或者指认其有犯罪行为的;(2)有正在实施违反治安管理或者犯罪行为嫌疑的;(3)有违反治安管理或者犯罪嫌疑且身份不明的;(4)携带的物品可能是违反治安管理或者犯罪的赃物的。第13条规定:公安派出所的人民警察对符合本规定第8条所列条件,确有必要继续盘问的有违法犯罪嫌疑的人员,可以立即带回,并制作《当场盘问、检查笔录》、填写《继续盘问审批表》报公安派出所负责人审批决定继续盘问12小时。

二、结构内容及写作方法

当场盘问、检查笔录/继续盘问笔录均由首部、正文和尾部三部分组成。

1.首部。首部内容包括以下几项:

(1)文书名称。

(2)盘问起止时间。起止时间应具体到某时某分。

(3)盘问地点。

(4)盘问人员:两名执行盘问、检查的民警姓名、单位及职务。

(5)被盘问人基本情况:包括姓名、性别、出生日期、文化程度、民族、身份证件名称及号码、户籍所在地、单位、住址、联系电话及被带至公安机关的时间。

(6)告知被盘问人依法享有的权利。

2.正文。这是笔录的核心内容。在实际办案中,一般采取问答式的方法,把盘问和检查内容真实、详细地记录下来。

(1)表明身份。人民警察应当先出示公安机关的证明文件或工作证件,并在笔录上予以记录。

(2)重点提问。对违法犯罪嫌疑人的可疑情况或检查出的可疑物品进行质问,要求其回答。应详细、客观记录双方问答内容。

3.尾部。在主要问题基本调查清楚之后,询问被盘问人有没有补充,并告知其要被带至公安机关进行继续盘问,要求其阅读笔录并签名捺指印。如记录有差错或遗漏,应当允许被盘问人更正或补充,并在改正或补充的文字上捺指印。

三、制作与使用应注意的事项

1.对依法当场盘问、检查后仍不能排除其违法犯罪嫌疑人,且具有《人民警察法》第9条第1款所列情形之一和《公安机关适用继续盘问规定》第8条所列情形之一,需要带至公安机关继续盘问的,才须制作《当场盘问、检查笔录》。对当场盘问、检查后已排除其违法犯罪嫌疑人的,应当场放行,不须制作《当场盘问、检查笔录》。

2.执行当场盘问、检查时,人民警必须按照《当场盘问、检查笔录》的要求,向被盘问人宣读其依法享有的权利。

3.为确保人民警察的人身安全和被盘问人及周围群众的人身安全,向被盘问人宣读其依法享有的权利这一程序,应当在执行当场检查后、当场盘问前进行。

4.由于《当场盘问、检查笔录》与《继续盘问笔录》合为一种文书,故在制作《当场盘问、检查笔录》时必须划去文书中"继续盘问"字样。

5.执行当场盘问、检查的民警不得少于2人,且必须由本人在笔录上签名,不可代签。

6.对当场盘问时有翻译人员(包括少数民族语言、哑语翻译等)参加的,应当在笔录中注明上述人员的姓名、住址、工作单位和职业,并在笔录中注明被盘问人聋哑情况或者不通晓语言文字的情况。

7.本笔录是被盘问人被带至公安机关后再行补记的,笔录最后一页被盘问人签名或捺指印后签署的时间应为制作笔录后、被盘问人看过之后的时间。

8.该笔录必须如实反映当场盘问、检查的全过程,需准确记载以下三方面的内容:一是执行当场盘问的人民警察的当场提问;二是被盘问人的供述与辩解,包括其无违法犯罪或违法犯罪较轻的辩解以及被盘问人的神情及动作;三是执行当场检查的全过程,包括被检查物品的名称、种类、型号、数量、状况、可疑情况、检查过程中被盘问人的反应等。

【例文】

当场盘问、检查/继续盘问笔录

当场盘问、检查/继续盘问时间:2015年2月1日20时05分始至20时35分
当场盘问、检查/继续盘问地点:××市××区××街××院××号
当场盘问、检查/继续盘问人:
刘××,单位及职务:××市公安局××分局××派出所民警
王××,单位及职务:××市公安局××分局××派出所民警
被盘问人姓名:李××　曾用名:无　性别:男
出生年月日:19××年××月××日　文化程度:初中　民族:汉
身份证件名称及号码:居民身份证××××××××××××××××××
户籍所在地:××市××区××镇××乡××村
现住址:××市××区××街××号
工作单位:××公司职员
被盘问人被带至公安机关的具体时间:2015年2月1日21时10分

向被盘问人宣读其依法享有下列权利:

1.对人民警察侵犯其合法权益的行为,有权提出控告。

2.有权申请继续盘问人回避。

3.有权为自己辩解。

4.对人民警察的提问,应当如实回答。对与本案无关的问题,有权拒绝回答。

5.有权核对笔录(如果被盘问人没有阅读能力,人民警察应当向其宣读)。如果笔录记载有遗漏或者差错,有权提出补充或者改正。

6.有权对错误的继续盘问申请国家赔偿。

当场盘问、检查情况记录如下/继续盘问内容记录如下:

问:我们是××市公安局××分局××派出所的民警,现依据《中华人民共和国人民警察法》第九条之规定对你进行当场盘问、检查,请你配合。

答:(慌张,并将手中提包往后藏)怎么啦?

问:请你按照我们的要求做。请你将手里的包放在地上,并请往后退三步站立。

答:是。

问:经检查,从你左侧裤兜里搜出一把改锥。提包为花花公子牌女式坤包,包内有一部银色诺基亚手机,一个钱包,钱包内有人民币560元及中国人民银行信用卡一张,另有一张姓名为"张××"的居民身份证。对吗?

答:是的。

问:(向被盘问人宣读其依法享有的上述六项权利)刚才给你宣读的权利,你是否听清?

答:听清了。

问:你怎么带一个女式包?

答:包是我女朋友的。

问:你女朋友呢?

答:我们在商场走失了,我给她打电话,她先回家了。

问:她的包在你这里,那里面的手机是谁的?

答:是我的。

问:你女朋友叫什么,电话号码是多少?

答:我女朋友姓王,手机号是×××××××××××,我刚刚给她打了电话。

问:包里的身份证是谁的?

答:是我女朋友的。

问:你刚才说你女朋友姓王,怎么身份证姓"张"?

答:身份证是大名,我说的是小名。

问:目前还不能排除你的违法犯罪嫌疑,请你跟我们回派出所,我们要根据《中华人民共和国人民警察法》第九条的规定对你依法继续盘问。你是否听清?

答:听清了。

以上记录我已看过,与我讲的一样。

被盘问人(签名或捺指印):李××

2015年2月1日21时30分

当场盘问、检查/~~继续盘问~~人(签名):刘××

王××

记录人(签名):王××

第五节　行政处罚告知笔录

一、概念及法律依据

行政处罚告知笔录,是公安机关在作出行政处罚决定前告知违法嫌疑人拟作出处罚决定的事实、理由及依据,以及是否要求举行听证时所使用的文书。

行政处罚告知笔录的内容分为两部分:第一部分是处罚前告知,其主要依据是《行政处罚法》第44条、第45条,《治安管理处罚法》第94条和《公安机关办理行政案件程序规定》第143条。根据上述法律法规规定,在作出行政处罚决定前,应当告知违法嫌疑人拟作出行政处罚决定的事实、理由及依据,并告知违法嫌疑人依法享有陈述权和申辩权。第二部分是听证告知,其主要依据是《行政处罚法》第63条、《治安管理处罚法》第98条和《公安机关办理行政案件程序规定》第99条。根据上述法律法规规定,在作出"(一)责令停产停业;(二)吊销许可证或者执照;(三)较大数额罚款;(四)法律、法规和规章规定违法嫌疑人可以要求举行听证的其他情形"的行政处罚决定之前,应当告知违法嫌疑人有要求举行听证的权利。

二、结构内容及写作方法

本文书属于叙述式文书,由被告知人签名确认并注明日期后附卷。

1."执行告知单位"后的横线处填写公安机关办案单位名称；"告知人"后的横线处填写告知人员姓名，告知人员与案件调查人员可以不一样。"被告知人"后的横线处填写被告知人姓名或者单位名称，被告知人是单位的，还应当填写单位法定代表人姓名。

2.处罚前告知部分，在"现将拟作出行政处罚决定的事实、理由、依据告知如下"后的横线处填写拟作出行政处罚决定的事实、理由、依据。由于告知时尚不是最终的处罚决定，并且还应当在听取当事人的陈述和申辩后再进行综合考虑，此处不要求写明处罚的具体幅度。

在"对上述告知事项，你（单位）是否提出陈述和申辩"后的回答部分既要填写当事人是否提出陈述和申辩，又要写明其陈述和申辩的具体内容。如果当事人对拟作出的行政处罚决定不提出陈述和申辩的，则直接写明不提出陈述和申辩即可，如："我不提出陈述和申辩"。

由被告知人对处罚前告知的内容进行确认后签名，并按要求填写日期。

3.听证告知部分，在"公安机关拟对你（单位）作出______的行政处罚"中的横线处填写需要依法进行听证的处罚决定的内容，如责令停产停业、吊销许可证或者执照、较大数额罚款等。在"你（单位）应在被告知后三日内向______提出"中的横线处填写公安机关的名称。在"对上述告知事项，你是否要求听证"后的回答部分填写当事人是否提出听证，如"我要求对处以3000元的罚款处罚进行听证"或者"我不要求听证"。

在听证告知部分尾部由被告知人签名确认并注明日期。

三、制作与使用应注意的事项

1.处罚前告知内容是拟作出行政处罚决定的事实、理由、依据和陈述权与申辩权。在此部分无须告知当事人拟作出的具体的行政处罚，笼统地告知当事人拟对其进行处罚即可。在听证告知部分应当告知当事人拟作出的具体处罚，否则当事人无法判断是否可以要求举行听证。

2.告知主体。告知主体是公安机关执法办案部门。

3.告知时间。执法实践中，一般是办案人民警察先提出处罚意见，报所属办案部门负责人审核。得到办案部门负责人认可后，由办案人民警察告知当事人听证权。

【例文】

××县公安局

行政处罚告知笔录

执行告知单位：××县公安局　　　　　　告知人：黄××

被告知人：赵××　　　　　　　　　　　单位法定代表人

告知内容：

☑处罚前告知

根据《中华人民共和国行政处罚法》第四十四条之规定，现将拟作出行政处罚决定的事实、理由、依据告知如下：公安机关查明你于20××年××月××日晚××时在××县××路××号与林××、刘××和张××用扑克牌赌博。以上事实有赌博所用扑克一副，对林××、刘××、张××的询问笔录和你的陈述等证据为证。你的行为已构成赌博，公安机关将根据《中华人民共和国治安管理处罚法》第七十条的规定对你进行处罚。

问:对上述告知事项,你(单位)是否提出陈述和申辩?(对被告知人的陈述和申辩可附页记录,被告知人提供书面陈述、申辩材料的,应当附上,并在本告知笔录中注明)

答:我承认自己的违法行为,没有什么陈述和申辩的。

对你提出的陈述和申辩,公安机关将进行复核。

被告知人　赵××

20××年××月××日××时××分

☑听证告知

公安机关拟对你(单位)作出三千元罚款的行政处罚,报据《中华人民共和国行政处罚法》第六十三条之规定,你(单位)有权要求听证。如果要求听证,你(单位)应在被告知后三日内向××县公安局提出,逾期视为放弃明听证。

问:对上述告知事项,你是否要求明听证?

答:我要求举行听证。

对要求听证的,公安机关将在二日内决定是否受理。符合听证条件的,公安机关将在十日内举行听证。对放弃听证的,公安机关将依法作出处理决定。

被告知人　赵××

20××年××月××日××时××分

第六节　听证笔录和听证报告书

一、听证笔录

(一)概念及法律依据

听证笔录是对听证过程和内容的记录。

《公安机关办理行政案件程序规定》第127条规定,记录员应当将举行听证的情况记入听证笔录。听证笔录应当载明下列内容:(1)案由;(2)听证的时间、地点和方式;(3)听证人员和听证参加人的身份情况;(4)办案人民警察陈述的事实、证据和法律依据以及行政处罚意见;(5)听证申请人或者其代理人的陈述和申辩;(6)第三人陈述的事实和理由;(7)办案人民警察、听证申请人或者其代理人、第三人质证、辩论的内容;(8)证人陈述的事实;(9)听证申请人、第三人、办案人民警察的最后陈述意见;(10)其他事项。第128条规定,听证笔录应当交听证申请人阅读或者向其宣读。听证笔录中的证人陈述部分,应当交证人阅读或者向其宣读。听证申请人或者证人认为听证笔录有误的,可以请求补充或者改正。听证申请人或者证人审核无误后签名或者捺指印。听证申请人或者证人拒绝的,由记录员在听证笔录中记明情况。听证笔录经听证主持人审阅后,由听证主持人、听证员和记录员签名。

(二)结构内容及写作方法

本文书属于叙述式文书,包括首部、正文和尾部。

1.首部包括举行听证的公安机关名称、文书名称。

2. 正文包括两部分。

第一部分是听证案件的案由，听证的时间、地点及参加人员情况。其中，“案由”栏填写听证案件的类别；“时间”栏应当填写听证开始时间和结束时间，并精确到分钟；举行方式包括公开举行和不公开举行两种，除涉及国家秘密、商业秘密、个人隐私的行政案件外，听证应当公开举行。“听证主持人”“听证员”“记录员”“本案办案人民警察”栏填写上述人员的姓名、工作单位及职务。听证申请人是个人的，填写其姓名、性别、年龄、现住址和工作单位；听证申请人是单位的，填写其名称和地址，并在“法定代表人”栏填写法定代表人的姓名、性别、年龄。听证申请人有委托代理人的，在“委托代理人”栏填写委托代理人的姓名、性别、年龄、工作单位。“本案其他利害关系人”栏填写该利害关系人的姓名、性别、年龄、现住址和工作单位，并注明是何种利害关系。利害关系人有代理人的，在“本案其他利害关系人的代理人”栏填写代理人的姓名、性别、年龄、工作单位。

第二部分是听证内容的记录。记录内容应当全面、客观。记录时尽量记录原话，允许对口头语言进行一定的整理，但必须忠实于说话人的原意，重复的内容可以不记录。记录内容不仅包括问答内容，还应当包括程序性内容，如出示证据、听证中止等情形。记录时，应当注意分清段落，层次清晰，不要一段到底。

3. 尾部应当由当事人、听证人员分别签名并注明日期，并在文书右下角相应位置标明听证笔录的页数。

【例文】

××市公安局

听证笔录

案由　刘××赌博案

时间　2015年×月×日×时×分至2015年×月×日×时×分

地点　××公安局听证室　举行方式：公开举行

听证主持人　王××　××市公安局法制科科长

听证员　姚××　张××　××市公安局法制科科长、民警

记录员　赵××　××市公安局法制科民警

听证申请人　刘××，男，36岁，现住××市××区××路××小区××号楼××室，××公司职员

法定代表人　无

委托代理人　无

本案其他利害关系人　无

本案其他利害关系人的代理人　无

本案办案人民警察　叶××　王××　××市公安局治安科民警

听证内容记录(可加页)　听证主持人核对听证参加人；宣布案由；宣布听证员、记录员名单；告知当事人在听证中的权利和义务；询问当事人是否提出回避申请。

办案人民警察叶××：2015年××月××日，我们接到群众举报，称××区××路××小区××号楼××室(即本案嫌疑人刘××家)有人赌博。我和民警王××随即赶到现场，发现刘××与朱××、李××、何××正在用麻将赌博，当场查获赌具麻将一副，赌资5650元整，后将参加赌博的人带

回治安科调查。以上事实有麻将一副、赌资、四人的陈述材料和邻居郝××的证言一份为证。考虑到刘××不仅自己参与赌博,且为他人赌博提供条件,根据《中华人民共和国治安管理处罚法》第七十条之规定,拟决定对其处以行政拘留10日并处3000元罚款。(宣读郝××的证言,出示刘××、朱××、李××、何××的陈述。)

违法嫌疑人刘××:我参与赌博是真的,也是在我家打的麻将。但民警来时没有出示工作证,这与法律要求不符;我们打的麻将并不大,对其他三人只罚1000元,对我要罚3000元,我不服。而且是他们非要在我家打,我不好意思拒绝。另外,对民警说的赌资是5650元,我不同意。因为在台面上只有500元,其他钱我们带在身上,不应视为赌资。

办案人民警察叶××:我们出现在现场时,身着警服,并口头说明我们是××市公安局治安科的民警。这些人赌博的钱并不全放在台面,基本都是装在身上,而且根据他们的陈述,赌博的数额较大,一次牌一般能赢1000元左右,最多的达5000元。

违法嫌疑人刘××:我知道自己参与赌博不对,我一定吸取教训,再也不赌了。

办案人民警察叶××:我们认为对本案的处理事实清楚,证据确凿,程序合法,适用法律正确,量罚适当,建议将拟作出的处罚决定报局领导审批。

(听证主持人宣布听证会结束)

听证申请人或者代理人　刘××

其他利害关系人或者代理人

证人

听证员　姚××　　张××

听证主持人　王××

记录员　赵××　　2015年××月××日

二、听证报告书

(一)概念及法律依据

听证报告书,是用来向公安机关负责人书面呈报关于听证案件情况的文书。

《公安机关办理行政案件程序规定》第129条规定,听证结束后,听证主持人应当写出听证报告书,连同听证笔录一并报送公安机关负责人。听证报告书应当包括下列内容:(1)案由;(2)听证人员和听证参加人的基本情况;(3)听证的时间、地点和方式;(4)听证会的基本情况;(5)案件事实;(6)处理意见和建议。

(二)结构内容及写作方法

案由可以表述为"××(当事人姓名)涉嫌××(违法行为名称)"。听证人员和所证参加人的基本情况,如所证人员的姓名、职务,听证参加人的姓名、性别、年龄、工作单位以及听证参加人之间的关系等。举行听证的时间、地点和方式。"听证会基本情况"后面的横线处填写听证会的基本情况,当事人和案件承办人的主要理由,听证员有不同意见的,也应当注明。"听证后认定的案件事实及处理意见和建议"后面的横线处填写听证会查明的案件主要事实、对该听证案件的具体处理意见和建议,包括建议采用原处理意见,或者提出新的处理意见等。

（三）制作与使用应注意的事项

1.本文书应当将听证活动的情况以及听证人员对该案事实的认定、处理意见和建议进行概括，而无须事无巨细地向公安机关负责人汇报。

2.本文书相关项目的填写应当与听证笔录一致。

3.听证会的基本情况。此部分应当对办案人民警察提出的听证申请人的违法事实、证据和行政处罚建议及法律依据，听证申请人的陈述、申辩和质证以及提出的新的证据，听证申请人、第三人和办案人民警察围绕案件的事实、证据、程序、适用法律、量罚幅度等问题展开的辩论，听证申请人、办案人民警察和第三人的最后陈述意见等听证会举行过程中的主要活动进行概括。如果听证过程中，有听证延期、听证中止、听证终止、当事人及其代理人申请听证人员回避或者听证人员主动提出回避申请等情况的，在听证报告书中也应当作概括说明，并且说明对回避申请的处理结果。

4.听证后认定的案件事实。本文书应当对案件事实、认定案件事实的理由、采用的证据以及采用证据的理由进行详细说明，并对案件进行定性。

5.处理意见和建议。本文书应当向公安机关负责人提出对听证申请人是否进行行政处罚、给予何种行政处罚、是否从轻或者减轻或者从重给予行政处罚以及法律依据等问题的处理意见和建议。上述处理意见和建议对公安机关负责人作出何种决定具有重要参考意义。

【例文】

××市公安局

听证报告书

案由　刘××涉嫌赌博案

时间　2015年×月×日×时×分至2015年×月×日×时×分

地点　××公安局听证室　举行方式：公开举行

听证主持人　王××　××市公安局法制科科长

听证员　姚××　张××　××市公安局法制科科长、民警

记录员　赵××　××市公安局法制科民警

听证申请人　刘××，男，36岁，现住××市××区××路××小区××号楼××室，××公司职员

法定代表人　无

委托代理人　无

本案其他利害关系人　无

本案其他利害关系人的代理人　无

本案办案人民警察　叶××　王××　××市公安局治安科民警

听证内容记录（可加页）　听证主持人核对听证参加人；宣布案由；宣布听证员、记录员名单；告知当事人在听证中的权利和义务；询问当事人是否提出回避申请。

办案民警叶××称，在2015年××月××日接到群众举报，称××区××路××小区××号楼××室（本案嫌疑人刘××家）有人聚赌，叶××和民警王××随即赶到现场，发现刘××与朱××、李××、何××正在用麻将赌博。当场查获赌具麻将一副，赌资5650元整，后将参加赌博的人带回治安科调查。以上事实有麻将一副、赌资、四人的陈述材料和邻居郝××的证言为证据。考虑到

刘××不仅自己参与赌博，且为他人赌博提供条件，根据《中华人民共和国治安管理处罚法》第七十条之规定，拟决定对其处以行政拘留10日并处3000元罚款。

刘××承认参与赌博，但称民警来时没有出示工作证，这与法律要求不符；另外刘××认为对其他三人只罚1000元、对其处罚3000元过重。刘××还提出，赌博现场在台面上只有500元，其他钱参赌人员带在身上，不应视为赌资。

办案人民警叶××称，在现场时，其和民警王××身着警服，并向刘××等人口头说明是市公安局治安科的民警；而且根据他们的交代，这些人赌博的钱并不全放在台面上，基本上都装在身上，且赌博的数额较大，一次牌一般能赢1000元左右，最多的达5000元。

听证后认定的案件事实及处理意见和建议　办案民警叶××和王××在查处赌博现场时身着警服，并表明身份，违法嫌疑人刘××的关于办案民警未着警服的申辩不成立。赌博现场虽然台面上只有500元，但是刘××等几名违法嫌疑人将用来赌博的钱放在身上，应当认定为赌资。(以上事实其他违法嫌疑人的陈述和见证人郝××的证言予以证明。)

根据《中华人民共和国治安管理处罚法》第七十条的规定，拟对刘××作出行政拘留10日，并处罚款3000元的处理事实清楚，证据确凿，程序合法，适用法律正确，量罚适当。建议对刘××处以行政拘留10日，并处罚款3000元。

听证主持人　王××

2015年××月××日

第七节　治安调解协议书

一、概念及法律依据

治安调解协议书，是公安机关调解治安案件并达成协议时使用的文书。

《治安管理处罚法》第9条规定，对于因民间纠纷引起的打架斗殴或者损毁他人财物等违反治安管理行为，情节较轻的，公安机关可以调解处理。经公安机关调解，当事人达成协议的，不予处罚。经调解未达成协议或者达成协议后不履行的，公安机关应当依照本法的规定对违反治安管理行为人给予处罚，并告知当事人可以就民事争议依法向人民法院提起民事诉讼。

《公安机关办理行政案件程序规定》第153条规定，对于因民间纠纷引起的殴打他人、故意伤害、侮辱、诽谤、诬告陷害、故意损毁财物、干扰他人正常生活、侵犯隐私、非法侵入住宅等违反治安管理行为，情节较轻，且具有下列情形之一的，可以调解处理：(1)亲友、邻里、同事、在校学生之间因琐事发生纠纷引起的；(2)行为人的侵害行为系由被侵害人事前的过错行为引起的；(3)其他适用调解处理更易化解矛盾的。对不构成违反治安管理行为的民间纠纷，应当告知当事人向人民法院或者人民调解组织申请处理。对情节轻微、事实清楚、因果关系明确，不涉及医疗费用、物品损失或者双方当事人对医疗费用和物品损失的赔付无争议，符合治安调解条件，双方当事人同意当场调解并当场履行的治安案件，可以当场调解，并制作调解协议书。第159条规定，调解达成协议的，在公安机关主持下制作调解协议书，双方当事人应当在调解协议书上签名，并履行调解协议。调解协议书应当包括调解机关名称、主持人、双方当事人和其他在场人员的基本情况，案件发生时间、地点、人员、起因、经过、情节、结果等情况，协议内容、履行期限和方式等内容。

二、结构内容及写作方法

本文书为叙述式文书，一式三份，双方当事人各执一份，调解机关留存一份。三份文书的内容和制作要求相同。

本文书分为首部、正文和尾部三部分。

1.首部由制作文书的公安机关名称和文书名称、文书文号组成。其中，制作文书的公安机关名称包括办案单位所属公安机关名称、依法具有独立执法主体资格的公安机关内设机构的名称。依法不具有独立执法主体资格的公安机关内设机构使用本文书时应当以其所属公安机关的名义，所使用的文书应当印制其所属公安机关的名称。文书文号在印制文书时可按先后顺序印制序号，办案人民警察不再填写。

2.正文分四部分。

(1)正文的第一部分包括调解主持人姓名及工作单位、调解地点、当事人及其他在场人员的基本情况。姓名，是指法定身份证件或者居民户口簿上载明的姓名。对外国人，应当填写其合法身份证件上的姓名，必要时，注明汉语译名。年龄以公历(阳历)周岁为准。出生日期以公历(阳历)为准，一律具体到年月日。身份证件种类及号码填写居民身份证、驾驶证、军官证、护照等法定身份证件的种类及号码。工作单位，是指机关、团体、企业、事业等单位的名称，填写时应当写全称。现住址应当填写当事人的经常居住地。其他在场人员，即文书尾部的见证人，根据《公安机关办理行政案件程序规定》的规定，主要包括未成年当事人的父母或者其他监护人，公安机关邀请的当事人居住地的居(村)民委员会的人员或者双方当事人熟悉的人员等。

(2)正文的第二部分是案件的主要事实，包括案发时间、地点、人员、起因、经过、情节、结果等。要写清楚案件事实及其证据。这是本文书的重要内容，也是调解的基础。

(3)正文的第三部分是调解达成的协议内容，包括协议内容、履行方式和期限。

(4)正文的第四部分是调解协议的法律效力(已印制，无须填写)等。

3.尾部。尾部包括主持人、见证人、当事人签名及签署的日期，调解机关名称、印章及签署治安调解协议书的日期。“调解机关”是指主持调解的公安机关或者依法具有独立执法主体资格的公安机关内设机构。

三、制作与使用应注意的事项

1.治安调解必须依照法律、法规和规章规定的适用范围进行。《公安机关办理行政案件程序规定》第154条规定:“具有下列情形之一的，不适用调解处理:1.雇凶伤害他人的;2.结伙斗殴或者其他寻衅滋事的;3.多次实施违反治安管理行为的;4.当事人明确表示不愿意调解处理的;5.当事人在治安调解过程中又针对对方实施违反治安管理行为的;6.调解过程中,违法嫌疑人逃跑的;7.其他不宜调解处理的。”

2.根据《公安机关办理行政案件程序规定》第155条的规定,调解处理案件,应当查明事实,搜集证据。因此,治安调解协议书必须写明查明的案件事实和证据,即写明案件情况后必须要写明能证明案件事实的证据。

3.被侵害人委托其他人参加调解的,应当向公安机关提交委托书,并写明委托权限。违法嫌疑人不得委托他人参加调解。被侵害人委托他人参加调解的,治安调解协议书中的当事人基本情况,除写明被侵害人的基本情况外,还应当写明其委托人的基本情况,并表明是被侵害人的委托人。

4.当事人中有未成年人的,调解时应当通知其父母或者其他监护人到场。但是,当事人为年满16周岁以上的未成年人,以自己的劳动收入为主要生活来源,本人同意不通知的,可以不通知。未成年人的父母或者其他监护人在场的,应当将其相关情况填写在本文书“其他在场人员基本情况”中,同时还应当注明该人与当事人的关系,如“当事人××的父亲”。

5.对因邻里纠纷引起的治安案件进行调解时,可以邀请当事人居住地的居(村)民委员会的人员或者双方当事人熟悉的人员参加帮助调解。其相关情况应当填写在本文书“其他在场人员基本情况”中。

6.治安调解协议书制作完毕,调解主持人、当事人和其他在场人员即见证人应当在文书上签名并签署日期,并当场交付双方当事人。当事人拒绝签名的,则表明双方未达成协议,公安机关应当依法对违反治安管理行为人予以处罚。

7.对调解达成协议的,应当保存案件证据材料,与其他文书材料和调解协议书一并归入案卷。这里的其他文书材料包括调解笔录等。如果被侵害人委托他人参加调解的,其他文书材料还应当包括被侵害人向公安机关提交的委托书。

【例文】

××市公安局××分局

治安调解协议书

××公(××)调解字〔2015〕××号

主持人姓名　叶××　乔××　工作单位　××市公安局××分局××派出所

调解地点　××市公安局××分局××派出所

当事人基本情况(姓名、性别、年龄、出生日期、身份证件种类及号码、工作单位、现住址)

张××,男,35岁,1980年12月25日生,居民身份证(××××××××××××××××××),××市××公司员工,现住址:××市××区××路××号

王××,男,30岁,1985年5月5日生,居民身份证(××××××××××××××××××),××市××公司员工,现住址:××市××区××路××号

其他在场人员基本情况(姓名、性别、年龄、出生日期、身份证件种类及号码、工作单位、现住址)

调解见证人杨××,男,32岁,1983年6月11日生,居民身份证(××××××××××××××××××),××市××

公司工会主席,现住址:××市××区××路××号

主要事实(包括案发时间、地点、人员、起因、经过、情节、结果等):2015年1月15日,××市××区××公司员工张××因工作琐事与同事王××发生纠纷,张××怀恨在心,于当日下午4时许在××市××区上海路和北京路十字路口处守候下班路过的王××。王××路过时,张××二话不说,用左拳打了王××右眼一拳,致王××右眼青肿。以上事实有张××的陈述和申辩、被侵害人王××的陈述以及伤情照片和××市人民医院开具的病历、证人陈××的证言等证据证实。现双方提出希望公安机关调解处理,民警即根据《中华人民共和国治安管理处罚法》第九条之规定进行调解。

经调解,双方自愿达成如下协议(包括协议内容、履行期限和方式等): 1.张××一次性赔偿王××医疗费、误工费等各项费用共计人民币壹仟伍佰元,当场赔付,并且向王××赔礼道歉;2.王××不再追究张××任何法律责任。3.双方互相谅解,不得再因此事发生纠纷。

本协议自双方签字之时起生效。对已履行协议的,公安机关对违反治安管理行为人不再处罚;不履行协议的,公安机关依法对违反治安管理行为人予以处罚。当事人可以就民事争议依法向人民法院提起民事诉讼。

本协议书一式三份,双方当事人各执一份,调解机关留存一份。

主持人　叶××　高××　2015年1月15日

见证人　杨××　2015年1月15日

当事人　张××　王××　2015年1月15日

××市公安局××分局××派出所(印)

2015年1月15日

第八节　当场处罚决定书和行政处罚决定书

一、当场处罚决定书

(一)概念及法律依据

当场处罚决定书,是公安机关进行当场处罚时使用的文书。

《行政处罚法》第33条规定,违法事实确凿并有法定依据,对公民处以50元以下、对法人或者其他组织处以1000元以下罚款或者警告的行政处罚的,可以当场作出行政处罚决定。《治安管理处罚法》第100条规定,违反治安管理行为事实清楚,证据确凿,处警告或200元以下罚款的,可以当场作出治安管理处罚决定。《道路交通安全法》第107条规定,对道路交通违法行为人予以警告、200元以下罚款,交通警察可以当场作出行政处罚决定,并出具行政处罚决定书。《出境入境管理法》第86条规定,对违反出境入境管理行为处500元以下罚款的,出入境边防检查机关可以当场作出处罚决定。

(二)结构内容及写作方法

本文书属填充式文书,一式两份,一份交被处罚人,一份交所属公安机关备案。两份文书的内容和制作要求基本一致,但交所属公安机关备案的文书尾部要由被处罚人或者被处罚单位的法定代表人或者负责人在规定位置签名或者盖章并注明日期。

本文书可分为首部、正文和尾部三部分。

1.首部由制作文书的公安机关名称和文书名称、文书编号组成。其中,制作文书的公安机关名称包括办案单位所属公安机关名称、依法具有独立执法主体资格的公安机关内设机构、出入境边防检查机关的名称。依法不具有独立执法主体资格的公安机关内设机构使用本文书时应当以其所属公安机关的名义,所使用的文书应当印制其所属公安机关的名称。文书编号在印制文书时可按先后顺序印制序号,办案人民警察不再填写。

2.正文分三部分。

(1)正文的第一部分是违法行为人的基本情况。违法行为人是自然人的,应当填写其姓名、性别、年龄、出生日期、身份证件种类及号码、现住址等栏目;违法行为人是单位的,应当填写单位名称、法定代表人姓名及单位地址。

违法行为人的姓名、性别、年龄、出生日期、身份证件种类及号码、现住址的填写要求与其他公安行政法律文书相同。

(2)正文的第二部分是当场处罚决定的内容,包括违法事实及证据、处罚依据、处罚种类或者数额、执行方式、逾期不缴纳罚款的加处罚款标准和加处罚款的上限等事项。其中,“现查明”后面的横线处填写违法事实情况。“以上事实有____等证据证实”中的横线处应当写明证据名称,如证人证言。所依据的法律、法规和规章应填写全称并具体到条、款、项。数字要用中文数字,如“第七十五条第一款”。法律依据中没有款、项的,则应当在款、项目前的横线上划横线。执行方式应当在文书中列明的供选择的选项中选定,并在选定的“□”中打钩。如作出警告处罚的,执行方式应当选定“当场训诫”,并在其前的“□”中打钩。如作出罚款处罚,依法当场收缴的,应当在“□当场收缴罚款”的“□”中打钩;如责令被处罚人到银行缴纳罚款的,则应当选定“被处罚人持本决定书在十五日内到____银行缴纳罚款”,“银行”前的横线处写明缴纳罚款的银行,如中国工商银行。

(3)正文的第三部分是申请行政复议或者提起行政诉讼权利的告知。“申请行政复议”前的横线处应当写明具体的行政复议机关名称,“人民法院”前的横线处应当写明具体的人民法院名称。

3.尾部应填写清楚处罚地点、办案人民警察签名以及作出当场处罚的时间。如当场收缴物品的,收缴物品清单应当作为当场处罚决定书的附件,并在当场处罚决定书中“附:收缴物品清单”前的“□”中打钩。文书末尾应当写明出具文书的公安机关名称并加盖该公安机关的印章。

(三)制作与使用应注意的事项

1.本文书不适用于公安交通管理当场处罚,公安交通管理当场处罚适用公安部制定的公安交通管理简易程序处罚决定书。

2.适用当场处罚程序必须严格依照法律、法规和规章规定的范围进行,不得越权行使。

对涉及卖淫、嫖娼、赌博、毒品的案件，不适用当场处罚。

3.文书中的证据应当写明证据名称。为保护证人，对外使用的文书中，证人证言可以不写明证人姓名。

4.当场处罚决定书填写完毕，应当由被处罚人或者被处罚单位的法定代表人或者负责人在当场处罚决定书备案的文书上签名或者盖章，并当场交付被处罚人。拒绝签名的，办案人民警察应当在备案的文书上注明。如被处罚人对违法事实、证据等与办案人民警察认识有较大分歧的，办案人民警察不应继续实施当场处罚，而应当按一般程序办理。

5.对依法可以当场收缴罚款的，办案人民警察除开具当场处罚决定书外，还要同时出具省级或者国家财政部门统一制发的罚款收据，交付被处罚人。不能当场收缴罚款的，应当告知被处罚人在规定期限内到指定的银行缴纳。

6.本文书可用复写纸印制，一式两份，但在交所属公安机关备案的文书上应由被处罚人或者被处罚单位的法定代表人或者负责人签名或者盖章。

7.治安案件有被侵害人的，应当在2日内将当场处罚决定书复印件送被侵害人。

8.铁路、交通、民航和森林公安机关实施当场处罚时，继续使用财政部《关于印发〈当场处罚罚款票据管理暂行规定〉的通知》（财预〔2000〕4号）及财政部、公安部《关于使用〈治安管理当场处罚决定书（代收据）〉有关问题的补充通知》（财预〔2001〕260号）所规定的治安管理当场处罚决定书（代收据），并将其中的法律依据修改为《治安管理处罚法》。

【例文】

××县公安局

当场处罚决定书

编号:××××

违法行为人姓名或者单位名称 张×× 性别 男 年龄 30 岁 出生日期 1985 年 1 月 1 日 身份证件种类及号码 居民身份证:××××××××××××××××××

法定代表人 ____

现住址或者单位地址 ××县××路××号

现查明 2015 年 2 月 9 日上午 9 时 20 分,在××县××路,因张××形迹可疑,现场巡逻民警对其进行了当场盘问、检查。查获其随身携带的一把银色××牌带有自锁装置的弹簧刀,未发现其他违法事实,以上事实有当场查获的带有自锁装置的弹簧刀物证、现场笔录等证据证实。

根据《中华人民共和国治安管理处罚法》第 三十二 条第 一 款第 —— 项之规定,决定给予 罚款二百元的处罚。

执行方式:☐当场训诫 ☐当场收缴罚款 ☑被处罚人持本决定书在十五日内到 ×× 银行缴纳罚款。逾期不缴纳的,每日按罚款数额的百分之三加处罚款,加处罚款的数额不超过罚款本数。

如不服本决定,可以在收到本决定书之日起六十日内向××市公安局或者××县人民政府申请行政复议或者在三个月内依法向××县人民法院提起行政诉讼。

处罚地点 ××县××路路口南人行道

办案人民警察 姚××

☑附:收缴物品清单

××县公安局(印)

2015 年 2 月 9 日

处罚前已口头告知违法行为人拟作出处罚的事实、理由和依据,并告知违法行为人依法享有陈述权和申辩权。

被处罚人 张×× 2015 年 2 月 9 日

××县公安局

收缴/追缴物品清单

××公(治)缴字〔2015〕××号

根据

☑《中华人民共和国治安管理处罚法》第十一条第一款

□《中华人民共和国治安管理处罚法》第十一条第二款

□《公安机关办理行政案件程序规定》第一百六十八条第一款

□《公安机关办理行政案件程序规定》第一百六十八条第三款之规定，对物品持有人　张××　的下列物品予以收缴/追缴。

如不服本决定，可以在收到本清单之日起六十日内向××市公安局或者××县人民政府申请行政复议或者在三个月内依法向　××县　人民法院提起行政诉讼。

编号	名称	数量	特征	物品处理情况（发还的，由接收人签名）
1	弹簧刀	壹把	银色××牌带有自锁装置，折叠后长度约为10厘米	统一登记注册后销毁

物品持有人、见证人	保管人	办案民警
张×× 2015年2月9日	刘×× 2015年2月9日	姚×× ××县公安局 2015年2月9日

一式三份，一份交物品持有人，一份交保管人，一份附卷

二、行政处罚决定书

(一)概念及法律依据

行政处罚决定书,是公安机关按照行政处罚的一般程序对违法行为人予以行政处罚时使用的文书。

作出行政处罚的法律依据是相关公安行政管理法律、法规和规章,如《治安管理处罚法》《消防法》等。

公安部印发的行政处罚决定书式样包括填充式和制作式两种,各地公安机关可以根据实际需要选择使用填充式决定书或者制作式决定书。

(二)结构内容及写作方法

1.填充式行政处罚决定书。本文书由首部、正文和尾部三部分组成,一式三份,被处罚人和执行单位各一份,一份附卷。三份文书的内容和制作要求基本一致,但附卷的文书尾部要由被处罚人在规定位置签名并注明日期。治安案件有被侵害人的,复印送达被侵害人。

(1)首部由制作文书的公安机关名称和文书名称、文书文号组成。其中,制作文书的公安机关名称包括县级以上公安机关、依法具有独立执法主体资格的公安机关业务部门或者出入境边防检查站的名称。依法不具有独立执法主体资格的公安机关业务部门使用本文书时应以其所属公安机关的名义进行,所使用的文书应当印制其所属公安机关的名称。文书文号要填写完整,填写要求与其他公安行政法律文书相同。

(2)正文由三部分组成。第一部分是违法行为人的基本情况。被处罚人是自然人的,“违法行为人”栏应当填写被处罚人的姓名、性别、年龄、出生日期、身份证件种类及号码、户籍所在地、现住址、工作单位以及违法经历;被处罚人是单位的,应当填写被处罚单位的名称、地址和法定代表人。填写要求与其他公安行政法律文书相同。

正文的第二部分包括查明的案件事实、相关证据、法律依据及其决定内容、行政处罚的执行方式和期限。“现查明”后面的横线处准确、简明、扼要地填写经查证属实的被处罚人的违法事实(时间、地点、人物、动机、目的、经过、情节、后果)。“以上事实有”后面的横线处填写证据部分,填写时应当填写证据的具体名称,但是为保护证人,在对外使用的文书中,证人证言可以不写证人姓名。“根据”后面的横线处填写法律依据,包括作出行政处罚和收缴、追缴等其他行政处理决定的法律依据。法律依据应当填写有关法律、法规和规章的全称并具体到条、款、项。上位法对有关事项已有明确规定的,应当填写上位法。“现决定”后面的横线处填写决定内容,包括处罚的种类和幅度以及收缴、追缴等其他处理内容。对多个违法行为人的处罚不同的,要同时写明每个违法行为人的姓名及处罚种类、幅度,对一人的多个违法行为要分别写明处罚种类、幅度。“执行方式和期限”后面的横线处要注明具体的方式和期限,包括合并执行、行政拘留不送拘留所执行等情况。执行方式应当根据不同的处罚种类和案件具体情况确定。如果是责令停产停业处罚,可以填写“限于××年××月××日前停产停业”。如果是罚款处罚,可以填写“限于××年××月××日前到××“银行缴纳罚款”。如果是警告处罚,可以填写“当场训诫”。如果是行政拘留处罚,应当写明“送××拘留所执行,执行期限为××年××月××日到××年××月××日”。对决定给予行政拘留处罚但有法定不执行情形的,应当在履行方式中写明:“由于被处罚人具有××情形,根据《中华人民共和国治安管理处罚法》第二十一条第×项(依据《治安管理处罚法》作出行政拘留处罚决定时适用)/《公安机关办理行政案件程序规定》第一百四十条第×项(依据《治安管理处罚法》以外的法律作出行政拘留处罚决定时适用)的规定,对其不送拘留所执行。”无须写明履行方式,或者已经履行的,如没收、吊销许可证或者执照等,应当填写“无”或者划横线,表示无内容。

正文的第三部分包括法律救济途径告知以及所附清单。法律救济途径告知应当在相应的空白处写明当事人申请行政复议或者提起行政诉讼的具体行政复议机关和人民法院。具体行政复议机关和有管辖权的人民法院,根据《行政复议法》《行政诉讼法》等相关法律、法规、规章的规定确定。行政处罚决定包括没收处罚的,应当附有没收违法所得、非法财物清单;在作出行政处罚决定的同时一并作出收缴、追缴决定的,应当附有相应的清单。在行政处罚决定书中要注明所附清单的名称和数量。

(3)尾部应当填写清楚成文日期,写明作出行政处罚决定的县级以上公安机关、依法具有独立执法主体资格的公安机关业务部门或者出入境边防检查站的名称,并加盖其印章。

2.制作式行政处罚决定书。使用制作式行政处罚决定书时,应当按照文书要求在正文中载明相关内容,包括:违法行为人的基本情况(姓名、性别、年龄、出生日期、身份证件种类及号码、户籍所在地、现住址、工作单位、违法经历以及被处罚单位的名称、地址和法定代表人);违法事实和证据以及从重、从轻等情节(证人不愿意暴露姓名的,应当注意保密);法律依据;处罚种类及幅度(包括对外国人适用或者附加适用限期出境);执行方式及期限(包括当场训诫、当场收缴罚款、到指定银行缴纳罚款、送拘留所执行以及合并执行的情况,对罚款处罚,要注明逾期不缴纳罚款时加处罚款的标准和上限);对涉案财物的处理情况及对被处罚人的其他处理情况;不服本决定的救济途径;附没收违法所得、非法财物清单及收缴/追缴物品清单。

上述内容的有关制作要求和填充式行政处罚决定书相同。

(三)制作与使用应注意的事项

1.制作式决定书和填充式决定书均适用于“一案多人”“一人多案”的情况,各地公安机关可以根据具体情况自行确定。

2.在外国人违法案件中,应当填写其合法身份证件上的姓名,必要时,注明其汉语译名。对外国人作出驱逐出境处罚的,应当使用驱逐出境决定书,不使用本文书。

3.“违法经历”是指违法行为人以往的违法犯罪经历,可以只填写对其行政处罚的裁量或者执行有意义的经历。

4.治安案件有被侵害人的,公安机关应当将决定书复印件送达被侵害人。无法送达的,应当注明。至于具体在什么地方注明无法送达的情况,《公安机关办理行政案件程序规定》没有作硬性的要求,办案人民警察在执法实践中可以灵活掌握,既可以在附卷的行政处罚决定书上注明,也可以附一个简单的说明,总之,只要能够在案卷中有所体现即可。

5.根据《公安机关办理行政案件程序规定》第151条的规定,作出行政拘留处罚决定的,应当及时将处罚情况和执行场所或者依法不执行的情况通知被处罚人家属。作出社区戒毒决定的,应当通知被决定人户籍所在地或者现居住地的城市街道办事处、乡镇人民政府。作出强制隔离戒毒、收容教育、收容教养决定的，应当在法定期限内通知被决定人的家属、所在单位、户籍所在地公安派出所。被处理人拒不提供家属联系方式或者不讲真实姓名、住址，身份不明的，可以不予通知，但应当在附卷的决定书中注明。至于如何体现已经通知家属的情况，当地公安机关未作统一要求的，也可以采取在附卷的决定书上注明的方式。

××市公安局××分局
行政处罚决定书

××公(治)行罚决字〔2015〕15号

违法行为人张××，男，17岁，1998年1月1日出生，居民身份证号：××××××××××××××××××，户籍所在地为××省××县××××街××号，现住××市××区××路××号，无业，无违法犯罪经历。

2015年××月××日晚上××时××分，张××在××市第一中学门口以撬锁的方式盗得一辆长城牌自行车，被学校保安李××(男，身份证号码为××××××××××××××××××)发现后骑该自行车逃离，因过于匆忙，在距现场100米远的地方摔倒，被保安李××抓获并扭送××派出所。被盗自行车系一中学生王××(男，身份证号××××××××××××××××××)所有，一周前以380元价格购得。张××认错态度良好，积极表示悔改。经查证，张××系初次违反治安管理。

以上事实有张××随身携带的自制撬锁工具、被盗自行车、保安李××的证言、对张××的询问笔录、对王××的询问笔录和王××的购车发票等证据证实。

综上，张××盗窃违法行为成立，根据《中华人民共和国治安管理处罚法》第四十九条和第十一条第一款之规定，决定给予张××行政拘留七日的行政处罚，收缴其自制的撬锁工具一件。由于被处罚人已满十六周岁不满十八周岁，初次违反治安管理，根据《中华人民共和国治安管理处罚法》第二十一条第二项规定，对其不送拘留所执行。上述被盗自行车当场发还所有人王××。

被处罚人如不服本决定，可以在收到本决定书之日起六十日内向××市公安局或××市××区人民政府申请行政复议或者在三个月内依法向××市××区人民法院提起行政诉讼。

附：收缴物品清单共一份

××市公安局××分局(印)
2015年××月××日

行政处罚决定书已向我宣告并送达。

被处罚人　张××

2015年××月××

一式三份，被处罚人和执行单位各一份，一份附卷。治安案件有被侵害人的，复印送达被侵害人。

第九节　行政复议决定书

一、概念及法律依据

行政复议决定书是指行政复议机关通过复议审理，在查明事实的基础上，依照法律、法规和规章以及其他规范性文件，对有争议的具体行政行为是否合法、适当作出判断和处理时使用的文书。

《中华人民共和国行政复议法》第2条规定，公民、法人或者其他组织认为具体行政行为侵犯其合法权益，向行政机关提出行政复议申请，行政机关受理行政复议申请，作出行政复议决定。第31条规定，行政复议机关应当自受理申请之日起六十日内作出行政复议决定；但是法律规定的行政复议期限少于六十日的除外。情况复杂，不能在规定期限内作出行政复议决定的，经行政机关负责人批准，可以适当延长，并告知申请人和被申请人，但是延长期限最多不超过三十日。行政复议机关作出行政复议决定，应当制作行政复议决定书，并加盖印章。行政复议决定一经送达，即发生法律效力。

二、结构内容及写作方法

本文书属填充式文书，可分为首部、正文和尾部三部分。

1.首部包括标题、文号、申请人和被申请人身份情况等四个方面事项。标题，即文书的名称，应写明“××××(机关名称)行政复议决定书”。文号，即公文中的发文字号“××年××复字第××号”。申请人的身份情况包括姓名、性别、年龄、职业、住址等。被申请人的情况包括名称、地址、法定代表人的姓名和职务。

2.正文包括申请复议的主要请求和理由，复议机关认定的事实和理由以及复议结论。

3.结尾部分有两项内容：要写明如不服复议决定可以向人民法院起诉及其期限；如果是最终的复议决定，要写明当事人履行的期限。落款：由复议机关的法定代表人签名，加盖复议机关的印章，并写出复议决定的年、月、日。

三、制作与使用应注意的事项

1.复议参加人的基本情况必须清楚、具体，包括姓名、性别、年龄、住所地，法人或其组织的要写上具体名称、住所地、法定代表人或主要负责人。有委托代理人或第三人的也要表述清楚。

2.复议原因部分要简单说明一下申请人申请行政复议的原因和时间，以及复议机关收到行政复议申请书的时间。比如，申请人某某不服被申请人某单位某具体行政行为，于某年某月某日提起行政复议申请，复议机关在某年某月某日收到行政复议申请书。复议机关收到行政复议申请书的时间必须载明，有的申请人将行政复议申请书早已写好，但没有及时送到复议机关，若不载明收到复议申请书的时间，人们认为是已超过5日的法定受理时间。因此，有必要对收到行政复议申请书的时间加以载明。

3.复议的事实、理由和法律适用部分。这部分视为申请人和被申请人说理的地方,在复议决定书中应予以体现。通常以“申请人称”和“被申请人称”两部分组成,也就是说,先由申请人提出问题,被申请人提出解决问题的方法和依据,再由复议机关作出对错评判的一般程序。必须要全面分析、掌握其反映的实质问题,抓住重点,然后加以必要的概括、归纳,但又要尽量接近申请人所反映的问题,保持内容的真实性。

4.本机关查明部分。这部分是复议机关作出决定的事实根据和法律依据,它是复议机关如何解决复议参加人之间的行政争议的基础,但要简明扼要,突出针对性。主要查明与案件有直接关系的事实,如果已有足够的事实能够说明行政机关的具体行政行为合法或不合法的,其他联系不紧密的事实或申请人提供不相关的证据材料就不必去审查,在复议决定书中更不必去阐述。

5.本机关认为部分。这部分是复议决定书主文,必须做到简明、准确、合法,但不宜作过多的论证。同时,不得附加任何条件和给予任何选择余地,以避免引起不必要的争论和执行上的困难。比如在一起殴打他人造成轻微伤害的治安复议案件中,只要指出申请人的行为违反了法律规定,被申请人作出治安挽留的决定,从事实、证据、处罚内容和适用法律依据等方面综合来论证说明其正确性就可以了。

【例文】

××市公安局

行政复议决定书

××公(法)行复字〔2015〕15号

申请人:姜××　性别:男　出生日期:1985年3月1日

住所(联系地址):××市××区××路××号

被申请人:××市公安局××分局交巡警大队

法定代表人:无

申请人姜××因不服被申请人××市公安局××分局交巡警大队于2015年2月1日作出的第××号当场处罚决定书,于2015年2月3日向本局提出行政复议申请,本局依法受理,现已复议终结。

申请人请求:撤销××市公安局××分局交巡警大队于2015年2月1日作出的第××号当场处罚决定书。

申请人称:其于2015年2月1日上午9时许驾车(车牌号:××××)驶离××路设置的停车场并穿越××路至××路十字时被民警以闯单行道查处,申请人认为其从停车场出来未见交通管理部门设置的禁止标志,故以其闯单行道为由对其实施处罚于法无据。

被申请人辩称:姜××于2015年2月1日上午9时许驾车穿越××路并在××路出口处被查获是客观事实,而该地段在××路口明确设置禁止机动车通行标志,故姜某的违章事实是清楚的,对姜××处五十元罚款并无不当。

经复议审理查明:2015年2月1日上午9时许,申请人驾驶××××号牌车穿越设置禁止机动车通行标志的××路至××路口处时被查获，该事实有现场民警笔录，申请人对在路口处被查获亦无异议。但申请人提出其系从××路设置的停车场出来一节无充分的依据，故不能予以采信。

本局认为：申请人违反交通标志指示，被申请人根据《中华人民共和国道路交通管理条例》第80条第1款第1项及《中华人民共和国治安管理处罚条例》第28条第1款第1项之规定，依法对申请人作出的当场处罚决定，事实清楚，证据确凿，程序合法，量罚适度。

根据《中华人民共和国行政复议法》第31条规定，本机关决定如下：对申请人姜××应给予五十元处罚。对本决定不服，可以自接到本决定之日起15日内，向××市人民法院提起行政诉讼。

刘××（此处为复议机关法定代表人签名）
××市公安局（印）
2015年××月××日

第十节　强制隔离戒毒/延长强制隔离戒毒决定书

一、概念及法律依据

强制隔离戒毒/延长强制隔离戒毒决定书，是公安机关对吸毒成瘾人员决定强制隔离戒毒或者延长强制隔离戒毒时所使用的文书。

《禁毒法》第38条规定："吸毒成瘾人员有下列情形之一的，由县级以上人民政府公安机关作出强制隔离戒毒的决定：（一）拒绝接受社区戒毒的；（二）在社区戒毒期间吸食、注射毒品的；（三）严重违反社区戒毒协议的；（四）经社区戒毒、强制隔离戒毒后再次吸食、注射毒品的。对于吸毒成瘾严重，通过社区戒毒难以戒除毒瘾的人员，公安机关可以直接作出强制隔离戒毒的决定。吸毒成瘾人员自愿接受强制隔离戒毒的，经公安机关同意，可以进入强制隔离戒毒场所戒毒。"第47条第1款和第3款规定："强制隔离戒毒的期限为二年。""强制隔离戒毒期满前，经诊断评估，对于需要延长戒毒期限的戒毒人员，由强制隔离戒毒场所提出延长戒毒期限的意见，报强制隔离戒毒的决定机关批准。强制隔离戒毒的期限最长可以延长一年。"

二、内容结构及写作方法

本文书一式三份，被强制隔离戒毒人、强制隔离戒毒所各一份，一份附卷。三份文书的内容和制作要求基本一致，但附卷的文书尾部应当由被强制隔离戒毒人和强制隔离戒毒所的接收人员在规定位置签名确认并注明日期，以示送达。同时，接收的强制隔离戒毒所应当在附卷的文书规定位置加盖单位印章。

本文书包括首部、正文和尾部三部分。

1.首部由公安机关名称、文书名称（已印制好）和文书文号组成。根据《禁毒法》第38条第1款的规定，强制隔离戒毒由县级以上人民政府公安机关决定。《戒毒条例》第25条第1款规定："吸毒成瘾人员有《中华人民共和国禁毒法》第三十八条第一款所列情形之一的，由县级、设区的市级人民政府公安机关作出强制隔离戒毒的决定。"文书文号"×公()强戒决字〔〕号"要填写完整，填写要求与其他公安行政法律文书相同。

2.正文是强制隔离戒毒或者延长强制隔离戒毒决定的内容，包括违法行为人的基本情况，查明的案件事实、证据、作出强制隔离戒毒或者延长强制隔离戒毒决定的法律依据、强制隔离戒毒期限以及对被强制隔离戒毒人法律救济途径的告知。违法行为人的基本情况按文书要求内容填写即可。

如作出的是强制隔离戒毒决定，根据《禁毒法》第38条的规定，在"现查明"后面的横线处填写违法行为人吸毒成瘾且具有拒绝接受社区戒毒等情形之一，或者吸毒成瘾严重的简要事实。在"以上事实有"后面的横线处填写证据名称。为保护证人，在对外使用的文书中证人证言可以不写明证人姓名。填写法律依据时，在第一个"□"中打钩，并在随后的横线处根据实际情况填写《禁毒法》第38条的具体款、项。比如，属于吸毒成瘾人员严重违反社区戒毒协议的情形，则填写"第一款第三项"。

如作出的是延长强制隔离戒毒决定，在"现查明"后面的横线处应当填写延长强制隔离戒毒的原因，即经诊断评估，需要延长强制隔离戒毒的事实。填写法律依据时，在第二个"□"中打钩。

强制隔离戒毒期限应填写起止日期。延长强制隔离戒毒同时填写延长期限以及起止日期，"延长强制隔离戒毒"后面的横线处填写延长期限，括号内填写起止日期。根据《禁毒法》第47条第3款的规定，强制隔离戒毒的期限最长可以延长1年。

对被强制隔离戒毒人法律救济途径告知部分要填写被强制隔离戒毒人申请行政复议、提起行政诉讼的具体行政复议机关和人民法院。

3.尾部应当填写强制隔离戒毒所的名称和地址，并加盖公安机关印章，写明成文时间。

三、制作与使用应注意的事项

1.如作出的是强制隔离戒毒决定，则划去"/"后面的"延长强制隔离戒毒"；如作出的是延长强制隔离戒毒决定，则划去"/"前面的"强制隔离戒毒"。公安机关不能同时作出强制隔离戒毒决定和延长强制隔离戒毒决定。

2.强制隔离戒毒决定书应当在执行强制隔离戒毒前送达被决定人，并由其在附卷的一份决定书上签名。

3.延长强制隔离戒毒决定由原决定强制隔离戒毒的公安机关作出。根据《戒毒条例》第33条的规定，对强制隔离戒毒场所依照《禁毒法》第47条第3款规定提出的延长戒毒期限的意见，强制隔离戒毒决定机关应当自收到意见之日起7日内，作出是否批准的决定。对延长强制隔离戒毒期限的，批准机关应当出具延长强制隔离戒毒决定书，送达被决定人。

4.办案人民警察应当持强制隔离戒毒决定书将被强制隔离戒毒人员投送强制隔离戒毒所执行。延长强制隔离戒毒决定书制作完毕后，办案人民警察应当持延长强制隔离戒毒决定书到被强制隔离戒毒人所在的强制隔离戒毒所，将延长强制隔离戒毒决定书交给被强制隔离戒毒人，并由其在附卷的延长强制隔离戒毒决定书上签名。

5.吸毒成瘾人员自愿接受强制隔离戒毒的，经公安机关同意，可以进入强制隔离戒毒场所戒毒，但公安机关不作出强制隔离戒毒决定。

6.公安机关对吸毒成瘾人员决定予以强制隔离戒毒的，应当制作强制隔离戒毒决定书，在执行强制隔离戒毒前送达被决定人，并在送达后24小时以内通知被决定人的家属、所在单位和户籍所在地公安派出所；被决定人不讲真实姓名、住址，身份不明的，公安机关应当自查清其身份后通知。强制隔离戒毒或者延长强制隔离戒毒决定书复印件应当送被强制隔离戒毒人员家属、所在单位和户籍所在地公安派出所。为有效保障当事人合法权益，如不能将决定书复印件在24小时内送达当事人家属，办案单位还应当同时采取电话、短信等更加快捷的方式通知家属。

【例文】

××县公安局

强制隔离戒毒/延长强制隔离戒毒决定书

×公(×)强戒决字〔2015〕4号

违法行为人　张××　性别　男　年龄 30岁 出生日期 1985年8月15日

身份证件种类及号码　身份证：×××××××××××××××××× 工作单位 无

现住址　××县××街××小区××号　户籍所在地 ××县××街××小区××号

现查明　张××曾于2012年被责令强制隔离戒毒，于2014年10月解除强制隔离戒毒，2015年2月2日，张××又在××县××街××棋牌室内注射毒品海洛因。张××的行为构成吸毒成瘾严重，以上事实有 张××的陈述和申辩、江××的证言、吸毒现场检测报告、毒品注射器、责令强制隔离戒毒决定书、吸毒成瘾认定意见 等证据证实。

根据

☑《中华人民共和国禁毒法》第三十八条第 二 款第 —— 项、第四十七条第一款之规定，决定对违法行为人强制隔离戒毒二年(自 2015年 2月3 日至 2017 年2月2日)。

□《中华人民共和国禁毒法》第四十七条第三款之规定，决定对违法行为人延长强制隔离戒毒________(自　年　月　日至　年　月　日)。

如不服本决定，可以在接到本决定书之日起六十日内向 ××市公安局或××县人民政府 申请行政复议或者在三个月内依法向 ××县　人民法院提起行政诉讼。

强制隔离戒毒所名称及地址 ××县强制隔离戒毒所（××县××路××号）

××公安局(印)

2015年2月3日

被强制隔离戒毒人 张××　　　　接收人员　刘××

2015年2月3日　　　　××县强制隔离戒毒所

2015年2月3日

一式三份，被强制隔离戒毒人、强制隔离戒毒所各一份，一份附卷。决定书复印件送达被强制隔离人员家属、所在单位和户籍所在地公安派出所。

第十一节　提前解除强制隔离戒毒决定书

一、概念及法律依据

提前解除强制隔离戒毒决定书，是原作出强制隔离戒毒决定的公安机关决定提前解除强制隔离戒毒时使用的文书。

《禁毒法》第47条第2款规定："执行强制隔离戒毒一年后，经诊断评估，对于戒毒情况良好的戒毒人员，强制隔离戒毒场所可以提出提前解除强制隔离戒毒的意见，报强制隔离戒毒的决定机关批准。"据此，《戒毒条例》第33条规定："对强制隔离戒毒场所依照《中华人民共和国禁毒法》第四十七条第二款、第三款规定提出的提前解除强制隔离戒毒、延长戒毒期限的意见，强制隔离戒毒决定机关应当自收到意见之日起7日内，作出是否批准的决定。对提前解除强制隔离戒毒或者延长强制隔离戒毒期限的，批准机关应当出具提前解除强制隔离戒毒决定书或者延长强制隔离戒毒期限决定书，送达被决定人，并在送达后24小时以内通知被决定人的家属、所在单位以及其户籍所在地或者现居住地公安派出所。"

二、内容结构及写作方法

本文书一式三份，被强制隔离戒毒人、强制隔离戒毒所各一份，一份附卷。三份文书的内容和制作要求基本一致，但附卷的文书尾部应由被强制隔离戒毒人在规定位置签名确认并注明日期，以示送达。

本文书由首部、正文和尾部三部分组成。

1.首部由公安机关名称、文书名称（已印制好）和文书文号组成，办案人民警察按照文书所列内容填写即可。

2.正文包括被强制隔离戒毒人的基本情况、强制隔离戒毒决定书文号、原决定强制隔离戒毒起止日期、提前解除强制隔离戒毒的理由和依据、强制隔离戒毒所名称及地址。此部分需要填写的内容较少，仅包括被强制隔离戒毒人的基本情况、强制隔离戒毒决定书文号、原决定强制隔离戒毒起止日期以及强制隔离戒毒所名称及地址。

3.尾部填写成文日期并加盖公安机关印章。

三、制作与使用应注意的事项

1.该文书相关项目的填写应当与强制隔离戒毒/延长强制隔离戒毒决定书一致。

2.根据《戒毒条例》第33条的规定，决定机关应当将提前解除强制隔离戒毒决定书送达被决定人，并在送达后24小时以内通知被决定人的家属、所在单位以及其户籍所在地或者现居住地公安派出所。根据公安部印发的文书式样要求，提前解除强制隔离戒毒决定书复印件应当送被强制隔离戒毒人家属、所在单位和户籍所在地或者现居住地公安派出所。为有效保障当事人合法权益，如不能将决定书复印件在24小时内送达当事人家属，办案单位还应当同时采取电话、短信等更加快捷的方式通知其家属。

【例文】

××县公安局
提前解除强制隔离戒毒决定书

×公(×)解强戒决字〔2015〕8号

被强制隔离戒毒人姓名 李×× 性别 男 年龄 35岁 出生日期 1977年3月1日

身份证种类及号码 居民身份证:××××××××××××××××××

工作单位 无 现住址 ××市××区××小区××号 户籍所在地 同现住址

强制隔离戒毒决定书文号 ××公(××)强戒决字〔 2014 〕2 号

强制隔离期限自 2014 年 × 月 × 日至 2016 年 ×月× 日。

经诊断评估,被强制隔离戒毒人员戒毒情况良好,根据《中华人民共和国禁毒法》第四十七条第二款之规定,决定提前解除强制隔离戒毒。

强制隔离戒毒所名称及地址 ××强制隔离戒毒所(××县××街××号)

××县公安局(印)
2015年×月×日

被强制隔离戒毒人 李××
2015 年×月×日

一式三份,被强制隔离戒毒人、强制隔离戒毒所各一份,一份附卷。决定书复印件送达被强制隔离人员家属、所在单位和户籍所在地公安派出所。

第十二节 社区戒毒/社区康复决定书

一、概念及法律依据

社区戒毒/社区康复决定书,是公安机关责令吸毒成瘾人员接受社区戒毒或者责令被解除强制隔离戒毒人员接受社区康复时使用的文书。

《禁毒法》第33条规定:“对吸毒成瘾人员,公安机关可以责令其接受社区戒毒,同时通知吸毒人员户籍所在地或者现居住地的城市街道办事处、乡镇人民政府。社区戒毒的期限为三年。戒毒人员应当在户籍所在地接受社区戒毒;在户籍所在地以外的现居住地有固定住所的,可以在现居住地接受社区戒毒。”第48条规定:“对于被解除强制隔离戒毒的人员,强制隔离戒毒的决定机关可以责令其接受不超过三年的社区康复。社区康复参照本法关于社区戒毒的规定实施。”

二、内容结构及写作方法

本文书一式四份，社区戒毒/社区康复人及其家属、执行地乡（镇）人民政府或者城市街道办事处各一份，一份附卷。四份文书的内容和制作要求基本一致，但附卷的文书尾部应当由社区戒毒人或者社区康复人在规定位置签名确认并注明日期，以示送达。

1. 首部由公安机关名称、文书名称（已印制好）和文书文号组成。文书文号的填写要求与其他公安行政法律文书相同。

2. 正文包括违法行为人的基本情况，责令社区戒毒、社区康复所依据的事实、证据、法律依据，责令社区戒毒、社区康复的期限、起止日期，法律救济途径告知以及执行地的社区名称和地址。

如作出的是责令社区戒毒决定，在"现查明"后面的横线处填写违法行为人吸毒成瘾的事实，在"以上事实有"后面的横线处填写证据的名称。为保护证人，对外使用的文书中，证人证言可以不写明证人姓名。法律依据选择《禁毒法》第33条，由文书制作人在相应的"□"中打钩选定。在"社区戒毒三年"后面的括号中填写社区戒毒的起止日期。

如作出的是责令社区康复决定，在"现查明"后面的横线处填写被解除强制隔离戒毒且有必要进行社区康复的事实，在"以上事实有"后面的横线处填写证据的名称。在"责令违法行为人接受社区康复"后面填写社区康复的期限，并在随后的括号中填写起止日期。

社区戒毒决定书和社区康复决定书都要明确填写行政复议机关和当事人提起行政诉讼的人民法院。为便于社区戒毒或者社区康复人员报到，"执行地社区名称及地址"后面的横线处要填写清楚社区名称和具体地址。

3. 尾部填写成文日期并加盖公安机关印章。

三、制作与使用应注意的事项

1. 文书名称为社区戒毒/社区康复决定书，既可适用于社区戒毒的情况，也可以适用于社区康复的情况，文书制作人可根据实际情况决定取舍，并将不需要的部分划掉。

2. 尽管《禁毒法》规定社区康复参照社区戒毒的有关规定实施，但要注意社区康复与社区戒毒的对象存在区别。社区戒毒的对象是不符合强制隔离戒毒条件的吸毒成瘾人员，社区康复的对象是被解除强制隔离戒毒的人员。作出社区康复决定的机关是强制隔离戒毒的决定机关，而不是强制隔离戒毒场所。

3. 关于执行地。《禁毒法》第33条第2款规定："戒毒人员应当在户籍所在地接受社区戒毒；在户籍所在地以外的现居住地有固定住所的，可以在现居住地接受社区戒毒。"根据《戒毒条例》第13条和第14条的规定，对吸毒成瘾人员，县级、设区的市级人民政府公安机关可以责令其接受社区戒毒，并出具责令社区戒毒决定书，送达本人及其家属，通知本人户籍所在地或者现居住地乡（镇）人民政府、城市街道办事处。社区戒毒人员应当自收到责令社区戒毒决定书之日起15日内到社区戒毒执行地乡（镇）人民政府、城市街道办事处报到，无正当理由逾期不报到的，视为拒绝接受社区戒毒。

社区康复在当事人户籍所在地或者现居住地乡（镇）人民政府、城市街道办事处执行，经当事人同意,也可以在戒毒康复场所执行。

4.社区戒毒的期限为3年。社区康复的期限不超过3年,具体期限由决定机关决定。

【例文】

××县公安局

社区戒毒/社区康复决定书

×公(×)社戒/社康决字〔2015　〕4 号

违法行为人　张××　　性别 男　年龄 30岁　出生日期 1985年8月15日

身份证件种类及号码 身份证:×××××××××××××××××× 工作单位 无

现住址 ××县××街××小区××号　户籍所在地 ××县××街××小区××号

现查明 张××于2014年5月至2015年3月在××县××街××号酒吧多次吸食冰毒,2015年3月20日,张××的尿液毒品检测结果呈阳性。张××曾于2012年自愿戒毒,以上事实有 张××的陈述和申辩、江××的证言、吸毒现场检测报告、吸毒成瘾认定意见、自愿戒毒协议 等证据证实。

根据

☑《中华人民共和国禁毒法》第三十三条之规定,决定责令违法行为人接受社区戒毒三年(自 2015年 3月 21 日至 2018 年 3 月 20日)。

□《中华人民共和国禁毒法》第四十条之规定,决定责令违法行为人接受社区康复__年(自　年　月　日至　年 月　日)。

自收到本决定书之日起十五日内持本决定书到社区戒毒/社区康复执行地报到,否则视为拒绝接受社区戒毒/社区康复。被责令接受社区戒毒/社区康复人员在社区戒毒/社区康复过程中应当根据公安机关要求,定期接受检测。

如不服本决定,可以在接到本决定书之日起六十日内向 ××市公安局或××县人民政府 申请行政复议或者在三个月内依法向 ××县　人民法院提起行政诉讼。

执行地社区名称及地址 ××县××街道办事处××社区(××县××街××号)

××公安局(印)

2015年3月21日

社区戒毒/社区康复人　张××

2015年3月 21 日

一式四份,社区戒毒/社区康复人及其家属、执行地乡镇人民政府或者城市街道办事处各一份,一份附卷。

第十三节　解除社区戒毒/社区康复通知书

一、概念及法律依据

解除社区戒毒/社区康复通知书,是社区戒毒/社区康复执行地县级以上公安机关在社区戒毒或者社区康复期满时出具给社区戒毒、社区康复人员的文书。

《戒毒条例》第23条规定:"社区戒毒自期满之日起解除。社区戒毒执行地公安机关应当出具解除社区戒毒通知书送达社区戒毒人员本人及其家属,并在7日内通知社区戒毒执行地乡(镇)人民政府、城市街道办事处。"第40条规定:"社区康复自期满之日起解除。社区康复执行地公安机关出具解除社区康复通知书送达社区康复人员本人及其家属,并在7日内通知社区康复执行地乡(镇)人民政府、城市街道办事处。"

二、内容结构及写作方法

本文书一式五份,社区戒毒/社区康复人及其家属、执行地乡(镇)人民政府或者城市街道办事处、原社区戒毒/社区康复的决定机关各一份,一份附卷。五份文书的内容和制作要求基本一致,但附卷的文书尾部应当由社区戒毒人或者社区康复人在规定位置签名并注明日期,以示送达。

本文书由首部、正文和尾部三部分组成。

1.首部由公安机关名称、文书名称(已印制好)和文书文号组成。本文书印制的公安机关名称为社区戒毒、社区康复执行地县级以上公安机关的名称。文书文号的填写要求与其他公安行政法律文书相同。

2.正文包括社区戒毒/社区康复人的基本情况,社区戒毒/社区康复决定书文号、社区戒毒/社区康复起止日期以及社区戒毒/社区康复执行期限届满解除的事实。社区戒毒/社区康复人的基本情况按照统一要求填写,与其他公安行政法律文书的要求相同。

3.尾部填写成文日期并加盖公安机关印章。

三、制作与使用应注意的事项

1.文书名称为解除社区戒毒/社区康复通知书,既可适用于解除社区戒毒的情况,也可适用于解除社区康复的情况,文书制作人可根据实际情况决定取舍,将不需要的部分划掉。

2.根据《戒毒条例》的规定,本文书由社区戒毒、社区康复执行地公安机关出具,不能由戒毒、康复场所或者原社区戒毒/社区康复决定机关出具。

3.根据《戒毒条例》第14条第2款的规定,社区戒毒的期限为3年,自报到之日起计算。因此,本文书中的社区戒毒期限起始日期应当填写社区戒毒人的报到日期。

4.根据《禁毒法》第38条第1款的规定,社区戒毒人员在社区戒毒期间吸食、注射毒品,或者严重违反社区戒毒协议的,公安机关予以强制隔离戒毒,根据《戒毒条例》第24条的规定,社区戒毒人员被依法收监执行刑罚、采取强制性教育措施的,社区戒毒终止。社区戒毒人员被依法拘留、逮捕的,社区戒毒中止,由羁押场所给予必要的戒毒治疗,释放后继续接受社区戒毒。因此,本文书仅适用于社区戒毒/社区康复执行期限届满的情况。在社区戒毒人员被强制隔离戒毒、社区戒毒中止或者终止的情况下,执行地公安机关不必出具解除社区戒毒通知书,公安机关对当事人及其家属通知按照相关强制措施的规定执行。

5.各地公安机关在制作本文书时可以根据实际需要对解除社区戒毒通知书和解除社区康复通知书的文号予以区别。

【例文】

××县公安局

解除社区戒毒/社区康复决定书

×公(×)解社通字〔2015 〕4 号

社区戒毒/社区康复人 张×× 性别 男 年龄 30岁 出生日期 1985年8月15日

身份证件种类及号码 身份证:×××××××××××××××××× 工作单位 无

现住址 ××县××街××小区××号 户籍所在地 ××县××街××小区××号

社区戒毒/社区康复决定书文号×公(×)社戒/社康决字〔2015 〕4 号 社区戒毒/社区康复期限自××年 ××月××日至××年××月××日

因社区戒毒/社区康复执行期限届满,根据《戒毒条例》第二十三条/第四十条之规定,现予解除。

特此通知。

××公安局(印)

2015年××月××日

社区戒毒/社区康复人 张××

2015年××月××日

一式五份,社区戒毒/社区康复人及其家属、执行地乡镇人民政府或者城市街道办事处、原社区戒毒/社区康复决定机关各一份,一份附卷。

【写作实训】

1.根据下面所给材料,制作一份受案登记表(条件不足可自行补充)。

200×年1月15日下午2时,××县洗衣机厂工人石×到厂医务室理疗,因理疗室的门打不开便用脚踢门。正在理疗的该厂工人赖×起身开门后责备石×不该踢门,两人为此发生口角并扭打。赖×将石×拉住,石×将赖×摔倒在地,头部撞在墙上,继而石×用手按住赖×的头往墙上撞了两下,又用拳头朝赖×的臂部打了两拳,最后被群众拉开。经医生初步诊断:赖×右顶部头皮稍肿,右腕弯曲受限,多处软组织损伤。赖×到××县公安局××派出所报案。

2.根据下面所给材料,制作一份公安行政处罚告知笔录(材料不足要素可补充)。

200×年9月1日至9月3日,××学校退休职工王×因认为学校不向其发放住房补贴金而纠集陈×等十余人连续3天到××省政府门口静坐,要求学校向其发放住房补贴金。经调查,王×不具备领取住房补贴金资格,其行为违反了《中华人民共和国集会游行示威法》第××条之规定,并造成省政府门口一带交通拥堵5个小时。××公安分局拟依据《中华人民共和国治安管理处罚法》第××条之规定,对王×作出行政拘留10日的处罚决定。

3.根据下列材料,制作一份询问笔录。

20××年×月×日×时×分,××派出所民警赵××、林××在××村对贺××就赌博一事进行了治安询问。

据贺××讲，去年12月25日早饭后，李××来找他（系同村村民）。李对贺说："今天没事，咱们耍几把。"贺问："还有谁参加？"李说："咱们村王××、赵××。"贺又问："在谁家？"李说："在你家。"贺说："行。"李就叫来了王××、赵××，每人拿出3000元作为赌资。他们从早上一直赌到了天黑，贺××共赢了1900元，王××赢了1400元，李××输了1600元，赵××输了1700元。今年，贺××共赌了两次，赢了5000元。

4.根据以下所给材料，制作一份听证笔录（材料不足可自行补充）。

200×年8月9日，张×到××派出所报案：昨天下午3时，在××路地下通道处被顾×（市光明啤酒厂工人，男，28岁，住××市××街8号）抢去坤包一个，内装人民币1500元及工作证、身份证、银行卡等物。经传唤顾×，顾×对犯罪事实供认不讳。××派出所根据《中华人民共和国治安管理处罚法》第×条第×项之规定，以非法占有他人财物，拟决定对顾×处以治安拘留××天，罚款××元。顾×申请举行听证会。在听证会上，顾×提出了三条申辩意见：(1)8月8日下午的见面是互相预约的，目的是要张×对自己谈清恋爱期间的有关问题。(2)见面后张×不愿谈，且要离开。顾×拿张×挂在自行车车把上的包，是想让张×留下来谈问题，并无他意。(3)张×的小坤包内只有人民币200元。

5.根据下面所给材料，制作一份公安行政处罚决定书。

20××年××月××日××时许，在地铁××站月台上，姜××（男，19××年××月××日出生，××市××厂职工，现住在××市××大街××号）因被李×挤倒而与李×发生争执，姜××用书包砸打李×的头、面部，致李×的头、面部多处软组织挫伤，经法医鉴定为轻微伤。认定以上事实的证据有：证人张×、李××、关××、许××证言，××公安分局法医鉴定结论书和姜××陈述等。××公安分局以姜××殴打他人，造成轻微伤害为由，根据《中华人民共和国治安管理处罚法》第43条第1款的规定，决定对姜××行政拘留7日。

6.根据下面所给材料，制作一份当场处罚决定书（材料不足之处可自行补充）。

20××年××月××日××时许，××公安分局巡逻民警张××、王××在××市××名胜风景区巡逻时，将正在该名胜风景区大门涂写的违法嫌疑人林××（男，19××年××月××日出生，无业，现住在××市××大街××号）查获。林××如实陈述了涂写的事实，并表示此次是初犯，以后绝不再犯。民警张××核实清楚林××的身份情况后，责令其将涂写的字迹擦掉。在经过其他程序后，民警根据《中华人民共和国治安管理处罚法》第63条第1项的规定，决定当场给予林××罚款200元的行政处罚。

7.根据以下两种材料，制作收容教育决定书和强制隔离戒毒决定书各一份（材料不足可自行补充）。

(1)200×年1月8日，黄××，男，19××年×月××日出生，现住址××市××大街××号，工作职务××市××文化传播公司总经理，在××夜总会嫖娼，被××公安局民警当场查获。拟决定收容教育6个月。

(2)祁××，女，19××年××月××日出生，现住址××县××路59号，工作职务××市××电脑公司经理，吸食、注射毒品已3年，系吸食、注射毒品成瘾人员。××县公安局拟对其强制戒毒6个月。

8.根据下面所给材料，分别制作责令限期____通知书和责令停止____通知书（条件不足之处可自行补充)。

(1)20××年××月××日,××市公安局工作人员周×、王×在进行日常检查时,发现××网络公司(执行董事桑××)未对××上市公司委托其发布的19××年度财务报告进行审核,造成200余名股民到××市人民政府上访。××市公安局依据《计算机信息网络国际互联网安全保护管理办法》第21条的规定,责令××网络公司限期改正。

(2)20××年××月××日,××市公安局工作人员李×、刘×在进行日常检查时,发现××服装厂(法定代表人刘××)正在生产的××牌男式服装与人民警察制式服装相仿,足以造成混淆。××市公安局依据《人民警察制式服装及其标志管理规定》第17条的规定,决定责令××服装厂停止非法生产××牌男式服装。

9.根据如下内容,制作一份治安调解书。

谢×,女,26岁,汉族,初中文化,江西省××县人,现在浙江省××县××村承包鱼塘养鱼。20××年9月5日15时许,谢×在其自家鱼塘抽水,与邻鱼塘主人丁×(女,46岁,汉族,初中文化,浙江省××县××村农民)发生争执。由于谢×要对鱼塘抽水,水须流经丁×家鱼塘,势必有一部分鱼会随水流入丁×家鱼塘,因而将丁×打倒在地,并狠狠地踢了丁×几脚,导致丁×身体多处受伤。幸有围观的群众拦住,并将丁×送往医院治疗。治疗期间,丁×共花去医药费1537元,丁×的伤势被鉴定为轻微伤害。××派出所在接到报案后,立即派民警赴医院了解丁×的伤情,并积极与双方当事人及家属沟通。丁×伤好以后,双方在民警的主持下,达成协议:由谢×赔偿丁×医药费1537元,双方不再追究此事。

10.根据下列材料,拟写一份治安调解书。

20××年7月10日晚7时许,李××发现有几只鸡在房前菜地里,李××随手抓起锄头追打,将其中一只母鸡打死。正巧邻居王××出来找鸡,见李××打死的鸡是他家的,便与李争吵起来。争吵中王××打了李××几拳,被其他邻居拉开(造成李××左眼红肿,花去医疗费用50.60元)。

李××,男,35岁,××市拖拉机修造厂工人,家住××市河东××街26组5号。

王××,男,28岁,××市拖拉机修造厂工人,家住××市河东××街26组12号。

特别提示:“2021版公安机关行政案件立卷规范”可扫描下方二维码阅读。

公安机关行政案件立卷规范(2021版)

第十章　道路交通事故案卷文书

《中华人民共和国道路交通安全法》《中华人民共和国道路交通安全法实施条例》于2004年5月1日起生效实施，而《道路交通事故处理程序规定》也于2009年1月1日起开始执行，部分条款后经多次修订。新的道路交通法律、法规和规章与旧的法规、规章相比，无论在形式上还是内容上，尤其在交通事故处理方面，都有很大的改变和调整。经过全面修订后的《道路交通事故案卷文书》(GA40-2008)已于2009年1月1日起在全国正式实施。

道路交通事故案卷文书是公安机关交通管理部门在依法办理交通事故案件过程中，依照公共安全行业标准制作的、具有法律效力的专用文书，与其他的刑事、行政等法律文书具有共同点，但也有明显的区别。它具有鲜明的行政执法特征，是公安机关交通管理部门用于处理交通事故案件的专用公文。

道路交通事故案卷文书属于公文的一种，与其他国家行政机关的公文的差别在于，无论其形式和内容都有别于《国家行政机关公文处理办法》规定的通用公文，也有别于公安机关办理刑事、治安案件的法律文书。

道路交通事故案卷文书作为处理交通事故的专用公文，只能由公安机关交通管理部门依法履行职责时使用。虽然交通事故案卷文书在具体制作和使用中，某些地方可能出现公安机关的名义，比如涉及治案拘留的裁决书、对交通肇事者追究刑事责任的移送文书等，都需要以公安机关的名义，但不影响公安机关交通管理部门办理交通事故案件的本质属性。

道路交通事故案卷文书的制作必须依照法律、法规、规章和技术标准的具体规定。交通事故案卷文书是由公安机关交通管理部门依法制作、使用的法律文书，具有法律效力，是国家强制力在交通事故处理活动中的具体体现，其具体的表现形式就是通过在交通事故案卷文书的制作使用过程中，确定公安机关交通管理部门和交通事故当事人之间、当事人与当事人之间的法律关系。这种法律关系具有稳定性，也具有执行效力，一经确定，未经法定程序，不可改变。

第一节　道路交通事故处理简易程序

一、概念及法律依据

《道路交通事故认定书》(简易程序)是指公安机关交通管理部门及其交通警察适用简易程序处理事实清楚、权利义务关系明确、当事人之间争议较小这类事故的专用文书。该文书适用于：在道路上发生的未造成人身伤亡或者仅造成轻微财产损失、当事人对事实或成因有争议,当事人自行撤离现场后,经协商未达成协议,受伤人员认为自己伤情轻微,当事人对事实及成因无争议,但是对赔偿有争议的道路交通事故。

《道路交通安全法实施条例》第八十九条第二款规定:对属于前款规定情况(机动车与机动车、机动车与非机动车在道路上发生未造成人身伤亡的交通事故,当事人对事实及成因无争议的)的道路交通事故,交通警察可以适用简易程序处理,并当场出具道路交通事故认定书。

《道路交通事故处理程序规定》第十五条规定:对仅造成人员轻微伤或者具有本规定第八条第一款第二项至第八项规定情形之一的财产损失事故,公安机关交通管理部门可以适用简易程序处理,但是有交通肇事犯罪嫌疑的除外。

第十六条规定:交通警察适用简易程序处理道路交通事故时,应当在固定现场证据后,责令当事人撤离现场,恢复交通。拒不撤离现场的,予以强制撤离。撤离现场后,交通警察应当根据现场固定的证据和当事人、证人叙述等,认定并记录道路交通事故发生的时间、地点、天气、当事人姓名、机动车驾驶证号、联系方式、机动车种类和号牌、保险凭证号、交通事故形态、碰撞部位等,并根据当事人的行为对发生道路交通事故所起的作用以及过错的严重程度,确定当事人的责任,制作道路交通事故认定书,由当事人签名。

运用简易程序处理交通事故,可以提高公安机关交通管理部门及其交通警察的事故处理效率,降低执法成本,减少交通事故对道路通行秩序的影响,同时也可节省当事人的事故处理时间,但并非所有的交通事故都可以运用简易程序来处理。

适用简易程序的交通事故,也就是使用《道路交通事故认定书》的范围应当符合《中华人民共和国道路交通安全法》第七十条第二款、第三款规定的交通事故和《道路交通事故处理程序规定》第十六条所规定的内容。

二、结构内容及写作方法

《道路交通事故认定书》属于多联式填充型文书。该文书存档一份,交付各方当事人各一份。可使用无碳复写纸制作。简要叙述交通事故发生时间、当事人及车辆情况、事故发生经过、事故形态及后果等内容,并由当事人签名予以确认。根据当事人的行为对发生交通事故所起的作用以及过错的严重程度,确定当事人的事故责任。受当事人的共同请求,事故处理民警应当当场进行调解,并在道路交通事故认定书上记录调解结果,民警和当事人签名予以确认, 将道路交通事故认定书交付当事人。

如果当事人拒绝在认定书上签名,则表明当事人不同意交通管理部门对事故事实的认定,那么这种在事实认定上所存在的分歧,也不能适用调解,如果当事人一方以上不同意进行调解,依据调解自愿原则,则不能适用调解。交通警察可以在道路交通事故认定书上载明有关情况后,将道路交通事故认定书交付当事人,当事人可以直接向人民法院提起民事诉讼。

叙述责任时引用法律条文要使用全称,以免发生歧义。如果引用不全,法院审判时会以适用法律不当的理由给予否定的判决或裁定。在适用简易程序处理交通事故中,对当事人有违法行为需要给予行政处罚的,依照《道路交通安全违法行为处理程序规定》办理。

【例文】

道路交通事故认定书(简易程序)

第12号

<table>
<tr><td colspan="2">事故时间</td><td colspan="3">2014年8月31日14时30分</td><td>天气</td><td>晴</td></tr>
<tr><td colspan="2">事故地点</td><td colspan="5">兰州市西津西路284号</td></tr>
<tr><td>当事人</td><td>王××</td><td>驾驶证或身份证号码</td><td>6201××××××××××××××</td><td>联系电话</td><td colspan="2">13919039×××</td></tr>
<tr><td>交通方式</td><td>私人轿车</td><td>机动车型号、牌号</td><td>甘A-30×××</td><td>保险凭证号</td><td colspan="2">09312532301493×××</td></tr>
<tr><td>当事人</td><td>胡××</td><td>驾驶证或身份证号码</td><td>6201××××××××××××××</td><td>联系电话</td><td colspan="2">13893162×××</td></tr>
<tr><td>交通方式</td><td>私人轿车</td><td>机动车型号、牌号</td><td>甘A-25×××</td><td>保险凭证号</td><td colspan="2">09311180301030×××</td></tr>
<tr><td>当事人</td><td></td><td>驾驶证或身份证号码</td><td></td><td>联系电话</td><td colspan="2"></td></tr>
<tr><td>交通方式</td><td></td><td>机动车型号、牌号</td><td></td><td>保险凭证号</td><td colspan="2"></td></tr>
<tr><td>交通事故事实及责任</td><td colspan="6">2014年8月31日14时30分,胡××驾驶甘A-25×××小型客车行驶至兰州市陇西路东段15号时与正在路口等候放行信号的王××驾驶的甘A-30×××小型客车发生追尾事故,两车轻微受损。

当事人 王×× 、胡×× 兰州市公安局城关交警大队(印章)

交通警察 杨×× 2014年8月31日</td></tr>
<tr><td>损害赔偿调解结果</td><td colspan="6">经调查:
此事故中,胡××违反《中华人民共和国道路交通安全法》第43条“同车道行驶的机动车,后车应当与前车保持足以采取紧急制动措施的安全距离”的规定,负全部责任。王××无责任。本次事故中王××的车损500元由胡××承担,并现场支付。

当事人 王×× 、胡×× 兰州市公安局城关交警大队(印章)

交通警察 杨×× 2014年8月31日</td></tr>
</table>

有下列情形之一或者调解未达成协议及调解生效后当事人不履行的,当事人可以向人民法院提起民事诉讼:(一)当事人对交通事故认定有异议的;(二)当事人拒绝签名的;(三)当事人不同意由交通警察调解的。

注:此文书存档一份,交付各方当事人各一份。可使用无碳复写纸制作。

第二节　《受理道路交通事故案件登记表》

一、概念及法律依据

《受理道路交通事故案件登记表》是公安交通管理部门在接到报警时制作的记录案件原始情况，对违反交通管理的行为表明是否立案的内部审批文书。它是公安机关交通管理部门决定对交通事故进行立案调查时使用的文书，是对发生的涉及车辆的人员伤亡或财产损失事故是否作为交通事故立案的依据。《受理道路交通事故案件登记表》不仅是复核交通事故的证据，也是研究案情、追究交通肇事犯罪法律责任的依据之一。

《道路交通事故处理程序规定》第十二条规定："经核查道路交通事故事实存在的，公安机关交通管理部门应当受理，并告知当事人；经核查无法证明道路交通事故事实存在，或者不属于公安机关交通管理部门管辖的，应当书面告知当事人，并说明理由。"

因此，凡作为交通事故受理的，均应填写本文书。适用简易程序处理的交通事故不制作本文书。

二、结构内容及写作方法

《受理道路交通事故案件登记表》包括首部、正文、尾部。

首部包括文书名称、事故时间和事故地点。

正文包括报警内容、初步调查内容、办案人意见、签名并注明日期，要求客观、真实、准确地记录报警人所反映的交通事故情况，不能随意增减或变更报警的内容。填写时，应因案而异，侧重把不同交通事故的不同情况和基本要素记写清楚，与事故基本要素有关的情况要详记，无关的可略记或不记。另外，有关人员伤亡及损失情况要实事求是地写明。经过初步调查证实后的事故损害后果，要写明具体数量和情况。办案人意见一栏由接报人填写立案适用的法律条文，签名并注明日期。

尾部包括领导批示和批示日期，应写明同意或不同意，由领导签名并注明日期。领导批示"立案调查"的，应当按交通事故的一般程序对该案进行调查处理；领导批示"不予立案"的，应当用《道路交通事故处理通知书》书面通知当事人，并告知其处理途径；需要移送其他有关部门处理的，应当填写《移送案件通知书》，将调查材料一并移送有管辖权的单位处理。

三、制作与使用应注意的事项

1.《受理道路交通事故案件登记表》应以原始报警材料为基础进行制作，应如实记载交通事故报警内容和初步调查的内容。

2. 交通事故办案人员赶赴现场，经过实地勘查、初步调查，将事故情况及损害后果进行记写后，办案人员应根据有关法律条款明确提出是否立案的意见。

3. 本文书是对事故立案并进行调查处理的依据，存入交通事故案卷。

【例文】

<table>
<tr><td colspan="7">受理道路交通事故案件登记表
第12号</td></tr>
<tr><td colspan="2">案　由</td><td colspan="5">道路交通事故</td></tr>
<tr><td colspan="2">案件来源</td><td colspan="5">当事人报警</td></tr>
<tr><td colspan="2">报警时间</td><td colspan="5">2014年9月20日15时30分</td></tr>
<tr><td colspan="2">报警方式</td><td colspan="5">电话报警</td></tr>
<tr><td rowspan="3">报
警
人</td><td>姓　名</td><td>张××</td><td>性别</td><td>男</td><td>报警(联系)
电话</td><td>1879039××××</td></tr>
<tr><td>住址
(或单位)</td><td colspan="3">兰州市七里河瓜州路31号</td><td colspan="2"></td></tr>
<tr><td>附　注</td><td colspan="5"></td></tr>
<tr><td colspan="7">报案内容:
　　驾驶员张××电话报案称,2014年9月20日15时30分在儿童公园门口开车与一个骑自行车的人相撞,伤者已被送往医院急救。</td></tr>
<tr><td colspan="2">受案人意见</td><td colspan="5">属于伤人交通事故,建议受理。
　交通警察:刘××　陈××　　　2014年9月20日</td></tr>
<tr><td colspan="2">领导审批</td><td colspan="5">同意受理。
签名:王××　　　　　2014年9月20日</td></tr>
</table>

第三节 交通事故立案登记表

一、概念及法律依据

《交通事故立案登记表》是公安交通管理部门在接到报警时制作的记录案件原始情况，对违反交通管理的行为表明是否立案的内部审批文书。它是公安机关交通管理部门决定对交通事故进行立案调查时使用的文书，是对发生的涉及车辆的人员伤亡或财产损失事故是否作为交通事故立案的依据。《交通事故立案登记表》不仅是复核交通事故的证据，也是研究案情、追究交通肇事犯罪法律责任的依据之一。

《道路交通事故处理程序规定》第十二条规定："经核查道路交通事故事实存在的，公安机关交通管理部门应当受理，并告知当事人；经核查无法证明道路交通事故事实存在，或者不属于公安机关交通管理部门管辖的，应当书面告知当事人，并说明理由。"

《中华人民共和国刑事诉讼法》第一百零七条规定："公安机关或者人民检察院发现有犯罪事实或者犯罪嫌疑人，应当按照管辖范围，立案侦查。"

因此，凡作为交通事故立案的，均应填写本文书。对于是否立案，应当是在制作本文书后由领导审批决定：同意立案的，按交通事故一般程序进行调查处理；不予立案的，书面通知当事人并将案件移送有关部门或者告知当事人处理途径。凡需追究刑事责任的交通肇事案件，应另行立案登记，作为刑事案件处理。

二、结构内容及写作方法

交通事故立案登记表包括首部、正文、尾部。

首部包括文书名称、事故时间和事故地点。

正文包括报警内容、初步调查内容、办案人意见、签名并注明日期，要求客观、真实、准确地记录报警人所反映的交通事故情况，不能随意增减或变更报警的内容。填写时，应因案而异，侧重把不同交通事故的不同情况和基本要素记写清楚，与事故基本要素有关的情况要详记，无关的可略记或不记。另外，有关人员伤亡及损失情况要实事求是地写明。经过初步调查证实后的事故损害后果，要写明具体数量和情况。办案人意见一栏由接报人填写立案适用的法律条文，签名并注明日期。

尾部包括领导批示和批示日期，应写明同意或不同意，由领导签名并注明日期。领导批示"立案调查"的，应当按交通事故的一般程序对该案进行调查处理；领导批示"不予立案"的，应当用《交通事故处理通知书》书面通知当事人，并告知其处理途径；需要移送其他有关部门处理的，应当填写《移送案件通知书》，将调查材料一并移送有管辖权的单位处理。

三、制作与使用应注意的事项

1.交通事故立案登记表应以原始报警材料为基础进行制作，应如实记载交通事故报警内容和初步调查的内容。

2.交通事故办案人员赶赴现场，经过实地勘查、初步调查，将事故情况及损害后果进行记写后，办案人员应根据有关法律条款明确提出是否立案的意见。

3.本文书是对事故立案并进行调查处理的依据，存入交通事故案卷。

【例文】

交通事故立案登记表	
事故时间	2014年8月13日9时20分
事故地点	南山公路小山嘴
报案内容	接群众报案称，2014年8月13日9时20分在南山公路小山嘴转弯处，一辆摩托车下山时将车撞在道路右侧的护栏上。
初步调查内容	经初步调查： 骑车人及乘车人两人死亡。
办案人意见	依据《道路交通事故处理程序规定》二十条之规定，建议立案调查。 交通警察：关××　翟××　2014年8月13日
领导批示	同意立案 签名：张×　　　　2014年8月13日

第四节　道路交通事故现场勘查笔录

一、概念及法律依据

《道路交通事故现场勘查笔录》是公安交通管理部门对交通事故现场进行实地勘验、调查后，对现场勘查工作情况及工作内容完整、准确地加以记录，以此反映现场勘查情况的文字材料。它是公安交通管理部门对交通事故案件的现场进行勘验检查时，记录现场勘查过程以及在现场提取证据和结果的文书。

《道路交通事故现场勘查笔录》既是现场调查工作的纪实，又是记录肇事事实，进行事故分析，认定事故责任的重要依据。交通肇事案件现场勘查笔录一经查证属实，就可以成为刑事诉讼的八种证据之一，就是确定案件性质和对交通肇事犯罪嫌疑人定罪量刑的根据。在处理交通事故过程中，凡经普通程序处理交通事故，均应制作现场勘查笔录，为事故损害赔偿和依法处理肇事人提供法律依据。

《公安机关办理行政案件程序规定》第六十七条规定："办案人员对于违法行为案发现场，必要时可以进行勘验，及时提取与案件有关的证据材料，判断案件性质，确定调查方向和范围。"

《公安机关办理刑事案件程序规定》第二百零八条规定:“侦查人员对于与犯罪有关的场所、物品、人身、尸体应当进行勘验或者检查,及时提取、采集与案件有关的痕迹、物证、生物样本等。”第二百一十一条规定:“勘查现场,应当拍摄现场照片、绘制现场图,制作笔录,由参加勘查的人和见证人签名。对重大案件的现场,应当录像。”第二百一十二条规定:“为了确定被害人、犯罪嫌疑人的某些特征、伤害情况或者生理状态,可以对人身进行检查,提取指纹信息,采集血液、尿液等生物样本。被害人死亡的,应当通过被害人近亲属辨认、提取生物样本鉴定等方式确定被害人身份。犯罪嫌疑人如果拒绝检查、提取、采集的,侦查人员认为必要的时候,经办案部门负责人批准,可以强制检查、提取、采集。……检查的情况应当制作笔录,由参加检查的侦查人员、检查人员、被检查人员和见证人签名。被检查人员拒绝签名的,侦查人员应当在笔录中注明。”

《道路交通事故处理程序规定》第二十四条规定:“交通警察勘查道路交通事故现场,应当按照有关法规和标准的规定,拍摄现场照片,绘制现场图,提取痕迹、物证,制作现场勘查笔录。发生一次死亡三人以上道路交通事故的,应当进行现场摄像。现场图、现场勘查笔录应当由参加勘查的交通警察、当事人或者见证人签名。当事人、见证人拒绝签名或者无法签名以及无见证人的,应当记录在案。”

《刑事诉讼法》第一百二十八条、第一百三十条、第一百三十二条及第一百三十三条等也做了相应的规定。

二、结构内容及写作方法

《道路交通事故现场勘查笔录》由首部、正文、结尾三部分组成。

1.首部包括标题和道路交通事故的基本情况。基本情况包括事故发生的时间、地点、天气,勘查人员姓名、单位,现场勘查开始与结束时间等。

2.正文是现场勘查的详细记录。

(1)道路基本情况

主要包括道路走向,影响视线或行驶的障碍物,道路交通标志,道路隔离设施,路面性质,路表情况以及其他需要记录的情况。

(2)相关部门到达情况

急救、医疗部门或消防部门到达情况。

(3)初步判断现场人员伤亡

死亡或受伤人数,并由急救、医疗人员签名确认。

(4)肇事车辆情况

①现场有肇事车辆数量、车辆型号及牌号、是否有保险标志、车辆档位、转向灯开关位置、照明灯开关位置、是否扣留车辆及行驶证;

②肇事车辆不在现场的,初步判断车型、车号、颜色、驶离路线或方向或无相关信息,以及其他需要记录的情况。

(5)当事人及证人情况

①肇事驾驶人是否在现场,若在现场,其姓名和身份证件名称、号码及联系方式,是否已

扣押机动车驾驶证；

②除肇事驾驶人外，现场共查找到若干名当事人，其姓名和身份证件名称、号码及联系方式；

③现场共查找到若干名证人，其姓名和身份证件名称、号码及联系方式。

(6)涉及危险物品情况

是否涉及危险物品，初步查明危险物品或为爆炸物品，或为易燃易爆化学物品，是否具有毒害性、放射性或腐蚀性，或为传染病病原体或其他危险物品，以及其他危险物品名称。

(7)抽血或提取尿样情况

现场共带离几名（附姓名）涉嫌酒后或服用国家管制的精神药品、麻醉药品嫌疑的当事人进行抽血或提取尿样。

(8)痕迹物证提取情况

是否提取痕迹物证及其名称。

(9)照相或摄像情况

现场是否拍照，是否摄像。

(10)其他需要记录情况

3.结尾由现场勘查人员、记录人、当事人或者见证人签名。

三、制作与使用应注意的事项

1.交通事故现场勘查笔录和现场照相、现场绘图、尸体检查记录，都是现场勘查笔录的重要组成部分，应该相互配合，形成一个统一的整体。

2.交通事故现场勘查笔录是刑事与民事诉讼的证据之一，必须存入交通事故案卷。

3.现场勘查笔录的基本要求是清楚、准确，能够真实、客观地反映现场概况，做到可根据记录内容恢复现场的原始状况。因此，在记述现场地点、方位、物体之前，要选择叙述的基准点，然后用东、西、南、北“四至”的方法进行叙述，不要用“里外”“前后”“左右”等词，以免产生歧义。对现场的分析、判断、估计、推测的情景都不能写进笔录，以免失去其证据作用和法律效力。

4.现场勘查笔录必须与现场照相、现场绘图所反映的固定内容相统一，使三者成为一个有机的整体，互相印证，互相补充。

5.对尸体外表检验、现场实验、物证检验等，应单独制作笔录，但上述检验工作如果与现场勘查工作同时进行的，应在笔录中予以说明。

【例文】

道路交通事故现场勘查笔录

事故地点	南山公路小山嘴转弯处	天 气	晴
勘查时间	2014年8月13日9时40分至2014年8月13日10时0分		
勘查人员姓名	李×　俞××　柴××　王×		
单 位	××市公安局交警支队××大队		

一、道路基本情况

道路走向：南北　　　　　道路行政等级：等外

影响视线或行驶的障碍物：☑无　□有：＿＿＿＿＿＿＿。

道路交通标志：☑无　□有：标志名称及内容：＿＿＿＿＿＿＿。

道路隔离设施：□无　☑有：名称：公路边沿护栏＿＿＿＿＿。

路面性质：☑沥青 □水泥 □砂石

路表情况：☑干燥 □潮湿 □积水 □漫水 □冰雪 □泥泞 □其他

照明情况：☑白天　夜间路灯照明：□无　□有

其他需要记录的情况：

连续下坡一般急弯，二轮摩托车及尸体在公路外土坡处。

二、相关部门到达情况

1.急救、医疗部门："120"急救车　　　2.消防部门：

三、初步判断现场人员伤亡

死亡：（2）人；急救、医疗人员签名确认：

受伤：（×）人。

四、肇事车辆情况

1.现场有肇事车辆（壹）辆。

甲车：A.车辆型号及牌号（蓝色二轮摩托车　无牌　）；

B.是否有保险标志（ 无 ）；C.车辆档位（ 三档 ）；D.转向灯开关位置（ 关 ）；E.照明灯开关位置（ 关 ）；F.是否扣留车辆及行驶证（　　　）。

乙车：A.车辆型号及牌号（　　　　　　）；

B.是否有保险标志（　　）；C.车辆档位（　　）；D.转向灯开关位置（　）；E.照明灯开关位置（　　　）；F.是否扣留车辆及行驶证（　　　）。

丙车：A.车辆型号及牌号（　　　　　　　　）；

B.是否有保险标志（　　）；C.车辆档位（　　）；D.转向灯开关位置（　）；E.照明灯开关位置（　　　）；F.是否扣留车辆及行驶证（　　　）。

2.肇事车辆不在现场。

经初步判断：A.车型（二轮摩托车）；B.车号（ 无 ）；C.颜色为（蓝色）；D.驶离路线或方向（由南向北下山驶出路面）；E.无相关信息（ 无 ）。

其他需要记录的情况：

无牌二轮摩托车撞在路北侧边沿护栏顶端，造成驾驶员及乘车人当场死亡。

五、当事人及证人情况

1.肇事驾驶人是否在现场（ 在 ）。若在现场，其姓名和身份证件名称、号码及联系方式如下：

驾驶员当场死亡。

是否已扣押机动车驾驶证：

2.除肇事驾驶人外，现场共查找到（壹）名当事人，其姓名和身份证件名称、号码及联系方式如下：

当事人当场死亡。

3.现场共查找到（ 壹 ）名证人，其姓名和身份证件名称、号码及联系方式如下：

罗××，男，南山护林职工。

联系电话：150××××××46

道路交通事故现场勘查笔录(续页)

<table>
<tr><td>六、涉及危险物品情况
是否涉及危险物品:☑否 □ 是:
初步查明危险物品为:□ 爆炸物品 □ 易燃易爆化学物品 □ 毒害性
☒放射性 ☒腐蚀性 ☒传染病病原体 ☒其他危险物品。
危险物品名称为:无</td></tr>
<tr><td>七、抽血或提取尿样情况:现场共带离(×)名涉嫌酒后或服用国家管制的精神药品、麻醉药品嫌疑的当事人进行抽血或提取尿样,分别为:无</td></tr>
<tr><td>八、痕迹物证提取情况:提取痕迹物证:□否 ☒是
分别为:</td></tr>
<tr><td>九、照相或摄像情况。现场是否拍照:☑是 □ 否;现场是否摄像:☑是 □ 否。</td></tr>
<tr><td>十、其他需要记录情况

注:此事故的两名当事人均已死亡。办案民警:关×× 翟××</td></tr>
<tr><td>现场勘查人员签名:柴×× 王× 记录人签名:王×</td></tr>
<tr><td>当事人或者见证人签名:</td></tr>
</table>

第五节 询问笔录

一、概念及法律依据

《询问笔录》是公安交通管理部门为了解案情事实,依法对违法嫌疑人、其他当事人、证人进行调查时所制作的文字记录。

询问是公安交通管理部门处理交通违法行为最重要的调查程序之一。询问笔录一经核实,就成为公安交通管理部门裁决交通违法行政案件以及日后行政复议、行政诉讼的重要证据。涉及交通肇事案件询问笔录是刑事诉讼的八种证据之一,对提高办案质量、保证依法行政具有重要的意义,办案人员必须依法认真制作。

《交通事故处理程序规定》第二十三条第三款规定:“交通警察应当对事故现场进行调查,查找当事人、证人进行询问,并制作询问笔录。”

《公安机关办理行政案件程序规定》第五十二条规定:“公安机关询问违法嫌疑人,可以到违法嫌疑人住处或者单位进行,也可以将违法嫌疑人传唤到其所在市、县内的指定地点进行。”

《公安机关办理行政案件程序规定》第五十五条至第六十三条以及《刑事诉讼法》第一百二十条、第一百二十二条至第一百二十五条对询问也分别做了相应的规定。

公安机关交通管理部门应当依法对道路交通事故受害人、证人等进行询问。询问时,应当根据需要问明交通方式、天气、路况、驾驶人行车情况以及机动车车牌号码、驾驶车型、行驶路线、驾驶时间、行驶速度、交通事故发生经过等与交通事故有关的其他情况。

二、结构内容及写作方法

《询问笔录》由首部、正文和尾部组成。

1.首部包括文书名称（已印制好）、询问次数、询问起止时间、询问地点、询问人姓名及其工作单位（询问人所属的公安交通管理部门）、记录人姓名及其工作单位（记录人所属的公安交通管理部门）、被询问人基本情况（包括姓名、性别、出生日期、户籍所在地、现住址、身份证件名称及号码、联系电话等），应当按照要求逐项填写清楚，没有相关内容的栏目填写"无"。

2.正文部分采用问答形式记录。对被询问人的回答使用第一人称记录。询问时应当按照以下顺序进行和记录：

（1）公安交通管理部门询问人员首先要向被询问人表明身份，告知其对办案人员的提问要如实回答以及对与本案无关的问题有拒绝回答的权利。

（2）应当问明违法嫌疑人、其他当事人、证人的基本情况。包括姓名、出生日期、户籍所在地、现住址、身份证件号码、工作单位、文化程度等情况。违法嫌疑人为外国人的，询问时还应当问明其国籍、出入境证件种类及号码、签证种类、入境时间、入境事由等有关情况，必要时，还应当问明在华的关系人等情况。公安交通管理部门办案人员应当查验身份证、工作证、护照等身份证件，把证件上记载的内容与被询问人交代的内容相互对照验证。对上述情况应当在询问笔录的首部和正文中如实记录。

第二次询问时，如果没有疑点，不需要再予以核实确认的，不再询问违法嫌疑人上述基本情况。如需进一步核实的，可以有针对性地询问并记录。

（3）应当询问与道路交通安全违法事实有关的问题。第一次询问时，首先要询问被询问人有无实施或见证违法行为，听取其实施或见证违法行为的申辩或者陈述违法事实。一般情况下，要问清并准确记录与道路交通安全违法事实有关的基本内容，主要包括违法行为发生的时间、地点、受害人、造成的危害、违法所得等情况。最后要询问违法嫌疑人有没有需要进一步补充交代或者申辩的内容。对违法嫌疑人的申辩，要充分听取并客观完整记录其陈述的理由和依据。

询问受害人或者证人的身份，应当先确定受害人、证人、违法嫌疑人之间的关系。然后询问并记录受害人或者证人了解的与案件事实有关的情况。对受害人、证人提供的案件有关情况，包括案件涉及的人员、时间、地点、经过、结果等都应当详细记录。要问清上述情况的来源，是亲自听见和看到的，还是间接了解的（听别人介绍的或者是道听途说）或是自己的推测、估计。同时，还要问清当时的环境、是否还有其他人在场或者了解情况等。如果受害人或者证人对有关情况表示不能肯定的，应当明确记录下来。

3.尾部。询问结束时，询问笔录应当交由被询问人核对，被询问人没有阅读能力的，应当向其宣读。如记录有误或者遗漏，应当允许被询问人更正或者补充，询问人员应当要求被询问人在询问笔录所有被涂改的地方捺指印。被询问人看完或者听完宣读笔录并更正补充后，办案人员应当要求其在笔录的末尾写明对笔录的意见，即"以上笔录我看过，与我说的相符"，并签名或者捺指印；被询问人没有书写能力的，由办案人员代为书写"以上笔录我看过（或向我宣读过），与我说的相符"，由其本人签名或者捺指印。同时，被询问人还应当在笔录除最后一页之外的每一页右下角签名或者捺指印，最后一页在规定处签名或捺指印。被询问人拒绝签名或者捺指印的，办案人员应当在笔录上注明。询问笔录上所列项目，应当按照规定填写齐全。办案人员、翻译人员都应当在询问笔录上签名。

三、制作与使用应注意的事项

1.为了提高询问的效率和效果，询问前，公安交通管理部门办案人员要做好充分的准备，尽量了解被询问人的各种背景情况，熟悉案件材料，拟定询问计划。

2.《公安机关办理行政案件程序规定》规定，询问必须由办案人员进行，不得以任何借口让其他人员代为询问。同一案件有两个以上违法嫌疑人的，必须个别进行。询问时，应当告知被询问人对办案人员的提问有如实回答的义务以及对与本案无关的问题有拒绝回答的权利。

3.询问未成年的违法嫌疑人、其他当事人、证人时，应当通知其监护人或者教师到场，确实无法通知的，应当记录在案。询问未成年的违法嫌疑人可以在公安机关进行，也可以到其住所、单位、学校或者其他适当的地点进行。询问聋、哑人，应当有通晓聋、哑手势的人参加，并在询问笔录上注明违法嫌疑人、其他当事人、证人的聋、哑情况，以及翻译人的姓名、住址、工作单位和职业。询问不通晓当地语言文字的违法嫌疑人，也应当配备翻译人员。

4.记录内容应当客观。询问笔录必须客观反映询问中询问人员的问话和被询问人的答话，要尽量记录被询问人的原话，必要时，还应当记载被询问人的表情动作以及询问人出示证据等动作。笔录既要记述被询问人的陈述，也要记述被询问人的申辩，公安机关应当认真核查。询问违法嫌疑人，在文字记录的同时，可以根据需要录音、录像。询问笔录应当存入事故案卷。

【例文】

询问笔录(第1次)

询问时间　2014年5月5日13时0分至2014年5月5日14时05分

询问地点　××市中山路110号

询问人(签名)　杨××　工作单位　××市公安局交通警察大队

记录人(签名)　王××　工作单位　××市公安局交通警察大队

被询问人　马××　性别　男　出生日期：1962年5月10日

户籍所在地　××省××市××乡××村

现住址：××省××市中山路110号

被询问人身份证件种类及号码　身份证62010219620510××××

联系电话：13919××××××

(口头传唤的被询问人　月　日　时　分到达，　月　日　时　分离开，本人签字确认：马××　)

问：我们是××市公安局交警大队的民警，现依法对你进行询问，你应当如实回答，对与本案无关的问题有拒绝回答的权利。听清楚了没有？

答：听明白了。

问:5月4日也就是昨天晚上你在什么地方?
答:我和老婆在我们家开的百货商店里做生意。
问:你的百货商店在什么地方?
答:在中山路110号。
问:昨天晚上在你百货商店门外的路上发生了交通事故,你看到了吗?
答:我看到了。
问:说一下你当时看到的情况?
答:昨天晚上8点15分左右,我刚送走买完东西的顾客,就看见一辆灰色长安面包车沿着中山路开过来,刚开到我的百货商店门外边的时候,就跟一辆摩托车撞上了。事故发生后,我就跑过去看热闹。
问:面包车是从什么方向开过来的?
答:是从庆阳路方向由东向西开过来的。
问:摩托车是从什么方向开过来的?
答:摩托车是从中山路方向由西向东开过来的。
问:面包车的什么地方与摩托车相撞?
答:面包车的左前保险杠处与摩托车相撞的,当时摩托车司机"哐"地一下就被从车上撞到地下,头也摔在地上,血淌了一大摊。
问:面包车司机当时救人了没有?
答:面包车司机当时吓坏了,赶紧从车里下来,过去看那个摩托车司机,反正伤得挺重的。面包车里还下来了两个人,他们一边打电话报警,一边打的把摩托车司机送到医院去了。
问:他们在现场留人了没有?
答:他们中有两个把摩托车司机送去医院,留下了一个人看着两辆撞翻的车。
问:面包车当时行驶的速度如何?
答:面包车当时开得较快,大概50至60公里/小时。
问:摩托车当时行驶的速度如何?
答:摩托车当时开得不是很快,大概30公里/小时。
问:面包车是由一个什么样的人驾驶的?
答:面包车司机大概有25、26岁的样子,中等个子,就是留在现场看车的那个人。你们警察来出现场时,他把驾照证件交给了你们。
问:你是否看到面包车和摩托车的车号?
答:我光看到了面包车的车号是甘A-×××××,摩托车的车号我没有注意。
问:你的百货商店门前的下水井盖子为什么不见了?
答:我也不知道,反正前几天我们这里正在修路,乱糟糟的。前一阵子下水井盖子还好好的在呢,可能是让人给偷走了。
问:你是否认识当事双方?
答:两方我都不认识。
问:你还有什么需要补充的吗?

答:没有了。

以上记录我看过,和我说的相符。

马××(捺指印)
2014年5月5日

第六节 讯问笔录

一、概念及法律依据

《讯问笔录》是公安机关办案人员依法对违法、犯罪嫌疑人就其是否实施违法、犯罪行为以及事实如何等问题进行讯问时,记载讯问情况的文字记录。

《刑事诉讼法》第一百二十条规定:"侦查人员在讯问犯罪嫌疑人的时候,应当首先讯问犯罪嫌疑人是否有犯罪行为,让他陈述有罪的情节或者无罪的辩解,然后向他提出问题。犯罪嫌疑人对侦查人员的提问,应当如实回答。但是对与本案无关的问题,有拒绝回答的权利。"第一百二十二条规定:"讯问笔录应当交犯罪嫌疑人核对,对于没有阅读能力的,应当向他宣读。如果记载有遗漏或者差错,犯罪嫌疑人可以提出补充或者改正。犯罪嫌疑人承认笔录没有错误后,应当签名或者盖章。侦查人员也应当在笔录上签名。犯罪嫌疑人请求自行书写供述的,应当准许。必要的时候,侦查人员也可以要犯罪嫌疑人亲笔书写供词。"

《公安机关办理刑事案件程序规定》第一百九十三条至二百零一条对讯问做了详细规定。

公安机关交通管理部门应当依法对肇事人、其他当事人、证人进行讯问。讯问时,应当根据需要问明交通方式,驾驶人和机动车所有人、管理人的基本情况,以及机动车驾驶证号、准驾车型、领取机动车驾驶证日期、驾驶经历,驾驶前活动、休息、餐饮情况,驾驶时身体状况,所驾车辆状况、保险情况、行驶路线、驾驶时间、行驶速度,交通事故发生经过,临危采取的措施及主观心态等与交通事故有关的情况。

二、结构内容及写作方法

本文书属叙述型文书,由首部、正文和尾部组成。

首部包括文书名称(已印制好)、讯问时间、讯问地点、讯问人员姓名及工作单位、被讯问人基本情况。

正文为讯问内容。

尾部为被讯问人签名或者捺指印。拒绝签名、捺指印的,应当在笔录尾部注明。

三、制作与使用应注意的事项

1.为了提高讯问的效率和效果,讯问前公安交通管理部门办案人员要做好充分的准备,尽量了解被讯问人的各种背景情况,熟悉案件材料,拟定讯问计划。

2.《公安机关办理刑事案件程序规定》规定，讯问必须由办案人员进行，不得以任何借口让其他人员代为讯问。同一案件有两个以上违法嫌疑人的，必须个别进行。讯问时，应当告知被讯问人对办案人员的提问有如实回答的义务以及对与本案无关的问题有拒绝回答的权利。

3.讯问未成年的违法嫌疑人、其他当事人、证人时，应当通知其监护人或者教师到场，确实无法通知的，应当记录在案。讯问未成年的违法嫌疑人可以在公安机关进行，也可以到其住所、单位、学校或者其他适当的地点进行。讯问聋、哑人，应当有通晓聋、哑手势的人参加，并在讯问笔录上注明违法嫌疑人、其他当事人、证人的聋、哑情况，以及翻译人的姓名、住址、工作单位和职业。讯问不通晓当地语言文字的违法嫌疑人，也应当配备翻译人员。

4.记录内容应当客观。讯问笔录必须客观反映讯问中讯问人员的问话和被讯问人的答话，要尽量记录被讯问人的原话，必要时，还应当记载被讯问人的表情动作以及讯问人出示证据等动作。笔录既要记述被讯问人的陈述，也要记述被讯问人的申辩，公安机关应当认真核查。讯问违法嫌疑人，在文字记录的同时，可以根据需要录音、录像。讯问笔录应当存入事故案卷。

【例文】

讯问笔录(第1次)

讯问时间　2014年5月　5日16时42分至2014年5月5日　17时20分

讯问地点　××市公安局城关交警大队事故股办公室

讯问人(签名)杨××　工作单位　××市公安局城关交警大队

记录人(签名)　王××　工作单位　××市公安局城关交警大队

被讯问人　周××　性别　男　出生日期：1980年8月15日

户籍所在地　××省××市××乡××村

现住址　××省××市××乡××村

被讯问人身份证件种类及号码　身份证　62010219800815××××

联系电话　8423××××　138931×××××

(口头传唤的被讯问人　5　月　5　日　15时30　分到达，5月　5日　17　时20　分离开，本人签字确认：　周××　)

问：我们是××市公安局交警大队的民警，现依法对你进行讯问，你应当如实回答，对与本案无关的问题有拒绝回答的权利。听明白了没有？

答：听明白了。

问：你有陈述、申辩以及申请回避的权利，你是否行使？

答：不行使。

问：将你的简历及家庭情况讲一下。

答：我从19××年至19××年在××县××乡××学校上小学，在××学校上初中；19××年初中毕业后回家务农至今。父亲：周××，57岁，××县××乡××村务农；母亲：朱××，55岁，××县××乡××村务农。

问：你以前是否受过刑事、行政等处罚？

答:没有。
问:你知道为什么传唤你吗?
答:知道。因为今天早上我开车和一辆摩托车相撞出了事故。
问:你把当时事故发生的情况讲一下。
答:2014年5月4日晚上6点10分,我驾驶甘A-××××号灰色长安面包车沿着榆中县城公路一直向东走,再由东岗西路方向往中山路方向走,大概8点左右,我开车至中山路110号处,和一辆迎面开来的摩托车相撞了。
问:你有无驾驶证,车主是谁?
答:我有驾驶证,是B型驾照,驾驶证号为620102××××××××,2002年领取的。我开的车是陈××的。
问:你的车是否上了保险?
答:我的车已经保过险,太平洋财产保险公司保的,保险证号是:620102××××××××号。
问:你车上有几个人,叫什么名字,他们是干什么的?
答:我车上有三个人,是我的朋友,叫张××、王××。张××是我们村长的侄子,也是个农民;王××是北赵官庄的农民,他是我的远房亲戚。
问:你开车去干什么?
答:我开车到西关下沟去帮朋友拉东西,没有想到出了事情。
问:你当时车速多少?
答:40多公里/小时。
问:你车况如何?
答:我一直都开这辆车,车况较好。
问:对方摩托车当时是怎样行驶的?
答:那辆摩托车当时是由西向东行驶的,他的车开得很快。车速我估计大概有60多公里/小时。
问:你是什么时间驾车从什么地方出来上路行驶的?
答:我是晚上6点多钟从家里开车出来的。
问:出车前你在干什么?
答:出车前我在家里吃过饭,然后就叫上我的两个朋友开车出来了。
问:你吃饭的时候喝酒了没有?
答:我吃饭的时候没有喝酒,我有胃病,不敢喝酒。
问:你开车8点多钟到中山路,当时路况如何? 照明怎样?
答:我开车上路一直到出来,天已经快黑了,路上车不太多,中山路路况不太好,正在修路,路灯也不是特别亮。
问:你驾车使用灯光情况。
答:我是开了灯的,开的近光灯。
问:你既然开了灯,路上又有路灯,那你临危时是否发现了对方?
答:我远远发现了对方的摩托车,我以为他肯定要让我,所以没有减速。哪想到刚刚开到人行横道边,突然我发现路边一个井盖子没有了,我猛地向左边打了一把方向盘,结果就跟对方的摩托车撞上了。
问:对方的摩托车司机情况如何?
答:对方的摩托车司机一下就被撞翻在地,头受了伤。我和我的两个朋友赶紧把他送到兰医二院急救室,然后赶紧向交警队打电话报了警。
问:你当时采取其他措施了没有?
答:当时情况太突然,根本就来不及踩刹车,撞翻摩托车后我才赶紧刹住车。
问:你的面包车与对方的摩托车是在什么位置相撞的?
答:我车正前保险杠左边与对方的摩托车侧面前方相碰的。
问:你以前开车出过事故没有?
答:从来没有出过事故。
问:你还有要补充的吗?
答:没有了。

以上笔录我看过,与我说的相符。

周××(捺指印)
2014年5月5日

第七节 道路交通事故认定书

一、概念及法律依据

《道路交通事故认定书》是公安交通管理部门依照交通法律法规,对道路交通事故的当事人有无违法行为,以及对于违法行为与道路交通事故损害后果之间的因果关系进行定性、定量评断时所形成的文书材料。它是处理道路交通事故的证据文书。道路交通事故认定书是一种具有法律效力的鉴定文书,其目的是分清事故责任,为依照交通法律、法规和其他规定对肇事者做出正确恰当的处分,同时也为事故损害赔偿处理提供依据打下坚实基础。

《中华人民共和国道路交通安全法》第七十三条规定:“公安机关交通管理部门应当根据道路交通事故现场勘验、检查、调查情况和有关的检验、鉴定结论,及时制作道路交通事故认定书,作为处理道路交通事故的证据。道路交通事故认定书应当载明道路交通事故的基本事实、成因和当事人的责任,并送达当事人。”

《中华人民共和国道路交通安全法实施条例》第九十三条规定:“公安机关交通管理部门对经过勘验、检查现场的交通事故应当在勘查现场之日起10日内制作交通事故认定书。对需要进行检验、鉴定的,应当在检验、鉴定结果确定之日起5日内制作交通事故认定书。”

《道路交通事故处理程序规定》第四十七条规定:“公安机关交通管理部门应当自勘查现场之日起十日内制作道路交通事故认定书。交通肇事逃逸案件在查获交通肇事车辆和驾驶人后十日内制作道路交通事故认定书。对需要进行检验、鉴定的，应当在检验、鉴定结论确定之日起五日内制作道路交通事故认定书。”

第四十八条规定：“道路交通事故认定书应当载明以下内容：(1)道路交通事故当事人、车辆、道路和交通环境的基本情况；(2)道路交通事故发生经过；(3)道路交通事故证据及事故形成原因的分析；(4)当事人导致道路交通事故的过错及责任或者意外原因；(5)作出道路交通事故认定的公安机关交通管理部门名称和日期。道路交通事故认定书应当由办案民警签名或者盖章，加盖公安机关交通管理部门道路交通事故处理专用章，分别送达当事人，并告知当事人向公安机关交通管理部门申请复核、调解和直接向人民法院提起民事诉讼的权利、期限。”

二、结构内容及写作方法

《道路交通事故认定书》由首部、正文和尾部三部分组成。

1.首部。首部包括依法具有独立执法主体资格的公安交通管理部门名称、文书名称(已印制好)、文书编号、事故发生的时间和地点组成。文书编号是指本文书在本年度本类文书中的排列序号，接着写明道路交通事故发生的时间、地点和天气情况等。

2.正文。这部分是认定书的主体内容，包括事故发生时间、地点、天气，道路交通事故当事方基本情况，道路交通事故道路、环境，道路交通事故的基本事实，道路交通事故证据及形成原因的分析，当事人导致道路交通事故的过错及责任或者意外原因，以及办案人、办案单位道路交通事故处理专用章印、日期等。

3.尾部。事故处理人签名(必须是两人)，注明事故认定书制作日期，并加盖事故认定机关公章。尾部应说明道路交通事故当事人的权利和请求公安机关交通管理部门调解以及提出调解申请的时限，并告知当事人直接向人民法院提起民事诉讼的权利。

三、制作与使用应注意的事项

1.道路交通事故责任认定是事故处理的前提，特别是重大道路交通事故直接涉及当事人行政、刑事处罚及事故的经济赔偿。因此要正确撰写道路交通事故认定书，就必须具备下列基本条件：

(1)事故的时间、地点、经过、情节、原因、后果等有关的事实已经查清；

(2)事故的调查取证和技术鉴定完毕，有关证据已收集齐全，并已形成文字材料；

(3)对造成道路交通事故的各种因素和各种因素之间以及与道路交通事故之间的关系已经进行分析研究，并已写出事故成因分析报告。

2.制作道路交通事故认定书应注意分析和把握道路交通事故责任的构成要素，即道路交通事故责任的主体必须是具有交通行为的人，即事故当事人必须有违反交通法规的行为存在，当事人的交通违法行为和事故损害后果之间有因果关系，当事人在主观上有过错，而且只有同时具备这三方面的要素，才能认定一方当事人负有责任。因此，我们在认定事故责任时，一定要对调查获得的各种材料(如现场勘查、现场访问、当事人供述等)加以全面分析和综合评断，找出造成道路交通事故的主要原因，对照当事人违法行为的有关法律条款规定，并按照客观、合理、可行的指导思想，对事故当事人应否负事故责任，以及应负多大责任（是全部责任，还是无责任；是主要责任，还是次要责任；以及同等责任）做出准确、客观、无误的责任认定意见。

3.道路交通事故认定书语言表达要准确、恰当，文字要精练、通顺，并尽可能使用专业术语。制作后要反复检查，认真修改，特别要注意检查认定书与其他现场调查是否存在矛盾，仔细核对无误后，经领导审批后才能完成。

4.道路交通事故认定书一式数份，一份存入道路交通事故案卷，其他的应送达道路交通事故当事人（或代理人），并向其宣布责任认定结果。道路交通事故当事人接到此认定书后，对道路交通事故损害赔偿存在争议的，当事人可以请求公安机关交通管理部门进行调解，也可以直接向人民法院提起民事诉讼。

【例文】

（此处印制公安机关交通管理部门名称）

道路交通事故认定书

×公交认字〔20××〕第××××××××号

交通事故时间：2014年4月29日21时30分；天气：阴 交通事故地点：西津西路东街路口
当事人、车辆、道路和交通环境等基本情况： 马××，男，30岁，住甘肃省天水市××路××区××栋×楼××号，驾驶甘A-×××××号“富康”轿车，车主：××，住××市××路××区×××号。 陈××，女，70岁，住××市城关区××号×栋×单元×号，行人。
道路交通事故发生经过： 2014年4月29日21时30分，马××驾驶甘A-×××××号“富康”轿车沿西津西路由小西湖立交桥方向往西站方向行驶，当行至西津西路东街路口，遇陈××沿人行横道由汽车前进方向从右至左步行，双方相碰，致陈××受伤。
道路交通事故证据及事故形成原因分析： 根据现场勘查、当事人陈述、证人证言证实：此事故马××驾驶车辆行经人行横道未停车让行，违反《中华人民共和国道路交通安全法》第四十七条一款“机动车行经人行横道时，应当减速行驶；遇行人正在通过人行横道，应当停车让行”的规定，因此造成事故。
当事人导致交通事故的过错及责任或者意外原因： 根据《中华人民共和国道路交通安全法实施条例》第九十一条的规定，因当事人马××一方的过错导致道路交通事故，马××承担全部责任。 交通警察：杨××　赵×× （交通事故处理专用章）　　　　2014年5月5日

当事人对交通事故认定有异议的，可自本认定书送达之日起三日内，向上一级公安机关交通管理部门提出书面复核申请。复核申请应当载明复核请求及其理由和主要证据。对交通事故损害赔偿的争议，当事

人可以请求公安机关交通管理部门调解,也可以直接向人民法院提起民事诉讼。交通事故损害赔偿权利人、义务人一致请求公安机关交通管理部门调解损害赔偿的,应当在收到道路交通事故认定书或者上一级公安机关交通管理部门维持原道路交通事故认定的复核结论之日起十日内向公安机关交通管理部门提出书面调解申请。

接到此认定书后,对道路交通事故损害赔偿的争议,当事人可以请求公安机关交通管理部门调解,也可以直接向人民法院提起民事诉讼。道路交通事故赔偿义务人、权利人一致请求公安机关交通管理部门调解损害赔偿的,应当在收到道路交通事故认定书之日起十日内向公安机关交通管理部门提出书面调解申请。

第八节　道路交通事故损害赔偿调解书

一、概念及法律依据

《道路交通事故损害赔偿调解书》是公安交通管理部门在查明事故原因、确定道路交通事故造成的损失情况、认定道路交通事故责任后,召集当事人及其相关人员,对损害赔偿进行调解后所形成的法律文书。它反映了公民或法人的民事法律行为,是当事各方做出承诺、履行权利和义务的凭证。

《道路交通事故处理程序规定》第六十条规定:"当事人对道路交通事故损害赔偿有争议,各方当事人一致请求公安机关交通管理部门调解的,应当在收到道路交通事故认定书或者上一级公安机关交通管理部门维持原道路交通事故认定的复核结论之日起十日内,向公安机关交通管理部门提出书面申请。"

《中华人民共和国道路交通安全法实施条例》第九十五条规定:"公安机关交通管理部门调解道路交通事故损害赔偿争议的期限为10日。调解达成协议的,公安机关交通管理部门应当制作调解书送交各方当事人,调解书经各方当事人共同签字后生效;调解未达成协议的,公安机关交通管理部门应当制作调解终结书送交各方当事人。道路交通事故损害赔偿项目和标准依照有关法律的规定执行。"

《道路交通事故处理程序规定》第六十六条规定:"经调解达成协议的,公安机关交通管理部门制作调解书,由各方当事人签字,分别送交各方当事人。调解书应当载明以下内容:(1)调解依据;(2)道路交通事故认定书认定的基本事实和损失情况;(3)损害赔偿的项目和数额;(4)各方的损害赔偿责任及比例;(5)赔偿履行方式和期限;(6)调解日期。经调解各方当事人未达成协议的,公安机关交通管理部门应当终止调解,制作道路交通事故损害赔偿调解终结书送达各方当事人。"

《中华人民共和国道路交通安全法》第七十四条规定:"对交通事故损害赔偿的争议,当事人可以请求公安机关交通管理部门调解。经公安机关交通管理部门调解,当事人未达成协议或者调解书生效后不履行的,当事人可以向人民法院提起民事诉讼。"

二、结构内容及写作方法

《道路交通事故损害赔偿调解书》由首部、正文和尾部组成。

1.首部。主要写明事故的基本情况,包括事故发生的时间、地点、各方当事人的基本情况(包括姓名、性别、年龄、住址或单位、联系电话)、交通方式、车牌号等。

2.正文。主要是协议内容部分,应写明道路交通事故基本事实、调解结果,调解结果包括损害赔偿的项目、标准和数额、各方的损害赔偿责任、赔偿费给付的方式(一次付清或分期付给)、履行期限等。对于损害赔偿的范围,应根据有关规定进行,一般包括:

(1)伤残者的医疗费、护理费、误工费、生活补助费、残疾用具费等;

(2)死者的丧葬费和死亡补偿费;

(3)财产直接损失和现场抢救费;

(4)被抚养人生活费等。

调解中,如调解参加人未按规定提出赔偿项目和要求的,则不予调解。上述赔偿项目应按照当地实际情况确定,并一次性结算费用。

3.尾部。调解书的尾部包括参与调解的各方当事人或其代理人签字捺指印,主持调解人签名,加盖公安机关交通管理部门公章,并注明结束调解时间。

三、制作与使用应注意的事项

1.《道路交通事故损害赔偿调解书》由各方当事人(或代理人)、办案人签名,加盖公安机关印章后即行生效。调解书一式数份,一份存入事故案卷,另几份分别送达当事人和有关人员。

2.赔偿的标准则应根据我国的法律和当事人的事故责任情况,确定承担损害后果费用的全部或部分。

3.道路交通事故损害赔偿调解书存入道路交通事故案卷。

【例文】

<table>
<tr><td colspan="5">道路交通事故损害赔偿调解书</td></tr>
<tr><td>事故时间</td><td colspan="4">2014年9月2日17时0分</td></tr>
<tr><td>事故地点</td><td colspan="4">国道109线××公里+500米处</td></tr>
<tr><td>当事人姓名</td><td>性别</td><td>年龄</td><td>住址或单位</td><td>交通方式、车牌号</td></tr>
<tr><td>马××</td><td>男</td><td>27</td><td>××县××路××号</td><td>二轮摩托 甘A-×××××</td></tr>
<tr><td>刘××</td><td>男</td><td>25</td><td>××县××乡××村××组</td><td>自行车</td></tr>
<tr><td></td><td></td><td></td><td></td><td></td></tr>
<tr><td colspan="5"></td></tr>
<tr><td colspan="5">经双方协商达成如下协议:</td></tr>
<tr><td colspan="5">马××赔偿刘××医疗费××××元,误工费×××元,自行车修理费××元,交通费××元。共计人民币××××元,2014年9月30日前一次性付清。</td></tr>
<tr><td colspan="5">经公安机关交通管理部门主持调解达成协议,各方签字生效后任何一方不履行的,当事人可以向人民法院提起民事诉讼。</td></tr>
<tr><td colspan="3">当事人或代理人(签名捺指印):
马×× 刘××</td><td colspan="2" rowspan="2">(交通事故处理专用章)
2014年9月20日</td></tr>
<tr><td colspan="3">交通警察:杨×× 赵××</td></tr>
</table>

道路交通事故损害赔偿调解书是对当事人双方自愿达成一致意见的文字体现，应当按照调解过程的顺序，用准确、清楚的语言客观记录。对所需要赔偿的项目，应当应用准确、没有遗漏、不虚增费用，使之条理清晰、计算准确。当事人请求交通民警帮助转交金钱的财务的，应当在调解书上注明。

第九节　道路交通事故损害赔偿调解终结书

一、概念及法律依据

《道路交通事故损害赔偿调解终结书》是指公安交通管理部门在调解道路交通事故案件中，由于道路交通事故双方当事人未能达成协议或者无正当理由不参加调解，及调解过程中放弃而终止调解时使用的文书。

道路交通事故损害赔偿调解终结书既是公安机关调解结束的标志，也是当事人向人民法院提起民事诉讼和人民法院受理案件的依据之一。

《中华人民共和国道路交通安全法》第七十四条规定："对交通事故损害赔偿的争议，当事人可以请求公安机关交通管理部门调解，也可以直接向人民法院提起民事诉讼。经公安机关交通管理部门调解，当事人未达成协议或者调解书生效后不履行的，当事人可以向人民法院提起民事诉讼。"

《道路交通事故处理程序规定》第六十四条规定："公安机关交通管理部门应当按照下列规定日期开始调解，并于十日内制作道路交通事故损害赔偿调解书或者道路交通事故损害赔偿调解终结书。经调解达成协议的，公安机关交通管理部门应当当场制作道路交通事故损害赔偿调解书，由各方当事人签字，分别送达各方当事人。经调解各方当事人未达成协议的，公安机关交通管理部门应当终止调解，制作道路交通事故损害赔偿调解终结书送达各方当事人。"

《中华人民共和国道路交通安全法实施条例》第九十五条规定："公安机关交通管理部门调解道路交通事故损害赔偿争议的期限为10日。调解达成协议的，公安机关交通管理部门应当制作调解书送交各方当事人，调解书经各方当事人共同签字后生效；调解未达成协议的，公安机关交通管理部门应当制作调解终结书送交各方当事人。"

二、结构内容及写作方法

《道路交通事故损害赔偿调解终结书》由首部、正文和尾部三部分组成。

1.首部。包括文书名称和文书编号。

2.正文。包括事故时间、事故地点、发生道路交通事故双方当事人姓名及所驾车型和牌照号；在"因……"后面的横线处填写未能达成调解协议的原因，填写时文字应当简洁明确；调解终结的日期。《道路交通事故损害赔偿调解终结书》应当载明以下内容：

(1)造成人员死亡的，从规定的办理丧葬事宜时间结束之日起；

(2)造成人员受伤的，从治疗终结之日起；

(3)因伤致残的,从定残之日起;

(4)造成财产损失的,从确定损失之日起。

3.尾部填写制作日期并加盖公安机关印章,分别送达当事人及有关人员,并存入事故案卷。本文书的尾部还印有当事人向人民法院提起民事诉讼的时限。

三、制作与使用应注意的事项

1.《道路交通事故损害赔偿调解终结书》是因超过调解申请时限要求,或者调解期满当事人双方未达成协议以及当事人无正当理由不参加调解,通知被调解人调解终结的文书,是公安机关调解结束的标志。

2.调解终结的原因一定要填写清楚。调解终结,对损害赔偿有争议的,当事人可以向人民法院提起民事诉讼。

3.《道路交通事故损害赔偿调解终结书》存入道路交通事故案卷。

【例文】

道路交通事故损害赔偿调解终结书

第12号

事故时间 2014年 8月 10 日,事故地点 国道109线××××公里+500米处 ,当事人 刘×× 与 马×× 发生道路交通事故,因 双方就残疾补偿费和误工费的赔偿未能达成协议,公安机关交通管理部门于2014年9月30日调解终结。对损害赔偿争议,当事人可以向人民法院提起民事诉讼。

(印 章)

2014年9月30日

注:《民法通则》第一百三十五条规定,“向人民法院请求保护民事权利的诉讼时效期间为二年”。

《民法通则》第一百三十六条第一款规定,“身体受到伤害要求赔偿的民事权利诉讼时效期间为一年”。

第十一章　党政公文

第一节　党政公文概述

一、党政公文的概念

公文是社会政治集团表达意志的文书。新《党政机关公文处理工作条例》第一章第三条规定：党政机关公文是党政机关在实施领导、履行职责、处理公务过程中形成的具有特定效力和规范体式的文书。它是党政机关、企事业单位、社会团体传达贯彻党和国家的方针、政策，发布行政法规和规章，实行行政管理，请示和答复问题，指导、布置和商洽工作，报告情况，交流经验的重要工具。

二、党政公文的特点

党政公文是一种传递政令政策、处理公务的特殊文字形式，与文学作品、新闻报道和一般文章有所不同，具有以下特点：

（一）鲜明的政治性与政策性

公文负有传达贯彻党和国家路线、方针和政策的重要职能，具有很强的政治性与政策性。它要求行政公文的写作必须以马列主义、毛泽东思想和邓小平理论为指导，以党和国家的方针政策为依据，忠实、准确地体现党和国家的路线、方针和政策。因此，写作公文是一件极严肃的事情。

（二）公文制定和发布的法定性

公文是行政机关为行使行政职权而制发的，因此，党政公文的作者是法定的行政机关。它一般是指依法成立并能以自己的名义行使权力和承担义务的组织，即具有法定职权的行政机关，而不是指按机关内部分工从事公文写作的文秘人员。因此，从公文的作者讲，公文是由特定的作者根据其职能和权限，按照一定的行文关系制作并发布的，要严格执行国家有关规定，而不是任何人都可以制发的。即使是依法成立的组织，也不能超越自己的职能或权限随意写作公文。

（三）公文的权威性

公文是行政机关的喉舌，它的基本内容具有法定权威性的特点。这与文学作品和学术论文不同。文学作品的内容，人们可随意阅读；学术论文的内容和观点，人们可以赞同，也可以批评。公文的内容则需要有关的人们理解、执行，作为处理公务的依据，因而具有明显的法定权威性。公文的权威性是保证行政机关职能运行、公务管理、维持正常工作和生活秩序的重要手段。

（四）特定的体式规定

公文具有独特而统一规定的体式。体式是对公文文字所包含的信息以外的一切外在形式的规范。公文的办理须经一定的程序，如发文、收文办理要按照规定的格式和程序进行制作处理。它是在公文制作和使用的长期实践中形成的，目的是保证公文准确完整、统一有效，以及正常运转并发挥其效能。

三、党政公文的种类

公文的使用与处理必须有统一的标准，有了统一的标准才有利于提高机关公文处理的效率和整个机关的工作效率，这就要求对公文的文种制定统一的规范。按照中共中央办公厅、国务院办公厅2012年4月16日以中办发[2012]14号文件联合印发的《党政机关公文处理工作条例》（以下称为《条例》），党政机关现行公文分为15类15种，即命令（令）、决议、决定、公报、公告、通告、通报、通知、议案、报告、请示、批复、意见、函和纪要。

四、党政公文的格式

公文一般由份号、密级、保密期限、紧急程度、发文机关标识、发文字号、签发人、标题、主送机关、正文、附件说明、发文机关署名、成文日期、印章、附注、附件、抄送机关、印发机关和印发日期、页码等组成。

（一）秘密等级和保密期限

秘密等级是标识公文保密程度的一种标志。保密要求从低级到高级依次为秘密、机密和绝密。秘密等级一般标识于版心左上角，两字之间空一字。保密期限是对公文密级的时效加以规定的证明。如需同时标识秘密等级和保密期限，二者之间用“★”隔开，顶格标识在版心左上角。秘密等级和保密期限一般用3号黑体字。

（二）紧急程度

紧急程度是对公文送达和办理的时限要求，一般用3号黑体字。《条例》规定，紧急公文应当根据紧急程度分别标明“特急”“急件”。其中电报应当分别标明“特提”“特急”“加急”“平急”。紧急程度标识居于版心左上角。如需同时标识份号、密级和保密期限、紧急程度时，按照份号、密级和保密期限、紧急程度的顺序自上而下分行排列。

（三）标题

党政公文的标题要求概括、简练，一般用2号小标宋体字。常见的写法有三种：

一是发文机关名称、事由和文种，如“××市人民政府关于禁止随地吐痰的通告”。

二是发文机关和文种，如“××市公安局通告”。

三是只写文种。

（四）发文字号

发文字号是公文的制发机关为便于公文的管理而给公文所加的编号。它包括机关代字、年份和发文顺序号。年份、顺序号用阿拉伯数码标识，顺序号不编虚位。如“国办发

〔2015〕18号”。联合行文只标明主办机关发文字号。

(五)签发人

上报的公文需标识签发人的姓名,平行排列于发文字号右侧,主要目的是为上级单位的领导人了解下级单位谁对上报事项负责。标识时要求发文字号居左空一字,签发人姓名居右空一字。

(六)主送机关

主送机关是主办和答复公文所提问题的机关,即行文对象。一般在标题下空一行,左侧顶格标识,要求标明主送机关的全称、规范化简称或同类型机关统称。

(七)正文

正文是公文的主体和核心。发文的目的能否实现,主要在于正文的写作质量。一般来讲,正文由开头、主体和结尾三部分组成。在主送机关名称之下第一行开始标注,一般用3号仿宋体字,每自然段左空二字,回行顶格。文中结构层次序数依次用“一”“(一)”“1”“(1)”标注。数字、年份不能回行。

(八)附件

附件是附在正文之后的对正文的说明、补充或者参考资料。附件一般有两类:一是对主体内容的补充说明,此时,以正文为主,附件为辅。二是随文件批转、转发的材料,此时,附件是公文的主要内容,而正文只起说明和介绍的作用。公文如有附件,在正文下空一行左空二字标识所附文件名称。如果附有多种文件,则要使用阿拉伯数码(如“附件:1.××××××”),附件名称后不加标点符号。

(九)成文日期

成文日期是公文生效和查考的依据,是公文的一项重要内容。用阿拉伯数字将年、月、日标全,年份应标全称,月、日不编虚位(即1不编01),标识在正文的右下方。

(十)印章

印章是公文生效的标志。《条例》规定:公文中有发文机关署名的,应当加盖发文机关印章,并与署名机关相符。有特定发文机关标志的普发性公文和电报可以不加盖印章。单一机关行文时,一般在成文日期之上,以成文日期为准居中编排发文机关署名,印章端正、居中下压发文机关署名和成文日期。联合行文时,一般将各发文机关署名按照发文机关顺序整体排列在相应位置,并将印章一一对应、端正、居中下压发文机关署名,最后一个印章端正、居中下压发文机关署名和成文日期,印章之间排列整体、互不相交或相切。

(十一)附注

附注一般是对公文的印发传达范围等需要说明的事项。如“此件传达至县团级”“此件传达至党内”等。附注应用圆括号括入,居左空二字标识在成文日期的下一行。

(十二)抄送机关

抄送机关指除主送机关外需要执行或知晓公文内容的其他机关,应当使用机关全称、规范化简称或者同类型机关统称。抄送机关标识在公文最后一页抄送栏内,居左空一字标识“抄送”,抄送机关间用逗号隔开,回行时与冒号后的抄送机关对齐,在最后一个“抄送机关”后标上句号。

(十三)印发机关和印发日期

印发机关不是公文的发文机关,发文机关已有明显的“红头”标识或在公文标题中显示。公文的印发机关是指公文的送印机关,一般是各机关的办公厅(室)或文秘部门。有的发文机关没有专门的办公厅(室)或文秘部门,也可标识发文机关。标识印发日期是为了准确反映公文的生效时间与送印日期的区别。印发机关和印发日期位于抄送栏之下占一行位置。印发机关左空一字,印发日期右空一字。印发日期以公文印制的日期为准,用阿拉伯数码标识。

五、党政公文的写作要求

(一)主旨明确,讲求政策性

行政公文要符合党和国家的法律、法规,符合党和政府的方针、政策及有关规定,准确地体现机关领导集体的意图。行文应做到观点正确,主旨鲜明,坚持一文一事和直接叙事的原则。

(二)内容要真实

公文的内容必须真实可靠,符合客观实际。凡是涉及的有关人物、时间、地点、文件以及各种数据,都必须认真核实,不能主观臆断,更不能随意编造。否则,公文就不能发挥其效能。

(三)格式要规范

公文已形成了特定的规范格式,写作时应按照格式要求撰写。这样,才能维护公文制作的严肃性和权威性。

(四)语言庄重

公文的语言必须庄重、平实、准确、规范,用语要合乎语法,符合逻辑思维。叙事要清楚,说明要准确,论证要充分,标点符号要规范,以简洁准确的语言反映制发机关的意图。

第二节 命令(令)

一、命令(令)的适用范围和作用

(一)命令(令)的适用范围

命令(令)适用于公布行政法规和规章、宣布施行重大强制性行政措施、批准授予和晋升衔级、嘉奖有关单位和人员。

(二)命令(令)的作用

命令(令)的重要作用是:发布法律、法令、重要的行政法规和规章;为发布法规性文件而采取重大的强制性行政措施;任免国家机关工作人员,授予国家的勋章和荣誉称号,嘉奖有功人员或惩戒有过失的人员;宣布大赦、特赦,撤销下级机关不适当的决定等。它集中反映领导机关的指挥意图,要求下级机关认真执行,因而是一种庄重严肃,具有法定权威性和强制性的公文。

二、命令(令)的特点

命令(令)是一种指挥性的下行公文,它有以下主要特点。

(一)使用的权威性

所谓权威性,是指命令(令)是权力威望的体现。按照《中华人民共和国宪法》及《地方各级人民代表大会组织法》规定,只有国家主席、人大委员长、国务院总理等高级首脑才有权发布命令。此外,地方县以上人大常委会、人民政府机关及其负责人遇有重大或紧急情况时才能使用命令,因此,它具有很高的权威性。

(二)实施的强制性

俗话说"命令如山倒"。命令语气坚定强硬,严肃庄重,具有极强的权威性和约束力,下级机关必须不折不扣地执行,不能讨价还价,更不能随意变通。

(三)内容的重要性

命令所涉及的都是重要或重大的内容,一般性事项不用命令行文。鉴于其重要性,命令的内容非常简洁明确,要做什么,禁止做什么,都规定得清清楚楚。

三、命令(令)的种类

根据其适用范围,国家行政机关发布的命令主要有:发布令、行政令、奖惩令、撤销令和任免令等几种类型。

(一)发布令

发布令用于发布行政法规和规章,这类发布令通常带有附件(发布内容的全文),如:为了发布《公安机关办理刑事案件程序规定》,公安部1998年5月14日制发了《中华人民共和国公安部令》(第35号);又如:《中华人民共和国国务院令》(第127号)就是为了发布《卖淫嫖娼人员收容教育办法》而制发的。

(二)行政令

行政令用于宣布施行重大强制性措施,一般不带附件。如《中华人民共和国国务院关于××市部分地区实行戒严的命令》《国务院关于发行新版人民币的命令》等。

(三)奖惩令

奖惩令用于奖惩有关人员,这是规格很高的奖惩。公安机关常用奖惩令,一般是省厅以上的机构,对工作中有突出贡献的人员进行奖励,或对影响较恶劣的犯错误人员进行惩处时使用(省厅级以下的公安机关一般用表彰性通报行文)。如:《关于授予宗德宇同志全国公安系统二级英雄模范称号的命令》。

(四)撤销令

撤销令用于撤销下级机关不适当的决定。这是上级机关纠正下级机关工作中错误的一种形式,多半在错误性质较严重,负面影响较大,需要在群众中挽回影响的情况下使用。

(五)任免令

任免令用于发布人事任免事项。任免令多数是由国家领导机关或领导人任免重要的国家工作人员时发布的。一般任免事项只以通知的形式或公布任免名单的形式行文,不用命令(令)的形式,以避免任免令的滥用。

四、命令(令)的结构内容及写作方法

(一)命令(令)的结构内容

命令由标题、字号(或编号)、正文、签署和日期四部分组成。

1.标题

命令(令)的标题主要有两种写法:一种是由发令机关、事由和"命令"组成,多用于行政令、嘉奖令和撤销令。另一种则由发令机关(或发令人)和"令"组成,多用于发布令。按习惯,以机关名义发出的多用"命令";以机关首长名义发出的,则多用"令",如《中华人民共和国主席令》。

2.字号

字号位于标题正下方。命令(令)的字号常出现两种情况,如是行政令、嘉奖令就多用常规的公文字号;如是发布令,则多用圆括号注明编号。通常来说,国家首脑发布的命令都使用编号,不用公文字号。这种编号是从发令者任职开始,按顺序往下编。

3.正文

正文是具体的指挥内容,一般由命令缘由、命令事项和执行要求三部分组成。不同种类的命令(令)在表述上述内容时又有所侧重。如发布令,正文篇幅简短,一般只有一句话。行政令的正文一般由两部分组成,前一部分要写出发布命令的缘由,后一部分要写出命令的内容和涉及的范围,要写得具体、清楚。任免令的正文要写明行使任免权力的机关或会议,被任免者姓名与职务,语言要简洁扼要。嘉奖令或惩戒令的正文,一般由三个部分组成,开头概括叙述先进事迹或错误事实,并做扼要评述,中间明确写出嘉奖或惩戒的决定,结尾提出要求或发出号召。

4.签署和日期

在正文右下方或盖上发布命令机关的印章,或由领导人签署,并写上发布的日期。

(二)命令(令)的写作要求

1.发布命令一定要依据法定的权限,不得超越,不得滥发命令。

2.发布命令要符合国家的方针、政策,符合宪法和有关法律的要求。

3.交代情况要简明,命令事项要严肃、明确,文字要简练。

【例文】

中华人民共和国公安部

关于授予宗德宇同志全国公安系统二级英雄模范称号的命令

公奖字〔2013〕66号

江苏省公安厅:

你省徐州市公安局泉山分局奎山派出所所长宗德宇同志,2013年6月16日处置一名女子欲跳楼自杀的警情时,在该名女子已靠近楼顶边缘、随时可能坠楼的危急时刻,不顾个人安危,纵身跃起将其抱住,并在落地瞬间用自己的身体充当"肉垫",确保了该名女子安全获救,自己却因强烈撞击造成腿部等多处骨折。

宗德宇同志自2001年参加公安工作以来,始终牢记并努力实践全心全意为人民服务的宗旨,爱岗敬业、忠于职守,顽强拼搏、无私奉献,在平凡的岗位上作出了不平凡的业绩。他忠实履行人民警察的神圣职责,长期奋战在公安工作第一线,为维护社会稳定、保一方平安作出了突出贡献。特别是2009年担任派出所所长以来,以身作则、率先垂范,开拓进取、锐意创新,团结带领全所民警,努力克服辖区内重点单位和治安场所密集、治安防控任务繁重等困难,积极开展治安管理与防范工作,严厉打击各类违法犯罪,取得了辖区命案破案率100%、各类案件发案率明显下降、多项绩效考核位居分局前列的突出成绩。他曾荣立个人三等功1次,并多次受到上级机关表彰。特命令:授予宗德宇同志全国公安系统二级英雄模范称号,颁发奖章和证书,奖励人民币3万元。

此令。

公安部部长郭声琨

2013年7月26日

第三节　决定

一、决定的适用范围和作用

(一)决定的适用范围

决定适用于对重要事项做出决策和部署、奖惩有关单位和人员、变更或者撤销下级机关不适当的决定事项。其权威性、强制性和严肃性虽然不及命令(令),但一定要经过领导机关或会议决议后才可发布。决定是各级行政机关、社会团体、企事业单位常用公文之一。一般讲,只有事关全局,政策性强,内容重要的事项和工作才适宜使用决定。

(二)决定的作用

决定的适用范围比较广泛,国家行政机关的重大决策和战略部署可以使用决定,一般企事业单位和社会团体也可以使用决定。其主要作用是:

1.指挥作用。领导机关对重大问题所做出的决定,属于行政管理的指挥手段,要求下级坚决贯彻执行。

2.法规作用。决定规定人们做什么和怎么做,规范人们的行为,起行政法规作用。

3.指导教育作用。有的决定并不要求下级执行,只要求下级知道,如任免决定、表彰决定、处分决定等,有指导和教育作用。

二、决定的特点和种类

(一)特点

1.规定性

决定对受文单位和全体成员具有规范行为的作用,具有法定的约束力,要求受文对象必须严格遵守和执行。

2.指导性

决定是上级对重要事项和重大行动所做出的决策，具有较强的政策性和理论性，是下级进行工作的准则和依据。

3.稳定性

决定就重要事项做出决策，它规定的原则、措施及有关事项，需要一定时期内贯彻执行并发挥作用，不能轻易变更和修改，具有稳定性。

4.广泛性

决定的广泛性一方面是指适用范围的广泛，各行各业都可使用。另一方面是指在规定的范围内广泛地进行指挥，而不是向具体对象发号施令。

（二）种类

根据决定的内容和作用，决定可分为指挥性、知照性和奖惩性三种。

1.指挥性决定

常用于对某些方针政策做出决定和对重大事项或行动做出安排等。

2.知照性（宣告性）决定

用于设置机构、任免干部、公布重要事项等。

3.奖惩性决定

用于表彰先进、处分有关事件或错误的人员。

三、决定的结构内容及写作方法

决定由标题、正文、执行要求、落款几部分构成。

（一）标题

决定的标题常采用完全式标题。即发文机关、事由和文种，如《公安部关于加强廉政建设的决定》。有的由事由和文种组成，如《关于为×××同志记功的决定》。重要会议通过的决定往往用圆括号在标题下标示通过的日期。

（二）正文

基层行政机关决定的正文一般要写明受文对象，如属高级机关的公布性决定，可不写受文单位。正文一般包括缘由、事项和结语，不同类型的决定，正文的写法有所不同。

1.指挥性决定的正文，首先要写明决定的根据和目的，之后用“特做出如下决定”引出决定事项。决定事项常常采用分条列项式的写法，以便于下级机关理解执行。最后再提出执行的要求，如“上述决定望认真执行”等。

2.知照性决定的正文，要先写清知照的依据（何时、何会议研究决定），接着是决定知照的事项，一般没有执行要求，往往是一段到底，不列条目。

3.奖惩性决定的正文有别于指挥性决定，其正文由奖惩事实、分析评价、决定内容和希望要求四部分组成。首先应写清奖惩的事实依据（公安机关的处分决定还要在事实前写清当事人的姓名、年龄、工作单位及职务等有关情况）；之后是对具体事实的意义和性质做恰如其分和简明扼要的分析评价，以体现出时代精神、风尚及优秀品质或错误所产生的原因和应吸取的教训；然后写明奖惩和处分的决定内容，并说明是何时、何会议做出的决定，以便有据可查；最后可用“希望××”引出结尾部分的希望要求，以突出决定特有的导向作用。这类决定在基层公安机关使用频率较高。

（三）落款

为突出决定的严肃性，决定应注明制发机关和日期，并加盖公章。

四、决定的写作要求

1.决定只能写领导机关或会议议决的事项，不能写未议决的或有争议有分歧的事。

2.决定中的事实根据必须是经过核实和认定的，对未核实或未认定的事不能写入决定。

3.决定要体现党和国家的方针政策和法律法规。

4.决定是下行文，具有命令（令）的一些特性，所以，语言要庄重、朴实、严密、精当。

【例文】

中共中央关于授予周永开、张桂梅同志和追授于海俊、李夏、卢永根、张小娟、加思来提·麻合苏提同志“全国优秀共产党员”称号的决定

在“不忘初心、牢记使命”主题教育中，各地涌现出一大批秉持理想信念、保持崇高境界、坚守初心使命、敢于担当作为的党内先进典型。为巩固深化主题教育成果，表彰先进、弘扬正气，充分发挥先进典型示范引领作用，激励和引导广大党员、干部忠实践行习近平新时代中国特色社会主义思想，不忘初心、牢记使命，勇于担当、砥砺奋进，党中央决定，授予周永开、张桂梅同志和追授于海俊、李夏、卢永根、张小娟、加思来提·麻合苏提同志“全国优秀共产党员”称号。

周永开，男，汉族，四川巴中人，1928年3月出生，1945年8月参加工作，同年同月加入中国共产党，四川省原达县地委副书记，1991年6月离休。周永开同志一辈子听党话、跟党走，始终如一坚守共产党人的初心使命，用实际行动践行“党是一生的追随”的座右铭。他对党的事业无限忠诚，解放前冒着生命危险从事川北地区党的地下工作，新中国成立后，无论是在岗还是离休以后，几十年如一日苦干实干，为推动地方发展、脱贫攻坚、改善民生和生态建设默默奉献，是百姓心中的“周老革命”。他履职尽责、敢于担当，推动当地林业工作成为全国先进；勇于同腐败行为作斗争，顶着压力查办案件。他坚守“人可以离休但共产党员永不会离休”的承诺，带领党员群众护林造林，在当地建成国家级自然保护区。他把群众当亲人，十余年捐资助学、扶贫济困，帮助和带动革命老区人民脱贫致富。他淡泊名利，弘扬优良家风，始终保持共产党人为民务实清廉的政治本色。

张桂梅，女，满族，黑龙江牡丹江人，1957年6月出生，1975年12月参加工作，1998年4月加入中国共产党，云南省丽江华坪女子高级中学党支部书记、校长，华坪县儿童福利院（华坪儿童之家）院长。张桂梅同志把全部身心投入到边疆民族地区教育事业和儿童福利事业，创办了全国第一所全免费女子高中，是华坪儿童之家130多个孤儿的“妈妈”。她坚持用红色文化引领教育，培养学生不畏艰辛、吃苦耐劳的品格，引导学生铭记党恩、回报社会。她坚持每周开展1次理论学习、重温1次入党誓词的组织生活，发挥党员在学校各项工作中的先锋

模范作用。她常年坚持家访，行程11万多公里，覆盖学生1300多名，为学校留住了学生，为学生留住了用知识改变命运的机会。她吃穿用非常简朴，对自己近乎“抠门”，却把工资、奖金捐出来，用在教学和学生身上。她以坚韧执着的拼搏和无私奉献的大爱，诠释了共产党员的初心使命。

于海俊，男，汉族，内蒙古翁牛特旗人，1963年11月出生，1986年4月加入中国共产党，1987年7月参加工作，内蒙古自治区原大兴安岭重点国有林管理局根河林业局副局长、林业工程正高级工程师。2019年6月19日，在扑救上央格气林场山火时不幸壮烈牺牲，年仅55岁。于海俊同志是新时代林业战线职工的优秀代表，在他身上集中体现了大兴安岭林区近70年来党员群众敢于斗争、顽强拼搏、无私奉献的精神。他对党忠诚、信念坚定，为守护祖国北疆生态安全屏障，在大兴安岭林区默默坚守32年。他精通业务、勤勉务实，参与编制多项国家级林业行业标准，参与完成森林资源调查规划设计等项目100余项，创造性地提出“补植补造”概念及森林经营措施，推动构建“一体两翼”森林资源监管新格局，在平凡的岗位上创造了不平凡的业绩。他廉洁奉公、谦和质朴，深得干部职工信任和爱戴。

李夏，男，汉族，安徽黄山人，1986年7月出生，2007年9月参加工作，2014年12月加入中国共产党，安徽省绩溪县荆州乡原党委委员、纪委书记，县监委派出荆州乡原监察专员。2019年8月10日，在抗击“利奇马”超强台风抢险救援时英勇牺牲，年仅33岁。李夏同志对党忠诚、信念坚定，扎根奉献皖南山区，多次放弃到县直机关工作机会，甘于在最艰苦、最偏远的乡镇基层奋斗青春，勇于在抗洪抢险等急难险重任务中冲锋在前。他心系群众、一心为民，服务群众随叫随到，当地群众都知道“有事情、找李夏”，贫困户称赞他“比自己孩子还要亲”。他恪尽职守、认真负责，干一行、爱一行、精一行，从事纪检监察工作，敢于较真碰硬。他为人朴实、有情有义，爱亲人、爱家庭，总是尽心尽力帮助他人，用高尚品行感染和温暖着身边每一个人。

卢永根，男，汉族，1930年12月出生于香港，祖籍广东省广州市，1947年12月参加工作，1949年8月加入中国共产党，华南农业大学原校长、教授、博士生导师，中国科学院院士。2019年8月12日，因病医治无效逝世，享年89岁。卢永根同志是我国著名农业科学家、作物遗传学家。他对党、对祖国无限热爱，毅然放弃香港的优渥生活，把毕生精力都献给祖国的农业科学和教育事业。他学高德馨、治学严谨，满腔热情投身水稻遗传育种研究，取得一系列重要研究成果。他廉洁奉公、甘为人梯，担任华南农业大学校长12年间，大刀阔斧推动改革，不拘一格选人用人，从不为自己和亲人谋取特殊照顾，深受师生的崇敬爱戴。他一生恭俭、淡泊名利，将一辈子省吃俭用攒下的880余万元全部捐献给学校，并在去世后将遗体无偿捐献给医学科研事业，用模范行动践行了“把一切献给党和祖国”的初心誓言，彰显了共产党人的高尚情操。

张小娟，女，藏族，甘肃舟曲人，1985年4月出生，2008年9月参加工作，2010年8月加入中国共产党，甘肃省舟曲县扶贫开发办公室原副主任。2019年10月7日，在完成舟曲乡村脱贫攻坚抽样调查工作返程途中因交通事故不幸殉职，年仅34岁。张小娟同志是在习近平新时代中国特色社会主义思想指引下成长起来的优秀共产党员，是在脱贫攻坚一线不懈奋斗的优秀青年干部。她忠诚于党、执着奉献，舍弃在大城市生活的机会，积极投身家乡灾后重建和脱贫攻坚事业。她敢于担当、务实勤勉，专业本领强、业务水平高，无论在乡镇工作还是分工负责全县脱贫攻坚有关工作，都是政策数据的“活字典”，推动工作落实的“排头兵”，成为当地扶贫事业“离不开的人”，为舟曲全县脱贫摘帽作出重要贡献。她舍小家顾大家，为山区群众脱贫致富奔走，无暇照顾年迈的父母和年幼的孩子，却成为百姓心中牵挂的“乖女儿”。

加思来提·麻合苏提，男，乌孜别克族，新疆乌鲁木齐人，1962年10月出生，1984年10月参加工作，1995年6月加入中国共产党，新疆维吾尔自治区纪委原副书记、监委原副主任。2020年3月26日，因病医治无效逝世，年仅57岁。加思来提·麻合苏提同志坚决贯彻新时代党的治疆方略，坚定站在反分裂斗争一线，旗帜鲜明跟党走。他政治立场坚定，对党无限忠诚，在查办违反反分裂斗争纪律案件中，毫不畏惧，一查到底，坚决铲除隐藏在党员、干部队伍中的两面人。他对工作恪尽职守、矢志奉献，32年坚守审查调查第一线，带领队伍屡破重大疑难案件，一直战斗到生命最后一刻。他对群众满腔热情，在驻村工作期间走村入户，跟老百姓一起拉家常、干农活，想方设法为群众纾困解忧。他对同事肝胆相照、倾囊相授，自己廉洁自律，对家人严格要求，是一名高尚的、纯粹的、心中有大爱的共产党员。

周永开等7名同志是新时代共产党员的先进楷模，是忠实践行习近平新时代中国特色社会主义思想的光辉榜样。党中央号召，全国各条战线的党员、干部都要向他们学习。要像他们那样对党忠诚、信念坚定，始终把党和人民事业放在心中，挺起崇高的精神脊梁，自觉用习近平新时代中国特色社会主义思想武装头脑，初心如磐、使命在肩，矢志不渝为党和人民事业不懈奋斗；要像他们那样牢记宗旨、心系群众，始终保持鲜明的人民立场，急群众之所急，帮群众之所需，真心实意解民忧、纾民怨、暖民心，与人民群众心心相印、同甘共苦；要像他们那样苦干实干、担当奉献，砥砺千磨万击还坚劲的意志，激扬越是艰险越向前的精神，知重负重、攻坚克难，在急难险重任务面前豁得出、顶得上，在有效应对重大挑战、抵御重大风险、克服重大阻力、解决重大矛盾中冲锋在前、建功立业；要像他们那样严于律己、坦荡无私，自觉践行共产党人价值观，吃苦在前、享受在后，清清白白做人，干干净净做事，永葆共产党人的政治本色。

各级党组织要把学习周永开等7名同志先进事迹与深入学习贯彻习近平新时代中国特色社会主义思想和党的十九届五中全会精神结合起来，与学习抗击新冠肺炎疫情先进典型事迹结合起来，作为巩固深化“不忘初心、牢记使命”主题教育成果的重要内容，采取多种形式广泛开展学习宣传。要引导广大党员、干部以习近平新时代中国特色社会主义思想为指引，以先进模范为镜，向先进典型看齐，将初心融进灵魂，把使命扛在肩上，时刻保持警醒，不断振奋精神，敢字为先、干字当头，只争朝夕、顽强奋斗，汇聚起新征程上重整行装再出发的磅礴力量，共同书写中华民族千秋伟业。

第四节　通告

一、通告的适用范围

通告适用于在一定的范围内公布应当遵守或周知的事项。

二、通告与公告的区别

通告和公告均属于知照性、公布性公文，但二者又有明显的区别。

(一)制发机关不同

通告制发不受单位级别的限制；公告的发布级别较高，多属上层国家领导机关，如国务院、全国人大及其授权机关，一般机关和基层单位不能制发。

(二)发布范围不同

通告常用于向某一地区、系统的群众和有关人员发布应当遵守或周知的事项；公告则面对国内外发布，范围广泛。

(三)重要程度不同

公告宣布的事往往是涉及全国或全局的重要事项或法定事项；通告发布的事项多为一般事项，或针对部分群众，具有较强的专业性。

(四)发布形式不同

通告和公告都可登报或通过电视和广播发布，但通告可以张帖，公告一般不能张贴。

三、通告的特点和种类

(一)特点

1.知照性与广泛性

通告主要用于一定范围内和一定地区内公布需要人民群众遵守或周知的事项，因而不同于机关内部文书，具有知照性与广泛性。

2.规范性

通告要求受文对象周知或认真遵守，具有规范人们行为的作用和约束力。

3.专业性

凡有关专业主管部门在一定业务范围内发布的通告，一般都具有专业性特点。如《××市建设局关于对建筑企业进行资格年审的通告》。

(二)种类

通告按内容可分为政务性(又称为约束性)通告和事务性(又称为周知性)通告两种。

1.政务性通告

政务性通告多是为了维护社会治安秩序或加强经济建设的需要，用行政管理的手段规范人们的行为时所使用的。

2.事务性通告

事务性通告常用于公布各类需人民群众遵守或周知的事项时使用。

四、通告的结构内容及写作方法

通告由标题、正文和落款三部分构成。

(一)标题

通常为公文式标题,也可视发文情况而省略发文机关或事由,但向社会发布的通告均不得省略事由。

(二)正文

由缘由、通告事项和结束语三部分组成。

1.通告的缘由,即开头,应扼要说明发布通告的原因、目的及政策依据。要求简明扼要,并用“现将有关事项通告如下”等承启用语引出主体。

2.通告事项部分,即通告主体,应将要求人民群众遵守或周知的事项分条列项,一一写清。常用的结构有总分式、并列式、递进式。要求条理清楚,具体明确,通俗易懂,便于遵守。

3.通告的结尾,常用以说明执行要求或施行日期,周知性(事务性)通告则常用“特此通告”结束正文。

(三)落款

又称下款,写明发文机关名称和发文日期。

五、通告的写作要求

1.发布通告要符合党和国家的有关方针、政策与法规,具有严肃性。

2.通告的语言要求高度精练,通俗易懂。一些专业性通告虽可使用一定的专业术语,但要尽量做到用语得体,方便有关人员阅读和理解。

3.通告属国家机关正式公文,使用中应注意和“启示”等社会应用文相区别。

【例文1】

×××新冠肺炎疫情防控工作指挥部通告

近期国内多地相继发生散发、聚集性疫情,疫情形势严峻复杂,防控压力持续增大。为进一步强化“外防输入”防控策略,加强联防联控、群防群控,严格落实各项管控措施,切实维护人民群众的生命安全和身体健康,现就有关事项通告如下:

一、KTV、游戏厅、网吧、台球厅、商场、超市、电影院、体育馆、健身房、游泳馆、洗浴场所以及各类线下教育培训机构等空间相对密闭场所要严格控制瞬时流量,原则上人数不得超过最大承载量的50%;酒店、饭店等各类餐饮场所瞬时就餐人数不得超过最大承载量的50%,包间及单桌用餐人数不得超过10人;早市要加强管理,禁止销售活禽、水产、冷冻产品等,严禁提前上市,必须按时撤市。严格时间管理,最晚营业时间不得超过夜间12点。

二、各类市场主体、服务行业等从业人员和消费者要共同严格落实戴口罩、测温、登记、健康码查验、“一米线”、消杀等防控措施,相关行业单位要严格执行卫生防疫标准。如有违反上述规定，行业主管部门将依法从严予以查处，停业整顿。

三、严禁举办乔迁宴、升学宴、满月宴等，提倡“红事缓办”“白事简办”；非必要不举办大型会议、培训、演出、展销、促销、集会、宴会、赛事等活动，确需举办的需经相关部门审批后方可开展。

四、敬老院、光荣院、看守所实行封闭管理，暂停探视、会见。

五、即日起，×××范围内A级景区暂停接待游客10天，非A级景区由经营主体进行严格把控。

六、即日起，×××范围内的棋牌室暂停营业，公园、广场、小区等各类公共场所暂停诸如广场舞、打牌、下棋等各类聚集性活动。

七、请广大居民如非必要，近期不要前往境外或中高风险地区，如必须前往，须提前向居住地（社区）、单位报备。从境外或中高风险地区及其它城市返回前，须主动向居住地（社区）、单位报告。返回后，第一时间向（社区）、单位报告，并积极配合落实×××的相关管控措施。

八、请广大居民坚持做好个人防护，积极配合防疫工作，积极接种新冠疫苗。保持良好的卫生习惯，科学佩戴口罩，勤洗手、常通风、公筷制、“一米线”、不扎堆、不聚集，到正规的超市或市场选购生鲜商品和冷冻食品。

九、来自境外、国内疫情中高风险地区人员、新冠肺炎感染者、疑似感染者以及被确定为密接者或次密接者，不报、瞒报、谎报病情、旅居史、接触史、行踪轨迹等涉疫信息，不配合跟踪随访、检疫排查、隔离观察、流行病学调查，妨害疫情防控工作的将依法追究法律责任。

以上通告内容随疫情形势变化做及时调整。

×××新冠肺炎防控工作指挥部

2021年×月×日

【例文2】

甘肃省公安厅关于从严查处严重交通违法行为的通告

（2014年第2号）

为了有效遏制重特大道路交通事故，保护人民生命财产安全，根据《道路交通安全法》《甘肃省道路交通安全条例》等法律法规，甘肃省公安厅决定在全省范围内从严查处严重交通违法行为。特通告如下：

一、严查客车超员。对7座以上营运客车超过核定载客人数20%以内的，处300元罚款，一次记6分；超过核定载客人数20%以上不足50%的，处1000元罚款，一次记12分；超过核定载客人数50%以上的，处2000元罚款，一次记12分。

同一运输企业2年内累计有2次以上车辆超员的，对企业主要负责人、主管安全和经营的企业负责人、部门负责人以及安全管理人员分别处3000元罚款。

二、严查疲劳驾驶。客运驾驶人24小时累计驾驶时间不得超过8小时，日间连续驾驶时间不超过4小时，夜间连续驾驶不超过2小时，每次停车休息时间不少于20分钟。

客运车辆、危化品运输车辆驾驶人连续驾驶超过4小时未停车休息或者停车休息时间少于20分钟的，处200元罚款，一次记12分。

进入我省的所有营运客车在省际执法服务站必须停车登记；单程400公里（高速公路直达客运600公里）以上的公路客运车辆，必须配备2名以上客运驾驶人。

三、严查违规行驶。凡是没有实行接驳运输的营运客车，凌晨2时至5时一律禁止通行。危化品运输车辆，0时至5时一律禁止在省内高速公路和国道上通行。凡发现违规行驶的，处200元罚款，一次记3分。

四、严查酒后驾驶。对饮酒后驾驶营运机动车的，处15日拘留，并处5000元罚款，吊销机动车驾驶证，五年内不得重新取得机动车驾驶证。

对醉酒后驾驶营运机动车的，吊销机动车驾驶证，依法追究刑事责任；十年内不得重新取得机动车驾驶证，重新取得机动车驾驶证后，不得驾驶营运机动车。

饮酒后或者醉酒驾驶机动车发生重大交通事故，构成犯罪的，依法追究刑事责任，并由公安机关交通管理部门吊销机动车驾驶证，终生不得重新取得机动车驾驶证。

五、严查无证驾驶。对未取得驾驶证，驾驶证被吊销、暂扣期间驾驶营运客车的，处2000元罚款，可以并处15日以下拘留；驾驶危化品运输车辆的，处1000元罚款，可以并处15日以下拘留。对暂扣期间驾驶营运客车、危化品运输车辆的驾驶证一次记6分。

对驾驶营运机动车与驾驶证载明的准驾车型不相符合的，处2000元罚款，一次记12分。

车辆所有人、管理人或者使用人将车辆交由未取得驾驶证，驾驶证被吊销、暂扣期间的人员驾驶的，处500元罚款，可以并处吊销机动车驾驶证。

六、严查超速行驶。对营运客车、危化品运输车辆超过规定时速50%以上的，处500元罚款，可以并处吊销机动车驾驶证，一次记12分；超过规定时速70%以上的，处1000元罚款，可以并处吊销机动车驾驶证，一次记12分。

对客运车辆夜间行驶速度超过日间限速80%的，一律从重处罚。

七、严查违法停车。对驾驶营运客车在高速公路行车道上停车，或者非紧急情况下在高速公路应急车道上停车的，处200元罚款，一次记12分。

对驾驶危化品运输车辆在高速公路行车道上停车，或者非紧急情况下在高速公路应急车道上停车的，处200元罚款，一次记6分。

八、严查非法改装车辆。对非法改装营运客车、危化品运输车辆的，处200元罚款，并移交交通运输部门依法处理。

九、严查无资质人员从事危化品运输。对通过道路运输危化品的运输企业，不配备押运人员的，责令改正并处1万元以上5万元以下的罚款。对驾驶人、押运人员未取得从业资格上岗作业的，移交交通运输部门依法处理。

十、严查未安装卫星定位装置的营运车辆。对公路营运客车、旅游包车、危化品运输车辆没有安装、使用行车记录仪以及卫星定位装置的，一律禁止上道路行驶。

特此通告。

甘肃省公安厅
2014年9月4日

第五节　通知

一、通知的适用范围

通知适用于发布、传达要求下级机关执行和有关单位周知或者执行的事项，批转、转发公文。

二、通知的特点

（一）应用范围广

在各种公文中，通知是应用范围最广的文种之一。不论上级机关对下级机关，组织对个人，或者同级机关及不相隶属的单位之间，凡部署工作、传达指示、沟通情况、任免干部、发文、开会等，都可用通知。因此，它不仅可用于向下级制发的下行文，还可用作平行文，且对通知的制发机关没有级别的限制。

（二）使用频率高

由于通知的内容可涉及方方面面，作用较多，使用起来又方便、灵活，因此它又是使用频率最高的公文之一。

（三）约束力强

发文者用通知将有关事宜告知受文者，受文者对于通知中的具体事项，必须按发文者的要求办理，由此可见，通知的约束力，往往具有较强的针对性，也就是对特定部门、单位或有关人员有很强的约束力。

（四）传递方式多样

通知既可采取一般公文的传递方式，印发到有关机关，但有的通知内容涉及面广，告知的时间要求紧，也可通过媒体、张贴等方式传达，同需要周知的人直接见面。

三、通知的种类和作用

通知的种类很多，常见的有以下几种。

（一）批示性通知

根据通知的不同内容、对象、作用，又分为两种类型：

1. 上级机关、同级机关及不相隶属的单位发来的公文，根据实际需要，将其中对本地区、本系统的工作有指导意义的，加按语进行转发。

2. 对下级机关来文，认为有对其他下级机关借鉴、学习作用的，可加按语批转给其他机关。总之，对其他机关发来的反映带有普遍性问题，或具有普遍指导意义的公文，都可通过制发这类通知的形式，下发有关机关，以推动所属机关各项工作的开展。拟发公文机关对所发各种公文加上的按语，对于下级受文机关来说，都是传达上级转发机关意见的，是必须遵循办理的，从这个意义上说，这类通知也具有行政效力的作用。

这类通知的主体是被批准转发的文件。

(二)发布性通知

这类通知也分两种情况:

1.发布或印发已制定好并已批准实施的规章制度的通知。例如,《关于印发〈××省城市人民警察巡逻工作暂行规定〉的通知》,这类通知要把规章制度作为附件印发。

2.公文内容本身就包含要求执行和处理某种问题的具体规定或标准等的通知。例如,《关于严格依法执行盘问检查措施有关问题的通知》,这类通知一般没有附件。

发布性通知的作用,主要用于发布行政法规、规章或关于执行和处理某种问题的标准、规定等,并要求下级机关传达、学习、贯彻执行或参照执行。因此,它既有传达作用、领导作用,也有贯彻执行、参照执行的依据作用。

(三)部署性通知

在向下级单位布置一项具体工作或安排一项规模较大的活动并需交代任务、提出要求时,都可使用这类通知。例如,《中共中央办公厅关于严肃处理××××问题的通知》。这类通知具有指示的作用,同时通知的内容是应该遵照办理的事项,也是有关单位开展并完成某项工作或活动的依据。

(四)告知性通知

为使有关机关和人员了解或共同执行某一事项,如召开会议、设置或调整机构、启用或更换印章、人事任免或聘用干部等,都可使用这类通知。

这类通知不同于前述的几种通知,其作用主要不是要求对方执行什么指示、任务或规定,而是告知、关照,让对方了解、掌握或配合。通知分类如根据在撰制方面有无特殊要求,还可分为:一般性通知、紧急通知、补充通知等。

四、通知的结构内容及写作方法

通知的结构与其他行政公文在整体上是相同的,但因其作用各有区别,在此仅将不同之处予以说明。

(一)批示性通知

批示性通知的标题虽和一般公文一样,也是由发文机关名称、事由和文种三部分组成,但由于其批示性,事由部分要写明批转或转发的是什么文件,即要把原公文的标题列入其中;另外,为表明发文机关所发公文与原文的关系,在所发的原公文标题前应分别写明"转发"或"批转"的字样。这类通知标题的常见格式为"×××(发文机关)关于转发(批转)《×××》的通知"。批示性通知的正文一般包括所发原文的由来,对所发公文的态度、评价,并就与所发原文内容有关的事项做必要的说明;根据实际情况所做的补充内容;阐明通知事项的目的和意义;提出贯彻执行的希望和要求。通知之后都要附上批转或转发的原文。

(二)发布性通知

这类通知有两种情况,标题的写法也略有不同。如果发布的是已提前单独制定好的并已经批准实施的规章制度,其标题基本上跟批示性通知相同,只不过将"批转""转发"写成"发布""颁布""实行""实施""印发"等词就可以了,如"×××(发文机关)关于发布《×××》的通知”。如果发布的通知本身就包含着具体规定或标准等内容的，除写明发文机关名称和文种名称（通知）外，中间的发文事由只要把正文内容概括一下写上就可以了，如：“×××（发文机关）关于×××（事由）的通知”。发布性通知的正文部分，如所写通知属上述前一种情况，结构和写法基本上跟批示性通知一样。如属后一种情况的通知，基本结构一般分两大部分：第一部分为引言，即发文缘由，有的主要说明发文目的，有的主要说明发文根据，也有两者兼而有之的；第二部分为正文的主体部分，是有关规定、标准等的具体内容所在。其行文，以便于表述为原则，内容较多的一般采用条款式。

（三）部署性通知

这类通知的标题跟一般公文标题写法相同。部署性通知的正文一般由三部分组成，即通知缘由、通知事项、通知要求。通知缘由，主要阐述发通知的理由，讲清下发该通知的原因和意义，从而引起收文机关的重视。通知事项，写部署要开展的具体工作或某项活动，及如何进行该项工作或活动的意见和要求。一般都分条分项叙述，使收文机关能清楚领会上级的意图及获得处理问题的依据。通知要求，即提出执行希望和要求。有的通知根据实际内容，这部分可不写或不单独写。

（四）告知性通知

这类通知的写法比较灵活，结构视需要而定。如标题，有时可省略发文机关，有时甚至发文机关和事由都可省略。正文部分也不一定像其他通知那样用“三段式”，一般开头不需要说明发文缘由，而只需把告知内容写清楚就行。如会议通知，要把会议召开的时间、地点、与会人员、会议基本内容、需携带物品、注意事项等一一写明确具体。

五、通知的写作要求

在撰写时，除了语言要准确，条理要清楚，缘由要充分，逻辑要严密外，还应注意下面三点：

1. 通知内容涉及两个以上机关，有关事项须共同办理的，事先要协商，然后联合行文。

2. 通知的主送机关如是自己的下级单位，平级和不相隶属的单位可抄送，上级则要抄报。

3. 通知内容要周密。

【例文】

共青团中央关于在全团开展“学党史、强信念、跟党走”学习教育的通知

中青发〔2021〕3号

共青团各省、自治区、直辖市委，中央军委政治工作部组织局群团处，全国铁道团委，全国民航团委，中央和国家机关团工委，中央金融团工委，中央企业团工委，新疆生产建设兵团团委：

今年是中国共产党成立100周年。党中央决定在全党开展党史学习教育，是立足党的

百年历史新起点、统筹中华民族伟大复兴战略全局和世界百年未有之大变局、为动员全党全国满怀信心投身全面建设社会主义现代化国家而作出的重大决策。共青团作为党缔造和领导的青年政治组织，要把党史学习教育作为发挥党的助手和后备军作用的重大责任，作为团员思想武装和团的思想建设的重要内容，作为深化青少年思想政治引领的重大契机，引导广大团员青年厚植爱党、爱国、爱社会主义的情感，让红色基因、革命薪火代代传承。现就全团开展“学党史、强信念、跟党走”学习教育有关事项通知如下。

一、主题

学党史、强信念、跟党走

二、参加对象

各级共青团组织和全体共青团员

三、目标任务

开展“学党史、强信念、跟党走”学习教育，要坚持以马克思列宁主义、毛泽东思想、邓小平理论、“三个代表”重要思想、科学发展观、习近平新时代中国特色社会主义思想为指导，深入学习贯彻党的十九大和十九届二中、三中、四中、五中全会精神，深入学习贯彻习近平总书记在党史学习教育动员大会上的重要讲话精神，紧紧围绕学史明理、学史增信、学史崇德、学史力行，紧密结合共青团工作和团员青年实际，坚持团员自学和支部组织学习相结合，坚持理论学习和实践教育相结合，教育引导广大团员青年了解党的光辉历史、感悟党的初心使命、领会党的创新理论、体认党的精神谱系、传承党的红色基因，更加自觉地以习近平新时代中国特色社会主义思想武装头脑，进一步增强“四个意识”、坚定“四个自信”、做到“两个维护”，坚定不移跟党走中国特色社会主义道路，为全面建设社会主义现代化国家、实现中华民族伟大复兴中国梦贡献青春力量。

四、主要安排

（一）学习教育

1.开展个人自学。根据年龄阶段和工作岗位特点，认真学习推荐的学习资料，积极参加“青年大学习·一起学党史”系列网上主题团课、观看优秀党史主题影视作品，把个人自学贯穿始终。全体党员团干部要积极参加全党党史学习教育，模范完成各项学习任务，为团员青年作出表率。

2.组织专题学习。基层团支部要结合实际开展主题突出、特色鲜明、形式多样的学习活动。要以支部大会为主要形式，围绕新民主主义革命、社会主义革命和建设、改革开放、中国特色社会主义新时代等专题，开展不少于4次党史学习会，发挥好组织化学习优势。

3.开展专题宣讲。团的领导机关专职干部、基层团（工）委书记特别是大中学校团委书记，要在深入自学基础上面向基层团员青年至少讲1次党史主题团课、参加2次团支部学习交流活动。组织各类青年宣讲团深入基层开展小范围、互动式党史宣讲，向团员青年面对面讲好党的故事，引导他们听党话、跟党走。

4.纳入专题培训。各级团校要围绕党史学习教育，精心安排课程内容，组织好专题培训。要在全国团干部和青年工作骨干教育培训中加大党史学习内容比例，将习近平《论中国共产党历史》、《毛泽东、邓小平、江泽民、胡锦涛关于中国共产党历史论述摘编》、《习近平新时代中国特色社会主义思想学习问答》、《中国共产党简史》等作为重要培训教材。要将党史学习教育作为全年贯穿各级各领域青年马克思主义者培养工程的主题主线，引导学员赓续红色血脉、担当时代责任。

5.参与网上互动学习。团中央将制作、推出党史学习打卡小程序、党史学习网上答题平台等互动学习产品，鼓励有条件的团组织开发、制作相关产品。要动员广大团员积极参与党史学习网上打卡、答题对战等活动，以更具参与感、互动性的学习形式深化对党史内容的了解掌握。

（二）组织生活

1.召开组织生活会。团的领导机关的党员团干部，按照全党统一要求参加专题组织生活会，深刻感悟党的奋斗历程、伟大贡献、初心使命、理论成果、伟大精神、宝贵经验。全体团员以支部为单位集中开展1次专题组织生活会，对照习近平总书记对团员青年一以贯之的要求和希望，思考新时代的奋斗方向；对照先进党员事迹，思考担负的职责使命；对照团员先进性评价标准，查找自身不足，明确改进方向。在年底开展团员年度教育评议和团员先进性评价。

2.集中开展入团仪式。"五四"期间，基层团委、团总支要按照入团仪式规定，组织新发展团员参加入团仪式，组织老团员重温入团誓词，邀请英雄模范、优秀党员和青年五四奖章获得者、优秀团干部、优秀团员等分享奉献故事、交流成长体会、感悟跟党初心，教育引导团员看齐榜样、学习先进、跟党奋斗。

（三）实践活动

1.开展"我为青年做件事"主题实践活动。组织团的各级委员、代表和团的领导机关干部结合实际、立足本职，开展服务青年主题实践活动，深化密切联系青年机制，帮助青年解决急难愁盼的事，力所能及为身边青年办一件看得见、摸得着的实事。

2.开展系列实践教育活动。抓住重要时间节点，结合各地实际情况，广泛开展讲述党的故事、缅怀革命先烈、寻访红色地标、寻访英雄模范等系列实践活动。在"五四"期间、七月上旬、国庆前后，分别组织开展主题团日活动，教育团员铭记党的关怀、了解发展成就、增强奋斗意识。在党的历史上具有重要意义的地方的团组织要围绕党史重要事件、活动和重要遗址、旧址等组织开展丰富多彩的实践教育活动。结合庆祝中国共产党成立100周年主题，统筹开展"三下乡"、"返家乡"、团员向社区（村）报到等社会实践和志愿服务。

3.开展形式多样的岗位建功活动。组织引导团员立足岗位创新创效创优，发挥青年突击队、青年志愿者、青年文明号、青年岗位能手等品牌项目功能，教育引导各领域团员组织化、常态化参与岗位建功，提升服务大局贡献度。

带动少先队学习活动。以适合少年儿童特点的方式广泛开展"红领巾心向党"学习实践活动，以少先队队课和主题队日为主要形式，组织开展实践体验、参观寻访、仪式熏陶、学习先锋、争做“红领巾讲解员”等活动，组织观看“红领巾爱学习”、《党史十课》等网上系列主题队课，帮助少先队员学习了解党史故事，感受党的伟大。在“六一”期间全队集中举行“红领巾心向党”主题中队会。各级红领巾讲师团要深入基层开展宣讲，广大少先队辅导员要用少年儿童易于理解的语言讲好党的故事。

带动广大青少年开展学习。通过青联、学联学生会组织及团属青年社团等，广泛发动所联系的青年开展党史学习。制作、推出形式丰富的党史学习主题宣传文化产品，带动广大青少年了解党的光辉历史，增进对党的感情和信赖。

五、工作要求

1. 坚持正确导向。坚持马克思主义历史观，牢牢把握党的历史发展的主题和主线、主流和本质，严格以中央精神、权威口径为依据，突出成就教育，突出知史励今，旗帜鲜明反对历史虚无主义，坚决抵制歪曲和丑化党的历史的错误倾向。

2. 加强组织领导。各级团的领导机关要加强对面向团员青年的学习教育的统一领导，做好组织动员、过程督导和支持保障，帮助基层把好方向、解决问题，确保有关部署落实落地。基层团委要按照全团统一部署制定细化方案，抓好落实。团支部要组织全体团员认真参加学习教育，避免流于形式。学习教育开展情况纳入2021年全团重点工作考核。

3. 做好宣传报道。要将党史学习教育作为统领全年共青团宣传工作的主题，组织各类团属媒体认真做好宣传工作，充分展示学习教育让红色基因、革命薪火代代传承的重大意义，充分展示广大团员青年学习党史、坚定信念、紧跟党走的学习成效，营造浓厚氛围。

共青团中央
2021年3月4日

第六节　通报

一、通报的适用范围

通报适用于表彰先进、批评错误、传达重要精神和告知重要情况。作为一种宣传教育、通报信息的重要工具，公安机关使用较多。通报虽是下行文，但不发号施令，它是由领导机关在所属范围内行文，让所有下属全体周知，了解情况，接受教育。

二、通报的特点

（一）真实性

所谓真实性，是指通报的材料是经过核实的，完全真实，没有丝毫的虚构、失实，也不夸大、缩小。因为读者必须首先了解事实，才谈得上认识事实。所以我们常说，通报写作必须先“务实”，再“务虚”，这里的“务实”就是指情况的真实性。

(二)典型性

所谓典型性是指通报的事实,不管是先进事迹、错误事实还是重要精神或情况,应具有一定的普遍性、代表性和针对性,具有典型的教育意义和指导意义。

(三)针对性

上级领导机关对通报对象的评价和定性具有明显的针对性,也体现出极强的政策性。这种针对性在明确"舆论导向"的基础上,显然起到了指挥的作用。

(四)及时性

所谓及时性,是指通报要及时迅速地发出,注重时效,以发挥通报的作用。

三、通报的种类和作用

通报的种类很多,且不同的标准可有不同的分类:以编发的时间划分,有定期通报和不定期通报;以编发的传递层次划分,有直接性通报和间接性通报;以内容的含量划分,有综合性通报和专题性通报;以内容性质和作用划分,有表彰性通报、批评性通报和情况通报三类。通常所说的通报的种类,都是指按最后一种标准划分的。

(一)表彰性通报

此类通报主要用于表扬先进个人和先进单位,介绍先进事迹,表彰可贵精神,总结主要经验并加以推广,提出具体要求,以激励学先进、创先进的具体行动,不断改进工作。

(二)批评性通报

此类通报主要用于批评错误,鞭策后进,写明错误事实,概括问题性质,分析错误原因,指出教训所在,以使人们引以为戒,防止今后发生类似的错误。

(三)情况通报

此类通报主要用于向有关部门和人员传达重要精神或情况,以供人们及时掌握信息与动向,明确问题,认清形势,统一认识,做好工作。公安部门的情况通报,多反映社会治安、刑侦、交通、经侦及公安队伍管理的最新情况,以及敌情、社情,或供上级领导参阅,或供下级掌握动态。

四、通报与通知的区别

通报和通知都有传达和告知的作用,但二者又有明显的区别。

(一)适用范围不同

通知要求下级周知或办理某一事项;通报则用来表彰先进、批评错误、传达重要情况。

(二)目的特点不同

通知的目的是使受文单位知道做什么工作、怎么做,具有执行性;通报则是使受文单位了解某一重要情况或典型事件,从而受到教育或引起注意。

(三)行文效果不同

通知要求受文单位及对象必须认真执行,并达到一定的目的,不允许在行动上推诿拖延;通报对不同单位和个人的要求不同,效应不同,即受文者可以从不同角度受到教育。

五、通报的结构内容及写作方法

各类通报的结构基本相同,一般都由标题、正文、落款几部分构成,只是不同内容和作用的通报的正文部分写法有所不同。下面着重对不同通报正文结构分别一一说明。

(一)表彰性通报

此类通报按内容不同,又有两种情况:

1.表扬好人好事的通报

这种通报的正文,一般包括事情经过、事件的意义和决定事项(做出学习与推广的决定、表明通报机关的态度和意见)三部分内容。有些通报的正文也写得非常简单,只扼要介绍情况,然后宣布表彰决定。还有些通报由于先进事迹内容丰富,或涉及的先进人物较多,为便于宣传,可分两部分写:第一部分为通报的正文,着重写通报表扬的对象及表扬他们的意义;第二部分把先进人物的先进事迹单独成文并作为附件。

2.介绍先进典型或经验的通报

这种通报的正文,一般包括三部分内容:基本情况介绍,要写清在什么时间,做了什么工作,取得什么成绩;具体做法和经验,要写出经验的典型性,突出重点,做到观点材料统一;不足之处或有待改进的问题。

(二)批评性通报

此类通报按其内容不同,也有两种情况:

1.事故通报

这种通报的正文一般包括三部分:第一部分介绍事故发生的基本情况。要讲清什么事故,发生在什么时间、地点,结果怎样。第二部分分析事故发生的原因。这是通报的重点部分,分析原因要有根有据,实事求是。第三部分提出要求和注意事项。要针对事故原因切实可行地提出一些具体要求和今后防止的办法。

2.揭露问题的通报

这种通报主要用于揭露和批评具有教育意义的违法乱纪反面典型,引以为戒。通报正文一般也分为三部分:第一部分介绍事实情况。包括犯错误人的姓名、单位、职务,犯错误的时间、地点,错误性质、程度、危害。第二部分分析原因。重点对犯错误的原因进行中肯的分析,集中鲜明地概括所犯错误教训的要害所在。第三部分宣布批评处理决定,提出引以为戒或对照检查的要求。这一部分往往要强调党的纪律和行政纪律,处理态度和决定要鲜明。

(三)情况通报

此类通报的写作比较灵活,一般是根据事情的发展经过,直陈其事,以能说明道理为准。正文内容一般也包括三部分:第一部分概述通报的情况,点明通报的主要内容。第二部分按时间先后或问题地点逐一记叙已发生的各类情况,如内容多,应分条列项。第三部分提出要求、今后打算和注意事项等。有的情况通报内容单一,这部分可少写或不写。

六、通报的写作要求

(一)事例要典型

通报撰写离不开典型事例,无论正面的、反面的,都需要具有普遍性,对工作有指导意义,对人们有普遍教育意义,因此,要写好通报,首先要抓好典型事例。

(二)材料要真实

真实是行政公文总的要求,通报也不例外。无论写哪一类通报,首先要把事实搞清楚,所用材料要反复核实,所反映的情况要实事求是,不凭主观想象,不掺杂个人感情,否则便会失去教育和指导作用。

(三)观点要鲜明

通报是表达撰写机关对所反映情况的态度,是表扬、是批评、是鼓励、是制止等一定要观点正确,态度明朗,赏罚分明,不能含糊其辞,吞吞吐吐,更不能自相矛盾。只有这样,才能真正发挥通报应有的作用。

(四)分析要客观

通报中往往对所通报的事件要做一定的分析,分析代表着发文机关的态度和看法的,具有法定性,因此一定要做到严肃认真,客观公允。无论正面的、反面的,肯定的、否定的,都不能简单地一概而论。

(五)撰写要适时

通报的内容具有指导现实的作用,因此通报的时间要求就比较高,撰写一定要及时迅速,抓住时机。否则,即使内容再好,也会削弱甚至失去应有的教育和指导意义。

【例文】

关于青兰高速甘肃平凉段"7·26"重大道路交通事故情况的通报

各省、自治区、直辖市公安厅、局交通管理局、处,新疆生产建设兵团公安局交警总队:

7月26日,青兰高速甘肃平凉段发生一起大客车侧翻的重大交通事故,造成13人死亡、44人受伤。现将有关情况通报如下:

2021年7月26日14时5分许,李红杰(男,33岁)驾驶豫AX5006号大型普通客车(核载63人,实载63人)行驶至青兰高速甘肃平凉段1487公里处时,车辆驶出路外侧翻,造成13人死亡、17人重伤(均无生命危险)、27人轻伤。

事故发生后,赵克志部长高度重视,立即作出批示,要求全力抢救受伤人员,妥处善后,维护安全稳定,强调要举一反三,汲取教训,加强整改,减少事故发生。王小洪常务副部长、刘钊副部长也提出明确要求。遵照部领导指示,李江平局长率工作组连夜赶赴甘肃平凉指导事故调查处理工作。

经查,肇事车辆为"金旅牌"大型普通客车,初次登记日期为2016年1月19日,检验有效期至2021年7月31日,使用性质为旅游客运,车辆登记所有人为河南启明旅游汽车服务有限公司，实际车主为杨乐建（河南郑州人）。此次运输由包车人高忠普、夏化芳（驻马店正阳县人）联系和组织，前往青海格尔木采摘枸杞。肇事客车配备两名驾驶人，轮流开车，结合车辆动态监控，排除疲劳驾驶嫌疑。另据检验鉴定等相关证据，排除酒驾、毒驾、分心驾驶、超速驾驶嫌疑。车辆安全技术性能鉴定正在进行。

综合各项调查，初步分析，李红杰雨天驾驶豫AX5006号大客车，行驶至青兰高速甘肃平凉段1487公里处向左变道，因左侧车道前方有车辆行驶，李红杰采取制动措施时大客车失控甩尾，先与中央隔离护栏碰撞，又与右侧护栏碰撞，驶出路外侧翻，顺着边坡滑到沟底（垂高9.6米），是造成事故的直接原因；车内人员大部分未按规定使用安全带，部分人员被甩出车外，并被侧翻大客车碾压，加重了事故伤亡后果。

关于大客车失控甩尾的原因，分析认为，主要有以下因素：一是事发时中雨天气，路面湿滑，且事发路段路面磨擦系数低，不符合标准要求。二是事发时肇事大客车实际车速89公里/小时，虽未超出该路段限速，但雨天行车，速度偏快。三是肇事大客车行李舱左侧装载1000公斤面粉，右侧装载重量较轻的行李物品，对车身的平衡性产生影响。四是肇事大客车后部两侧轮胎胎面花纹深度差异较大，制动时车辆容易发生甩尾，雨天更为突出。五是事发路段实际限速过高，比设计速度高出了20公里/小时。

从初步调查情况看，事故暴露出以下突出问题：一是旅游客车挂靠问题突出。肇事大客车虽登记在河南启明旅游汽车服务有限公司名下，但实际所有人为个人，公司每月收取1000元管理费，不参与客车实际的运营和管理，属于典型的挂靠经营。据查，河南启明旅游汽车服务有限公司2012年5月15日成立，注册资本100万元，经营范围为包车客运，公司现有83辆旅游客车，大部分为挂靠经营，企业安全主体责任根本得不到落实。二是道路安全隐患问题突出。事发路段路面摩擦系数低，抗滑性能差，2017年当地公安交管部门组织对局部路段进行检测，磨擦系数为0.09，远低于0.47的最低标准。2009年底通车以来，事发路段（青兰高速1458公里至1518公里）已发生1000余起事故，且呈逐年上升趋势。期间虽经局部治理，但未实施全路段、全路面糙化处理，隐患未得到根本解决。另据统计，2019年以来青兰高速甘肃境内发生亡人事故79起，其中平凉段发生38起，占比近50%。38起事故中，发生在雨雪天气的又有20起，占比超50%，类似事故频发，且未设置恶劣天气安全警示提示标志，存在较大安全隐患。三是道路限速设定问题突出。事发路段为双向四车道，设计时速小型车辆100公里/小时、大型车辆80公里/小时，但实际限速为小型车辆120公里/小时、大型车辆100公里/小时。经查，当地将该路段限速调高，未经交通工程论证，违反了国家标准《道路交通标志和标线第5部分：限制速度》（GB5768.5—2017）和交通运输部发布的《公路限速标志设计规范》（JTG/T3381—02—2020）的相关要求，也不符合实际道路安全运行状况。虽然采取了区间测速管控措施，由于限速较高，效果并不明显。四是乘客不系安全带问题突出。从肇事大客车车载监控视频看，事发时大部分乘客未系安全带。事故死亡的13人中，有11人是甩出车外被侧翻车身碾压致死。经查，肇事大客车驾驶人未履行提醒乘客系安全带的义务，存在严重失职行为，同时也暴露出广大农村务工人员交通安全意识不强，没有养成乘车使用安全带的习惯。

这起事故伤亡惨重，教训深刻。除本起重大事故以外，当日8时35分许，甘南州境内213

国道还发生一起两辆小轿车相撞的事故，造成6人死亡、1人受伤，肇事驾驶人涉嫌醉酒驾驶、无证驾驶。7月28日16时50分许，白银市境内247国道又发生一辆小轿车逆行与一辆大货车相撞的事故，造成6人死亡。三天时间，甘肃接连发生1起死亡13人的重大事故和2起死亡6人的较大事故，形势十分严峻。赵克志部长再次作出重要批示，指出甘肃几天内连续发生多人死伤的道路交通安全事故，要予以关注。

7月27日，公安部召开全国视频会，调度事故有关情况，刘钊副部长出席会议，对做好事故调查和事故预防工作进行了强调部署。7月29日，我局向甘肃总队下发了切实加强事故预防工作的督办通知，后续还将组织对甘肃进行集中督导和明察暗访。甘肃总队要认真贯彻部领导重要批示精神，按照“7·27”全国视频会议要求，深入开展事故调查，充分运用法治思维和法治方式，对涉事企业、单位和人员依法依规追责问责，倒逼整改问题，并深刻汲取教训、举一反三，切实扭转事故多发连发的被动局面。有关检查报告和整改情况，请甘肃总队8月16日前报部局。

各地要引以为戒、警醒起来，克服麻痹懈怠思想，狠抓各项部署和措施落实，坚决遏制群死群伤事故多发势头，严防发生重特大事故。**一要抓紧抓实安全态势研判。**要逐级落实研判机制，深入研究本地交通安全风险和工作短板弱项，结合历年夏季交通出行和事故规律特点，全面排查问题隐患，找出易肇事肇祸的重点人员、车辆、道路、企业和时段，科学制定防范对策和整治措施。对安全形势不好、工作不力的重点地区，要针对性“开小灶”，加大帮扶指导、督促督办力度。**二要抓紧抓实道路隐患治理。**要会同交通运输部门、公路经营管理单位，对事故多发、风险突出的急弯陡坡、长大下坡、临水临崖、易积水、易打滑路段开展一次全面排查，督促责任单位立行立改，并将发现的安全隐患及时报告当地党委政府。同时，对已排查整改事故多发点段开展“回头看”，确保整治到位、不留隐患。**三要抓紧抓实企业源头监管。**要推动交通运输、应急管理、市场监管等部门，以查隐患、查漏洞、查盲区为重点，对辖区运输企业进行一次拉网式检查，集中约谈一批违法突出的运输企业，整改一批“挂而不管、以包代管”的“皮包公司”，查处一批无经营资质的“黑公司”、“黑包车”，督促运输企业严格执行车辆例检例查、驾驶员教育培训和24小时动态监控等安全管理制度。**四要抓紧抓实路面秩序管控。**各地要结合本地实际和季节特点，加强危险隐患路段和交通违法、交通事故多发路段、时段的勤务部署，重点加强“两客一危一货一面”等重点车辆通行秩序管控，依法严查“三超一疲劳”、酒驾醉驾、无证驾驶等违法行为。要持续深化“一盔一带”安全守护行动，压实客运企业、客运站、旅行社安全主体责任，督促落实提示告知、出站检查等制度，并加强现场执法检查劝导，督促乘客全程系好安全带，防范减少不使用安全带导致的伤亡。**五要抓紧抓实交通应急管理。**当前强台风、强降雨等极端天气频发，各地要密切与气象、防汛等部门的信息沟通，及时评估交通影响，周密部署防范措施。对存在安全风险的道路，要加强交通疏导和分级管控，加强雨天限速提示，不具备通行条件的，要果断采取管制措施，该停的停、该封的封。**六要抓紧抓实宣传教育警示。**要深入运输企业、场站、农村、高速公路服务区，大力宣传“三超一疲劳”、不系安全带的危害后果和典型案例，警醒相关行业企业和从业人员落实安全主体责任，守住安全底线，提醒群众乘车系好安全带。要充分利用传统媒体和新媒体平台广泛发布交通安全预警提示，加强案例曝光警示。要完善和利用交管12123APP宣传提示功能，向重点驾驶人、重点车辆所有人点对点、高频次推送交通安全提示信息。

公安部交通管理局

2021年8月2日

第七节 报告

一、报告的适用范围和特点

报告适用于向上级机关汇报工作、反映情况，回复上级机关的询问。报告是行政机关上下级之间沟通公务信息的主要文种，也是公安机关常用的上行公文之一。报告的特点：

1.内容的客观性。报告必须反映真实情况，将本机关存在的实际情况及工作状况如实汇报。

2.行文的汇报性。报告是在事情发生或工作完成后，及时将有关信息上报，文中不夹带请示、不要求批复。

3.叙述的概括性。报告以叙述为主，叙议结合，但主要用概括式叙述手法，反映问题时偶用详述手法。

二、报告的分类

（一）按内容分为

1.工作报告

用于向上级机关汇报工作开展情况，总结经验，分析教训，提出进一步搞好工作的措施。如《××市公安局关于2000年禁毒工作报告》。

2.情况报告

常用于向上级机关汇报重要敌情、社情和需要汇报的情况，并提出具体处理意见。如《××县公安局关于黑社会犯罪情况的报告》。

3.答复报告

用于答复上级询问和回复领导交办的事项。如《××县公安局关于警务车辆号牌发放情况的报告》。

（二）按主旨范围分

1.综合性报告

包含内容较全面，如《××省公安厅2008年工作报告》。

2.专题性报告

报告内容专写某方面或某项工作，如《××市公安局关于打黑行动的工作报告》。

（三）按行文目的分

1.呈报性报告

用于进行报告，不要求批转。

2. 呈转性报告

要求上级进行批转。

三、报告的结构内容及写作方法

报告的文面格式主要有标题、主送机关(或上级首长称呼)、正文、落款等。

(一)标题

有三要素或二要素构成的标题方式,如《××公安局关于××××的报告》《关于××××的报告》。

(二)主送机关

应写明全称或规范化简称。

(三)正文

这是公文的核心,由前言、事项(情况)、原因分析、处理意见等部分组成。

前言,写报告的缘由目的等,要用概括性说明的写法,开门见山,接着写过渡用语,"现将有关事项(情况)报告如下"。

事项(情况),写工作的准备、开展、完成情况或某方面情况的具体内容。写时要注意使用的材料要真实具体;要用科学的分析显示材料背后的规律性,避免就事论事,应夹叙夹议,用好典型情节材料和数字材料,使主旨和材料有机结合。

原因分析,多在情况报告中单列出来写,在工作报告中,工作情况与原因分析多是综合起来写。

撰写以上两部分内容时要求:根据报告的不同类别,撰写重点应各有侧重,如工作报告应以工作措施和成绩为主,讲事实、讲经验,以存在问题和改进方法为辅;情况报告应以发生的问题、具体的背景和原因为主,对事件的处理和防范措施为辅助部分;呈转性报告则应主要写清开展工作将要实施的方法、措施和要求。

处理意见,针对出现的问题和存在的原因,提出切实的解决方法和措施,供上级机关决策参考。工作报告、情况报告结尾时用"特此报告""特此报告,请审阅",呈转性报告则用"以上报告如无不妥,请批转有关单位(或部门)执行"。

(四)落款

标明成文日期及加盖印章等。

四、报告的写作要求

1. 报告写作要实事求是,力求客观真实。

3. 综合性报告应突出重点,要有所为,有所不为。

3. 报告中不得夹带请示事项。报告无强制答复性,上级机关无须答复;夹带请示势必贻误工作。

【例文】

关于开展党的群众路线教育实践活动的情况报告

省委第××督导组：

按照党中央的统一部署，根据上级党委的统一要求，我们从今年下半年开始，用近半年时间，深入开展了以解决“四风”问题为主要内容的党的群众路线教育实践活动。这次教育活动，我们始终坚持立足学习提高，加强党性修养，着眼解决问题，坚持群众路线，贯彻边整边改，建立长效机制，认真完成了学习教育、征求意见，查摆问题、批评帮助和整改落实、建章立制三个环节的各项教育任务。通过教育实践，较好地解决了领导班子和党员领导干部在“四风”方面存在的突出问题，使大家经受了一次严格的党性锻炼和洗礼，受到了一次党的宗旨意识的再教育，达到了思想上有明显提高，政治上有明显进步，修养上有明显加强，作风上有明显改变，工作上有明显改进的效果。大家普遍反映，这次教育活动力度之大、触及思想之深，群众参与之广、教育效果之好，是多年来少有的，是对党建工作和全面建设的有力推动，是新形势下加强党的建设的成功实践，是保持和发扬党的优良传统和生机活力的有益探索。

一、主要做法和特点

坚持从实际出发，加强领导，精心筹划，严密组织，分步推进，宣传引导，狠抓落实，使教育活动具有特色、富有成效。

（一）坚持用党中央的指示精神统一思想，把群众路线教育实践活动作为思想政治建设的大事来抓

开展群众路线教育实践活动，是党中央向全党发出的号召。习近平总书记多次作重要指示，中央教育活动领导小组和督导组多次下发文件、召开会议、提出要求，充分体现了各级党委、领导对这次教育活动的重视程度。为了搞好这次教育实践活动，我们坚持用党中央的指示精神统一认识，把思想发动贯穿教育活动的全过程，做到教育活动每推进一步，思想发动跟进一步，使大家深刻认识到，群众路线教育实践活动是推进党的建设新的伟大工程，是加强党的执政能力建设的重大举措，是解决党员领导干部存在突出问题的迫切需要，是增强党的凝聚力、战斗力的根本大计。一是重视程度高。教育活动期间，分管领导多次听取我们的教育活动情况汇报，审阅领导班子的对照检查材料，提出了修改要求，参加专题民主生活会，对每个班子成员进行点评帮助。各支部、处以上领导干部，把群众路线教育实践活动作为一项重要政治任务和中心工作，集中精力抓紧抓好。为加强组织领导，成立了教育领导小组和办公室。多次召开领导小组会、支部书记会，研究部署教育活动。各支部书记高度负责，认真履行了教育“第一责任人”的职责，保证了教育活动有序进行。为了搞好这次教育活动，教育领导小组和办公室做了大量的准备工作。从制定实施方案到各阶段的教育计划，从下发学习资料到各阶段计划安排，进行了周密的准备和安排，建立了教育考勤登记、典型宣传报道等各项制度。二是思想发动深。教育活动期间，我们始终坚持用深入的思想发动统一大家的思想，提高大家的认识。教育领导小组做到了每个环节活动展开前，都要召开会议

进行部署；每个活动完成后，都要召开会议进行总结讲评；每个环节结束后，都要组织回头看，确保活动效果。而且这些活动与上级教育活动领导小组衔接很紧。大多是上面大会一结束，我们立即召开会议进行部署，迅速展开活动。各支部紧密结合自身实际，坚持把思想发动贯穿到教育活动的各个环节、各个步骤，在每个阶段都要进行再教育、再动员、再部署，提出了具体要求。确保教育活动每向前推进一个环节，党员干部的思想认识就提高一个层次。三是重点抓得实。这次群众路线教育实践活动，活动的对象重点是领导班子和处以上党员干部；活动的主要内容是解决“四风”方面存在的突出问题。我们的所有教育活动，围绕这两个重点来展开。一方面，以“四风”问题的22种表现为“镜子”，认真“正衣冠”；另一方面，围绕领导班子和处以上党员干部搞教育、搞活动，按照职责分工，层层负责，一级带一级，搞好点评、帮助和整改。四是标准要求严。从教育领导小组到各支部，普遍建立了学习教育、检查讲评等各项制度，制订细化了教育活动实施计划；集中教育活动有专人组织检查，确保了教育活动“四落实”。在整个教育活动期间，坚持开门搞教育，广泛征求群众的意见，本着能改的立即改，能阶段性改的要明确整改时限，确实改不了的要解释政策、搞好宣传。通过这些措施，使大家集中精力投入教育活动，许多同志一面按时学习，一面加班处理工作，有的自觉克服个人和家庭困难，坚持参加教育活动的全过程。

（二）自始至终立足于学习提高，坚持把思想理论武装贯穿教育活动全过程

在教育活动中，坚持把理论武装作为首要环节来抓，从教育活动开始，就把理论学习突出出来，采取了系统学习与重点研读相结合，个人自学与集中学习相结合，一人领读与大家默读相结合，学习理论同整肃思想相结合，力求在触及思想、受到教育、提高认识上下功夫。为了确保学习效果，专门集中三天时间，对党员进行了集中学习培训，采取人人上台领读，既当老师、又当学生这种“久违的学习形式”，带领大家认真通读原文，加深学习领会，还进行了学习测试。还请专家作辅导报告，便于大家对所学内容的理解认识，使大家真正把理论学习的过程变成了强化群众意识、激发教育动力的过程。每个党员都按照要求完成了规定的学习内容，做了不少学习笔记，撰写心得体会2篇以上。还采取了多种手段配合教育活动，专门制作了教育实践活动专题简报，印发30多期，制作宣传板报3期，及时宣传和引导教育活动的扎实开展。通过“记好学习笔记、找准存在问题、搞好党性分析、开展谈心活动、开好专题生活会、制定整改措施”为主要内容的教育实践活动，不断激发学习热情，增强了教育活动的触动力。

（三）坚持走群众路线，真心实意地倾听方方面面的批评和意见

群众路线教育实践活动，对象是领导干部，主角是职工群众，最终要看群众对工作满意不满意，对活动满意不满意。因此，我们始终坚持开门搞教育，充分发动群众，紧紧地依靠群众，广泛征求各方面的意见和建议。坚持敞开思想、广开言路搞教育，从制订教育计划到查找领导班子和党员领导干部存在的问题，从写好个人党性分析材料到制定整改措施，从民主生活会到开展批评与自我批评，从抓整改落实到建立长效机制，在各个环节都充分发扬民主，及时通报情况，广泛听取群众意见。在学习教育、征求意见环节，召开座谈会，让大家畅所欲言，一把手表态欢迎大家提意见，绝不抓辫子；转入查摆问题、批评帮助环节，本着正面教育、自我教育的指导原则，自我分析认真，批评帮助实在，反馈意见及时。积极开展谈心活

动，领导干部带头谈、与分管干部职工普遍谈；处级党员与本单位职工普遍谈；普通党员之间相互谈。

（四）勇于拿起批评与自我批评的武器，以高度负责的精神开好专题会议

以真查、真评、真讲、真改的姿态高标准地搞好对照检查和党性分析：一是深刻进行自我剖析，主动检查存在的问题。党员干部自觉着眼于增强党性、提高觉悟，真正把自己摆进去，勇于交真心、说实话，对个人存在的问题，敢于直言不讳，敢于深挖根源，做到见人见事见思想。领导干部坚持边学习边思考，认真撰写和修改对照检查材料，普通党员认真撰写党性分析，对每个同志的材料按照分工进行把关，每个人都经过三次以上的修改，不少同志利用休息时间，加班加点修改个人发言材料。二是坦诚开展相互批评，积极进行思想交锋。专门生活会上，每名同志都以对党的事业、对单位建设负责，对同志负责的精神，开展积极的思想斗争。自我批评光明磊落、不遮遮掩掩，谈心互评开诚布公、不拐弯抹角，相互评议实事求是、"良药苦口"，使大家受到了教育，触动了思想，密切了感情，增进了团结。领导班子以普通党员身份参加所在支部专题组织生活会，带头开展批评与自我批评，自觉接受组织监督，为大家做出了榜样。三是逐个搞好分析评议，进一步强化批评效果。在个人自查基础上，通过召开专题组织生活会、民主生活会，制定整改措施，把教育实践活动推向了高潮。每个党员按照对照检查材料进行自我分析，其他党员以高度负责的态度开展批评帮助，专题民主生活会和专题组织生活会，气氛既和谐融洽，又针锋相对。批评者情真意切，受批评者诚恳虚心。

（五）注重统筹兼顾，用群众路线教育实践活动成果推动各项工作

深入开展群众路线教育实践活动，归根到底是为了推动全面建设和各项工作。一是坚持把边学边改贯穿教育活动始终。不论是在教育的哪个环节，始终要求党员领导干部边学边改、边议边改、边整边改。对一些可以改、能够改的问题，做到了立即改，见成效；对一些大家关注的敏感问题，深刻进行分析和思考，做好整改的准备。领导小组带头听取各方面的意见，领导班子按照分工及时抓好整改落实。二是坚持从实际出发抓好整改。我们将征求到的意见，进行分类和细化，明确整改责任，区分整改情况，认真进行处理，确保各个问题有落实、有反馈。三是坚持在求实效上下功夫。把做好工作、履好职责，作为整改的重点。要求每个党员对照本职工作，不断改进自己的工作态度、工作质量，做到边学边改。根据工作实际，按照着眼长远、求真务实的原则，制定整改措施、建立长效机制。

二、教育实践活动的主要收获和体会

这次教育活动，党员领导干部围绕"四风"问题，紧密结合自身实际，认真进行对照检查和整改，取得了明显成效。

（一）较好地解决了党性修养锻炼方面存在的问题，进一步增强了运用理论武装的自觉性

教育中，党员普遍反思了党性修养锻炼不够好的一些表现。主要是：有的共产主义的远大理想信念不够坚定；有的不善于从政治和全局上观察处理问题，党性观念不够强，宗旨意识不够牢等等。大家挖根源、论危害，进行理想思考和深入剖析，深刻认识到，根本问题是存在一定的形式主义、官僚主义、享乐主义和奢靡之风的倾向和苗头，核心问题是人生观、价值

观、世界观问题。理想信念的坚定是最根本的坚定,理想信念的动摇是最危险的动摇。而理想信念的树立需要先进的、正确的理论思想来支撑。理论是思想的指南和行动的先导。信念坚定不坚定,党员意识强不强,是由所具备的理论基础和所形成的思想观念决定的。同时,还要把理论学习与实际生活相结合,坚持“知”与“行”的统一,“说”和“做”的统一。不能停留在从理论到理论,从书本到口头,而是必须落实到实际行动中,坚持理论和实践相结合,始终坚持用先进的理论观点解释现实社会中的问题。

(二)较好地解决了人生追求方面存在的问题,进一步升华了努力工作建功立业的思想境界

教育中,大家站在党性的高度,深挖思想根源,总结经验教训,深刻认识到在新的历史时期,每个党员,特别是党员领导干部面临的最大量、最经常的就是名与利的考验,如果没有真正共产党人淡泊名利的宽阔胸怀,没有立党为公的无私境界,没有廉洁自律的自觉意识,就难以达到党员先进性的要求,把握正确的人生目标。牢固树立无产阶级的世界观、人生观和价值观,才能做到视名利淡如水,看事业重如山,对党无限忠诚。职务越高、权力越大、责任越重,越要经常考虑怎样以昂扬的精神状态全身心地投入工作,防止出现心态失衡、权力失重的问题;担任领导职务时间越长,越要考虑怎么样始终保持过去那么一种革命热情和干劲,防止出现“慢撒气”的问题;有的入党时间长的同志谈到,越接近退休时间,越要考虑严格要求,保持晚节,防止出现“前紧后松”的问题。大家普遍表示,要站好人生立足点,选准追求参照系,始终保持共产党员的高尚情操。

(三)较好地解决了作风建设方面存在的问题,进一步弘扬了以我党优良传统为核心的正风正气

教育中,大家查摆了思想作风和工作作风上存在的问题和不足。比如,作风不扎实、大局意识不够强;作风不深入,与群众打成一片不够等等。通过认真反思,大家认识到思想作风、工作作风,是个人成长、单位建设、事业发展的重要保证。作风,是一名党员干部特别是党员领导干部思想水平、综合素质的全面反映。没有好的作风,没有群众根基,将会一事无成。大家表示一定要保持清醒头脑,不断开拓进取,切实把党员的先进性体现在搞好服务工作上,努力形成注重政治理论的风气、刻苦学习钻研的风气、团结协作的风气、求真务实的风气、激励进取的风气。

(四)较好地解决了精神状态方面存在的问题,进一步激发了党员干部争先创优的进取精神

党员领导干部的一言一行,有着直接的引导和影响作用。反思“四风”方面存在的突出问题,根本是放松了政治理论学习,放松了思想修养和主观世界的改造,放松了工作的标准要求。通过教育实践活动,大家表示一定要从点滴养成抓起,从小事做起,不断加强党性修养和世界观改造。要按照共产党员的标准要求,加强自我约束、自我管理、自我控制,真正确立严格自律的高标准。要大力弘扬艰苦奋斗、勤俭持家的精神,在日常工作生活中做到“慎独、慎初、慎微”,真正树立党员先进性的良好形象。不管职务多高、权力多大,都不能失去自我,要与群众打成一片,要主动接受大家监督,要始终保持认真投入的工作状态。要坚持实事求是,不做表面文章和面子工程,要实打实地开展工作、履行职责;要勇于改革,大胆创新,

不墨守成规，始终保持积极进取、争先创优的工作状态。

三、巩固群众路线教育实践活动成果的几点思考

开展群众路线教育实践活动，是一项长期任务和永恒的课题，不可能进行一次集中教育就能解决所有问题，必须坚持长期接受教育、保持群众本色，不断把教育实践活动引向深入。

（一）要大兴学习之风，进一步加强理论武装思想工作

不能把集中的教育活动告一段落作为理论学习的终点，而应当作为学习的新起点。要把个人自学与集体组织结合起来，把理论学习情况与年度考核评价结合起来。各单位领导要成为学习的第一人，既要带头学习，又要加强引导、督促和激励。要改变那种学与不学、学多学少、学深学浅、学好学差一个样的状况，使每个同志能够真正把学习作为第一位的需要，作为终身任务，真正动起来、自觉学起来。既要勤于学习，又要善于思考，既要突出重点，又要全面系统，努力把理论学习成果转化为把握大局、认识形势、分析事物的立场、观点和方法；转化为坚持党的群众路线的坚定信念；转化为自觉加强党性锻炼和修养、端正作风的实际行动；转化为爱岗敬业、尽职尽责、努力工作的精神动力；转化为适应改革发展的工作能力。

（二）狠抓制度建设，进一步夯实群众根基

制度带有全局性、稳定性和长期性，是维护党的整体利益的根本保证。开展党的群众路线教育实践活动，最根本的途径是坚持不懈地抓好各项制度规定的落实。严格坚持党要管党、从严治党的方针，认真落实会议、党课、党日、思想汇报、民主生活会、党员评议等制度。要根据形势任务的需要，每半年为全体党员上一次党课；按时召开民主生活会，开展积极健康的思想斗争，广泛开展批评与自我批评，把谈话谈心交流、批评与自我批评变成组织制度和推动工作的重要措施。

（三）培育优良作风，运用群众路线教育实践成果影响和带动各项工作

群众路线教育实践是一个长期任务，建设一支群众信得过的领导班子和干部队伍，更是一个紧迫课题。因此，党员领导干部要树立群众威信，时时以身作则，处处立言立行，事事率先垂范。做到理想信念十分坚定，思想道德十分纯洁，行使职权十分公正，工作作风十分务实，生活作风十分俭朴，执行规定十分严格，精神状态十分振奋。要做到这些就要用正确的理论武装头脑，端正人生追求；就要牢记党的宗旨，自觉做到自重、自省、自警、自励；就要重事业，淡名利，珍惜党员的称号和领导干部的形象；就要改进工作作风，身体力行，身先士卒，为群众做出好样子；就要按照整改措施提出的各项工作任务，以严肃认真的态度进行整改，确保措施有效、内容兑现、目标实现；就要以更高的标准、更实的作风、更大的干劲，努力把党建工作和全面建设提高到一个新水平。

特此报告。

党的群众路线教育实践活动领导小组
2014年×月××日

第八节　请示

一、请示的适用范围和特点

请示适用于向上级机关请求指示、批准。下级机关在工作中遇到了无权或难以处理的问题或困难时，请求上级帮助解决，给予批准，需制作请示。

请示的特点是：

(一)内容的积极建议性

撰写请示虽然是因下级机关在工作中遇到了难以解决的困难，但下级机关不能就此上交矛盾，而应积极提出解决办法供上级参考，以便上级正确决策。

(二)结果的强制回复性

请示就是为了尽快解决工作中的矛盾，上级机关必须及时给予答复，否则会加深矛盾，贻误工作。

二、请示的分类

按照内容性质，请示可分为：

(一)政策性请示

这种请示是因对上级机关文件中某些政策规定界限把握不准，故请求上级明确指示。如《××公安厅关于×××的请示》。

(二)工作性请示

在工作中遇到无法解决或无权决定的问题时，明确提出解决的办法或建议，请求上级批准，使用这种请示。如《××市公安局关于增拨禁毒专项款的请示》。

三、请示和报告的区别

(一)目的用途不同

请示是向上级机关请求指示、批准；报告则是向上级机关汇报工作、反映情况，答复上级机关询问。

(二)内容繁简不同

请示内容一文一事，简明单一；报告内容则覆盖面广，较复杂。

(三)制作时间不同

请示是事前行文，报告是事后或工作进行中行文。

(四)行文结果不同

请示必须给予回文批复；报告无须批复。

四、请示的结构内容及写作方法

请示由标题、发文字号、主送机关、正文、落款等部分组成。

(一)标题

一般常用规范的三要素构成标题,如《××省公安厅关于监视居住是否折抵刑期的请示》;也可写二要素标题,如《关于对收缴的淫秽物品由地、市公安机关处理的请示》。

(二)发文字号

按照国家有关规定和发文机关业务工作种类来确定,如“×公刑字〔200×〕126号”。

(三)主送机关

应写明主管相关业务工作的上一级机关的全称或规范化简称。

(四)正文

请示正文由请示缘由、请示事项和请示要求三部分构成。

1.请示缘由

应开门见山,以概括性语言写出请示的原因,其后用“特请示如下”“现请示如下”等过渡到下文。

2.请示事项

政策性请示直接写明无法把握的政策规定内容,请上级机关给予明确指示。工作性请示应写明遇到困难问题的性质、无法解决的原因,进而提出本单位对解决问题的看法和建议,供上级决策参考。

3.请示要求

常用“妥否(当否),请批示”,或“妥否,请批复”。

(五)落款

写明成文日期,加盖公章。

五、请示的写作要求

(一)标清主送机关,不得多头请示

请示一般主送上一级机关;受双重领导的单位应主送上一级主管相关业务的机关,并在有必要时抄送另一机关;联合请示需标明各发文单位的相关主管机关,否则会造成推诿扯皮现象。

(二)逐级请示,不得越级

请示须符合组织原则,逐级上报,要逐级请示。需在重大事项、特别紧急或其他非越级不能解决的问题时,方可越级请示,但须同时抄报被越过的上一级机关。

(三)写清内容,表明观点

为何写请示,其所遇的实际困难需表述清楚;工作性请示还应明确本单位对解决问题的建议,要有理有据。

(四)一文一事

请示是为了迅速解决所遇难题,为避免拖延、提高办公效率,须一文一事。

(五)行文规范,与其他上行文区别使用

上行的意见是为了批转;报告是为了汇报;上行的函是向不相隶属机关请求批准时使用。

【例文1】

关于中国公民自费出国旅游管理暂行办法的请示

国务院：

随着对外改革开放的不断扩大，人民生活水平不断提高，近年来，中国公民自费出国旅游不断增加，为适应改革开放形势，加强中国公民自费出国旅游的管理，特制定了《中国公民自费出国旅游管理暂行办法》。

附：中国公民自费出国旅游管理暂行办法

以上暂行办法如无不妥，请批转发布执行。

国家旅游局（盖章）　　公安部（盖章）

20××年×月××日

（附文略）

【例文2】

关于20××年在全国范围内开展国有资产产权登记工作的请示

国务院：

根据《国务院关于加强国有资产管理工作的通知》（国发〔20××〕××号）中有关对国有资产进行产权登记（以下简称产权登记）的精神，我们于20××年×月发布了《国有资产产权登记管理办法（试行）》，要求各地、各部门结合实际情况组织试点。目前已有18个省、自治区、直辖市和部分国家机关开展了产权登记工作。从试点情况看，开展产权登记，对加强国有资产管理，防止国有资产流失，推动企业所有权和经营权适当分离的改革，都起到了积极作用。鉴于以上情况，我们建议，20××年可在全国范围内开展产权登记工作。为此，提出以下意见：

一、提高认识，加强领导。进行产权登记，是保卫国有资产的重要措施，是实施国有资产所有权管理的一项基础工作。国有资产管理部门代表国家依法对全民所有的资产进行登记，是依法确认企业和单位占有、使用国有资产的法律行为。开展产权登记工作，对加强企业和单位的产权管理，深化经济体制改革将起到积极的重要作用。

二、产权登记的目的。这次产权登记，重点是解决企业、单位普遍存在的产权归属不清、定性不准、账实不符、国有资产流失等问题。同时，为全国开展清产核资工作进行前期准备。

三、产权登记的范围。凡占用国有资产的企业和实行企业化管理的事业单位，都必须办理产权登记。产权登记分为开办产权登记、变动产权登记、注销产权登记。今后，产权登记将纳入经常性的产权管理工作，由各级国有资产管理部门按企业、单位的财务隶属关系组织实施。

四、目前，国有资产局正会同有关部门制定《国有资产产权登记管理试行办法》。进行产权登记时，要严格按照国家统一规定执行，执行中的有关问题，由国有资产局负责制定具体办法。

以上请示如无不妥，请批转各地区、各部门执行。

国家国有资产管理局
财政部
国家工商行政管理局
20××年×月××日

第九节　意见

一、意见的适用范围和特点

意见适用于对重要问题提出见解和处理办法。意见既能指导工作，又能提出建议，是近年来使用频率趋高的文种。

意见有以下几方面的特点：

1.作用的多样性。意见可指导工作、规范行政行为，也可提建议、提参考，还有的意见起到鉴定、评估作用。

2.行文的多向性。意见多用作下行文，以表明主张态度，阐明原则方法，提出规划和要求；也可以用作上行文，向上级提出工作建议或参考的意见；还可作平行文，就某方面的问题向平行或不相隶属机关做出鉴定或评估。

3.适用的广泛性。意见原本是党务机关公文，随着我国建设具有中国特色社会主义民主政治进程的加快，这种具有商洽色彩的党务公文越来越多地被行政机关所使用，使其适用的范围更加广泛。

二、意见的分类

根据用途和性质的不同，可将意见分为三类：

（一）指导性意见

主要用于布置工作，其内容更注意原则性和灵活性的结合、规定性和变通性的结合，此类意见多是阐明工作的目的、原则，提出见解和要求，为下级机关的具体工作留出更多的创造性余地，如《××省公安厅关于开展“三项教育”的意见》。

（二）建议性意见

用于向上级机关提出决策参考、工作建议，它又可分为呈报性意见和呈转性意见。

呈报性意见是向上级机关就某方面工作提出的建议、参考，以便上级机关决策。如《××市公安局关于做好人口普查工作的意见》（上报市政府）。

呈转性意见是职能部门就开展、推动、完成某方面的工作提出初步设想和计划，呈送上级机关审定后，由上级机关批转到隶属的相关部门执行。这种意见已经取代了呈转类建议性报告。如《××省公安厅关于交巡警警种合并的意见》（上报公安部）。

（三）评估性意见

这类意见是职能部门就某项业务工作经过调查研究或评审鉴定后，把评审鉴定结果写成意见，送交有关部门。它主要用于不相隶属机关，是平行文。如《××市公安局关于××区创建消防工作新体制的鉴定意见》。

三、意见的结构内容及写作方法

意见的格式包括标题、发文字号、主送机关、正文、落款等部分。

（一）标题

意见常用规范的三要素标题方式，如《××省公安厅关于加强计算机安全防范工作的意见》。有时也可用二要素标题写法，如《关于对公安主题词表的意见（讨论稿）》。

（二）发文字号

主要根据国务院有关规定和发文机关的具体工作种类来制定，如"×公政字〔2009〕×号"。

（三）主送机关

应根据行文方向写明上级、平级、下级机关的规范名称。

（四）正文

意见正文由前言、主体、结尾构成。

1. 前言。应简要介绍行文的背景、原因，或说明发文的依据、目的；撮要说明意见的指导原则与核心思想。

2. 主体。主要以提要的形式阐述具体内容。指导性意见主要阐述目标任务、指导原则、实施方法措施等内容；建议性意见所提设想、建议要切实可行，尤其是呈报上级以通知形式批转的意见，更要具备较强的可操作性；评估性意见所做的结论、鉴定，必须公正、客观、科学，要以事实和道理取信于人。

3. 结尾。根据不同种类的意见，使用不同的结尾惯用语。指导性意见常用"以上意见，请结合实际情况贯彻施行"；呈报性意见多用"以上意见供领导决策参考""以上意见供参考"；呈转性意见则用"以上意见如无不妥，请批转各地（各部门）执行"。

（五）落款

注明成文日期，加盖印章。

四、意见的写作要求

1. 把握好语言的商榷色彩。意见语言在注意严肃、决断的同时，应少用指令性词语，多用祈使句、指导性词语，以体现民主和灵活的作风。

2. 区分不同领导机关意见主体的主要内容。高层领导机关发布的意见更原则、理论色彩更浓；基层领导机关的意见更具体、操作性更强。

3. 建议性意见中含请示意见时，须一文一事。

【例文】

甘肃省教育厅关于加强全省高校大学生形势与政策教育的意见

甘教思〔2015〕8号

省属各高校：

为深入贯彻落实《中共中央宣传部教育部关于进一步加强高等学校学生形势与政策教育的通知》(教社政〔2004〕13号)和中共甘肃省委办公厅甘肃省人民政府办公厅《关于进一步加强和改进新形势下高校宣传思想工作的实施意见》的通知(甘办发〔2015〕7号)，现就进一步加强我省高校大学生形势与政策教育，提出如下意见：

一、加强组织领导。各高校要成立形势与政策教育工作领导小组及办公室。领导小组在党委统一领导下，制定和组织实施形势与政策教育教学计划，部署和协调开展重要教育活动，对形势与政策教育进行检查和督导。领导小组组长由分管意识形态工作的校领导担任，成员由宣传部、学工部、研工部、团委、教务处、社科处、负责学校思政教育的院(系)和相关部门、通信网络中心等的负责人担任。领导小组办公室设在党委宣传部，负责领导小组日常工作。

二、加强教师队伍建设。各高校建设一支以精干的专职教师为骨干，以思想政治教育工作队伍为主体，专兼结合的教师队伍。要配备高素质的专职教师负责形势与政策课的教学和研究工作。将形势与政策课专职教师纳入思想政治理论课教师编制。学校党政领导、学生辅导员和班主任、思想政治理论课教师、哲学社会科学相关学科的教师都要积极承担一定的形势与政策教学任务。也可聘请地方党政领导、知名企业家、社会各条战线的先进人物担任特约报告员。要加强教师培训工作。各高等学校要为教师进修、提高、查阅文件提供方便，创造条件，有计划地安排形势与政策课教师进行国内外考察，不断开阔眼界，丰富教学素材。

三、加强科学研究。各高校要依托思政教育的院(系)和相关部门，积极开展马克思主义形势观和政策观等基本理论、基本观点的研究，开展大学生所关注的热点、难点问题的研究，密切关注国内外大事，及时准确把握形势动态。党委宣传部负责定期组织召开形势与政策教育方面的理论研讨会；社科处(或相关处室)负责设立形势与政策教育的相关研究课题，激励教师和学生工作人员开展科研工作。

四、加强宣传教育。各高校要在校报、校园网、广播、电视、电子屏、报栏、时事图片宣传栏以及各二级网站、报刊型资料及时宣传报道党和国家的重大方针政策、重要活动及新闻事件，大力加强正面宣传引导工作。校园网中开辟学生思想政治教育专栏，把形势与政策信息作为重要内容，定期发布并维护更新。党委宣传部注意做好对各类宣传思想文化阵地的指导和监管。

五、深化实践教学。负责思政教学的院(系)和部门在对社会实践进行课程化设计时，突出形势与政策教育。团委与各院(系)和相关部门要紧密结合大学生社会实践活动和校园文化活动开展形势与政策实践教育，使学生在社会实践中接受教育。团学系统在组织开展主题教育活动、校园文化活动、“三下乡”社会实践活动、“青年志愿者”行动中，要强化形势与政策教育的主题和内容。

六、举办报告会。各校要建立相应的报告会制度，邀请省级党政主要负责同志结合本地区发展的实际，每年为高等学校作形势报告，使学生更直接地了解改革开放和经济社会发展的新成就新变化。每年春、秋两季学期开学后及在国内外发生重大事件时，学工部、研工部和各学院（系）应及时举办形势与政策报告会，可邀请领导干部、专家学者、学生辅导员担任主讲人。要抓住重大节日、纪念日、重大事件发生的时机，挖掘教育资源，通过座谈会、研讨会等方式，广泛开展宣传教育活动，切实增进教育效果。要通过对教育系统特别是学生先进典型和英雄人物事迹的宣传，充分发挥先进典型和英雄人物在思想政治教育中的引导、示范和辐射作用。马克思主义学院每年举办一次思想政治理论热点大讲堂活动。

七、开展网络教学。要积极运用互联网这一现代信息技术，丰富教育资源，创新教学方法，拓展教育空间。各校园网站要设立形势与政策教育的网页、专栏，组织开展各种形式的网上教学、讨论等活动。负责思政教育的院（系）和相关部门要建立《形势与政策》课专题网站和网络教学平台，组织开展网络教学活动，包括网上考核。高等院校所有学生（包括研究生）每学年至少应完成16个课时的网上学习。教务处、研究生院负责将“形势与政策”课网络教学课程协调安排进入课程表，并制定网上学习考核监督办法。

八、严格课堂教学。本专科生“形势与政策”课堂教学按平均每学期16周，每周1学时计算。硕士生一年级开设18课时的“形势政策和学术道德规范”课堂教学。博士生一年级结合“中国马克思主义与当代”课开展形势与政策教育，并选修“形势政策和学术道德规范”课。各高等学校要从编制教学计划、明确教学要求、建立教学组织、开展集体备课、建立成绩档案、反馈教学信息等方面，全面加强形势与政策课程建设，强化形势与政策课教学管理。

九、明确课程学分与教学方式。本科生单独开设“形势与政策”课，设置2个学分；专科生单独开设“形势与政策”课，设置1个学分；研究生（包括硕士生和博士生）“形势与政策”课设置1个学分。“形势与政策”课采取课堂教学、网络教学、形势与政策报告会、社会实践等方式进行。

十、规范课程考核。“形势与政策”课实行学年考核制，每学年考核一次，该课程总成绩为各学年考核平均成绩，一次计入学生成绩册。考核工作由学校教务部门统一安排。要充分考虑本课特点，主要考核学生对国内外形势的认识和对党的路线、方针、政策的理解。考核可根据情况采取灵活多样的方式进行，包括开卷考试、撰写论文与学习体会、撰写调查研究报告与社会实践报告等，也可以综合性地采取上述方式。

甘肃省教育厅
2015年4月2日

第十节 批复

一、批复的适用范围和特点

批复适用于答复下级机关的请示事项。它的政策性较强,篇幅较短。

批复的特点如下。

(一)回复内容的明确性

批复是针对下级机关无权或无法解决的困难而给予的答复,行或不行必须态度明确,不可模棱两可,令下级机关无法执行。

(二)回复时间的限定性

请示是为了及早解决问题,上级机关应及时研究,尽早答复。

二、批复的分类

针对来文的种类,批复可分为以下几种。

(一)针对请示的批复

这其中又分为政策性批复和工作性批复。政策性批复主要是明确政策界限;工作性批复主要针对请示中下级提出的方法和建议,明确表态,具体指导。

(二)针对意见的批复

报请性意见上报后,上级机关应及时研究,迅速批复。

三、批复的内容及写作方法

批复由标题、发文字号、主送机关、正文、落款几部分组成。

1.标题。可以写三要素式的标题,如《××市公安局关于成立督察巡逻队的批复》;也可写二要素标题,如《关于加快无毒社区建设的批复》。

2.发文字号按国家有关规定和单位业务工作种类标写,如“×公治字〔200×〕97号”。

3.主送机关写明发来请示或报请性意见的单位名称。

4.正文由批复引据、批复内容、批复结语组成。

批复引据。批复首先引用下级来文的日期、发文字号、标题,随后一般接过渡性习惯用语“经认真研究,现答复如下”。

批复内容。这部分是核心,或进一步明确政策;或根据实际情况,批准(部分批准)下级机关的请求和建议;或依据有关政策精神,否决下级的请求。

批复结语。常用“特此批复”,“此复”等习惯用语收尾。

四、批复的写作要求

1.认真研究,明确回复。要正确批复,需仔细研究下级上报的问题症结所在,根据政策和权限,批复回文,或表态,或授权。

2.必须及时回文。请示和报请性意见都是下级遇到了无法解决的矛盾,上级应抓紧时间研究批复。

3.应区别使用批复与复函。批复针对请示和报请性意见而制作,复函则是对询问性函的答复,二者对象不同。

【例文1】

国务院关于兰州市城市总体规划的批复

国函〔2015〕109号

甘肃省人民政府:

你省关于报请审批兰州市城市总体规划的请示收悉。现批复如下:

一、原则同意《兰州市城市总体规划(2011—2020年)》(以下简称《总体规划》)。

兰州是甘肃省省会,西北地区重要的工业基地和综合交通枢纽,西部地区重要的中心城市之一,丝绸之路经济带的重要节点城市。《总体规划》实施要深入贯彻党的十八大和十八届三中、四中全会及中央城镇化工作会议精神,坚持经济、社会、人口、环境和资源相协调的可持续发展战略,提高新型城镇化质量和水平,统筹做好兰州市城乡规划、建设和管理的各项工作。要不断增强城市综合功能,提高可持续发展能力,逐步把兰州建设成为国家向西开放的战略平台,西部区域发展的重要引擎,西北地区的科学发展示范区,历史悠久的黄河文化名城,经济繁荣、社会和谐、设施完善、生态良好的现代化城市。

二、重视城乡区域统筹发展。在《总体规划》确定的5810平方公里城市规划区范围内,实行城乡统一规划管理。根据市域内不同地区的条件,重点发展县城和基础条件好、发展潜力大的重点镇、中心村,优化村镇布局,在保持乡村风貌特色的基础上逐步改善村民生产生活条件。推动城镇基础设施、公共服务设施向乡村延伸,逐步推进城乡基本公共服务均等化。

三、合理控制城市规模。到2020年,中心城区常住人口控制在275万人以内,城市建设用地控制在250平方公里以内。促进中心城区和兰州新区协调发展,有序疏解人口和城市功能。根据兰州市资源、环境的实际条件,以及《总体规划》对城市空间布局的安排,划定城市开发边界,切实保护好耕地特别是基本农田。加大存量用地挖潜力度,合理开发利用城市地下空间资源,切实提高城市建设用地利用效率。

四、做好兰州新区规划建设。按照《国务院关于同意设立兰州新区的批复》(国函〔2012〕104号)要求,坚持科学规划、合理布局、有序开发,突出经济结构战略性调整,突出特色产业、循环经济和节能环保,突出对内对外开放,突出改革创新,推动兰州市在带动甘肃及周边地区发展、深入推进西部大开发、促进我国向西开放中发挥更大作用。

五、完善城市基础设施体系。要加快公路、铁路、机场等对外交通基础设施建设,疏解区域过境交通,加强城市内外交通的衔接,方便不同交通方式的换乘。建立以公共交通为主体,各种交通方式相结合的多层次、多类型的城市综合交通体系。坚持先地下、后地上的原则,统筹规划建设城市供水水源、给排水、污水和垃圾处理等基础设施。要划定基础设施黄线保护范围,加强对各类设施用地的规划控制和预留,保障建设实施。要建立健全包括消防、人防、防洪、防震、荒山整治和工业灾害防治等在内的城市综合防灾体系。

六、建设资源节约型和环境友好型城市。要按照促进生产空间集约高效、生活空间宜居适度、生态空间山清水秀的总体要求,形成合理的城市空间结构,促进经济建设、城乡建设与环境建设同步发展。要切实做好节能减排工作,明确责任主体,落实工作措施,淘汰落后产能,支持绿色建筑发展。加强城市环境综合治理,严格控制污染物排放总量,提高污水处理率和垃圾无害化处理率,限期达到《总体规划》提出的各类环境保护目标。划定城市蓝线保护范围,严格控制用水总量,提高水资源利用效率和效益,建设节水型城市。要开展绿色生态城区、绿色住区建设,强化工业、交通和建筑节能,引导城市转型发展。加强对兴隆山等自然保护区、风景名胜区、森林公园以及湿地、水源地等特殊生态功能区的保护,重点加强黄河两岸生态防护,制定保护措施并严格实施。

七、创造良好的人居环境。要坚持以人为本,按照城市常住人口规模统筹安排关系人民群众切身利益的教育、医疗、市政等公共服务设施,建设宜居城市。要将城市保障性安居工程的建设目标纳入规划,确保保障性住房用地的分期供给规模、区位布局和相关资金投入。根据城市的实际需要与可能,稳步推进旧城有机更新和棚户区、城中村、城乡危房改造,不断改善人居环境。

八、重视历史文化和风貌特色保护。要统筹协调发展与保护的关系,按照整体保护的原则,切实保护好城市传统风貌格局。落实历史文化遗产保护和资源管理要求,重点保护好金天观、河口古民居历史文化街区,青城、金崖等历史文化名镇(村),兰州黄河铁桥、八路军兰州办事处旧址等文物保护单位以及近现代重要史迹、建筑。要加强绿化工作,划定城市绿地系统的绿线保护范围,做好沿黄河两岸的建筑控制和风貌特色管控,保持兰州市"两山夹一河"的整体山水格局,构建具有现代都市特色和西北地区风情的城市景观。

九、严格实施《总体规划》。城市建设要实现经济社会协调发展,物质文明和精神文明共同进步。城市管理要健全民主法制,坚持依法治市,构建和谐社会。《总体规划》是兰州市城市发展、建设和管理的基本依据,城市规划区内的一切建设活动都必须符合《总体规划》的要求。要结合国民经济和社会发展规划,明确实施《总体规划》的重点和建设时序。城市规划行政主管部门要依法对城市规划区范围内(包括各类开发区)的一切建设用地与建设活动实行统一、严格的规划管理,市级城市规划管理权不得下放,切实保障规划的实施。要加强公众和社会监督,提高全社会遵守城市规划的意识。驻兰州市各单位都要遵守有关法规及《总体规划》,支持兰州市人民政府的工作,共同努力,把兰州市规划好、建设好、管理好。

兰州市人民政府要根据本批复精神,认真组织实施《总体规划》,任何单位和个人不得随意改变。你省和住房城乡建设部要加强对《总体规划》实施工作的指导、监督和检查。

国务院
2015年7月13日

【例文2】

国务院关于同意将山西省太原市
列为国家历史文化名城的批复

国函〔2011〕28号

山西省人民政府：

你省《关于申报太原为国家历史文化名城的请示》（晋政〔2009〕25号）收悉。现批复如下：

一、同意将山西省太原市列为国家历史文化名城。太原市历史悠久，文化底蕴丰厚，历史遗存丰富，城市建设特色突出。

二、你省及太原市人民政府要根据本批复精神，按照《历史文化名城名镇名村保护条例》的要求，正确处理城市建设与历史文化遗产保护的关系，保护好太原市的传统格局、历史风貌和历史建筑。要编制好历史文化名城保护规划并纳入城市总体规划，明确保护的原则和重点，划定历史文化街区、文物保护单位、历史建筑的保护范围及建设控制地带，制订严格的保护措施。要在历史文化名城保护规划的指导下，编制好重要保护地段的详细规划。在规划和建设中，要注重体现传统文化特色和地方传统风貌，不得进行任何与历史文化名城环境和风貌不相协调的建设活动。

三、你省和住房城乡建设部、国家文物局要加强对太原市国家历史文化名城规划、保护工作的指导、监督和检查。

国务院

2011年3月14日

第十一节　函

一、函的适用范围

函适用于不相隶属的机关之间商洽工作、询问和答复问题、请求批准和答复审批事项。

二、特点与分类

（一）特点

1. 灵活方便。函的制发及受文不受单位级别的制约，也不受内容繁简的限制，行文十分灵活。

2. 篇幅短小。函的内容单纯，简短具体，一文一事，篇幅短小。

（二）分类

函从内容作用看，一般可以分为以下几种：

1.商洽函。主要用于平行或不相隶属机关之间商洽和联系工作。

2.询问函。上下级或同级机关之间均可使用,多用于向有关单位主管机关或业务部门查询有关事项或问题。

3.答复函。即复函,主要用于回答来函询问的有关问题,并给予具体明确的答复。

4.请批函。主要是向有关业务主管部门请示批准事项。

5.告知函。主要是用于向有关单位或部门告知某些事项。

三、函与请示的区别

函中的请批函和请示都有“请求批准”的用途,它们的主要区别在于以下两点。

(一)行文方式不同

函主要用于向不相隶属机关请求批准事项;请示则用于向有隶属关系的上级机关请求指示和批准。

(二)内容不同

函所涉及的内容多限于事务及业务方面的问题;请示的内容则多涉及机关政务、事务或政策性问题等。

四、函的结构内容及写作方法

(一)标题、发文字号和送达机关

函的标题由发文机关名称、事由和文种名称组成。如“××市公安局关于处理王××问题的复函”。发文机关和送达机关,与其他公文的写法相同。

(二)正文

不同的函结构内容和写作要求不同,现分述如下:

1.商洽函的写作

开头简要说明去函的缘由,以便对方了解有关事项。商洽事项部分即所要商洽的具体事项,应详尽地说明要商洽的事项,内容多的可分条来写。

2.询问函的写作

应先写清询问的原因,即说明发函的目的。询问的事项要写得清清楚楚,并写清企盼回复的要求。

3.复函的写作

一般直接引用对方来函的日期、标题和发文字号,并说明收文情况。答复内容部分要针对对方来函的内容及要求一一作答,要具体明确。对有些问题一时难以答复的,应做出说明,便于对方了解情况。

4.请批函的写作

请批函与请示的写法相似。重点应写清请求批准的缘由和事项,即写明需要解决什么具体问题,并提出解决问题的意见和建议。

5.告知函的写作

告知函的写作较简单,只需把知照的事宜写清即可。

（三）结尾

不同类型的函有不同的结束语。商洽函、询问函的结语常用“请予支持”“请予协助”“请予函复”；复函用“特此函复”“专此函复”“此复”等；请批函用“请予核准”“请示批准”等；告知函用“特此函告”等。

五、函的写作要求

（一）行文要规范

要注意函与便函的区别；除便函外，公函应按公文格式规范行文。

（二）叙事要清楚

无论写何种函，都应开门见山、直截了当。

（三）表达要得体

函系多边行文，在表达上应讲究分寸，语言措辞要谦敬，语气要亲切自然。

（四）篇幅要短小

函不必详叙过程，要求简短具体，中心突出。

【例文1】

教育部关于同意在甘肃联合大学基础上建立兰州文理学院的函

教发函〔2013〕56号

甘肃省人民政府：

《甘肃省人民政府关于申请设立兰州文理学院的函》（甘政函〔2012〕160号）收悉。

根据《高等教育法》《普通高等学校设置暂行条例》《普通本科学校设置暂行规定》的有关规定和《教育部关于同意在甘肃联合大学基础上筹建兰州文理学院的通知》（教发函〔2012〕59号）以及全国高等学校设置评议委员会六届二次会议的评议结果，经研究，同意在甘肃联合大学基础上建立兰州文理学院，学校代码为11562；同时撤销甘肃联合大学的建制。现将有关事项通知如下：

一、兰州文理学院系本科层次的普通高校，学校应逐步过渡到以实施本科教育为主。

二、学校由你省领导和管理，学校发展所需经费由你省统筹解决。

三、学校全日制在校生规模暂定为10000人。

四、学校本科专业的增设问题，按我部有关规定办理。同意首批设置5个本科专业，即汉语言文学、音乐表演、环境设计、数学与应用数学、应用化学。

五、为支持学校建设和发展，你省政府承诺“十二五”期间“每年为学校基础设施建设投入2000万元；生均拨款标准提高至1.2万元/生/年；为学校校区建设贷款提供1000万元的贴息补贴”以及兰州市政府“将学校校园基础设施建设纳入兰州城市基础设施建设规划，投入建设资金支持”等有关措施,须落实到位。

六、我部将适时对学校办学情况进行评估。

望你省加强对该校的领导,加大资金投入,指导学校加强学科专业建设、师资队伍建设和教学基础设施建设,努力提高教学科研水平和办学质量,围绕服务加快转变经济发展方式这条主线,重点培养服务区域经济社会发展所需要的应用型、技术技能型人才,办出特色,办出水平,为甘肃省的经济建设和社会发展做出更大贡献。

教育部

2013年4月18日

【例文2】

关于甘肃–天津“9+3”藏区免费中等职业教育项目2012级学生顶岗实习及就业的函

甘教职成函〔2014〕26号

天津市教育委员会:

为了推进我省藏区教育跨越式发展,培养藏区建设人才,实现藏区的长治久安,提高广大群众生活水平,2012年秋季在天津市滨海新区政府的大力支持下,贵委与我省教育厅签订了《甘肃–天津“9+3”藏区免费中等职业教育项目协议》。

此项目2012级学生即将进入顶岗实习及就业阶段。为了做好2012级此项目毕业生的顶岗实习及就业工作,要求有关单位和学校优先推荐甘肃–天津“9+3”藏区免费中等职业教育项目毕业生在大中型国有企业或相关单位顶岗实习及转移就业,拓宽就业渠道。由于我省经济欠发达,就业空间小,岗位少,就业难度大,同时在2012级项目学生中了解,部分学生有到滨海新区实习、就业的愿望。为了充分体现党和政府对藏区广大群众的关怀,帮助藏区老百姓子女实现就业愿望,依据协议“毕业生就业实行市场引导,双向选择,自主择业。根据天津滨海新区产业发展需求和‘9+3’项目学生就业愿望,优先推荐9+3项目学生到滨海新区实习、就业;同时,积极引导、鼓励甘肃省内其他中职学校毕业生到滨海新区实习、就业,支持滨海新区发展”,恳请贵委牵线搭桥帮助藏区老百姓子女实现就业愿望,让他们实现相对稳定的就业,使这一普惠广大藏区群众的项目为实现藏区的长治久安产生积极影响。

妥否,请回复。

甘肃省教育厅

2014年7月22日

第十二节　纪要

一、纪要的适用范围

纪要适用于记载会议主要情况和议定事项。它是会议召集单位根据会议记录、会议文件和其他会议资料整理而形成的一种公文,具有实录性和约束性,要求与会单位共同遵守和执行。纪要可以直接下达，也可以呈报上级机关批准下达，也可由会议主持机关加批语下达。

二、纪要的特点

(一)概括性

纪要根据会议的指导思想和目的要求，综合会议主要议程、文件、记录和活动，用简练的文字集中反映会议基本精神和讨论的主要问题的主要观点。

(二)指导性

纪要可以报送上级机关批转各地执行，可以作为与会代表所在单位汇报和传达会议精神的依据，也是与会单位共同遵守的凭证。

三、纪要的结构内容及写作方法

纪要与其他公文在写法上有所不同，成文时间一般写在标题正下方，不写主送单位和落款。

(一)标题

纪要的标题一般由会议召集单位名称、会议名称和文种组成，如"××省公安厅刑侦工作座谈会议纪要"。有时可以由会议名称和文种组成，如"××学院院长办公会议纪要"。

(二)正文

纪要由开头、主体、结尾三部分组成。

1.开头

简述会议全貌，包括指导思想、目的要求、会议的时间地点、参加会议的单位、人数、主持人、会议的议程等。

2.主体

阐述会议的宗旨，包括工作回顾，会议讨论的主要问题、基本结论、做出的决议和今后的任务等。

3.结尾

一般应针对会议议定的内容，提出贯彻执行的希望和要求。

(三)落款

纪要一般不署名，如署名，一般为会议秘书处整理或发纪要单位办公室整理，署在文末，并写明日期，以会议结束的日期为准。

纪要的写法与会议内容有关，一般有两种：

第一种是办公会议纪要，它有两种写法：一是分项式。它是在会议记录的基础上整理、综合而成的一种形式，将每一事项分项排列写清楚，使之条理化，使人一目了然。一是总分式。它是在分项式的基础上进一步综合、概括会议内容的一种形式，分两个部分。首先总述，即开头的一大段；然后分述，即中心内容。

第二种是大型会议纪要。这种纪要是对一些专业会议、专题讨论会、座谈会等会议基本精神的综合反映。它与办公会议纪要相比是比较难写的。因为会议的议题比较复杂，意见纷纭,会议的时间有时较长,这类会议纪要一般分两部分:第一部分是会议概况,简单介绍会议的组织情况和会议讨论的主要议题。第二部分反映会议的主要精神,其中最主要的是阐明会议取得的较为一致的看法。这一项是会议纪要的主要内容,在行文中,要以归纳出的问题为中心重新组织材料。材料就是会议中每个同志的发言,对某些与会议精神有关的发言要重新整理,因为它是写作纪要时必不可少的材料。它最具典型性,最有说服力。

四、纪要与会议记录的区别

相同之处:二者都必须尊重事实,真实地反映会议的过程,全面揭示会议的主旨。

不同之处:第一,二者的对象不同。记录是有会必录,纪要则是针对一些重要会议而言。第二,记述的方法不同。记录是在会议的过程中进行的,纪要则是在会议结束后写成的。第三,在写法上,记录是一种客观纪实材料,要求详细记载会议的组织情况及与会人员的具体发言内容;而纪要必须摘其纲要,具有高度的概括性和鲜明的政策性。第四,记录不具有文件的作用,而是作为资料保存下来,以备查考;纪要具有公文的功能,向上报告,向下发行。

五、纪要的写作要求

纪要的精髓在于"要"。所谓"要",主要表现为内容集中,重点突出。因此,写纪要应做到:要全面掌握第一手材料;要认真分析归纳材料;要如实反映会议精神;行文要简明扼要。

【例文1】

全国城市经济体制改革试点工作座谈会纪要

(××××年×月×日)

××××年×月×日至×日,国家体改委在××省××市召开了全国城市经济体制改革试点工作座谈会。三十一个省、自治区、直辖市体改委(办)的负责同志,五十八个试点城市的负责同志,以及中央、国务院有关部门的负责同志共二百多人参加了会议。会上传达学习了中央领导同志最近的重要讲话,交流了试点城市改革的情况和经验,研究了在新形势下积极推进城市经济体制改革进一步要开展的工作。

一、统一认识,明确今年改革的方针和主要任务。(略)

二、进一步简政放权,政企分开,搞活企业。(略)

三、充分发挥社会主义市场经济,理顺经济关系。(略)

四、精心指导,保证改革健康发展。(略)

与会同志一致表示,当前改革进入攻坚阶段,我们要坚定地贯彻党中央和国务院的部署,精心组织,精心指导,搞好调查研究,把城市经济体制改革引向深入,为建立有中国特色的社会主义市场经济做出新贡献。

【例文2】

×××信访领导小组会议纪要

20××年×月×日，县委常务副书记、县信访工作领导小组组长×××主持召开了今年第二季度县信访领导小组会议，现纪要如下：

会议通报了××县第一季度来访情况、集体访情况、案件查办情况以及信访工作存在的问题。对第二季度信访动态进行了分析，排查了村务公开、退耕还林、企业改制、清退代课教师、交通治理等群众关心的热点问题。

会议认为，一季度我县信访工作由于各级各部门高度重视，采取了积极有效措施，加大了案件查办力度，一些多年缠访问题、一些影响投资环境问题、一些久拖未决的经济纠纷得到妥善解决，保证了县域经济的健康发展。但与去年同期相比，信访总量明显增大，集体访批次人数成倍增长，信访形势不容乐观。这些问题的存在与少数单位不重视信访工作，不讲原则、不讲大局、遇事推诿扯皮上交矛盾，与部分干部工作作风漂浮、工作方法简单粗暴有直接关系。因此，各级各部门要端正认识，增强责任意识，改进工作方法，化解矛盾，维护社会稳定。

会议强调，信访工作是一项长期性的工作，随着经济社会的发展，会不断产生新的矛盾，引发新的信访。但只要我们努力工作，牢固树立"权为民所用，情为民所系，利为民所谋"的思想，不断改进工作作风、工作方法，主动化解矛盾，信访是可以减少的。会议指出，二季度信访工作要以化解矛盾、减少集体访、解决长期缠访为核心，以二季度信访总量比去年同期下降为目标，认真履行职责，按"分级负责，归口办理"原则，各自做好工作，确保一方平安。

会议要求：

一要抓"热点"，维护群众利益。群众反映的"热点"问题，实际上也是党和政府工作的难点。切实解决好群众反映的"热点""难点"问题，是我们各级各部门义不容辞的责任。因此各乡镇各部门要按照"三个代表"的要求，带着对人民群众的深厚感情，处理好群众关心的"热点""难点"问题。一是认真关注"热点"，认真排查本单位本辖区内的"热点""难点"，采取措施，制定预案。二是及时处理"热点"，不回避矛盾，不一拖了之，及时予以解决，坚决杜绝激化矛盾引发集体访或越级访。三是避免引发新的"热点"，进一步改进工作作风，改善工作方法，坚持依法行政，按政策做好群众思想工作，处理好干群关系，决不能因工作不到位等原因引发新的"热点"问题。

二要抓领导，落实责任。信访问题落实得实不实，信访工作水平高不高，单位领导是关键。一是信访机构要健全。落实分管领导和专兼职信访干部，保证来访有人接，案件有人查。二是工作责任要落实，要把信访工作作为一项重要工作抓实抓好，尤其是重点涉访单位至少每季度专题研究一次信访工作，排查本辖区本部门职能权限内可能触及群众利益、引发信访的问题，并制定解决问题的措施，把矛盾解决在基层。三是加大案件查办力度，严格按照"五定"原则进行落实，即定责任单位、定包案领导、定办案责任人、定办结时限、定办案质量。一定要做到办结一案，解决一事，减少一访，稳定一方。

三要抓协调，讲大局。一是加强同上级主管部门的联系，尤其是涉及政策法规等相关问题的答复上要统一，要互通信息，及时向上级汇报本县信访工作情况，争取主动。二是加强部门之间的团结协作,在涉及下岗职工、清退计划外用工、安置职工、工资待遇等热点问题上,各相关部门要相互通气,耐心答复上访人,做好政策解释、思想疏导工作,减少群众上访。三是加强对乡镇部门信访室的业务指导,加强信息沟通,掌握信访动态,发现苗头及时超前化解。四是要发挥治保调解组织的作用,积极化解矛盾,报告信息,齐抓共管,构筑大信访格局。

四要抓制度,严明纪律。严格按"分级负责,归口办理"的原则解决信访问题。一是要纠正怕负责任的思想,要敢于负责,正视信访问题,不推诿扯皮,确保一方稳定。二是要纠正不负责任的做法,牢固树立责任意识,切实履行信访工作职责,不回避矛盾,把问题解决在基层。三是严肃工作纪律,对重大会议、重大节庆期间的集体上访、越级上访,需要接人的,涉访单位在接到通知后必须无条件服从,在规定时间内赶到指定地点,做好接人工作。

五要抓督查,促工作。县信访局要切实履行部门职能作用,按照县信访领导小组的要求,抓好各级各部门的信访指导和督查工作。县上对信访工作建立信访督查通报制度,对信访工作重视不够、工作不力,信访增加、信访问题久拖不决的乡镇和部门要通报批评,严重的,追究主要领导责任。对重视信访工作,化解矛盾及时,稳定工作做得好的乡镇和部门进行表彰奖励。

会议决定:

1.会议决定6月中旬对信访工作进行半年检查,检查结果将在全县进行通报,并纳入年终考核。

2.林业局要加强对退耕还林信访问题的研究,建立健全退耕还林监管处理工作机制,并迅速拿出工作方案报信访领导小组。

参加会议人员:(略)

20××年×月××日

抄报:县委、县人大、县政府、县政协、市信访局

抄送:县信访领导小组成员单位,重点涉访单位

【写作实训】

1.上网查找相关的命令范文,仔细揣摩写作技巧和用词习惯,并依此为范本拟写一篇××学院对学生见义勇为的嘉奖令。材料请自行拟定。

2.因城市轨道交通建设需要,拟对××市××街道路车辆通行实行交通管制,采取单向通行,请以××市公安局名义拟写一篇通告。要求符合格式,用词精准,行文规范。材料可自行扩充。

3.近期,××市公安机关的工作人员驾驶公务车辆造成了多起交通事故,给当地公安机关带来了重大的经济损失,同时也给人民群众、驾驶者本人以及家庭带来了极大的不幸,严重影响了公安机关在人民群众中的形象,甚至败坏了党和政府的声誉,给社会治安带来了消极影响。以下是典型案例:

10月××日××时,××市公安局民警李××驾驶警车,途经××高速公路123公里300米处时违法从右侧超车,此时前方路肩和行车道之间有大货车因故障停在路边修车,该警车由于车速

过快，与大货车追尾相撞，导致警车上4名乘车人受伤，大货车1人受伤，警车严重变形受损的交通事故。

11月×日×时，××市公安局民警张××驾驶警车，随同其他3名民警押送3名犯罪嫌疑人，途经高速公路（尚未正式交付使用）××路段时，因车辆制动失效，加之车速较快，又临危处置不当，导致车辆高速跨越拦路岩石滑行90米后撞上前面的山壁，造成2名民警牺牲、1名民警及3名犯罪嫌疑人受伤的重大交通事故。

11月×日××时，××市公安局民警梁×酒后驾驶××牌照的小轿车，由西往东行驶至××大学附属第二医院前路段时，处置不当，所驾车辆先碰撞一辆小客车，后又撞向一辆二轮摩托车和自行车，并疯狂冲向公交站候车的乘客和过往行人，造成2人当场死亡、5人不同程度受伤的严重交通事故。

根据上面所列材料，按照要求写作：

（1）以××市公安局的名义，就解决给定材料中反映的主要问题，拟写一份通知。

（2）以××省公安厅的名义，就上述通知（你所写的），加上批语，拟写一份批转性通知。

4.根据下面所给的材料，以××县公安局的名义，拟写一份通报。要求格式规范，要素齐全，表述准确。

贾××，男，19××年12月生，汉族，本科学历，一级警司，199×年7月参加公安工作分配在××县公安局看守所任看守民警。20××年9月28日调××县公安局派出所任民警。

经调查：贾××在看守所工作期间，没有严格认真执行看守所的值班管理规定，先后两次为在押犯人违规递送物品。

20××年2月12日，贾××值班期间，看守所12号女监室在押人员李××利用放风之机拿4块手机电池给贾××让帮其充电，贾××拿到4块手机电池后既没有向领导汇报，也没有将4块电池板上交看守所。

20××年8月15日，贾××值班期间，没有向所领导请示汇报，就自作主张为12号监室李××递送其家属送来的物品。

县局党委20××年10月21日会议研究决定，对贾××同志的违规行为，给予通报批评。

5.根据下面所给材料，以市公安局办公室名义向局领导写一份情况报告。

（1）201×年1月25日13时，承建化学工业园区的临夏××建筑公司因工期与施工质量问题，未得到全部工程款。300多名民工到化工园区开发公司闹事。

（2）1月28日，阳光丽舍花园工地百余名民工，因被拖欠两个月工资，与有关部门谈判未果，在阳光丽舍花园门前聚集，打出标语，呼喊口号，造成交通堵塞。

（3）2月1日，××区盛丰汇园由××房地产公司开发的危改小区工地，因承包商拖欠民工工资，有近300名民工围堵施工工地办公室。

（4）2月3日，临夏××公司一民工打电话给化工园区开发公司，扬言称若拿不到钱就会有1000多人再到公司闹事。

（5）2月4日10时，××区××街北侧的××小区工地130余名民工因拖欠工资问题欲上街游行，被民警及时劝回工地。

（6）2月4日13时，发生另外两起拖欠民工工资导致民工上访的突出情况：一是××集团万成区工地百余名民工到黄河桥南侧游行；二是××市××建筑公司下属第十一项目工地施工队有60余名民工在连霍高速北龙口段阻塞交通。以上情况经劳资双方协商，均已妥善解决。

6.根据材料，拟写一份请示，要求按规范公文格式写作，要有眉首、主体和版记。如果材料不足，可根据需要自行扩充。

201×年×月××日，××市公安局局长李××在会上说：为了给广大民警提供一个训练场所，也为了提高局办案水平和社会效益，准备新建一个"警体训练馆"。项目总投资250万元，其中设备100万元，基建150万元，全部投资向××县农村合作银行贷款解决。初步决定对到馆训练的民警免费。该局周秘书说："这事得报省厅批吧？"李××局长说："那你就写个请示。"

7.请阅读以下材料：

201×年3月6日，××野生动物园内一只两岁的非洲雄狮冲到游览车前，猛力抓住一男童，抓伤了男童的头部和右臂。为此，××野生动物园向××市森林公安局申报，认为非洲雄狮在我国只作为一般野生动物保护，要求将其击毙。但林业公安局答复不准击毙雄狮，并希望该园就安全问题限期整改。

根据上面的材料，完成两步训练：

(1)代表××动物园就以上事实和内容写一份请批函。

(2)代表××市森林公安局写一封复函。如果材料不足，可根据需要自行扩充。

8.201×年12月20日，××市公安局××分局欲请省警院为其培训430名新招录民警。请你代为起草一份函。

第十二章　事务文书写作

事务文书是公安机关在行政管理工作中用来处理日常事务，具有辅助性、参考性的文书材料。如会议记录、简报、调查报告、计划、总结、讲话稿、先进事迹材料等。

事务文书与行政公文不同，一是不具有较强的约束力和强制性；二是写法更为灵活多样。事务文书虽然不是国家规定的正式公文，但在机关工作中具有重要的作用。

第一节　会议记录

一、会议记录的概念

会议记录，就是记录会议基本情况的书面材料。通过记录员把会议上的报告、讲话、发言、决定等情况记录下来，经过整理保存，以备查阅。

它是机关内部使用的一种文书材料，反映了一个单位某一时期的真实活动情况，可为今后的工作提供可靠的文字依据。

二、会议记录的作用

会议记录有以下几方面的作用：

第一，它是贯彻、执行会议精神的重要依据。

第二，它是分析、研究、总结工作的参考资料。

第三，它是保存、查找会议内容的凭证。

三、会议记录的结构内容及写作方法

会议记录主要由两部分组成。

（一）会议的组织情况

会议的组织情况主要包括：

1. 会议的名称。

2. 会议时间。

3. 会议地点。

4. 出席人。出席人是指按规定参加会议的成员。人数少的会议写出席人的名字；人数多的会议，只写与会人数。

5. 缺席人。大型会议写缺席人数，小型会议写缺席者的姓名，必要时写上缺席的原因。

6.列席人。列席人不是会议的正式代表,是由于工作需要而参加会议的人员。

7.主持人。

8.记录人。一般由记录人签名,如果是几个人记录的,要签上每个人的姓名。以上内容,要求在主持人宣布开会之前写好。

(二)会议的具体内容

会议的具体内容包括:

1.会议主持人发言。一般是阐明会议的议题。

2.会上传达文件的精神。

3.会上所做报告的精神。

4.会上讨论的问题。对于与会人员的发言,要分别记清,尤其是不同意见。

5.会上做出的决议。

6.会议主持人的总结发言。

以上内容,要求逐项记录。会议结束,记录也随之结束。要求在记录的结尾,由主持人、记录人签名,写上日期,以示负责。

四、会议记录的写作要求

(一)准确、迅速记录

要真实反映会议的情况,记写要快速,以免漏记。

(二)抓住重点,摘要记录

会议的内容很多,不能有话必录。在记录中,要抓住重点,把简要记录和详细记录结合起来。

(三)记录要求公正、规范,以便查阅

【例文】

××职业学院学生会××××年第×次会议记录

时间:××××年×月×日下午3时

地点:校学生会办公室

出席人:赵××(学生会主席)、王××(学习部长)、张××(宣传部长)、李××(文娱部长)、刘××(体育部长)、秦××(生活部长)

缺席人:孙××(副主席,因病)

列席人:杨××(老师)

主持人:赵××

记录人:马××(学生会干事)

会议内容:研究纪念五四运动××周年的活动

一、主持人讲话

今年5月4日是五四运动××周年纪念日,如何开展纪念活动,请各位充分发表意见。

二、发言

王××：我们学习部准备围绕纪念五四运动××周年举办题为“传承五四爱国精神”的讲座，举行有关五四运动的知识竞赛。

张××：围绕纪念五四运动××周年，宣传部准备做两件事：1.营造氛围。校园和教室的橱窗、墙报的内容均突出“五四”；校广播站从4月下旬至5月上旬每天播出有关“五四”的知识及歌曲。2.举办“发扬‘五四’精神，迎接新世纪挑战”的演讲比赛。

李××：文娱部准备在5月4日召开的纪念会上献上一台文艺节目。

刘××：为纪念“五四”，体育部在一年级举行篮球比赛，二年级举行排球比赛。

秦××：为搞好这次纪念活动，我们生活部一要搞好后勤服务工作，二要搞好全校的卫生工作，干干净净迎“五四”。

三、决议

（一）由学生会主席草拟一份纪念活动计划，报学生工作处审批。

（二）召开班长会议，布置纪念活动的内容，提出要求。

（三）学校的宣传工作（橱窗、墙报、广播、演讲比赛）由宣传部组织各班宣传委员去做，演讲比赛于4月30日举行。

（四）讲座、知识竞赛由学习部组织各班学习委员去搞，5月2日前完成。

（五）文艺节目由文娱部组织各班文娱委员筹备，在5月4日的纪念会上演出。

（六）篮、排球预赛由体育部统一安排时间、场地，决赛安排在5月3日下午进行。

（七）为使各项活动、竞赛有序进行，各部长拟一份详细计划报主席处。各项竞赛的成绩于5月3日下午6时前交与主席，以便在5月4日下午的纪念会上宣布、颁奖。

下午5时30分散会。

主持人：赵××（签名）

记录人：马××（签名）

第二节　计划

一、计划的概念和特点

（一）概念

计划是机关、企事业单位、社会团体或部门为完成某项工作的内容、要求、指标、措施以及实施步骤等活动所做的安排，并形成陈述性的书面材料。

公安机关在工作中使用计划的外延较宽泛，通常规划、打算、设想、方案、要点、安排等都属于计划的范畴。

公安工作计划的种类，按工作性质分，有公安业务工作计划、公安机关综合性工作计划等；按工作范围分，有综合工作计划、专项工作计划；按时间期限分，有长远工作计划、中短期工作计划等。

(二)特点

公安工作计划是关于未来工作所做的打算和安排。因此,它具备有目标、有措施、有步骤三个突出的特点。

有目标是指工作计划最终达到的努力方向,使计划执行者事先明确工作的未来结果和目的。

有措施是指为了实现既定目标而采取的方法和手段,以及保证计划顺利实施的原则和要求。

有步骤是指完成工作计划的先后程序和时间安排,以利于分清轻重缓急,有条不紊地协调工作。

这些特点形成工作计划的三个基本要素。

二、计划的结构内容及写作方法

在常用的条文式计划中一般包括标题、正文和结尾三个部分。

(一)标题

标题是计划的名称。规范的标题要求言简意赅,清晰明白。其一般由制订计划的单位名称、有效期限、种类性质和内容等组成,如《××省公安厅禁毒处二〇一×年禁毒工作计划》。

(二)正文

正文是计划内容的具体反映,是计划的主体。一般包括三个部分:

一是前言,制订工作计划时应明确其理论与实践依据。理论依据主要应说明有关的方针、政策与上级要求,以明确未来工作的指导思想。实践依据应概括说明前一时期工作成果或成绩、经验教训、困难和问题,这不仅是工作的总结,而且为制订今后计划提供必要的借鉴。

二是计划事项,主要规定应完成的工作目标和具体任务事项。目标的提出,一定要明确适度,应有一定的预见性和可行性。所列计划的具体任务,一般均采用逐项分写的方法,每个事项点明重点与要求,做到层次清楚,问题明确,简明扼要。

三是措施和步骤。针对计划事项,应写明实施计划采取的方法、实施步骤、具体分工以及完成期限等。一般采取分段分项式写法,按计划内容程序逐一叙述清楚。

(三)结尾

应注明制订计划的单位名称与时间。若计划的标题中未写清制订计划的单位名称,正文右下方应署名。若计划属于对外行文,还应加盖印章。

三、计划的写作要求

(一)目的要明确

制订计划应将其目标、任务、方法、步骤、措施和责任表述得清晰明白,重点突出。

(二)具有可行性

制订计划事项、方法和措施等,须根据实际需要和客观条件,应切实可行并留有余地,使计划的实施既积极可靠又稳妥可行。

（三）各项指标应尽可能量化

无论是长期计划还是短期计划，要尽可能使目标和要求做到科学量化、任务具体、措施详尽，以便于考核和评价。

（四）应注意计划的协调性

要注意制订计划时与上级指示精神和有关单位的协调一致，防止出现违背上级精神或相互重复和矛盾现象。也应注意计划自身的综合平衡，防止出现计划的片面性和执行过程中出现矛盾。

（五）应对未来工作的发展有预见性

一方面，对实施过程中可能遇到或出现的问题，提出相应的对策与措施；另一方面，如执行过程中出现意外或变化，可视具体情况予以补充和修订。

【例文】

××县公安局2014年工作计划

2014年，我局将继续在县委、县政府的正确领导下，紧紧围绕建设“平安幸福××”这个中心，抓住公安业务和队伍建设这两条主线，突出打防管控体系建设、治安管理创新、基层基础建设等重点工作，坚持以创新社会管理为动力，以基层基础为着力点，以科技信息化建设为支撑，以提升队伍素质为保障，全面提升公安机关维护社会安全稳定、服务保障经济发展的能力和水平，为全县经济社会又快又好发展做出应有的贡献。主要工作任务是：

（一）转思路，增效能，全力为经济发展保驾护航

继续坚持将“以有为争有位”的理念融入经济社会发展大局，紧紧围绕建设“平安幸福××”这个全县大局和中心工作，创新工作思路和方法，推创各项服务经济发展举措，积极提供优质服务、主动服务，全力营造一流的经济发展环境。严厉打击各种经济犯罪活动，集中整治治安乱点，深入推进平安××建设，营造良好社会治安环境。要畅通联系群众渠道，通过广泛听取人民群众和社会各界的意见、建议，及时解决反映强烈的问题，进一步加强和改进公安工作，适应不断变化的社会治安状况，增强人民群众对社会治安的安全感和满意率。全力做好各项安全保卫工作，不断提高保卫工作水平和能力，确保保卫对象的绝对安全。同时加强与各类新闻媒体的沟通交流，对群众关注的热点问题适时予以引导，维护党委、政府和公安机关的良好形象。

（二）进一步加强维稳机制建设，全力做好维护稳定各项工作

一是强化情报信息收集。加强隐蔽战线上的斗争，进一步完善情报信息网络，着力延伸全方位、深层次、内幕性情报信息触角。加强网络安全监管，建立健全舆情会商研判和重大舆情快速反应机制，主动引导网上舆论，密切关注网上敌情、社情、政情动态，及时发现、引导、封堵和查处各类有害信息，牢牢掌握网上斗争的主动权。

二是深入推进社会矛盾化解。围绕重点项目建设工程、征地拆迁、劳资纠纷等热点问题和重点行业以及涉军、涉教等重点群体，深入开展矛盾纠纷大排查、大调处工作，及时化解、消除影响稳定的各类因素，严防事态扩大，影响社会稳定。

三是加强反邪教工作力度。深化情报信息基础性作用,进一步抓好"两个重点"。一是重视情报信息的基础性作用,进一步完善信息预警机制建设;二是进一步抓好重点人员管理工作。加强反邪教工作力度,进一步做好专案侦查和宗教文化领域保卫工作。

四是强化信访工作。按照上级公安机关部署和县委、县政府的要求,在全县范围内开展新一轮的涉法涉诉信访隐患摸排工作,以解决疑难信访问题为突破口,进一步强化"重视初信初访,攻克疑难缠访,稳控越级上访"三大措施,力争解决一批疑难信访问题,全力维护社会稳定。

五是强化应急处突。按照"贴近实战、符合实际,简约明了、便于操作"的要求,认真研究预防和妥善处置群体性事件的工作机制,进一步修订和完善处置群体性事件的预案。加强应急处突队伍建设,强化实战演练和处置效能,确保关键时刻拉得出、冲得上、打得赢。

(三)进一步强化严打机制建设,始终保持对严重刑事犯罪的高压进攻态势

一是严厉打击各类刑事犯罪活动。重点严厉打击严重暴力犯罪、黑恶势力犯罪、街面犯罪、流窜犯罪以及"两抢一盗"等刑事犯罪活动,年内力争全县有广泛社会影响的案件全部侦破,命案现案破案率保持95%以上,八类主要案件破案率达75%。强化情报研判机制建设,发挥指导警务活动的最大效能,最大限度地把警力摆在案件高发、防范薄弱的重点部位和时段,严防严控违法犯罪活动,控制刑事发案率,提高刑事破案率,努力提升群众安全感和满意度。

二是加大对涉众型经济犯罪的防范打击力度。严密预防、严厉打击经济领域违法犯罪活动,重点打击票据犯罪、假币犯罪、电信诈骗、手机短信诈骗和网络诈骗等经济犯罪活动,特别是加大对涉众型经济犯罪的打击力度,维护市场经济秩序;加强对重点企业的保护,为重点工程建设营造良好的投资经营环境。

三是进一步净化社会环境。重点整治校园及周边、出租屋、中小旅馆等行业场所的日常管理,遏制黄赌毒等社会丑恶现象,优化社会发展环境。

(四)进一步加强治安防控体系建设,不断创新和加强社会治安管理力度

一是深入推进防控体系建设。加强专职巡防队伍建设,对扩编后的100人巡防队伍,进一步强化训练和应急、处突演练,进一步提升我局应急、处突能力。同时,进一步完善卡点建设布局,深入推进"天网工程"建设。

二是进一步完善流动人口管理机制。实行以证管人、以房管人、以业管人、以车管人,建立完善重点人员、精神病人和心态失衡、性格偏执人员监控引导机制,严防这部分人铤而走险,实施犯罪,危害社会;全面推行居住证制度,逐步实现基本公共服务由户籍人口向常住人口全覆盖。集中开展楼牌清理整顿活动,达到"人房一致"和"以房找人、查人知住"的目标。

三是进一步深化治保主任建设。进一步深化治保主任管理工作,规范治保队伍管理,强化治保队伍的业务教育培训,进一步提升治保主任综合素质,维护社区(村)安全稳定。

(五)着力完善效益性队伍管理长效机制,深入推进队伍正规化建设

一是坚持政治建警。积极开展以"忠诚、为民、公正、廉洁"为主要内容的人民警察核心价值观教育和人民警察职业道德教育,进一步增强广大民警的政治意识、法律意识、大局意识,确保队伍忠于党、忠于祖国、忠于人民、忠于法律的政治本色。

二是切实落实从优待警措施。建立健全维护民警合法权益工作机制，落实民警公休假、年体检制度，建立健全民警心理危机预防干预机制、英烈抚恤基金制度；加强职业荣誉感教育，进一步增强民警的职业认同感，为全面完成全年的各项工作任务提供强有力的队伍支撑。

第三节　总结

一、总结的概念

总结是单位或个人对已经完成的某项或某一阶段的工作进行较为系统全面的回顾和分析研究，明确工作中取得的成绩和存在的问题，归纳出规律性的认识，并指明今后工作方向的应用性文字材料。总结经领导签发，向上级机关报告，则成为“总结报告”，应归入行政公文中“报告”一类。

总结是做好基础工作的重要环节之一。通过总结，可以及时回顾、检验与评价前期工作，提高人们观察、分析和解决问题的能力，不断从成功中获得经验，从失败中汲取教训，把感性认识上升到理性认识，从而寻找出切合实际的新方法和新手段，为做好今后的工作打下良好基础。

总结的使用范围十分广泛，既可用于向上级汇报，又可发下属单位指导工作，还可用于本单位情况报告。

公安工作总结的种类，按问题涉及的范围划分，有综合性总结与专题性总结；按内容性质划分，有政治思想工作总结、各项业务工作总结、专项工作总结等；按时间划分，有月份总结、季度总结、年度总结、阶段总结等；按内容的主体特征分，有个人总结、部门总结、单位总结和地区总结等。一般常使用性质分类法，即综合总结和专题总结，有时也使用时间分类法。综合总结是针对一个部门或单位某一时期内各项工作情况进行的全面总结；专题总结是对某项工作或某一方面情况进行的总结。

二、总结的结构内容及写作方法

总结一般由标题、前言、正文、落款四部分组成。

（一）标题

标题应准确地反映总结的范围、时限、内容和名称等，着重突出主体对象和内容事件，使人一目了然。标题的具体写法有两种：

一是公文式标题，即直接写明总结的名称，包括单位、期限和内容。如《××省公安厅二〇〇×年工作总结》。

二是新闻式标题。它常应用于对新生事物、典型经验或教训等方面的总结。如《依法行使专政职能，严厉打击黑恶势力——××省关于二〇〇×年“打黑除恶”专项斗争工作的总结》。新闻式标题可采用正、副标题的形式，也可由单标题构成。

（二）前言

前言（又称引言、导语）是总结的开头部分，通常以一段简练的文字概述前段工作的基本情况,包括工作任务完成的时间、背景、主要成效及评价等。其目的是为了使人概括了解工作的总体情况。它要求紧扣中心,简洁精练。常用的写法有:

概述式,即概括介绍基本情况,简要阐明工作时间、背景、成果等。

揭示式,即对工作过程做揭示式介绍。

提问式,即先提出问题,以此作为总结的引导,后接正文。

结论式,即开宗明义提出结论,明确总结的核心,后接正文。

(三)正文

正文是总结的中心内容与写作重点,一般包括四个方面:

一是基本工作情况,即在计划指导下所有工作实际情况的全面反映。综合性总结应从不同方面反映工作任务、依据,具体采取的方法、步骤,取得的主要成绩和效果等;专题性总结应将主要的工作经过分成若干阶段,每一阶段要写明时间、地点,哪些人在何种情况下,采取什么方法、措施,结果如何。

二是经验和体会,即完成工作任务过程中不断研究新情况,探究新问题,总结新经验,找出合乎客观实际的方法与途经,尤其是对于取得成绩的客观原因、关于新事物内在本质的认识以及取得成效的典型人物、先进人物等都应做全面深入的阐述。这部分内容是工作总结的重点,应在分清主次的前提下做全面详尽的归纳总结,通常采用条文式写法。

三是问题和教训,即工作过程中遇到的困难、问题、错误、失败以及给工作带来的损失和影响等。应深刻分析产生上述问题的主客观原因,充分反映工作中的各种矛盾,特别是人为的失误和走过的弯路。切实总结上述引以为戒的教训,其目的就是为了克服困难,解决矛盾,避免失败。对于重点谈问题的总结,可将上述内容视为主干来写;如果是以谈经验为主,则上述内容应从简。

四是今后的任务和设想,即针对工作中存在的问题,根据对新形势、新事物的认识,提出今后工作的任务、努力方向和设想等。

总结的正文是写作的中心内容,应根据写作意图合理安排组织材料和结构层次。在结构上可采用分列小标题的阶段式写作方法,也可采用全文贯通式等方法。

(四)落款

落款包括署名和日期。单位总结的署名应写全称,如标题中已有,落款中可省略。日期应注明总结的时间。

三、总结的写作要求

(一)明确总结的写作意图

应注意区别是向上级报告情况,还是本单位对工作进行阶段性的检查和回顾。用途不同,写作口吻和手法等应有所选择。

(二)善于揭示本质,总结规律

总结的根本目的是要揭示事物发展的内在联系,从中找出规律,特别应注意对形成经验的主客观原因进行深刻归纳,对造成问题的原因或教训进行系统概括,对今后工作起借鉴与指导的作用。

（三）重点突出，主次分明

无论是对经验还是教训进行总结，对成绩应充分肯定，对问题应冷静分析，但应分清主次，抓住重点，紧紧围绕中心，有条理、分层次地逐步展开，切忌面面俱到。

（四）实事求是，有理有据

总结主要应讲求真实可信，经验成绩不夸大，问题教训不隐瞒，应尽可能充分地占有材料，做到真实、详尽、准确，反对主观臆断、凭空想象或拼凑编造，更不能任意拔高，借题发挥。

【例文】

公安法制工作总结

法制办在省厅、市局党委和分管局长的正确领导下，在各部门的支持下，认真落实我省公安工作的总体部署，深入贯彻“十八大”精神，充分发挥职能作用，大力加强执法监督，突出“为中心工作服务，为领导决策服务，为基层民警服务”的指导思想，以严格、公正、文明执法为核心，以健全和完善执法责任制度、执法质量考评制度，促进公正执法为重点，认真履行职责，保证了各项工作求真务实、高效有序地开展，推进了执法规范化建设，使公安法制工作取得了一定成效。

一、充分发挥职能作用，为全市各级公安机关提供服务和保障

（一）为端正执法思想，转变执法观念，规范执法行为，树立新的执法理念，切实提高基层公安机关民警的法律业务素质，××××年我们加强了全市法制队伍的正规化建设，首先提高法制部门人员思想认识，树立立警为公、执法为民的思想，认真组织全办开展政治理论业务学习，明确法制工作是公安执法工作的生命线，这就要求我们的法制队伍必须具备政治上合格、业务上精通，才能完成党交给的各项任务。市局法制办在抓基层法制建设的同时，重点强调提高人员对法制工作的思想意识，选调政治业务能力强的同志充实到法制部门，对不适应法制工作的个别同志建议调整，保证了法制部门的整体素质，为进一步开展公安法制建设创造了有利条件。

（二）加强执法监督长效机制的建设，规范执法行为。法制办根据年初省厅总体安排和法制工作要点，着重抓各项规章制度的落实。年初我们为了进一步体现执法公开、公正，制定下发了《××市公安机关办理刑事、行政案件程序规范》。不断加强和完善了执法监督，坚持以人为本的原则，进一步落实谁主管谁负责，继续贯彻执行案件三级审核制度，明确执法第一责任人责任，严格执行案件审核测评、执法档案建设规定，有效地控制了违法违规办案和执法随意性的问题。端正了执法思想，规范了执法行为，促进了执法公正。

（三）规范执法档案建设，认真开展业务培训。我们在总结去年执法档案建设的基础上，又重新将执法档案、案件审核和案件测评建设的标准进行了具体规范，同时邀请××分局、××市公安局利用电视电话传播网络做了专题讲座，有力地提高了全市执法档案建设的质量。使每名民警、每起案件都在执法工作的监督制约之下，保证了案件的处理公开、公平、公正，

进一步规范了执法行为,促进了执法公正。执法责任制得到全面落实。完善了一案一测制度,巩固了一案一测的成果。通过开展专题讲座、经验交流、法律咨询等多种形式对广大民警进行教育培训。内容贴近实战,受训民警容易消化吸收,极大地激发了民警学法、懂法、用法的热情。上半年我办又利用"电视电话传播网络系统"对民警进行综合法律知识培训,举办了三期培训班。同时组织人员奔赴××、××、××等单位开展调查研究,对办案民警在工作中出现的问题进行具体指导。

(四)加强公安法制的基础建设,提高工作效率。为适应新形势下的工作节奏,实现办公自动化,统一各种档案标准,在全市各级公安法制部门的努力下,法制办专门组织订购了装订卷宗的设备和文本扫描仪,并统一印制了卷宗封皮,不但降低了各地自印成本,而且又统一了全市卷宗标准。为了保障全市各级公安机关在最短的时间内了解、掌握、使用,法制办还组织人员为基层公安机关进行了系统讲解设备的使用和装订要求,受到了各级公安机关和广大民警的好评。

二、执法情况

(一)××××年共立刑事案件××起,审核××起,其中刑事拘留××起××人,取保候审××起××人,提请逮捕××起××人,批准逮捕××起××人,不批准逮捕××起××人,移送起诉××起××人,取保直诉××起××人,不起诉××起××人,补充侦查××起××人,撤销案件××起。

××××年共立行政案件××起,审核××起,其中拘留××人,罚款××人,警告××人,训诫××人,扣押××件,责令停产停业××起,没收非法所得××起,治安调解××起,一般程序××起,简易程序××起。

(二)认真办理行政复议、赔偿和诉讼案件。××××年,市局行政复议办公室共受理行政复议案件××起。其中经复议维持××起,撤销××起,自撤诉××起,案件未结××起。

三、全面加强行政和刑事执法监督力度

加大日常考评的力度,不断完善公安机关执法质量考评机制。为了进一步完善执法质量考评内容,通过考评带动其他执法工作的深入开展,根据各地公安机关承担执法任务和权限不同的实际情况,法制办在广泛征求基层执法部门的意见和建议后,本着指导基层、规范执法、严格考评、责权统一的原则,进一步补充修改了《刑事、行政案件装订顺序》《刑事、行政案件审核工作规定》。为了及时掌握全市公安机关执法现状和执法监督工作的重点,降低执法成本,真正把专项检查、随机抽查、定期检查与执法考核有机结合起来,建立起以日常监督为主,多渠道、全方位的执法质量考评体系。今年上半年我们组织人员对全市公安法制集中开展了一次执法检查,对执法检查中出现的问题及时进行了整改,进一步落实执法责任制度,促进公安机关执法水平整体提高。

四、认真开展行政许可法的贯彻实施,加强依法行政

按照××省公安厅《关于转发〈××省人民政府关于保留和取消行政许可(审批)项目的决定〉的通知》《××省公安厅关于开展行政许可法贯彻实施情况检查及行政执法案卷评查工作方案》《××省公安机关办理行政许可程序规定》的通知要求,加快完善依法行政的进程。认真做好贯彻落实。我们对实施行政许可的单位、部门进行了认真的检查落实,要求实施行政许

可的单位，将行政许可的事项，依据条件、数量、程序、申请材料目录、申请书示范文本、收费项目、收费依据及监督机构、监督电话等程序规定在办公场所进行公示或印制成册，方便群众查询和申请。公安机关及其工作人员要依法受理申请，依法审查并按程序规定做出行政许可决定，对每一个行政许可审批都要按照受理流程装订成卷。对法定的听证许可项目涉及公共利益或者他人重大利益应当听证的项目，要举行听证。既保证了当事人的合法权益，又促进了依法行政监督制度的落实。

第四节 简报

一、简报的概念

简报是对有关情况的简要报道。最初的简报是专门向领导反映重大问题和情况以及总结经验的一种简明扼要的工作报告。由于这一文体内容丰富，文字简明扼要，汇报工作及时，反映问题迅速，因而应用的范围越来越广。上下左右都可使用，对上可以报告工作，对下可以指导工作，对平行单位可起到交流经验、沟通情况的作用。由于具有多种功能，使简报成为最普遍、最常见、使用范围最广泛、利用率较高的一种文体。

二、简报的特点

简报的特点是新颖、准确、快速、简洁、灵活。

1.新颖是指简报以最新的材料，反映工作中的新情况、新问题、新经验、新动向。

2.准确一般表现为事实准确、问题准确、语言准确。

3.快速是指简报类似新闻报道中的“消息”，具有很强的时效性。要求写作要快、要及时。

4.简洁是指简报的内容简短，篇幅短小，语言简洁，文字精练，叙述扼要，开门见山。

5.灵活是指表现形式灵活多样。可以写人，也可以写事；可以写一个地区的某个问题，也可以写一个单位的某个问题；可以反映全面工作，也可以介绍某一具体的经验。

三、简报的分类

简报的种类很多，可以从不同的角度划分。

1.按内容和性质的不同，简报可以分为工作简报、会议简报和情况简报三种。

工作简报。这种简报主要是反映机关内部或本系统、本地区、本部门的日常工作情况及重大事件，可以是定期的，也可以是不定期的，它与本机关、本单位的工作结合得很紧密。或者简要地叙述对一些重大问题的处理结果；或者报告工作中的一些重要情况；或者反映本系统的政治学习，党团组织生活和思想工作的主要活动情况，以及新人、新事、新典型、新经验等；或者表扬先进，批评落后，分析矛盾，提出解决问题的办法。

会议简报。这是在会议期间或会后反映会议情况的简报。有的是在会议期间及时写出，发给与会人员或小组，以便沟通思想；有的是在会议结束后，把会议的精神、领导同志的讲话、会上交流的经验及会议决议等,及时地写出来,发给本单位、本系统,以便贯彻执行。

情况简报。主要用于反映敌社情况和社会治安动态。

2.按简报内容涉及的范围和写作方式可分为综合性简报和专题性简报两种。

综合性简报是对本地区、本单位的各种情况或对不同地区和单位具有共性的情况进行综合反映的简报。其特点是材料的综合性和写作方式的概括性。

专题性简报是指对一人一事、一项专门工作或重要经验而编发的简报。其特点是单一性和典型性,写法上要求具体,重点突出,言简意赅。

四、简报的结构内容及写作方法

简报由报头、正文和报尾组成。

(一)报头

报头位于简报首页上方,占三分之一的位置,用横线与正文隔开。

报头包括以下内容:

1.名称

位于报头上方正中。如“××公安工作简报”。一般用套红大字印刷。

2.期数

即顺序号,标在名称下面正中,写明“第×期”。

3.编印单位

在期号下横线上方左侧写明编发单位的名称,如“公安局编”。

4.印发日期

在期号下横线上方右侧写明印发日期。

(二)正文

1.标题

一般只用一个标题,个别的加一个副标题。拟写标题力求做到:紧扣内容,不能远离题旨;新颖,有吸引力;质朴无华;简洁明快。

2.主体

简报的写法与新闻相似,有头、肚、尾三部分。

头即导语,是简报的第一句话或第一段话,即用一句话或一段文字总结全文的主旨或概括全文的主要内容。导语一般有三种情况:一是交代文章提出的一些问题的原因;二是交代简报反映的事件的情况及其背景;三是阐述编写简报的意图。

肚是简报的中心部分,是简报内容的具体展开。它以充分的、典型的事实材料把导语部分的内容叙写清楚。

尾即结尾,用简洁的语言或再次概括主旨,或指明发展趋势,或发出号召,或提出打算。有的简报内容单一,篇幅短小,叙事完毕即自然结束,不再加结尾。

(三)报尾

在正文之下两条平行横线之间标明报尾部分。一般包括发文范围、校对人姓名和印发份数。

五、简报的写作要求

(一)要实事求是

简报反映的情况一定要与客观事实相吻合,真实可靠。特别是时间、地点、人物、情节、经过及引用的数据等要准确无误,对事件的分析判断要合乎逻辑。

(二)要有针对性

简报反映中心工作,体现党和国家政策,要从繁杂的工作中抓住主要问题,及时传达信息,指导工作。这样才能有助于解决现实生活中的实际问题。

(三)语言简练,条理清楚

简报的语言要简洁明了,用简短的文字表达丰富的内容;组织材料要脉络清晰,线索分明。

【例文】

××简报

第×期

××××(单位)编　　　　　　　　　　××××年×月×日

按语:××××××××××××××××××××××××××××××××××××××。

×××××××××××(标题)

××。

××。(正文)

报:××××,××××,××××。

送:××××,××××,××××。

发:××××××,××××××。

第五节　调查报告

一、调查报告的概念

调查报告是在深入了解、研究某个问题或某一事件及其发展状况,对客观事物进行调查研究和分析综合基础上写成的文字性材料。

调查报告是认识客观事物的重要手段,又是解决实际问题的最初起点。它可以反映在贯彻党的路线、方针和政策以及执行上级指示等方面的工作中出现的新情况和新问题,也可调查研究某个方面的情况,为领导决策或制定工作方案提供依据,还可以总结经验教训,纠正不足,提高工作效率和水平等。在公安工作中调查报告可以用来反映执行法令、政策的实际情况,研究社会治安动态,也可以用来分析公安队伍建设状况,揭露问题,总结经验,提供对策等,其应用范围十分广泛,是公安工作中不可缺少的文字性工具。

二、调查报告的特点

(一)针对性

调查报告在调查、分析和研究某一事件或某一个问题,提出方案、设想或对策过程中都具有特定的目的和对象。其目的性和针对性影响着调查素材的取舍,数据事例的运用,更关系到文章的结构和布局。它直接决定着调查报告质量的高低,社会效果的大小。

(二)真实性

调查报告内容所涉及的具体事实,其来源、背景、现状、过程的介绍及所使用的数据、事例都必须真实准确。其中包括具体的事实,也有概括的事实,应该侧重对事实详尽的阐述,根据事实说明问题,概括事物本质,从而总结出经验教训和具有规律性的认识与结论,而不能以点代面,以偏概全。

(三)典型性

调查报告主要是为了研究事物,总结经验,揭露矛盾,解决问题。而发掘新事物与新典型,主要着眼于研究客观事物的发展趋势及其规律,以指导具体工作。因此,必须恰当地选择典型,抓住能够反映一般事物本质和规律,具有普遍性意义的典型事物,深入开掘其深层次问题及其内在的本质属性。只有这样,方能以点带面,对全局工作起到指导作用。

(四)以叙为主,叙事和说明相结合的表达方式

调查报告要求一丝不苟地反映事物的本来面目。最主要的表达方式是叙事,即用事实说话,同时通过对事实的陈述去说明问题、情况和结论等。事实叙述要求清晰明白,说明议论要求简明扼要,两者都需要有针对性,目的性要强,能够充分鲜明地表达作者的观点。

三、调查报告的分类

调查报告取材丰富,内容涉及广泛。依据其对象、范围、目的和作用的不同,可划分为不同的种类。按调查内容的范围可分为:专题性调查报告、综合性调查报告;按调查问题的时序可分为:历史情况的调查报告、现实情况的调查报告;按调查报告的内容的性质和作用可分为:反映情况的调查报告、总结经验教训的调查报告、研究专门问题的调查报告等。

公安机关常用的调查报告,主要有以下几类:

(一)社会情况调查报告

它是对社会运行基本状况及新情况、新问题进行深入调查之后制作的报告。所谓社会运行基本状况包括全国或区域性的社会治安状况,某种社会现象或社会倾向,贯彻执行某项政策(尤其是队伍建设状况)等。这种调查报告需要完整的调查程序、系统的调查指标体系、合理的问卷设计、定性定量的统计分析方法等。只有这样形成的调查报告才能全面、系统、深入地剖析某种社会现象和社会动态的本质,指明其发展的方向。

(二)典型经验调查报告

这种调查报告所选择和反映的事实必须具有普遍意义,即具有代表性和科学性。无论

是先进思想、模范事迹，还是成功经验，都应当能够表现重大主题，倡导一种思想和精神，能够生动、鲜明、深刻地反映社会现实，具有强烈的时代感。另一方面，典型经验调查报告还应阐明先进经验的思想基础、创造过程、具体做法及其实际效果等，应当具有借鉴意义。

（三）揭露问题调查报告

它主要反映的是特殊的社会现象，尤其是社会问题，包括传统违法犯罪在新形势下的表现、各种新型犯罪、社会道德问题与社会丑恶现象，还有公安管理工作以及公安队伍自身建设等方向性问题。此类调查报告多作为领导机关正确解决问题的重要依据。它要求客观真实地反映问题，分析问题产生的原因，揭示问题的本质，指出问题的严重性与危害性，提出解决问题的相应对策，最终为解决问题提供必要的条件。

（四）人物、事件调查报告

这是公安机关经常使用的一种调查报告。

1.人物、事件的调查报告

人物总是难以脱离事件而独立存在，反之亦然。因此这类调查报告常选择具有重大社会影响的事件和同重大社会事件有直接关系的人。它们主要包括在打击违法犯罪、维护社会稳定中做出杰出贡献的先进人物，为推动公安工作发展做出突出成就和有较深造诣的人物，以及关系公安工作大局的具有重大政治意义和社会影响的事件。反之，破坏社会安宁，具有极大社会危害性的违法犯罪现象和违法犯罪分子，与公安工作密切相关的负面社会观念、社会动向、社会现象和社会问题等也应包括在内。上述人物和事件应当具有相当的典型性。完整全面地分析这些人物和社会事件的基本状况，深入研究其所处的社会背景、发生发展的进程，深刻揭示其内在本质和规律性，充分体现其应有的社会价值和社会意义。

2.事故、事件调查报告

这主要是对一般意义上的火灾、交通事故及其他治安灾害事故或治安事件、严重违法乱纪事件进行调查后制作的报告。其具体内容主要包括：事故、事件发生的时间、地点、数量、过程、损失及后果，事故、事件的原因、性质、责任，提出的处理意见及实施措施等。这种调查报告经一定权力机关批准，可具有法律效力。

四、调查报告的结构内容及写作方法

调查报告在某种意义上讲是社会科学方面的论文。它通过叙述调查核实的事实材料，对其进行周密、详尽的分析论述，从而综合概括出带有普遍指导意义的结论，最终据此提出解决问题的方法、对策和措施。因此，调查报告一般是按如下程序写作的，即提出问题、叙述现状、分析问题、解决问题。

调查报告一般由标题、引言、正文、结尾四部分内容构成。

（一）标题

标题是指调查报告的题目，要求用高度概括、凝练扼要的语言表现出调查报告的中心内容或主题思想。其标题类型主要有以下几种：

一是公文式。一般由调查主体、调查客体、调查事由和文种构成，形同公文的标题，如《××省公安厅关于城乡结合部治安状况的调查》。

二是陈述式(或称文章式)。直接陈述调查对象和主要问题,如《××省近五年在职民警思想状况的调查》。

三是问句式。包括提问或反问两种形式,常应用于揭露现状、引人注意或发人深省的问题,如《如何搞好××省国有大中型企业周边的治安工作》。

四是利用修辞手法,多以对比、比喻、拟人、排比等修辞手法拟定标题。它给人以生动、新鲜和活泼之感,如《这样“演双簧”怎受欢迎?——干部下基层调研亟待改进》。

调查报告的标题可以用双标题形式,即正标题揭示主旨,副标题说明调查对象、内容或范围。

无论是单标题还是双标题,都应力求题文相符,名实一致,一语破的,新颖明朗。

(二)引言

调查报告的引言(又称前言、导言、导语等)简明扼要说明调查的原因、目的,调查的时间、地点、范围,调查的具体对象、内容,调查的方法、手段、途径,以及调查的结果等。

具体在其引言的写作中,上述内容应根据需要有所选择,不必面面俱到。引言写作的基本要求应紧扣主旨,突出中心,为主体部分的写作做充分准备,并应有利于读者迅速把握中心,引起阅读的兴趣。

(三)主体

主体是调查报告的核心,它是对引言的延伸、扩充和发展,更是得出最终结论的主要依据,是调查报告的主干部分。

主体的写作一般应包括三方面的内容:

1.调查对象的基本情况及背景。

2.调查所得的主要事实材料。

3.根据调查所得事实材料,对调查对象进行深入剖析,即客观分析情况或问题产生的原因,挖掘事物的特点和本质、历史状况、发展规律或总结取得成绩的经验方法,最终得出科学的结论。

主体的写作应主次分明、先后有序、内容翔实、引据丰富、逻辑严密、层层深入。

其写作方法一般有以下几种:

一是横式结构,即对调查的内容进行综合分析,紧紧围绕主题,将突出叙述的问题按不同类别分别归纳成为几个并列的问题来写,每个问题可加上小标题,分别叙述。这种结构几个问题之间是并列关系,写作中按其内在逻辑关系,做到观点鲜明,层次清晰,使人一目了然。

二是纵式结构,即按照事物发生、发展的先后顺序或调查过程的时间选择顺序逐步依次展开。这种方法便于揭示事物或问题产生、发展的进程,使读者全面了解和把握调查内容的来龙去脉、意义和作用。这种结构方式适用于内容比较简单的调查报告。

三是综合式结构,即根据调查内容和写作目的,将纵横两种形式巧妙结合起来,交叉运用。这种方法综合了前两种方式的优势,既考虑到时间顺序的逻辑关系,也照顾到调查内容上的相互联系。一般情况下,在叙述和议论事物发展进程时采用纵式结构,在综合情况、收获、认识或经验教训时,采用横式结构。这种结构方式适用于内容或调查对象比较复杂的调查报告。

(四)结尾

结尾是调查报告分析问题,得出结论,解决问题的最终结果。一般要求对调查报告的全文做出“画龙点睛”的总结,将主要的观点、意见或建议概括出来,使读者更易于把握中心要点。

调查报告结尾主要有以下几种形式:

一是概括说明全文的主要观点,深化主题,增强调查报告的说服力或感染力。

二是总结调查报告中反映的情况或问题,提出解决的办法、措施、意见或建议。

三是对事物的发展方向做出展望,启发人们进一步思考和探索。

四是补充交代正文中没有涉及而值得重视的情况或问题。

五、写作应注意的事项

(一)主题突出,立意新颖

调查报告的写作应围绕一个主题展开,而不应将多方面问题罗列在一篇之内;同时还应注意主题要具有新意,善于将新情况、新事物、新动态、新经验、新见解等富有启迪性和指导意义的内容反映出来。

(二)内容真实,材料翔实

调查报告必须以真实性为生命,不能任意夸大,凭空想象,反对主观臆断地做出结论,甚至弄虚作假。在材料的收集、选择与运用上,应注意尽可能充分地占有材料,引据应具体、全面、翔实。

(三)分析中肯,建议合理

对占有的大量素材,应加以取舍,善于抓住典型和本质,得出切合实际的结论,同时还应注意提出的对策、建议与措施等应具有可操作性,合乎情理,切实可行。调查报告写完后,应在标题下面签署调查人或单位名称,结尾注明具体时间,以示负责。

【例文】

对新时期公安行政执法中存在问题的调查报告

公安机关是国家重要的行政执法部门,在建设社会主义法治国家的进程中负有重大的历史责任。公安机关执法活动涉及社会生活的方方面面,与公民、法人和其他组织的利益密切相关。

一、当前行政执法中存在的一些主要问题

一是受经济利益驱动,滥施罚款和以罚代拘,导致案件降格处理。由于受当地政府财力限制,公安机关办公、办案经费不能正常保障,导致一些基层公安机关视治安罚款为一种“创收”,尤其是办理赌博、卖淫嫖娼、传播淫秽物品等案件中,办案人员抓住当事人不愿张扬的心理,常以罚代拘、以罚代惩。这些做法偏离了立法精神,忽视了社会效益,在群众中造成了“犯罪犯法可以赎买”的错觉。

二是个别民警法制观念淡薄,特权思想严重,甚至办人情案、关系案,执法中随意性、盲目性较大。有的在办案中随意行使裁量权,对于二人以上和共同违法案件,不考虑从轻或从重情节,不进行综合平衡,处罚畸重畸轻,显失公正,造成情节轻重与处罚力度的失调;有的随意扣押、没收财物,甚至扣押财物而不出具合法的手续,特别是对于外来人口违法的案件,暂扣物、暂扣款管理混乱,对赃款赃物、违禁品的没收不上报审批,自行决定;有的强调形势或专项斗争需要,凑人头数而随意"顶格"处罚或降低办案要求;有的随意盲目执法,随意传审嫌疑人,动不动就给当事人戴手铐罚跪罚站,甚至动手动脚,造成群众投诉,执法被动。在执法检查中,随意性较大,想检查就检查,不注重保护经营者的合法权益,扰民、干扰经营者正常活动的现象突出;有的搞行政不作为,对该发放的许可证、执照卡着不办,在履行保护公民人身权、财产权的法定职责时,敷衍塞责,引起行政诉讼。

三是行政执法中重实体、轻程序较为普遍。这方面的主要表现为:立案重视不够;告知、听证程序流于形式的多;留置盘问和传唤混淆使用,手续不全,超期留置;送达执行重视不够,剥夺当事人的诉讼权利,如有的滥用罚款或显失公正处罚,怕送达执行时案件可能要"翻"而不进行送达,有的甚至抓住当事人不愿张扬的弱点,达成"君子协议",裁决前在送达回执空白上让当事人签字,以图省事;证据意识淡薄,对证据不做保全或保全不合法,导致行政诉讼时的被动或败诉。

四是执法程序不配套,执法手段和措施滞后。一方面,对留置盘问、强制约束、搜查、取缔、查封、扣押等强制措施作为查处治安案件的必要手段明确不够,执行程序和方式没有统一的规定和法律文书,实践中往往把刑事案件中的搜查、扣押等手段用于办理治安案件;另一方面,对行政罚款的强制执行如查封、扣押、拍卖如何办理程序不明确,实践中难以操作。特别是随着执罚分离制度的实施,此问题将更加突出。

五是执法透明度不高。当前公安机关的执法规定、执法程序、执法依据、执法结果、执法纪律、执法监督途径等规定缺乏公开性,透明度不高,群众搞不清,缺乏了解,执法监督难,因而对公安机关公正执法普遍存在疑虑,严重影响了警民关系。

二、当前行政执法中存在的一些主要问题成因分析

一是执法者素质不高,法治观念不强,对依法行政的重要性、必要性缺乏正确的认识。个别民警在执行行政诉讼法、行政处罚法中存在消极情绪,执行不力,工作还是老一套模式;有的认为行政执法规定太严,监督太多,工作起来怕担风险、负责任而在办案中缩手缩脚,该处罚的不敢处罚,存在着谨慎畏难情绪。客观上公安行政范围涉及面广,近年来新颁布的法律、法规较多,没有形成完整的行政法规系统,再加上教育工作跟不上,民警一时难以适应日益繁重的执法工作。

二是现有公安体制和警务方式不够完善。现有的公安后勤保障体系受地方财政的制约,与公安工作、经济建设不能同步,造成执法活动在功利病态中恶性运作。派出所正在实行的一区一警模式,在体现警力下沉、警务前移、便民服务上是一个巨大的进步,但基于警力不足的现状,客观上使民警处于单兵作战状态,不利于公正执法,不利于治安案件的依法查处和工作效率的提高。

三是执法环境有待改善。执法环境的优劣对严格执法有较大的影响。当前,以权压法、

以盲代法、长官意志、“政府”行为、社会上人情世故等因素对执法活动产生很大冲击，加上公民法律意识的淡薄，妨碍执法现象经常出现，影响了依法行政。

四是执法监督力度不够，监督制度不健全。现在对公安行政执法监督没有形成一套完整的制度，社会监督又缺乏必要的形式。而公安内部执法监督由于执法制度不健全，关系未理顺，事前监督重视不够，力度不大，缺乏公开、公示制度；事中监督的内部法制部门在审核时由于照顾方方面面的关系，审核把关不严，审核不完全到位，有的甚至流于形式；事后监督由于怕影响公安机关的名誉，一些办案单位往往主动做当事人撤诉的思想工作，或进行私下协议，结果是变更处罚，做降格处理了事。另一方面，事后监督的错案追究责任制得不到完全落实，该追究的责任没有追究。

三、解决当前行政执法中存在问题的对策探讨

一是转变观念，提高民警执法水平，适应执法工作需要。法律是靠人来执行，靠人来遵守和维持的。公安行政执法的好坏，最基本、最关键的因素是公安执法人员的素质。因此，各级公安机关和民警要转变观念，切实消除重打击轻保护、重实体轻程序的倾向，树立依法行政意识，树立保护公民民主权利的意识，树立对法律负责的思想，自觉贯彻依法治国方略，自觉抵制地方保护主义和金钱诱惑，自觉抵制人情风对执法工作的影响、干扰。要坚持实行民警执法资格执证制度，运用脱产、半脱产和传、帮、带等方式强化岗位学法，熟悉掌握法律的规定、程序和注意的各个环节，使法制教育、培训制度化、网络化，提高民警的执法水平。

二是深化公安改革，改善公安后勤保障体系。针对公安机关面临的警力不足、经费紧张等问题，大胆进行公安体制改革，把机构设置、后勤装备、科技设施等公安建设纳入国家建设的总体规划，与经济建设同步发展。实行“利益规避”制度，使执法活动不再包含具有执法主体的自身利益，妥善解决严格执法与后勤保障的矛盾，从根本上解决公安资源保障问题。合理配置警力，科学分工，使各警种既职责分明，又互相配合，协同作战。增强执法效益观念，充分运用强有力的行政执法手段进行依法行政管理，以推进依法治国的进程。

三是规范行政执法行为，完善执法程序和制度。公安行政执法是公安机关管理国家和社会事务的主要方式，必须有相应的措施和制度来保证。针对当前公安行政执法中的薄弱环节，切实将各项行政执法活动纳入规范化、制度化轨道。

1. 制定公安行政程序规定，保障行政执法的公正性、公开性和合法性，严格规范行政扣押、证据登记保存、查封、取缔等制度，并规定相应的执行方式，增强实际操作性，使各项工作有章可循。

2. 规范行政处罚的执行方式，制定强制执行的制度，将查封、扣押财物的拍卖或将冻结的存款划拨抵缴或申请人民法院强制执行的方式规范化、制度化。

3. 加强立案查处工作，规定一般行政案件查结时间，规范接处警制度和工作，在立案时明确指明办案责任人，以杜绝行政案件立案、查处的随意性，及时发现和纠正执法过错和失职行为。

4. 严格许可证执照发放，履行保护公民人身权、财产权法定职责的实施细则，严格各项办证制度，从程序上做到有章可循。

四是加强执法监督,健全执法监督体系。没有监督的权力,必然导致腐败。行政执法监督是公安法制建设的重要组成部分,是发展社会主义市场经济的内在要求,是提高公安机关依法行政水平、廉洁高效的重要途径。行政执法监督与行政立法、行政执法具有同等重要的地位。为此,公安机关一方面要加强公安内部监督,强化以法制部门为主导,以政工、纪检、监察、督察、信访及业务部门为辅助的执法监督队伍建设,确立执法监督的责任,强化执法监督的手段,逐步实现内部监督的正常化、制度化、法律化。实行案件评议考核制度。法制部门要通过案件审核、行政复议、理赔等形式,敢于监督并善于监督,树立执法监督权威。加强对调解案件的监督,防止办理人情案、关系案而漏罚当事人。严把审核关,并在监督中提供法律指导和服务,同时加强对不受理、不立案、不查处等不作为执法行为的监督。真正把"两公开一监督"制度落到实处,健全完善公开公示制,推行"阳光作业",公开办事内容、办事程序、办事纪律、办事结果和投诉监督途径,便于群众了解和监督,提高行政执法透明度,消除产生腐败的土壤,使各项警务活动和执法行为置于人民群众的监督之下。

第六节　讲话稿

一、讲话稿的概念和特点

讲话稿是指人们在会议上或其他公众场合发表讲话时所用的文稿。讲话稿是一种使用频率较高的文种,尤其在行政管理工作中经常使用。

讲话稿的特点有以下几种。

(一)目的的说服性

任何一篇讲话稿都是为了让听众信服,讲稿内容形式的安排都应服从于这一目的。

(二)材料的针对性

讲话材料要根据讲话主题、讲话场合、听众身份、讲话目的等方面的差别区别选用。

(三)语体的复合性

讲话稿使用的语言既有书面语体准确、严谨等特征,又有口头语体通俗、简短的特点,还要讲究声调的响亮上口。

(四)效力的执行性

在行政管理中,领导讲话稿有着等同于行政公文的特定效力。领导在讲话中的要求必须得到认真的贯彻执行。

二、讲话稿的分类

按照讲话的目的,讲话稿可分为以下几种。

(一)政治性讲话稿

这是为了宣传自己的政治主张而撰制的讲话稿。它要求观点鲜明,理论性和针对性强,语言严肃,富于鼓动性。在表达手法上,或高屋建瓴,正面立论;或选准靶子,反面驳斥。

（二）工作性讲话稿

这是为了安排、推动、总结工作而撰制的讲话稿。它要求条理清晰、结构严谨、语言明了，以便使听众了解工作背景，接受工作任务，听取解决方法，更好地完成工作任务。

（三）社交性讲话稿

用于在各种社交礼仪场合发表讲话，如会议贺词、仪式的欢迎词、欢送词等。这种讲话稿要求感情充沛、文辞精美、配合礼仪得体。

三、讲话稿的结构内容及写作方法

讲话稿一般由标题、正文两部分组成。

（一）标题

由讲话者姓名、身份、讲话场合、讲话主题、文种五要素构成。也有用概括主旨语句做正题，下接五要素标题做副题。

（二）正文

正文包括开头、主体、结尾三部分。

1.开头

先写称呼语，后交代讲话的原因和目的，并以一定的方式激发听众的听讲兴趣，创造好的听讲氛围。

2.主体

紧跟上文展开表达，或概括表达，讲清事实；或剖析解说，全面把握；或严密推导，阐释理论；或理论实践相结合，阐幽发微。讲话中要把事实与理论相结合，整体情况和局部典型相结合，现实与未来相结合，使讲话具有无可辩驳的说服力。

3.结尾

讲话稿的结尾有的做总体概括，有的做前景展望，还有的表达愿望和决心，或以哲理性的名言做结尾。

四、讲话稿写作注意事项

1.写讲话稿须将讲话目的与听众身份结合起来。在开头引入正文时应优先考虑听众最关心的问题，在题材选择上应选与听众工作生活有较多联系的材料。

2.写讲话稿须注意语言音调朗朗上口，和谐顺耳。一般文书通过文字符号表达思想，交流感情。讲话稿最终要把文字符号转为口语声音，文字符号可以反复阅读，从容理解；而口语声音却稍纵即逝，只有和谐响亮，才能使听众喜闻乐听。

【例文】

林铎在甘肃省第十三届人民代表大会第四次会议闭幕会上的讲话

（2021年1月28日）

各位代表，同志们：

甘肃省第十三届人民代表大会第四次会议，在全体代表和与会同志的共同努力下，圆满完成各项议程,就要胜利闭幕了。

这次大会全面总结“十三五”时期我省经济社会发展取得的重大成就和宝贵经验,分析发展中存在的矛盾和问题,明确了今后五年的奋斗目标,审议了政府工作报告、“十四五”规划纲要和其他各项报告,通过了各项决议,顺利完成有关选举任务。这些报告和决议,全面贯彻习近平新时代中国特色社会主义思想和党中央决策部署,凝聚着全体代表的集体智慧,反映了全省人民的共同愿望,是做好我省各项工作的重要指导性文件。

大会的胜利召开,必将激励和鼓舞全省上下紧密团结在以习近平同志为核心的党中央周围,以更加坚定的信心、更加昂扬的斗志、更加务实的作风,积极投身加快建设幸福美好新甘肃、不断开创富民兴陇新局面的伟大实践。在这里,我代表中共甘肃省委、省人大常委会和大会主席团,向各位代表和列席人员表示崇高的敬意!向为大会付出辛勤劳动的工作人员和新闻工作者表示衷心的感谢!

各位代表,同志们!

刚刚过去的一年,面对严峻复杂的国际国内形势和艰巨繁重的改革发展稳定任务,面对新冠肺炎疫情严重冲击、经济形势复杂多变、我省部分地区暴洪泥石流灾害影响等严峻挑战,在以习近平同志为核心的党中央坚强领导下,全省上下团结一心,付出艰苦努力,统筹疫情防控和经济社会发展成效显著,脱贫攻坚取得决定性成就,“十三五”规划任务顺利完成,为如期同全国一道全面建成小康社会、开启甘肃全面建设社会主义现代化新征程奠定了坚实基础。

今年是中国共产党成立100周年,是实施“十四五”规划开局之年,也是甘肃全面建设社会主义现代化的开启之年。做好今年工作,意义十分重大。我们要把思想和行动统一到党中央决策部署上来,把智慧和力量凝聚到实现大会确定的目标任务上来,开拓创新、真抓实干,确保“十四五”开好局、起好步,以优异成绩庆祝建党100周年。

我们要始终坚持党的全面领导,旗帜鲜明讲政治。把坚持党的全面领导作为经济社会发展必须遵循的首要原则,胸怀“两个大局”,牢牢把握“国之大者”,增强“四个意识”、坚定“四个自信”、做到“两个维护”,善于从政治上认识问题、推动工作,不断提高政治判断力、政治领悟力、政治执行力,始终在思想上政治上行动上同以习近平同志为核心的党中央保持高度一致。

要深入学习宣传贯彻习近平新时代中国特色社会主义思想,在学懂弄通做实上下功夫,引导广大干部群众增强拥戴核心、维护核心的政治自觉和思想自觉。要毫不动摇、一以贯之把习近平总书记对甘肃重要讲话和指示精神作为全部工作的统揽,持之以恒抓好贯彻落实,坚定不移沿着习近平总书记指引的正确方向前进。

我们要始终强化系统观念,统筹兼顾推动高质量发展。推动高质量发展,是“十四五”时期发展的主题。要紧扣这个主题,紧密结合省情实际,加强系统谋划、提高系统思维能力,准确把握新发展阶段,深入贯彻新发展理念,加快构建新发展格局,增强解决发展不平衡不充分问题的系统性针对性,脚踏实地把必须干、应该干、能干成的事情干好,确保跟上全国社会主义现代化建设总体进程。

具体工作中,要全力推动“一带一路”建设、新时代推进西部大开发形成新格局、黄河流域生态保护和高质量发展等国家战略在甘肃落地见效,统筹抓好民主法治、文化旅游、社会治理、风险防范等工作,促进经济社会持续健康发展。同时,推进巩固拓展脱贫攻坚成果同乡村振兴有效衔接,推动农业农村高质量发展。人大代表要发挥自身优势,动员各方面力量和资源参与其中,更好助力我省高质量发展和改革攻坚各项任务落实。

我们要始终心系百姓冷暖,千方百计提高人民生活品质。让老百姓过上好日子,是我们党一切工作的出发点和落脚点。人大代表要把加强同群众的血肉联系作为对人民负责、受人民监督的重要内容,通过各种形式和渠道听取群众的意见建议,用心用力解决群众的"急难愁盼"问题,提升群众获得感幸福感安全感。要协助党委、政府多做解疑释惑、理顺情绪的工作,多做为民代言、凝聚人心的工作,推动惠民利民政策落到实处。

当前正值岁末年初,我们要把人民群众的生命健康和安危冷暖放在心上,全面落实常态化疫情防控措施,统筹做好春节期间保供应、保民生、保稳定等工作,妥善安排好受灾群众、城乡困难群体生产生活,营造一个安定祥和的社会环境。

我们要始终加强作风建设,心无旁骛抓落实。无论是"十四五"发展还是今年工作,目标任务都已经明确,关键是集中精力抓落实。全省上下要大兴真抓实干之风,把抓落实作为开展工作的主要方式,坚持问题导向和目标导向相结合,不折不扣推动党中央决策部署、习近平总书记对甘肃重要讲话和指示精神落到实处。要紧盯"四风"问题特别是形式主义、官僚主义,持续为基层松绑减负,以作风建设的成效保障"十四五"开局起步。

人大代表的言行举止、形象风貌,社会各界普遍关注、人民群众高度关切。要把加强作风建设作为一项长期性基础性工作,涵养务实、求实、扎实的作风,立说立行、雷厉风行,以实际行动带好头、作示范,在狠抓工作落实中践行初心使命。

我们要始终发扬奋斗精神,凝心聚力开创新局面。奋斗精神是新发展阶段持续创造新业绩的强大动力。要继续谦虚谨慎、艰苦奋斗,以永不懈怠的精神状态和一往无前的奋斗姿态,全力办好甘肃的事情,锲而不舍实现既定的目标。希望大家弘扬"人一之我十之、人十之我百之"的甘肃精神,全身心投入创新创造、转型升级、乡村振兴、生态建设等工作实践,为全省经济社会高质量发展再立新功。

推进甘肃全面建设社会主义现代化,没有局外人。全省上下要拧成一股绳、攥紧拳头干,调动一切可以调动的积极因素,团结一切可以团结的力量,努力形成心齐气顺的良好氛围。要扎实开展庆祝建党100周年宣传教育,汇聚起加快建设幸福美好新甘肃、不断开创富民兴陇新局面的强大力量。

各位代表,同志们!

人民代表大会制度是我国的根本政治制度,必须长期坚持、不断发展。全省各级党委要加强对人大工作的领导,高度重视和支持人大工作,把握正确方向,营造良好环境。各级人大及其常委会要切实担负起宪法法律赋予的职责,全面提升工作质量和水平。"一府一委两院"要主动接受人大监督,执行好落实好人大及其常委会决议决定和审议意见,办理好人大代表的议案和建议,促进依法行政、依法监察、公正司法。

全体代表要倍加珍惜党和人民的信任,倍加珍视代表职务和荣誉,带头贯彻落实党中央决策部署,积极宣传执行大会通过的各项报告和决议,团结和动员全省广大干部群众朝着既定目标奋勇前进。

各位代表,同志们!

让我们更加紧密地团结在以习近平同志为核心的党中央周围,坚持以习近平新时代中国特色社会主义思想为指导,全面贯彻党的十九大和十九届二中、三中、四中、五中全会精神,深入落实习近平总书记对甘肃重要讲话和指示精神,不忘初心、牢记使命,知重负重、顽强拼搏,奋力谱写全面建设社会主义现代化国家的甘肃篇章。

第七节　先进事迹材料

一、先进事迹的概念

先进事迹材料是将先进人物或先进集体的优秀事迹,系统、全面、实事求是地反映出来的一种书面文字材料。

它作为应用性记叙文体之一,一般由机关政宣部门专人奉命而拟。内容上是对英模人物和先进集体优良的思想作风、闪光行为以及突出成绩及时而真实的记载。

二、先进事迹的作用和分类

(一)作用

先进事迹材料的作用主要有两点:一是下级单位推荐某单位、部门或个人为先进,报请上级单位或部门批准;二是主管部门或上级机关批准先进集体或个人之后,把先进事迹材料加以印发,以激励先进,号召学习,推动工作。后一类常作为“通知”“通报”“决定”的附件供人们学习。

(二)分类

先进事迹材料形式多样,种类很多。从其用途和写作方法上可分为两大类。

一是公文体先进事迹材料,主要用于向上级报告某人某单位先进事迹,多用于立功创模活动。

二是新闻报道体先进事迹材料,主要用于报纸刊物登载,起到宣传先进典型、指导工作的作用,这一类材料的写作十分灵活。

三、先进事迹与邻近文体的写作区别

鉴于其属记叙文范畴,因此,记叙文写作的要领对它都适用。诸如:材料真实、典型、讲究详略得当、语言具体生动等等。但又要注意其与“同族近亲”在功用与写法上的区别。

这里且做两个比较:

一是它与新闻通讯的区别。新闻通讯有着更为广泛的受众,追求双重价值(新闻价值与宣传价值),因此撰稿时从选材、立意到语言表达都需要记者更多的“热处理”;而先进事迹材料只在企事业单位内部使用,其要求获得实在的信息交流和教育引导作用即可。因此,所写

无须过多的渲染与加工,仅以质朴切实取胜。

二是与国家正式公文中的表彰性通报之别。通报是一种典型的下行文,其特点是借事明旨,教育群众。因此在叙事之后必须附以精当的分析与议论,或点出行为价值,或进而提出希望要求等等。而事迹材料则完全以写人叙事贯穿全文,无需加评加议,它具有某种素材性。从这个意义上说,一份上报性先进事迹材料正好是一份相应的下发性表彰的通报。

四、先进事迹的结构内容及写作方法

这里讲的先进事迹材料的结构,是指公文体先进事迹材料。(新闻报道体可参看新闻特写、通讯的写法。)其结构一般由标题、正文、结尾组成。

(一)标题

通常有三种方法。

1.公文式标题。如"关于……先进事迹"或"关于×××同志的先进事迹"。

2.由正题和副题组成。如:"让蓝盾的价值在事业中闪光——记十警×××的事迹"。

3.概括主要内容式。如:"忠诚勇敢的卫士×××"。

(二)正文

一般由开头、主体、结语三个部分组成。

1.开头

简单地介绍先进人物的面貌,包括姓名、性别、政治面貌、年龄、工作部门、职务以及文化程度、工龄等,被评为何种先进称号,或者是先进人物的突出之点,对主要事迹的概括及群众的评价等。

2.主体

叙述先进事迹的内容。要抓住先进单位或先进人物的先进典型事迹,安排好材料,要突出主要事迹,次要的事迹则要写得简略,不必面面俱到,要结构严谨,详略得当。特别要抓住事迹中的闪光点和感人的事迹。

3.结语

可以先进人物的评价结尾,也可在先进事迹叙述完后,即结束全文。

(三)名称和日期

正文下方偏右处写上工作单位名称,具体的日期写在单位名称下方。日期以签发日期为准,有时也可以不写。

五、先进事迹的写作要求

(一)要突出重点

先进单位或人物的事迹总会有其最突出的、最有特点的一面。因此在写作时应从众多的事迹中选择最有代表性的内容予以反映,使先进事迹更具有现实意义和指导意义。

(二)要如实反映先进典型人物的成长过程

先进单位工作成绩的获得,英雄模范人物的成长都不是一帆风顺的。在写先进事迹材料时,应将先进人物或单位遇到的困难、挫折、克服困难的办法写出来。这不仅不会影响先进典型的形象反而更加增强材料的真实感，增加感染力。

（三）写作要实在

写作先进事迹材料要用事实说话，以其事迹感染人、教育人，不宜过多地议论。

（四）在写作方法上要点面结合

既介绍先进集体或先进人物的全面情况、总体事迹，又有典型事例的描写，显得既全面又重点突出、生动感人。

【例文】

蔡××同志先进事迹材料

蔡××，男，35岁，大学文化程度，中共党员，二级警司，曾先后在××县公安局××派出所、刑警大队、经侦大队工作，历任副所长、所长等职务，现任××派出所所长。

警校出身的他中等身材，性格雷厉风行，善于观察分析，身手灵敏，令狡猾、凶狠的罪犯闻风丧胆。从警13年来，他以高度的政治敏锐感和责任感，大公无私地战斗在平凡的基层工作岗位上，用辛勤的汗水谱写对党和人民的赤胆忠诚。他曾参与荣立集体三等功4次，多次受到上级公安机关的嘉奖。而在每一块奖牌和每一张奖状的背后，都有一个或动人、或惊喜、或辛酸、或惊险的故事。

20××年，蔡××服从组织安排，调到××派出所主持全面工作。××镇是××县的农业大镇，人口众多，三县交界处地理环境特殊，历年来社会治安环境复杂。到任之初，他就向全体工作人员叫响："一切向我看齐！"一直以来，他始终把执法为民作为公安工作的出发点、着力点和归宿点，既当指挥员又当战斗员，时时处处起表率作用，始终不折不扣地履行自己的承诺。

近年来，蔡××带领全所民警，结合党的先进性教育和社会主义法治教育，充分发挥职能作用，对不同时期的治安特点，突出重点，一手抓打击处理，一手抓安全防范，成效显著，使辖区社会治安形势得到进一步好转。近年来，仅他亲自参与破获的各类刑事案件就达54起，共抓获违法犯罪嫌疑人48人，摧毁犯罪团伙4个17人，维护了全镇治安稳定。在平时侦查破案和打击处理工作中，他突出抓好"快""细"两个字，并且要求全所民警也要如此。在他的带动下，"要么不做警察，做警察就得会办案，办案就得办铁案"成为全所民警心中共同的信念，全所的办案水平也得到了极大的提高。

突出一个"快"字。蔡××在工作中，十分注重制定预案，未雨绸缪，一旦发案就快侦快破，及时打击处理。今年在办理"7·31"盗窃电信电缆线案件中，他从接到110接警、组织警力到到达案发现场仅用了5分钟的时间。从而在现场抓获犯罪嫌疑人1名，同伙趁机而逃。对案情认真分析后，迅速启动"联动机制"出警预案，兵分两路设卡盘查和清查搜捕。通过嫌疑人手机通话记录，发现其已逃往外地，准备到××火车站坐火车逃跑的信息。蔡××同志不顾疲劳，连夜组织力量驱车前往，设卡蹲点，在××火车站将正准备逃往广州的嫌疑人李某抓获归案。由于出警迅速，及时抓住了战机，从发案时间到犯罪嫌疑人落网仅用了6个多小时。

突出一个"细"字。在案件办理过程中，蔡××非常注重对细节的考量，不放过每一个环节和每一个疑点。正是由于他这种明察秋毫、心细如发的工作作风，使许多难啃的"骨头"在他那里得以攻破。20××年4月至6月间，在辖区几个村连续发生数起入室盗窃现金案件，给广大群众心理造成恐慌，在社会上造成极坏影响。案件办理之初，由于民警不能通过周围群众描述及时找到嫌疑人，他就提出从细微处着手，多管齐下：一是将犯罪嫌疑人的体貌特征制成防范宣传单，发放给各村交通主要出入口的群众，请他们提供破案线索；二是从发案规律推理，发动相关村组的干部、群众，要密切注意，一旦发现，及时控制；三是将犯罪嫌疑人固定为曾在本地生活，或者曾居住在附近周边乡镇人员。为加快案件侦破进度，他组织全所警力进行拉网式排查，设卡、走访开展工作。在办案中，他渴了自己找农户讨点水喝，饿了吃点快餐面，多次婉言谢绝村民们的热情款待。功夫不负有心人，犯罪嫌疑人章某落网，为社会铲除了一害。

他无论到哪里工作心中每时每刻想到的都是老百姓，在他的推动下，派出所办证厅配齐了便民椅、便民台、便民茶、便民资料架、留言牌等设施，为群众提供了一个舒心的办证环境。同时，他还组织户籍民警进行上门服务，为孤寡老人解愁，为普通百姓解忧。并推行驻村入户制度，让民警自带生活用品与群众同吃同住，面对面地交流，倾听群众呼声，重点解决群众反映强烈的问题。今年4月9日，据群众反映，辖区内赌博成风，为了及时刹住赌博之风，很快成立整治专班，顺藤摸瓜，一举抓获以段××为首的带有黑恶势力赌博团伙11人，有效遏制赌博风气，还百姓一个安宁。

在工作和生活中，蔡××始终率先垂范，以身作则，他所带的班子精诚团结，严以律己，宽以待人，充分体现二级派出所的先进性。他始终坚持以人为本的宗旨，将“三个代表”“五条禁令”“八项铁规”学教活动作为提高民警思想素质、业务素质、服务意识的生命线，营造浓厚的学习氛围。组织制定学习制度，把每周四规定为具体的学习时间，事先确定学习课程，指定专人开展辅导，保证定量的学习笔记；并要求所内要有政治学习、业务培训记录专本，民警要有政治学习笔记专本，所内外要设置政治学教专栏，学习室要办学习心得体会专刊。每周所例会、政治业务学习例会上，根据不同时段的精神和要求，结合民警一周的工作实际，对民警思想上、工作上存在的问题进行剖析，及时把握根源，集体研究解决方式、方法，做到防微杜渐。实现责任制管理，强化监导力度，规范了民警的日常行为及警务工作。他所带的队伍中无一人违纪违法。

他在平凡的工作岗位上，做到了不平凡的事，特别是在抓打击处理和防范工作中做出了突出成绩。他的一身正气，得到了当地党委、政府领导和社会各界的高度肯定。面对如潮的好评，他没有豪言，没有壮语，依旧用实际行动默默实践着自己常说的一句话：“做警察，就要对得起这身警服，对得起自己的良心！”

【实训题】

1.制作一份班务会会议记录。

2.拟写一份个人年度学习计划。

3.拟写一份年度个人总结。

4.制作一份社会问题调查报告。

第十三章　日常应用文写作

第一节　日常应用文概述

一、日常应用文的概念

日常应用文是人们在日常工作、学习、生活中经常使用的一种文体。

日常应用文具有较为广泛的社会功能,在人们的日常生活中起着礼尚往来、互通信息、交流经验、沟通思想、联络情感、规范行为等作用。所以,可以毫不夸张地说,一个人、一个组织或单位,会随时随地与日常应用文打交道。

二、日常应用文的种类

根据日常应用文本身的性质、特点和用途,通常可以分为以下几种类型:

1. 礼仪类:包括祝词、贺词、欢迎词、欢送词、答谢词、讣告、悼词等。

2. 书表类:包括普通书信、日记、聘书、申请书、建议书、倡议书、求职书、履历表、保证书、决心书、挑战书、应战书、感谢信、慰问信、表扬信等。

3. 告启类:包括启事、声明、海报、喜报等。

4. 条据类:包括请假条、留言条、托事条、借条、欠条、收条、领条等。

三、日常应用文的特点

日常应用文虽种类繁多,各有所用,写法各异,但这些不同种类的应用文之间却有一些共同特点:

1. 广泛的实用性。不受职业、职务等的限制,几乎各行各业、各个层次的人们都要使用。有些文体甚至每天要用(如日记)。

2. 日常应用文具有惯用的较为固定的写作格式。

3. 一般日常应用文都有较强的时效性。

4. 内容真实。

5. 情感表达诚挚、真切、不虚伪、不敷衍。

6. 语言文字通俗易懂,简洁朴实,准确达意。

7. 日常应用文大多数是用于人们日常的交往。因此,除了实质性的内容以外,在开头、结尾、称谓以至行文中,都要十分注意礼节礼貌,注意说话用词的分寸,力求符合当事者的身份。

第二节　申请书、建议书、倡议书

一、申请书

(一)申请书的概念

申请书是个人或集体向组织表达愿望,向机关、单位领导或社会团体提出请求时使用的一种专用文书。

申请书的使用范围非常广泛,个人对党团组织和其他群众团体表达志愿理想和希望时,可以使用申请书;个人在学习、工作、生活上对机关、团体、单位领导有所要求时,可以使用申请书;下级在工作、生产、学习、生活等方面对上级有所请求时,也可以使用申请书。因此,申请书就成了沟通个人与组织、个人与领导、下级与上级的一种手段。它可以把个人或单位的愿望、要求向组织或领导表达出来,让组织和领导加深对自己或下级的了解,争取组织和领导的帮助与批准。

(二)申请书的种类

根据申请书的用途和使用范围,可以分为:

1.思想政治生活方面的申请。这种申请通常用于个人加入某些进步的党派组织、群众社团组织等,如申请加入中国共产党和其他民主党派、中国共产主义青年团、工会、工商联等。

2.个人工作、学习方面的申请。求学或在实际工作中使用的申请书,如入学申请书、带职进修申请书、工作调动申请书等。

3.日常生活方面的申请。日常生活中,人们常常会遇到一些问题,需要组织、单位或领导进行考虑、照顾或给予解决,这类情况下使用的申请如申请解决住房困难、申请经济困难补助、申请开业等。

4.下级在工作、生产、学习、生活等方面对上级有所请求时的申请。

(三)申请书的特点

申请书属于书信体的一种,从形式上讲,它符合书信体的格式要求,又因为它是一种专用文书,所以,除了具有一般书信体的特点之外,又有其自身的特点:

1.申请书属于上行文,所以在称谓和词语的使用上要符合下对上的行文规范。

2.明确的请求特性。申请书是一种请求满足某种要求的文书,其要求要具体明确,以利于组织、单位或领导研究解决。

3.内容的单一性。申请书与一般书信一样,都是表情达意的一种工具,但是,它与一般书信又有区别。一般书信大部分是个人与个人之间互通情况、交换意见、交流感情、商量事情使用的,内容比较广泛,既可以谈私事,也可以谈公事,谈一件事或几件事都可以;而申请书则是个人或下级对上级或机关团体有所请求时才使用,一般是一书一事,内容比较单纯。

4.文字简明扼要。语言通俗易懂,把请求事项的原因、目的和要求说明白即可。

（四）申请书的结构内容及写作方法

申请书一般都有较为固定的格式，它的内容包括5个部分。

1.标题。申请书的标题通常用文种“申请书”作标题。另外，也可以根据申请书的内容标明具体名称，即事由加文种，如“入党申请书”等。

2.称谓。也叫“抬头”“称呼”，即在标题下空一行顶格写明接受申请的组织、机关、团体、单位的名称或有关领导、负责人的姓名加同志或姓氏加职务等，名称后用冒号。

3.正文。正文从接受申请的组织、单位或领导名称下一行空两格写起，回行顶格写。这是申请书的主要部分，要写清楚申请的理由、目的、事项和要求。申请的理由、事项最好分段写，每段开头都要空两格。这样既保证了内容的单一性和完整性，又条理清晰，使接受人看起来容易把握要领。

4.结尾。申请书可以有结尾，也可不要结尾。结尾一般只写“此致、敬礼”之类表示敬意的话。也可以写“敬祈批准”“请领导批准”“请批准”之类的话等。

5.署名和日期。在结尾下一行（如无结尾，则在正文下一行的后半行处，写上申请人姓名或申请单位名称；如果是单位申请，还要加盖单位公章）。在署名下面另起一行写上申请日期。

（五）申请书的写作要求

1.写申请书之前，要慎重考虑申请的事情有无必要，自己（或单位）是否符合申请的条件，有无得到批准的可能性。

2.要把申请的事项、理由、目的和意义写清楚，开门见山、直截了当。特别是申请的原因、理由要合理，要写得充分实在，有说服力，以便接受申请的单位或领导能了解申请人或申请单位的意愿、要求，便于研究处理。

3.要考虑对象。申请书就是要让接受申请书的组织或领导看的，哪些话该写，哪些话不该写，哪些应该这样说，哪些应该那样说，都要认真斟酌。如果所申请的事情已经申请过一次而未获批准或回音，再次写申请书时，只在原有申请书的基础上，或者强调，或者补充，或者修正，希望得到组织和领导的重视，予以研究解决。

4.申请书是应用文体，主要用叙述的方法，语言要通俗易懂，文字要朴实准确，表达要简洁明了，态度要诚恳端正。

5.一份申请书一般只申请一件事情，不要同时提出多项申请。

【例文】

入党申请书

敬爱的党组织：

我志愿加入中国共产党，愿意为共产主义事业奋斗终生。我衷心地热爱党，她是中国工人阶级的先锋队，是中国各族人民利益的忠实代表，是建设中国特色社会主义事业的领导核心。中国共产党以实现共产主义的社会制度为最终目标，以马克思列宁主义、毛泽东思想、邓小平理论、“三个代表”重要思想、科学发展观为行动指南，是用先进理论武装起来的党。

从学生时代开始，一串闪光的名字——江姐、刘胡兰、雷锋、焦裕禄、孔繁森……给了我很大的启迪和教育。我发现他们以及身边许多深受我尊敬的人都有一个共同的名字——共产党员;我发现在最危急的关头总能听到一句话——共产党员跟我上。这确立了我要成为他们中的一员的决心。我把能参加这样伟大的党作为最大的光荣和自豪。

参加工作后,在组织和领导的关心和教育下,我对党有了进一步的认识。党是由工人阶级中的先进分子组成的,是工人阶级及广大劳动群众利益的忠实代表。党自成立以来,始终把代表各族人民的利益作为自己的重要责任。在党的路线、方针和政策上,集中反映和体现了全国各族人民的根本利益;在工作作风和工作方法上坚持走群众路线,并将群众路线作为党的根本工作路线;在党员的行动上,要求广大党员坚持人民利益高于一切,个人利益服从人民利益。

党是中国特色社会主义事业的领导核心。中国的革命实践证明,没有中国共产党就没有新中国,没有中国共产党的领导,中国人民就不可能摆脱被奴役的命运,成为国家的主人。在新民主主义革命中,党领导全国各族人民,在毛泽东思想指引下,经过长期的反对帝国主义、封建主义、官僚资本主义的革命斗争,取得了胜利,建立了人民民主专政的中华人民共和国。中国的建设实践证明,只有在中国共产党的领导下,国家才能走向繁荣富强。

中国共产党党员是中国工人阶级中具有共产主义觉悟的先锋战士,必须全心全意为人民服务,不惜牺牲个人的一切,为实现共产主义奋斗终生。中国共产党党员永远是劳动人民中的普通一员,不得谋求任何私利和特权。在新的历史条件下,共产党员要体现时代的要求,要胸怀共产主义远大理想,带头执行党和国家现阶段的各项政策,勇于开拓,积极进取,不怕困难,不怕挫折;要诚心诚意为人民谋利益,吃苦在前,享受在后,克己奉公,多做贡献;要刻苦学习马列主义理论,增强辨别是非的能力,掌握做好本职工作的知识和本领,努力创造一流业绩;要在危急时刻挺身而出,维护国家和人民的利益,坚决同危害人民、危害社会、危害国家的行为做斗争。

我决心用自己的实际行动接受党对我的考验,我郑重地向党提出申请:我志愿加入中国共产党。积极工作,为共产主义奋斗终生,随时准备为党和人民牺牲一切。

今后我会更加努力地工作,在实践中自觉践行党的路线、方针、政策。在生产、工作、学习和生活中起先锋模范作用,坚持党和人民的利益高于一切,个人利益服从党和人民的利益。自觉遵守党的纪律和国家法律,严格保守党和国家的秘密,执行党的决定,服从组织分配,积极完成党交给的任务。维护党的团结和统一,对党忠诚,言行一致。切实开展批评和自我批评,勇于揭露和纠正工作中的缺点、错误,坚决同消极腐败现象做斗争。密切联系群众,向群众宣传党的主张,遇事同群众商量,及时向党反映群众的意见和要求,维护群众的正当利益。发扬社会主义新风尚,提倡共产主义道德,为了保护国家和人民的利益,在一切困难和危险的时刻挺身而出,英勇斗争,不怕牺牲。反对分裂祖国,维护祖国统一,不做侮辱祖国的事,不出卖自己的国家,不搞封建迷信活动,自觉与一切邪教活动做斗争。只要党和人民需要,我会奉献我的一切!

我深知按照党员的要求,自己还有很大差距,还有许多缺点和不足,如处理问题不够成熟,政治理论水平还有待提高等。希望党组织从严要求,使我进步更快。我将用党员的标准严格要求自己,自觉地接受党员和群众的帮助与监督,努力克服自己的缺点,弥补不足,争取早日在思想上、组织上入党。

请党组织在实践中考验我！

此致

敬礼！

申请人：×××

××××年××月××日

附：个人履历、家庭主要成员和主要社会关系

【简析】

这是一篇写得较深刻的入党申请书。称呼后首先表明了自己入党的愿望，然后阐述了对党的性质、党的历史的认识及入党的动机，自己入党的决心和今后工作、努力的方向，表明了作者将以怎样的实际行动争取入党。最后再一次表明自己入党的愿望，并附上个人履历。

二、建议书

(一)建议书的概念

建议书是个人、组织或单位为了开展工作、完成任务、进行某项活动而向上级机关或领导提出意见、建议时使用的一种专用文书，有时也叫意见书。

(二)建议书的种类

建议书根据使用者主体的不同，一般分为：

1.个人建议书。即以个人名义向组织、单位或领导提出意见或建议的建议书。

2.集体建议书。即以多个人联名的名义(不论是否一个单位的人均可联名)向组织、单位或领导提出意见或建议的建议书。

3.企事业单位、机关部门建议书。即以基层企事业单位的名义，向上级单位或政府部门提出意见或建议，下级机关部门向上级机关部门提出意见或建议的建议书。

(三)建议书的特点

1.广泛的群众性。任何个人、单位、部门都可以使用建议书的形式向任何一级单位或领导提出自己的意见或建议。

2.内容的多样性。建议书的内容多种多样，几乎不受任何限制，上至党和国家的方针政策，下至最基层单位的生产、工作、学习和生活的方方面面，都在建议之列。

3.建议对象的广泛性。上至党和国家机关及其领导人，下至街道社区、乡镇、村委会及其领导人，各个企事业单位及其领导人都会成为个人或集体建议书的接受者。

(四)建议书的结构内容及写作方法

建议书的形式多种多样，一般说来，其基本格式由标题、称谓、正文、结尾、署名和日期六部分构成。

1.标题。为了引起建议书接受单位或领导的关注，建议书的标题最好用建议书的内容加文种名称，如《关于解决湖景小区停车难的建议》。也可以只用文种“建议书”作标题，即在建议书第一行正中位置写明“建议书”或“建议”二字。

2.称谓。在标题下一行顶格写明接受建议书的单位名称或领导个人(加称谓、职务，

如××同志或××处长),之后用冒号。

3. 正文。这是建议书的主体部分。首先,要写明建议的原因,说明为什么要提出建议,建议的目的是什么。这样,才能使接受建议者考虑建议的合理性和必要性以及实施的可能性,为决定是否采纳该建议打下基础。其次,要写明建议的具体事项和内容。建议的内容要分条款。建议的事项要具体,易于操作,便于接受建议的单位和领导研究和采纳。第三,要提出自己希望得到采纳的愿望和想法。

4. 结尾。一般是表示敬意或祝愿的话。也可以不要结尾。

5. 署名和日期。在结尾的下一行(如无结尾即在正文下一行)后半部署上提建议的单位或个人的姓名,在署名的下一行写明提建议的时间(年、月、日)。

最后,可以写明联系方式,以便及时得到反馈信息或答复。

(五)建议书写作的基本要求

1. 要明确建议书接受单位或领导的职权范围。否则,建议书有被退回或辗转投送的可能,就会贻误建议的采纳和实施。

2. 一般情况下,建议书为上行文,写作要符合上行文的要求,所提意见或建议应当比较准确、比较合理,要使意见或建议在现实条件下得到采纳实施。提意见、建议要态度平和,行文用词要有分寸。

3. 要从实际出发,实事求是,认真负责。提意见或建议是行使主人翁的权利,所以要认真负责,严肃对待。

4. 建议事项内容要科学、合理,具有合法性,事项要具体,尽量分条款开列,改进的方法和应当采取的措施也应写得具体实在,具有可操作性。

5. 文字要朴实,语言要精练,篇幅不宜过长。只需简明扼要地把意见、建议的内容、具体办法和措施,如实、准确地写出来。

【例文】

建议书

×××校长:

本人自去年9月担任教务处处长职务以来,努力为学校的建设发展做贡献。对本校原有的教学设备,曾几次做深入的调查,认为目前的教学设备,仍有改善的必要。故提出下列建议,敬请校长酌情采纳:

1. 扩充实验室。本校现有生物实验仪器设备不足。依据实验要求,每3名实验的学生,应该拥有1组实验仪器。但目前本校生物实验室,只有实验仪器6组,按每班60人计算,必须10人共用一组,这会影响教学质量和实验效果,因此急需添置生物实验仪器14组(约50000元)。

2. 增加图书馆藏书。本校图书馆,现有各类藏书5000余本,且大多内容陈旧,实在无法满足教师备课及学生课外阅读的需求。为改进教学和激发学生阅读兴趣,急需购置版本较新的图书5000本(约70000元)。

3. 开设教师休息室。本校共有教师57名,分为13个办公室。教学楼只有4个教师办公室。为方便上课教师课间休息，拟将闲置的第4教室设为教师休息室，配置沙发、茶几（约30000元）。

以上三点建议，均为目前本校急切需要，特此建议，敬请校长考虑。

教务处处长：×××

××××年×月×日

【简析】

作者把建议理由和建议事项都分条而写。每条建议理由都写得很充分，事项很有针对性。格式规范，用语简洁。

三、倡议书

（一）倡议书的概念

倡议书是由个人或集体首先公开提出某项建议，以倡导完成某项任务，或开展某项活动的文书。

倡议书常推广某一行之有效的做法，宣传某一种精神，它带有对新生事物、先进经验的肯定，希望使之广泛实行，得到健康发展，是把有创造性的建议、经验或有关部门的号召变为群众自觉行动的一种手段和重要途径。

（二）倡议书的种类

倡议书根据发起倡导者的主体不同，可以分为：

1.个人倡议书。在日常工作、学习和生活中，由某一个人首先发起，倡导人们关注、参与和实施某一项活动，或倡导人们学习、弘扬某一种精神。

2.集体倡议书。是由多人或某个群众团体发出的倡议书。

3.企事业单位、机关部门倡议书。即由企事业单位或机关部门发起的、开展某项活动的倡议书。

根据传播方式的不同，倡议书又可分为：

1.张贴式倡议书；

2.传单式倡议书；

3.登载式倡议书；

4.播放式（电台、电视台、网络）倡议书。

（三）倡议书的特点

1.广泛的群众性。倡议书具有鼓动人们响应、学习、参与、实施某项活动的特性，它把个人或集体倡导的事情，变为一个单位、部门、地区乃至全国人民群众的自觉行动，在尽可能大的范围内调动群众的积极性，共同做好某项有益于社会的事情或公益活动。

2.公开性。倡议书是一种通过各种传播手段广而告之的一种文书，它就是要让广大人民群众知晓和了解，从而激起更多人的响应和执行。

3.教育性。倡议书的内容一般同人们的日常生活密切相关，如倡议爱护花草树木、保护生态环境；倡议建设和谐校园、建设和谐社区；倡议向先进模范人物学习等。倡议书意在建议、倡导，它不给人强制的感觉。所以，在这种轻松的倡导下，宣传了真善美的行为和精神，使人们在不知不觉中受到启发和教育。

(四)倡议书的结构内容及写作方法

倡议书一般由标题、倡议对象、正文、结尾、署名和日期六部分构成。

1.标题

倡议书标题的写法有以下几种：

(1)通常用文种“倡议书”作标题,即在倡议书第一行正中位置写上“倡议书”。字体应比正文稍大,如果是张贴式或传单式,字号则应更大些,以引起人们的注意。

(2)倡议的内容加文种构成,例如《关于严格遵守考试纪律的倡议》。

2.倡议对象

倡议的对象一般都是泛指的名称,写法是在标题下面一行顶格写明倡议、号召的对象,后面用冒号。如“校园的莘莘学子:”“广大的青少年朋友们:”等。

3.正文

正文是倡议书的主体部分,主要内容有：

(1)写倡议书的缘由、背景和目的。倡议书发出的目的在于引起广泛的响应,只有交代清楚倡议活动的原因以及当时的各种背景,并申明发出倡议的目的,人们才会理解和响应。如果这些因素交代不清楚,人们就会感到莫名其妙,致使倡议难以得到响应和付诸行动。

(2)写明倡议的主要内容和具体措施。这是正文的重点部分。倡议的内容一定要具体化,开展什么样的活动,需做哪些事情,具体措施、方法是什么,它的价值和意义是什么,均须一一写明。一般采取分条列项的写法,使关注它的人们一目了然。同时,语言要自然、恳切。

4.结尾

结尾要表示倡议者的决心和希望。呼吁人们积极支持和参与,以达到团结一致、互勉互励、共同行动的目的。

5.署名和日期

在倡议书右下方写明提出倡议的单位、集体或个人姓名;也可由倡议者亲自签名。在署名下一行写明制作倡议书的日期。

(五)倡议书写作的基本要求

1.倡议书的内容要有时代感,充分体现时代精神,紧密结合当前的形势和党的政策,与时俱进,紧跟时代潮流。

2.倡议的内容要具有一定的先进性和相当的普遍性,才能引起更多人的响应和积极参与。

3.倡议的事项要清楚,理由要充分,经得起推敲,切实可行。

4.倡议书的行文应本着团结友爱、谦虚谨慎、热情鼓励的态度,语言朴实精练,富有亲和力和感染力,充分表达倡导者的真挚情感,让倡议的对象乐于接受、理解和参与。

5.倡议书的写作应简明扼要,篇幅不宜太长。

【例文】

兰州市文明旅游活动倡议书

广大市民和旅游行业的朋友们：

旅游是一项发现美、欣赏美、享受美的活动，更是一项创造美的活动。人们在旅游活动中的一言一行，不仅体现了个人的文明素养，更是一个城市文明程度的主要体现和重要标志。

如果说芳草如茵的绿地是城市的外衣，错落有致的建筑是城市的容貌，那么，人们的素养则是城市的灵魂。开展“文明旅游”行动，培育文明旅游观念，提升游客素质，改善城市旅游形象，是我们每个市民和旅游行业从业者的共同责任。为此，我们向广大市民和旅游行业的朋友们发出如下倡议：

从我做起，讲公德，讲礼仪，文明游览，安全出行，摒弃不良习惯，注意言谈举止；自觉遵守《中国公民国内旅游文明行为公约》和《中国公民出境旅游文明行为指南》；遵法规、守秩序、讲卫生、爱护环境和公共设施；争做文明和友谊的传播者，展现我们“礼仪之邦”应有的风采。

从点滴做起，在旅游活动中不随地吐痰，不乱扔废弃物，不在禁烟场所吸烟；不在公共场所高声喧哗；保护文物古迹，不在文物古迹上涂刻，拍摄照相遵守相关规定；不长期占用公共设施，尊重服务人员的劳动，尊重各地、各民族风俗习惯。

从现在做起，自觉规范经营行为，遵纪守法，信守合同，杜绝出售假冒伪劣商品，文明经营，诚信服务；不“欺客”，不“宰客”；努力提高自身文明素质，做文明旅游的实践者、传播者；以礼待人，及时提醒、劝阻游客不文明行为，使文明旅游逐渐成为我们的自觉行动。

广大市民和旅游行业的朋友们，“文明旅游”从我做起，从现在做起，从点滴做起。因为我们的文明言行，也是美丽风景中的一道亮丽的光芒。无论您身处兰州，还是远游他乡，都应时刻把文明记在心里，落实在行动中，因为您代表着兰州。让我们携起手来，共创良好的旅游环境，塑造我市文明旅游新形象。

兰州市文明办
兰州市旅游局
兰州市旅游协会
2014年5月1日

【简析】

这是一篇倡导文明旅游，规范游客和旅游行业行为的倡议书。第一段简单介绍了旅游活动的意义；第二段介绍文明的重要性；第三段、第四段、第五段发出倡议，分别从“我”“点滴”“现在”做起，并列举了若干条涉及日常旅游应遵守的社会公德。末段再做强调，树信心，表决心。全文简洁明了，结构清晰，内容贴近生活。

第三节　启事、声明

一、启事

(一)启事的概念

启事是机关、企事业单位、群众团体或个人,向公众(或某一特定群体)陈述某件事情、表达某种要求的专用文书。启事的本意是公开陈述事情。“启”即叙说、陈述之意;“事”即事情。

(二)启事的种类

1.按内容分,有征文启事、征订启事、招聘启事、招生启事、招领启事、开业启事、停业启事、更名启事、迁址启事、寻人启事、寻物启事、征婚启事、遗失作废启事等。

2.按发布的形式分,有张贴启事、报刊登载启事、广播启事、电视播报启事等。

(三)启事的特点

1.公开性。凡是启事都要通过传媒或张贴方式向社会公众广泛发布。

2.告启性。启事具有向公众通知、告知事宜,需要和请求协助的作用,只具有知照性,不具备法令性和强制性。

3.单一性。一则启事只说一件事情,不掺和其他的内容,以便于公众迅速知晓启事内容。

4.简明性。启事的写法简洁明了,无论是张贴、登报、广播,启事都写得十分简明。有的启事三言两语,有的启事单行单句,公众一目了然。

5.通用性。上至国家党政机关,下至各种基层组织、企事业单位、部队、学校以及个人都可使用。

6.期望性。启事非党政公文,对公众没有行政约束力,它只能希望得到公众的了解、支持和协助。公众是否参与,全凭自愿,且不承担任何责任和义务。

(四)启事的结构内容及写作方法

各种启事的写作目的不同,写法也就各有区别。一般启事的基本格式,通常由标题、正文、结尾三部分构成。

1.标题

启事的标题有多种写法:

(1)用文种作标题,即在第一行正中位置写明“启事”即可,字体要比正文大一些。

(2)用内容加文种作标题,例如“寻人启事”“拾物招领启事”等。

(3)启事者加内容加文种作标题,例如“××学院招聘教师启事”等。

如果启事所陈述的事情重要或紧迫,可在“启事”前加写“重要”或“紧急”字样,例如“重要启事”“紧急启事”等。

2.正文

针对启事不同的写作目的,其内容的重点和写法也不相同。

根据启事文字的多少和形式可分为以下几种写法:

(1)单段式写法。启事内容简单,通常单段成文。

(2)分段式写法。启事的内容比较多,通常分若干段成文。

针对启事的具体内容,其正文写法分别简述如下:

(1)寻人启事。要写明被寻找人的姓名、性别、年龄、长相、口音、服饰等;写明走失时间、地点、原因、可能行至范围;还要特别写明寻找者的姓名、单位、详细地址、联系电话以及如何酬谢等;最好附上近期照片。

(2)寻物启事。要写明何时何地丢失何物,说明物品特征、质地以及如何酬谢等。最后写明寻物者的姓名、单位、详细地址、联系电话等。

(3)招领启事。只写明何时何地拾得何种物品,一般不要写数量、物品特征等,以防冒领。最后写明领取物品的地点、联系人、联系电话等。

(4)征文启事。着重写明征文的目的、内容、体裁、篇幅字数限制、起止时间、评奖办法以及其他注意事项等。

(5)征订启事。着重写明报刊图书名称、类别、性质、价格与征订办法等。

(6)招聘启事。要写明招聘目的、对象及条件、人数、待遇、办理方法、联系方式等。

(7)搬迁启事。写明搬迁原因、日期、迁至何处、电话号码等联系方式及其他相关事宜。

(8)征集标志启事。主要写明征集单位的名称、所属行业、性质特征、征集标志名称、范围、起止日期、评奖办法、联系人和联系方式及其他有关事项。

3.结尾

启事的结尾写在正文右下方,内容一般包括:(1)启事者(单位或个人)。如果标题或正文中已写明单位名称,结尾处可省略不写。以单位名义张贴的启事,一般应加盖公章。(2)日期(年、月、日)。日期要写在单位或个人姓名下一行。

(五)启事写作的基本要求

1.无论什么内容的启事,其标题字体都要大一些,文字简短醒目,以吸引读者。通用的标题应能反映启事的主要内容,方便公众阅读。

2.启事正文内容要真实。

3.文字要通俗、简明,用语要讲礼貌,态度庄重而又不失热情。

4.启事结尾处的联系人、联系方式(电话等)、详细地址等都要写具体、清楚。

【例文1】

征集标志启事

经省政府批准并报教育部备案,"广州××科技专修学院"已于3月5日升格为"广州××理工学院",是省属理工类本科院校。同时,今年8月8日欣逢学院建校20周年。为了便于宣传学校,扩大办学影响,"广州××理工学院"现面向社会征集学院标志。要求作品能体现学院的办学宗旨,图案简洁明快,并富有时代气息。每件作品请附不超过1000字的"释义"稿。

学院将组织专家对所有来稿进行评选,分别评出"设计奖"1名,奖金10000元,并发给荣誉证书;"入围奖"3～5名,奖金各5000元,并发给荣誉证书。截稿日期:2014年6月5日。

联系地址:(略) 联系人:××× 邮政编码:××××××
电话:××××××× 电子邮箱:×××××
学院网址:(略)

广州××理工学院办公室
2014年3月10日

【例文2】

招聘启事

根据公司扩大经营规模,开辟新经营网点的需要,经市人才服务中心批准,现诚聘以下人员:

商务管理人员10名、业务员10名、公关经理1名。

要求应聘人员年龄在30～35岁,性别不限,具有专科及以上文化程度,并有从事本专业5年以上的工作经验。

商务管理人员待遇:底薪5000+出勤奖+绩效奖。

业务员待遇:底薪3000+出勤奖+绩效奖。

公关经理待遇:底薪8000+出勤奖+绩效奖。

有意应聘者,请将个人简历,身份证、毕业证复印件,联系地址,电话及2寸彩色近照一张寄深圳市华强路市人才市场转××商贸有限公司收。邮政编码:518033。

深圳××商贸有限公司
2014年6月9日

二、声明

(一)声明的概念

声明是就某事公开地表示态度或说明真相,让更多的人知晓且具有一定的法律制约性或震慑力的告白性文体。

声明,顾名思义,就是用声音公开说明的意思。“声”是发出声音,即宣布、陈述某一事项;“明”是表白与说明。“声明”两字合起来,就是一种公开肯定或公开否定的表态,或说明、陈述某种事实并做出相应的决定,或表明某种立场与态度。当然,“声明”并不是只能用声音公开说明。实际上在现实社会里,很多声明是发表在报刊上、网站上以及其他媒体上,或者是张贴在公众场合的。声明与启事有一定的相似之处,即都是向公众宣布重要的事项,表明自己的态度,但声明比启事更郑重、更严肃,态度也更为强硬。

(二)声明的种类

常见的声明,主要有以下两类。

1.国家、政党重要声明

这是由某个国家、政党或其领导人对重大的国际、国内问题所发的声明,或两个及两个以上国家、政府、政党、团体及其领导人就某次会谈发表的“联合声明”(如《中华人民共和国和马其顿共和国关于深化互利合作关系的联合声明》)。这类声明,属于正式文件一类,是对当前重大的国际问题或者直接涉及国家利益的问题，表明国家、政党的态度、立场和政策的重要手段。

2.机关团体与个人发布的一般性声明

这类声明，大致也可分为以下两种：(1)党政机关、人民团体、企事业单位或个人的某些合法权益受到了损害和侵犯，为了保障自身的权益，引起公众的关注而发出的声明，目的是表明自己的态度、立场、主张，以揭露事实真相，并提醒和警告对方。这类声明，可以同时起到树立组织形象，扩大知名度的作用。(2)机关团体、企事业单位或个人遗失了重要物品时，为防止有人乘机钻空子而发出的，目的是为了提醒公众及有关部门注意。这种声明，需将遗失物品的名称、编号、特征等一一交代清楚。

(三)声明的特点

1.公开性。凡发表声明，其目的就是公开向社会各界申明，让更多的人知晓某件事情的真相和声明者的态度、立场及主张，故无机密可言，相反要充分公开。

2.制约性。国家、政党、人民团体及其领导人对重大的国际、国内问题所做的声明，属于正式文件性的声明，具有法令性、政策性、制约性的特征。机关团体、企事业单位或个人为了保障自身权益不受损害和侵犯而发出的声明，应严肃表明要追究某些当事人应负的法律责任，从而具有一定的震慑力和制约性。

3.通用性。上至国家、政党、人民团体、党政机关，下至企事业基层单位以及个人。如果需要，都可以使用“声明”这一文体，向公众宣知事宜。

(四)声明的结构内容及写作方法

由于发表声明的单位不同，内容不同，声明的格式和写法有所不同。常见的党政机关、人民团体、企事业单位或个人发表的，旨在维护本单位或个人利益的声明，其格式一般由标题、正文和结尾语三部分构成，写作的格式和启事相同。

1.标题。声明的标题一般由形容词加文种两部分构成，如“严正声明”“郑重声明”等，有的只用文种“声明”两字即可。但有的标题也比较复杂，是声明单位加形容词加声明。

2.正文。声明正文的结构一般分为以下三个部分：

(1)前言部分：一般交代声明的目的或背景。

(2)主体部分：是声明的正文，可以分条加以叙述，表明发布者的态度和立场，以求维护自身的合法权益。

3.结尾一般用“特此声明”或“特此严正声明”作结。

4.在结尾语的右下方署单位及日期。

(五)声明写作的基本要求

1.声明的文字比较简洁，写作要言简意赅，切忌冗长。

2.声明的表达方式，一般以叙事、说明为主，不宜采用描述和夸张手法，更不宜用抒情方式。

3.声明的语言格调鲜明、严肃，主旨突出，态度毫不含糊。

【例文】

中华人民共和国外交部声明

2010年9月7日，日方在钓鱼岛海域非法抓扣中国10名渔民和渔船，并将船长扣押至9月24日。对这一严重侵犯中国领土主权和中国公民人权的行径，中国政府表示强烈抗议。

钓鱼岛及其附属岛屿自古以来就是中国的固有领土，中国对此拥有无可争辩的主权。日方对中国渔民渔船的扣押、调查以及任何形式的司法举措都是非法和无效的。日方必须就此次事件向中方做出道歉和赔偿。

中日两国互为近邻。坚持发展战略互惠关系的方向，符合两国人民的根本利益。双方应通过对话协商解决中日关系中的问题，维护两国关系大局。中方的这一立场没有也不会改变。

2009年9月25日

【简析】

这则声明标题由发文机关加文种构成。第一段介绍发布声明的原因，阐述了中方的严正立场；第二段重申钓鱼岛的主权归属，并就日方非法抓扣中国渔民和渔船问题的举措进行驳斥，并提出道歉和赔偿要求。第三段警示日方应当共同维护两国关系大局。由于是外交部代表国家对外发布的声明，全文简明扼要，语气坚定，态度鲜明，郑重严肃，措辞恰当。

第四节　公约

一、公约的概念

公约是指各个国家、部门、人员应共同遵守的约定，一般是大家就有关国家、部门、人员之间的利益问题进行公开讨论达成一致的意见，并且同意遵守的一个规定。

二、公约的特点

（一）公众约定性

约定性是公约的突出特点之一。公约虽有约束性，但它不是有关管理部门制定的强制性的法规，而是订约单位或订约人自愿协商缔结的公共约法。它一般不产生于行政管理部门，而是产生于社会团体或民众之间，有一定的民间特色。它不是正式的法律和法规，对参与者只有道德约束力，没有法律效力。

（二）长期适用性

公约所涉及的内容一般都具有长期的稳定性，因而公约也具有长期适用性，不会在短时间内就因为时过境迁而成为废文。制定公约时应该充分考虑到这一点。要选择大家共同关心的、有长期意义的原则性事项写入公约。如果发现原有的公约已经过时，则要讨论制定新的公约来取代它。

(三)集体监督性

公约一经共众认定,就是订约人的行为和道德规范,每个人都有履行公约的义务,不得违反。同时,它也是人们互相监督的依据,每个人也都有以公约为准则监督别人的义务。一旦发现有违背公约的行为,大家都有权进行批评和谴责。

(四)基本原则性

公约的内容在多数情况下都是一些基本道德准则和精神文明建设的原则要求,一般不涉及具体的行动方法和实施措施,不像细则那样详尽具体,因而公约大多短小精悍。

(五)一致认同性

公约是在公共协商一致的基础上拟定的,应得到每个缔约者的认同。就一般情况而言,有弃权票,不影响公约的通过,但有否决票则公约不能被通过,即每个制定者拥有"一票否决权"。在特殊情况下,在有否决票的情况下可以强制通过,但投否决票者可以选择不加入该公约,如《联合国海洋法公约》美国就没有加入该公约,所以美国科考船进入中国南海而不受该公约的约束。

三、公约的种类

(一)部门公约

这里所说的部门不是行政管理部门,而是群众社团、民间组织,如消费者协会制定的消费公约,爱国卫生委员会制定的卫生公约等。下面这篇首都精神文明建设委员会制定的《首都市民文明公约》就属于这种类型。

【例文1】

首都市民文明公约

为加强首都社会主义精神文明建设,进一步提高首都市民素质,增强文明意识,把首都建设成为现代化国际大都市,特制定本公约。

一、热爱祖国,热爱北京,民族和睦,维护安定。

二、热爱劳动,爱岗敬业,诚实守信,勤俭节约。

三、遵守法纪,维护秩序,见义勇为,弘扬正气。

四、美化市容,讲究卫生,绿化首都,保护环境。

五、关心集体,爱护公物,热心公益,保护文物。

六、崇尚科学,尊师重教,自强不息,提高素质。

七、敬老爱幼,拥军爱民,尊重妇女,助残济困。

八、移风易俗,健康生活,计划生育,增强体魄。

九、举止文明,礼待宾客,胸襟大度,助人为乐。

本公约于20××年末,经公众参与讨论修订而成,凡在首都北京生活的每一个人应自觉遵守。

首都精神文明建设委员会

20××年×月×日

(二)行业公约

一个行业,为了加强本行业的职业道德,保护公平竞争,以行业协会名义主持制定的公约,就是行业公约。

【例文2】

北京市建筑装饰行业公约

(1996年11月3日第二届会员代表大会通过)

一、认真贯彻执行党和国家的各项方针政策,模范遵守国家法规、规章,合法经营,照章纳税。

二、爱岗敬业,诚实守信,积极进取,勇于开拓,不断提高行业整体素质。

三、精心设计,精心施工,严格管理,优质服务,保质保量保安全,便民不扰民,重合同,守信誉,树立良好职业道德。

四、企业之间要团结互助,交流经验,合法竞争,共同提高。

(三)民间公约

由居委会、村委会或村民小组名义主持制定的公约,也就是俗称的“村规民约”,就是民间公约。

【例文3】

居民文明公约

为创建文明和谐社区,营造文明、安全、优美、整洁的居住环境,推动文明社区建设,特制定以下公约。

一、爱国、爱党、爱社会主义,学法、知法、守法,自觉维护社区治安和公共秩序。

二、自觉遵守文明道德守则,大力提倡“讲文明、守公约、除陋习、树新风、提素质”,勤俭节约,反对铺张浪费。

三、邻里和睦,相互尊重,团结友爱,敬老爱幼;遵纪守法,礼貌待人,讲文明语言,行文明礼仪,养成文明习惯。

四、崇尚科学,学习科学文化知识,抵制各类邪教组织,不参与赌博、吸毒等违法活动。

五、爱护公共卫生,生活垃圾及时分类入箱,做到不乱吐痰,不乱扔垃圾,不毁坏绿地,不在公共场所吸烟,不说粗话脏话,不乱涂乱贴,不随地大小便,爱护社区环境。

六、不在住宅周围乱搭乱建,街道旁不乱堆乱放,保持街道干净整洁;装修房屋不改变结构,不噪声扰民,建筑垃圾及时清运。

七、不饲养家畜,文明养犬,及时防疫,不让其到处乱窜、大小便和扰民。

八、节约用水、用电,维护社区公共设施。

九、防火防盗,群防群治,安全用水、用电,提高安全防范意识。

十、积极参与社区公益、文体活动,营造优美、安全、舒适的生活环境,共创文明、和谐社区。

××街道××居委会

2020年5月18日

四、公约的结构内容及写作方法

公约由标题、正文和署名及日期组成。

(一)标题

公约的标题有三种写法:

一是适用身份加文种,如《教师公约》。

二是适用范围加文种,如《丽景花园小区公约》。

三是涉及事项加文种,如《护林公约》。

(二)正文

公约的正文由引言、主体和结尾构成。

1.引言主要用来写明制定公约的目的、意义,常套用“为了……特制定本公约”的固定格式。

2.主体

条文式写法,将具体内容一一列出。这部分最重要,一定要做到系统完整,层次清楚,言简意明,朴实通畅。

3.结尾

用来写执行要求、生效日期等。如无必要,可免除这一部分。

(三)署名与日期

对于有些公约而言,署名是很重要的一项,因为署名就意味着承诺,表明遵守公约的意向,表明愿意为违背公约承担责任。特别是行业公约,这一点显得尤为重要。

第五节 提纲

一、提纲的概念

提纲是概括地叙述纲目、要点的一种文字形式。提纲不需把全文的所有内容写出来,只需把主要内容、要点、重点归纳后提纲挈领地写出来。其作用是提示要点,为后续的正文创写提领纲要。提纲一般用于工作汇报、传达会议精神和讲话发言、工作计划与大型文章、论文的写作。

二、提纲的结构内容及写作方法

提纲由标题、正文和落款三部分组成。

(一)标题

提纲的标题一般有两种写法。一是公文式写法,如《关于税收工作情况的汇报提纲》《关于新〈征管法〉实施情况的汇报》;二是直接式写法,如《“双评”工作情况汇报》《税收征管改革进展情况汇报提纲》。

(二)正文

正文主要包括两个方面。一是前言,二是主体。前言主要介绍汇报的目的、原因或概括工作的总体情况、得出的有关结论等;主体部分介绍具体工作情况、主要成绩、存在的问题、工作经验、下一步打算等。正文的格式没有统一的要求。一般来说,综合工作汇报提纲多采取并列式,即将汇报的重点内容一一列出。专项工作汇报提纲多采取平叙式或递进式,即根据工作的布置、落实和结果的先后顺序组织材料,一层一层地汇报清楚。

(三)落款

汇报单位的名称可写在标题下面,也可以放在文末,与成文时间并行。

【例文】

假设你是×镇负责垃圾分类、处理的工作人员,请根据给定资料的信息拟写一份关于×镇垃圾分类、处理工作经验的提纲。

要求:观点明确,层次清楚。(不超过250字)

所给材料:央视曾经播放过×镇生活垃圾分类、处理的例子,以下是某期节目的文字节录。

解说:每天早上7点一过,×镇西马各庄村的徐大妈和另一位保洁员便开始各家各户收集垃圾。垃圾清运车是前些年村里做垃圾分类时上级出资购买的。

李某(村民):那会儿我们都给发好几个桶,厨余垃圾一个桶,灰土垃圾一个桶,白色垃圾一个桶。桶是政府给发的。天天都是到时候搁在门口,专门有人收,打声招呼就收走了,不合格就说你。

解说:所谓白色垃圾,指废弃的纸张、塑料制品等可回收物,它们经过处理后,可以制成别的有用品。每个月的1号是西马各庄村村委会统一回收白色垃圾的日子,早上8点,村民就陆续把大包小包装满白色垃圾的编织袋送到村委会大院。库管员宋某说,以往,村民们每交3斤白色垃圾就可以换1斤重的洗衣粉,现在洗衣粉改成了大包装,要30斤才能换一袋。2007年,村里共收集白色垃圾2082斤,2008年增长了200多斤,而到了2009年,全村收集的白色垃圾总量达4314斤,去年,这一数字更是达到5500斤。

……

解说:早上,×镇实行垃圾分类的各村收集来的厨余垃圾,被送到×镇密闭式压装清洁站。在这里,厨余垃圾被留下用于堆肥。李副镇长介绍说:“就是过去农村那种堆肥方式,一层厨余垃圾,一层灰土垃圾,覆盖以后通过长时间的发酵,最后粉碎,这个周期应该有几个月的时间,然后就联系需要的农民。农民使用这些肥料完全是免费的。”

解说:厨余垃圾可以用来堆肥,灰土垃圾及冬季产生的大量燃煤炉渣可以用作农村填坑造地的原料。抽样调查显示,灰土垃圾占到了六成,厨余垃圾占到了三成。也就是说,×镇大部分垃圾都被消解在本镇。

……

解说:冯教授是×镇垃圾分类试点的带头人。

冯教授:我们的垃圾到底分多少类,这要根据农民可以接受的程度,以及能够资源化利用的技术;第二个就是要教给农民怎么分,也就是方法。

解说:不少村民用“习惯了”来回答我们提出的“怎么不觉得垃圾分类麻烦”之类的问题,但如何养成习惯却正是我们好奇的地方。

李某(村民):要想转变老百姓这种习惯,其实最开始也挺难的,确实很难。当时冯老师给我们出了很多主意。

冯教授:2007年春节前,我们用一星期的时间,赶制出一批挂历发给各户,一是联系感情;二是挂历里面有垃圾分类的知识、做法、意义,而且还是用再生纸制作的,直接给农民一个概念,你看废纸就能做出这个来。另外,每天中午和晚上各20分钟广播,持续了半年。同时,还有村民骨干分片到户手把手指导垃圾分类。

……

冯教授:必须上门去收,交垃圾面对面。上门收等于监督着你呢,你自己瞧着分好没分好,没分好你自己接着分,合格了发个价值等于三毛钱的合格卡。

解说:村民们将换来的合格卡积攒到一定数量后,就可以到村委会领取奖品。这些年,村里提供的奖品品种不断变化,有油盐酱醋,有卫生纸等。

冯教授:我们算一笔账,一户油盐酱醋卫生纸到底需要多少钱,这是一个参照物;第二个就是说,按照我们过去的村收集、镇运输、区处理的模式,×镇所产生的垃圾,如果运到这个填埋场去填,中间得花多少运费,我们把这些运输费、垃圾场的填埋费省下来,提前奖励给农民,这样既节省了汽柴油的使用,又节省垃圾填埋用地,还不产生路上的二次污染,给农民兜里装点钱,提高农民的生活质量,农民也高兴。

对上述资料内容归纳梳理可知:

解说分别说了7段话:

1.有专人负责挨家挨户收集垃圾,并有专门的垃圾清运车;

2.解释了白色垃圾,并介绍了如何回收白色垃圾,如何激励村民主动对白色垃圾进行分类,并上交;

3.厨余垃圾如何被回收利用;

4.灰土垃圾作为农村的主要垃圾如何被回收利用;

5.介绍村里垃圾分类的带头人是冯教授;

6.探究村民如何养成垃圾分类这一良好习惯;

7.介绍村民进行垃圾分类后获得的“合格卡”,可换各种奖品。

李某说了两段话:

1.介绍了政府给村民购买专门进行垃圾分类的垃圾桶,对厨余垃圾、灰土垃圾、白色垃圾进行分类,对分类不合格者予以批评;

2.介绍了冯教授对村民养成垃圾分类习惯的帮助。

冯教授分别说了四段话:

1.介绍了垃圾分多少类的依据和教授村民垃圾分类的方法;

2.如何对垃圾分类进行宣传,通过挂历、广播和骨干指导;

3.上门收垃圾,对不合格的分类进行面对面的监督和整改;

4.用奖品激励的手段，提高农民的生活质量，提高村民垃圾分类的积极性，同时还能节省处理垃圾的各种费用，减少垃圾的二次污染，实现双赢的局面。

该题是把考生虚拟为×镇负责垃圾分类、处理的工作人员，结合“给定资料”，写一份关于垃圾分类、处理经验的提纲。“给定资料”以解说、村民李某、冯教授三人做节目的文字节录形式，介绍了各自关于垃圾分类、处理的看法、做法。作答时应对三人的谈话内容进行梳理归纳，把握好虚拟身份，内容是关于垃圾分类、处理，经验即成功的、有效的、村民欢迎的、能够顺利实施的做法。提纲严格来说属应用文体范畴，意即把×镇在垃圾分类、处理工作方面好的做法分门别类、分条列出即可。

×镇关于垃圾分类、处理的经验介绍提纲

1.政府支持垃圾分类、处理工作。购买专门的垃圾清运车、分类垃圾桶，专人上门收集垃圾，对垃圾分类、清运。

2.就地处理垃圾。白色垃圾循环利用，餐厨垃圾制成肥料，灰土垃圾填坑造地。

3.重视垃圾分类指导。制定垃圾分类标准，专人指导村民对垃圾分类。对分类不合格者予以批评教育，并监督整改。

4.重视垃圾分类宣传。利用挂历文字图片、广播、专人亲临现场等形式宣传垃圾分类知识。

5.奖品激励。对垃圾分类合格并主动上交的村民发放“合格卡”，村民可用卡兑换奖品，既节约垃圾清运费，又避免二次污染。

2014年7月5日

附　录

党政机关公文处理工作条例

第一章　总则

第一条　为了适应中国共产党机关和国家行政机关(以下简称党政机关)工作需要,推进党政机关公文处理工作科学化、制度化、规范化,制定本条例。

第二条　本条例适用于各级党政机关公文处理工作。

第三条　党政机关公文是党政机关实施领导、履行职能、处理公务的具有特定效力和规范体式的文书,是传达贯彻党和国家方针政策,公布法规和规章,指导、布置和商洽工作,请示和答复问题,报告、通报和交流情况等的重要工具。

第四条　公文处理工作是指公文拟制、办理、管理等一系列相互关联、衔接有序的工作。

第五条　公文处理工作应当坚持实事求是、准确规范、精简高效、安全保密的原则。

第六条　各级党政机关应当高度重视公文处理工作,加强组织领导,强化队伍建设,设立文秘部门或者由专人负责公文处理工作。

第七条　各级党政机关办公厅(室)主管本机关的公文处理工作,并对下级机关的公文处理工作进行业务指导和督促检查。

第二章　公文种类

第八条　公文种类主要有:

(一)决议。适用于会议讨论通过的重大决策事项。

(二)决定。适用于对重要事项作出决策和部署、奖惩有关单位和人员、变更或者撤销下级机关不适当的决定事项。

(三)命令(令)。适用于公布行政法规和规章、宣布施行重大强制性措施、批准授予和晋升衔级、嘉奖有关单位和人员。

(四)公报。适用于公布重要决定或者重大事项。

(五)公告。适用于向国内外宣布重要事项或者法定事项。

(六)通告。适用于在一定范围内公布应当遵守或者周知的事项。

(七)意见。适用于对重要问题提出见解和处理办法。

(八)通知。适用于发布、传达要求下级机关执行和有关单位周知或者执行的事项,批转、转发公文。

（九）通报。适用于表彰先进、批评错误、传达重要精神和告知重要情况。

（十）报告。适用于向上级机关汇报工作、反映情况，回复上级机关的询问。

（十一）请示。适用于向上级机关请求指示、批准。

（十二）批复。适用于答复下级机关请示事项。

（十三）议案。适用于各级人民政府按照法律程序向同级人民代表大会或者人民代表大会常务委员会提请审议事项。

（十四）函。适用于不相隶属机关之间商洽工作、询问和答复问题、请求批准和答复审批事项。

（十五）纪要。适用于记载会议主要情况和议定事项。

第三章　公文格式

第九条　公文一般由份号、密级和保密期限、紧急程度、发文机关标志、发文字号、签发人、标题、主送机关、正文、附件说明、发文机关署名、成文日期、印章、附注、附件、抄送机关、印发机关和印发日期、页码等组成。

（一）份号。公文印制份数的顺序号。涉密公文应当标注份号。

（二）密级和保密期限。公文的秘密等级和保密的期限。涉密公文应当根据涉密程度分别标注“绝密”“机密”“秘密”和保密期限。

（三）紧急程度。公文送达和办理的时限要求。根据紧急程度，紧急公文应当分别标注“特急”“加急”，电报应当分别标注“特提”“特急”“加急”“平急”。

（四）发文机关标志。由发文机关全称或者规范化简称加“文件”二字组成，也可以使用发文机关全称或者规范化简称。联合行文时，发文机关标志可以并用联合发文机关名称，也可以单独用主办机关名称。

（五）发文字号。由发文机关代字、年份、发文顺序号组成。联合行文时，使用主办机关的发文字号。

（六）签发人。上行文应当标注签发人姓名。

（七）标题。由发文机关名称、事由和文种组成。

（八）主送机关。公文的主要受理机关，应当使用机关全称、规范化简称或者同类型机关统称。

（九）正文。公文的主体，用来表述公文的内容。

（十）附件说明。公文附件的顺序号和名称。

（十一）发文机关署名。署发文机关全称或者规范化简称。

（十二）成文日期。署会议通过或者发文机关负责人签发的日期。联合行文时，署最后签发机关负责人签发的日期。

（十三）印章。公文中有发文机关署名的，应当加盖发文机关印章，并与署名机关相符。有特定发文机关标志的普发性公文和电报可以不加盖印章。

（十四）附注。公文印发传达范围等需要说明的事项。

（十五）附件。公文正文的说明、补充或者参考资料。

（十六）抄送机关。除主送机关外需要执行或者知晓公文内容的其他机关，应当使用机关全称、规范化简称或者同类型机关统称。

（十七）印发机关和印发日期。公文的送印机关和送印日期。

第十条　公文的版式按照《党政机关公文格式》国家标准执行。

第十一条　公文使用的汉字、数字、外文字符、计量单位和标点符号等，按照有关国家标准和规定执行。民族自治地方的公文，可以并用汉字和当地通用的少数民族文字。

第十二条　公文用纸幅面采用国际标准A4型。特殊形式的公文用纸幅面，根据实际需要确定。

第四章　行文规则

第十三条　行文应当确有必要，讲求实效，注重针对性和可操作性。

第十四条　行文关系根据隶属关系和职权范围确定。一般不得越级行文，特殊情况需要越级行文的，应当同时抄送被越过的机关。

第十五条　向上级机关行文，应当遵循以下规则：

（一）原则上主送一个上级机关，根据需要同时抄送相关上级机关和同级机关，不抄送下级机关。

（二）党委、政府的部门向上级主管部门请示、报告重大事项，应当经本级党委、政府同意或者授权；属于部门职权范围内的事项应当直接报送上级主管部门。

（三）下级机关的请示事项，如需以本机关名义向上级机关请示，应当提出倾向性意见后上报，不得原文转报上级机关。

（四）请示应当一文一事。不得在报告等非请示性公文中夹带请示事项。

（五）除上级机关负责人直接交办事项外，不得以本机关名义向上级机关负责人报送公文，不得以本机关负责人名义向上级机关报送公文。

（六）受双重领导的机关向一个上级机关行文，必要时抄送另一个上级机关。

第十六条　向下级机关行文，应当遵循以下规则：

（一）主送受理机关，根据需要抄送相关机关。重要行文应当同时抄送发文机关的直接上级机关。

（二）党委、政府的办公厅（室）根据本级党委、政府授权，可以向下级党委、政府行文，其他部门和单位不得向下级党委、政府发布指令性公文或者在公文中向下级党委、政府提出指令性要求。需经政府审批的具体事项，经政府同意后可以由政府职能部门行文，文中须注明已经政府同意。

（三）党委、政府的部门在各自职权范围内可以向下级党委、政府的相关部门行文。

（四）涉及多个部门职权范围内的事务，部门之间未协商一致的，不得向下行文；擅自行文的，上级机关应当责令其纠正或者撤销。

（五）上级机关向受双重领导的下级机关行文，必要时抄送该下级机关的另一个上级机关。

第十七条 同级党政机关、党政机关与其他同级机关必要时可以联合行文。属于党委、政府各自职权范围内的工作,不得联合行文。党委、政府的部门依据职权可以相互行文。部门内设机构除办公厅(室)外不得对外正式行文。

第五章 公文拟制

第十八条 公文拟制包括公文的起草、审核、签发等程序。

第十九条 公文起草应当做到:

(一)符合国家法律法规和党的路线方针政策,完整准确体现发文机关意图,并同现行有关公文相衔接。

(二)一切从实际出发,分析问题实事求是,所提政策措施和办法切实可行。

(三)内容简洁,主题突出,观点鲜明,结构严谨,表述准确,文字精练。

(四)文种正确,格式规范。

(五)深入调查研究,充分进行论证,广泛听取意见。

(六)公文涉及其他地区或者部门职权范围内的事项,起草单位必须征求相关地区或者部门意见,力求达成一致。

(七)机关负责人应当主持、指导重要公文起草工作。

第二十条 公文文稿签发前,应当由发文机关办公厅(室)进行审核。审核的重点是:

(一)行文理由是否充分,行文依据是否准确。

(二)内容是否符合国家法律法规和党的路线方针政策;是否完整准确体现发文机关意图;是否同现行有关公文相衔接;所提政策措施和办法是否切实可行。

(三)涉及有关地区或者部门职权范围内的事项是否经过充分协商并达成一致意见。

(四)文种是否正确,格式是否规范;人名、地名、时间、数字、段落顺序、引文等是否准确;文字、数字、计量单位和标点符号等用法是否规范。

(五)其他内容是否符合公文起草的有关要求。

需要发文机关审议的重要公文文稿,审议前由发文机关办公厅(室)进行初核。

第二十一条 经审核不宜发文的公文文稿,应当退回起草单位并说明理由;符合发文条件但内容需作进一步研究和修改的,由起草单位修改后重新报送。

第二十二条 公文应当经本机关负责人审批签发。重要公文和上行文由机关主要负责人签发。党委、政府的办公厅(室)根据党委、政府授权制发的公文,由受权机关主要负责人签发或者按照有关规定签发。签发人签发公文,应当签署意见、姓名和完整日期;圈阅或者签名的,视为同意。联合发文由所有联署机关的负责人会签。

第六章 公文办理

第二十三条 公文办理包括收文办理、发文办理和整理归档。

第二十四条 收文办理主要程序是:

(一)签收。对收到的公文应当逐件清点,核对无误后签字或者盖章,并注明签收时间。

(二)登记。对公文的主要信息和办理情况应当详细记载。

(三)初审。对收到的公文应当进行初审。初审的重点是:是否应当由本机关办理,是否符合行文规则,文种、格式是否符合要求,涉及其他地区或者部门职权范围内的事项是否已经协商、会签,是否符合公文起草的其他要求。经初审不符合规定的公文,应当及时退回来文单位并说明理由。

(四)承办。阅知性公文应当根据公文内容、要求和工作需要确定范围后分送。批办性公文应当提出拟办意见报本机关负责人批示或者转有关部门办理;需要两个以上部门办理的,应当明确主办部门。紧急公文应当明确办理时限。承办部门对交办的公文应当及时办理,有明确办理时限要求的应当在规定时限内办理完毕。

(五)传阅。根据领导批示和工作需要将公文及时送传阅对象阅知或者批示。办理公文传阅应当随时掌握公文去向,不得漏传、误传、延误。

(六)催办。及时了解掌握公文的办理进展情况,督促承办部门按期办结。紧急公文或者重要公文应当由专人负责催办。

(七)答复。公文的办理结果应当及时答复来文单位,并根据需要告知相关单位。

第二十五条　发文办理主要程序是:

(一)复核。已经发文机关负责人签批的公文,印发前应当对公文的审批手续、内容、文种、格式等进行复核;需作实质性修改的,应当报原签批人复审。

(二)登记。对复核后的公文,应当确定发文字号、分送范围和印制份数并详细记载。

(三)印制。公文印制必须确保质量和时效。涉密公文应当在符合保密要求的场所印制。

(四)核发。公文印制完毕,应当对公文的文字、格式和印刷质量进行检查后分发。

第二十六条　涉密公文应当通过机要交通、邮政机要通信、城市机要文件交换站或者收发件机关机要收发人员进行传递,通过密码电报或者符合国家保密规定的计算机信息系统进行传输。

第二十七条　需要归档的公文及有关材料,应当根据有关档案法律法规以及机关档案管理规定,及时收集齐全、整理归档。两个以上机关联合办理的公文,原件由主办机关归档,相关机关保存复制件。机关负责人兼任其他机关职务的,在履行所兼职务过程中形成的公文,由其兼职机关归档。

第七章　公文管理

第二十八条　各级党政机关应当建立健全本机关公文管理制度,确保管理严格规范,充分发挥公文效用。

第二十九条　党政机关公文由文秘部门或者专人统一管理。设立党委(党组)的县级以上单位应当建立机要保密室和机要阅文室,并按照有关保密规定配备工作人员和必要的安全保密设施设备。

第三十条　公文确定密级前,应当按照拟定的密级先行采取保密措施。确定密级后,应当按照所定密级严格管理。绝密级公文应当由专人管理。公文的密级需要变更或者解除的,由原确定密级的机关或者其上级机关决定。

第三十一条　公文的印发传达范围应当按照发文机关的要求执行；需要变更的，应当经发文机关批准。涉密公文公开发布前应当履行解密程序。公开发布的时间、形式和渠道，由发文机关确定。经批准公开发布的公文，同发文机关正式印发的公文具有同等效力。

第三十二条　复制、汇编机密级、秘密级公文，应当符合有关规定并经本机关负责人批准。绝密级公文一般不得复制、汇编，确有工作需要的，应当经发文机关或者其上级机关批准。复制、汇编的公文视同原件管理。复制件应当加盖复制机关戳记。翻印件应当注明翻印的机关名称、日期。汇编本的密级按照编入公文的最高密级标注。

第三十三条　公文的撤销和废止，由发文机关、上级机关或者权力机关根据职权范围和有关法律法规决定。公文被撤销的，视为自始无效；公文被废止的，视为自废止之日起失效。

第三十四条　涉密公文应当按照发文机关的要求和有关规定进行清退或者销毁。

第三十五条　不具备归档和保存价值的公文，经批准后可以销毁。销毁涉密公文必须严格按照有关规定履行审批登记手续，确保不丢失、不漏销。个人不得私自销毁、留存涉密公文。

第三十六条　机关合并时，全部公文应当随之合并管理；机关撤销时，需要归档的公文经整理后按照有关规定移交档案管理部门。

工作人员离岗离职时，所在机关应当督促其将暂存、借用的公文按照有关规定移交、清退。

第三十七条　新设立的机关应当向本级党委、政府的办公厅（室）提出发文立户申请。经审查符合条件的，列为发文单位，机关合并或者撤销时，相应进行调整。

第八章　附则

第三十八条　党政机关公文含电子公文。电子公文处理工作的具体办法另行制定。

第三十九条　法规、规章方面的公文，依照有关规定处理。外事方面的公文，依照外事主管部门的有关规定处理。

第四十条　其他机关和单位的公文处理工作，可以参照本条例执行。

第四十一条　本条例由中共中央办公厅、国务院办公厅负责解释。

第四十二条　本条例自 2012 年 7 月 1 日起施行。1996 年 5 月 3 日中共中央办公厅发布的《中国共产党机关公文处理条例》和 2000 年 8 月 24 日国务院发布的《国家行政机关公文处理办法》停止执行。

党政机关公文格式

1 范围

本标准规定了党政机关公文通用的纸张要求、排版和印制装订要求、公文格式各要素的编排规则,并给出了公文的式样。

本标准适用于各级党政机关制发的公文。其他机关和单位的公文可以参照执行。

使用少数民族文字印制的公文,其用纸、幅面尺寸及版面、印制等要求按照本标准执行,其余可以参照本标准并按照有关规定执行。

2 规范性引用文件

下列文件对于本标准的应用是必不可少的。凡是注日期的引用文件,仅所注日期的版本适用于本标准。凡是不注日期的引用文件,其最新版本(包括所有的修改单)适用于本标准。

GB/T148 印刷、书写和绘图纸幅面尺寸

GB3100 国际单位制及其应用

GB3101 有关量、单位和符号的一般原则

GB3102(所有部分) 量和单位

GB/T15834 标点符号用法

GB/T15835 出版物上数字用法

3 术语和定义

下列术语和定义适用于本标准。

3.1字 word

标示公文中横向距离的长度单位。在本标准中,一字指一个汉字宽度的距离。

3.2行 line

标示公文中纵向距离的长度单位。在本标准中,一行指一个汉字的高度加3号汉字高度的7/8的距离。

4 公文用纸主要技术指标

公文用纸一般使用纸张定量为60g/m^2~80g/m^{2}的胶版印刷纸或复印纸。纸张白度80%~90%,横向耐折度≥15次,不透明度≥85%,pH值为7.5~9.5。

5 公文用纸幅面尺寸及版面要求

5.1 幅面尺寸

公文用纸采用GB/T148中规定的A4型纸,其成品幅面尺寸为:210mm×297mm。

5.2　版面

5.2.1　页边与版心尺寸

公文用纸天头（上白边）为37mm±1mm，公文用纸订口（左白边）为28mm±1mm，版心尺寸为156mm×225mm。

5.2.2　字体和字号

如无特殊说明，公文格式各要素一般用3号仿宋体字。特定情况可以作适当调整。

5.2.3　行数和字数

一般每面排22行，每行排28个字，并撑满版心。特定情况可以作适当调整。

5.2.4　文字的颜色

如无特殊说明，公文中文字的颜色均为黑色。

6　印制装订要求

6.1　制版要求

版面干净无底灰，字迹清楚无断划，尺寸标准，版心不斜，误差不超过1mm。

6.2　印刷要求

双面印刷；页码套正，两面误差不超过2mm。黑色油墨应当达到色谱所标BL100%，红色油墨应当达到色谱所标Y80%、M80%。印品着墨实、均匀；字面不花、不白、无断划。

6.3　装订要求

公文应当左侧装订，不掉页，两页页码之间误差不超过4mm，裁切后的成品尺寸允许误差±2mm，四角成90°，无毛茬或缺损。

骑马订或平订的公文应当：

a）订位为两钉外订眼距版面上下边缘各70mm处，允许误差±4mm；

b）无坏钉、漏钉、重钉，钉脚平伏牢固；

c）骑马订钉锯均订在折缝线上，平订钉锯与书脊间的距离为3mm~5mm。

包本装订公文的封皮（封面、书脊、封底）与书芯应吻合、包紧、包平、不脱落。

7　公文格式各要素编排规则

7.1　公文格式各要素的划分

本标准将版心内的公文格式各要素划分为版头、主体、版记三部分。公文首页红色分隔线以上的部分称为版头；公文首页红色分隔线（不含）以下、公文末页首条分隔线（不含）以上的部分称为主体；公文末页首条分隔线以下、末条分隔线以上的部分称为版记。

页码位于版心外。

7.2　版头

7.2.1　份号

如需标注份号，一般用6位3号阿拉伯数字，顶格编排在版心左上角第一行。

7.2.2　密级和保密期限

如需标注密级和保密期限，一般用3号黑体字，顶格编排在版心左上角第二行；保密期限中的数字用阿拉伯数字标注。

7.2.3　紧急程度

如需标注紧急程度，一般用3号黑体字，顶格编排在版心左上角；如需同时标注份号、密级和保密期限、紧急程度，按照份号、密级和保密期限、紧急程度的顺序自上而下分行排列。

7.2.4　发文机关标志

由发文机关全称或者规范化简称加“文件”二字组成，也可以使用发文机关全称或者规范化简称。

发文机关标志居中排布，上边缘至版心上边缘为35mm，推荐使用小标宋体字，颜色为红色，以醒目、美观、庄重为原则。

联合行文时，如需同时标注联署发文机关名称，一般应当将主办机关名称排列在前；如有“文件”二字，应当置于发文机关名称右侧，以联署发文机关名称为准上下居中排布。

7.2.5　发文字号

编排在发文机关标志下空二行位置，居中排布。年份、发文顺序号用阿拉伯数字标注；年份应标全称，用六角括号“〔〕”括入；发文顺序号不加“第”字，不编虚位(即1不编为01)，在阿拉伯数字后加“号”字。

上行文的发文字号居左空一字编排，与最后一个签发人姓名处在同一行。

7.2.6　签发人

由“签发人”三字加全角冒号和签发人姓名组成，居右空一字，编排在发文机关标志下空二行位置。“签发人”三字用3号仿宋体字，签发人姓名用3号楷体字。

如有多个签发人，签发人姓名按照发文机关的排列顺序从左到右、自上而下依次均匀编排，一般每行排两个姓名，回行时与上一行第一个签发人姓名对齐。

7.2.7　版头中的分隔线

发文字号之下4mm处居中印一条与版心等宽的红色分隔线。

7.3　主体

7.3.1　标题

一般用2号小标宋体字，编排于红色分隔线下空二行位置，分一行或多行居中排布；回行时，要做到词意完整，排列对称，长短适宜，间距恰当，标题排列应当使用梯形或菱形。

7.3.2　主送机关

编排于标题下空一行位置，居左顶格，回行时仍顶格，最后一个机关名称后标全角冒号。如主送机关名称过多导致公文首页不能显示正文时，应当将主送机关名称移至版记，标注方法见7.4.2。

7.3.3　正文

公文首页必须显示正文。一般用3号仿宋体字，编排于主送机关名称下一行，每个自然段左空二字，回行顶格。文中结构层次序数依次可以用“一、”“(一)”“1.”“(1)”标注；一般第一层用黑体字、第二层用楷体字、第三层和第四层用仿宋体字标注。

7.3.4　附件说明

如有附件，在正文下空一行左空二字编排“附件”二字，后标全角冒号和附件名称。如有多个附件，使用阿拉伯数字标注附件顺序号（如“附件：1.×××××”）；附件名称后不加标点符号。附件名称较长需回行时，应当与上一行附件名称的首字对齐。

7.3.5　发文机关署名、成文日期和印章

7.3.5.1　加盖印章的公文

成文日期一般右空四字编排，印章用红色，不得出现空白印章。

单一机关行文时，一般在成文日期之上、以成文日期为准居中编排发文机关署名，印章端正、居中下压发文机关署名和成文日期，使发文机关署名和成文日期居印章中心偏下位置，印章顶端应当上距正文（或附件说明）一行之内。

联合行文时，一般将各发文机关署名按照发文机关顺序整齐排列在相应位置，并将印章一一对应、端正、居中下压发文机关署名，最后一个印章端正、居中下压发文机关署名和成文日期，印章之间排列整齐、互不相交或相切，每排印章两端不得超出版心，首排印章顶端应当上距正文（或附件说明）一行之内。

7.3.5.2　不加盖印章的公文

单一机关行文时，在正文（或附件说明）下空一行右空二字编排发文机关署名，在发文机关署名下一行编排成文日期，首字比发文机关署名首字右移二字，如成文日期长于发文机关署名，应当使成文日期右空二字编排，并相应增加发文机关署名右空字数。

联合行文时，应当先编排主办机关署名，其余发文机关署名依次向下编排。

7.3.5.3　加盖签发人签名章的公文

单一机关制发的公文加盖签发人签名章时，在正文（或附件说明）下空二行右空四字加盖签发人签名章，签名章左空二字标注签发人职务，以签名章为准上下居中排布。在签发人签名章下空一行右空四字编排成文日期。

联合行文时，应当先编排主办机关签发人职务、签名章，其余机关签发人职务、签名章依次向下编排，与主办机关签发人职务、签名章上下对齐；每行只编排一个机关的签发人职务、签名章；签发人职务应当标注全称。

签名章一般用红色。

7.3.5.4　成文日期中的数字

用阿拉伯数字将年、月、日标全，年份应标全称，月、日不编虚位（即1不编为01）。

7.3.5.5　特殊情况说明

当公文排版后所剩空白处不能容下印章或签发人签名章、成文日期时，可以采取调整行距、字距的措施解决。

7.3.6　附注

如有附注，居左空二字加圆括号编排在成文日期下一行。

7.3.7　附件

附件应当另面编排，并在版记之前，与公文正文一起装订。“附件”二字及附件顺序号用3号黑体字顶格编排在版心左上角第一行。附件标题居中编排在版心第三行。附件顺序号和附件标题应当与附件说明的表述一致。附件格式要求同正文。

如附件与正文不能一起装订，应当在附件左上角第一行顶格编排公文的发文字号并在

其后标注“附件”二字及附件顺序号。

7.4 版记

7.4.1 版记中的分隔线

版记中的分隔线与版心等宽，首条分隔线和末条分隔线用粗线（推荐高度为0.35mm），中间的分隔线用细线（推荐高度为0.25mm）。首条分隔线位于版记中第一个要素之上，末条分隔线与公文最后一面的版心下边缘重合。

7.4.2 抄送机关

如有抄送机关，一般用4号仿宋体字，在印发机关和印发日期之上一行、左右各空一字编排。“抄送”二字后加全角冒号和抄送机关名称，回行时与冒号后的首字对齐，最后一个抄送机关名称后标句号。

如需把主送机关移至版记，除将“抄送”二字改为“主送”外，编排方法同抄送机关。既有主送机关又有抄送机关时，应当将主送机关置于抄送机关之上一行，之间不加分隔线。

7.4.3 印发机关和印发日期

印发机关和印发日期一般用4号仿宋体字，编排在末条分隔线之上，印发机关左空一字，印发日期右空一字，用阿拉伯数字将年、月、日标全，年份应标全称，月、日不编虚位（即1不编为01），后加“印发”二字。

版记中如有其他要素，应当将其与印发机关和印发日期用一条细分隔线隔开。

7.5 页码

一般用4号半角宋体阿拉伯数字，编排在公文版心下边缘之下，数字左右各放一条一字线；一字线上距版心下边缘7mm。单页码居右空一字，双页码居左空一字。公文的版记页前有空白页的，空白页和版记页均不编排页码。公文的附件与正文一起装订时，页码应当连续编排。

8 公文中的横排表格

A4纸型的表格横排时，页码位置与公文其他页码保持一致，单页码表头在订口一边，双页码表头在切口一边。

9 公文中计量单位、标点符号和数字的用法

公文中计量单位的用法应当符合GB3100、GB3101和GB3102（所有部分），标点符号的用法应当符合GB/T15834，数字用法应当符合GB/T15835。

10 公文的特定格式

10.1 信函格式

发文机关标志使用发文机关全称或者规范化简称，居中排布，上边缘至上页边为30mm，推荐使用红色小标宋体字。联合行文时，使用主办机关标志。

发文机关标志下4mm处印一条红色双线（上粗下细），距下页边20mm处印一条红色双线（上细下粗），线长均为170mm，居中排布。

如需标注份号、密级和保密期限、紧急程度，应当顶格居版心左边缘编排在第一条红色双线下，按照份号、密级和保密期限、紧急程度的顺序自上而下分行排列，第一个要素与该线的距离为3号汉字高度的7/8。

发文字号顶格居版心右边缘编排在第一条红色双线下，与该线的距离为3号汉字高度的7/8。

标题居中编排，与其上最后一个要素相距二行。

第二条红色双线上一行如有文字，与该线的距离为3号汉字高度的7/8。

首页不显示页码。

版记不加印发机关和印发日期、分隔线，位于公文最后一面版心内最下方。

10.2 命令(令)格式

发文机关标志由发文机关全称加“命令”或“令”字组成，居中排布，上边缘至版心上边缘为20mm，推荐使用红色小标宋体字。

发文机关标志下空二行居中编排令号，令号下空二行编排正文。

签发人职务、签名章和成文日期的编排见7.3.5.3。

10.3 纪要格式

纪要标志由“×××××纪要”组成，居中排布，上边缘至版心上边缘为35mm，推荐使用红色小标宋体字。

标注出席人员名单，一般用3号黑体字，在正文或附件说明下空一行左空二字编排“出席”二字，后标全角冒号，冒号后用3号仿宋体字标注出席人单位、姓名，回行时与冒号后的首字对齐。

标注请假和列席人员名单，除依次另起一行并将“出席”二字改为“请假”或“列席”外，编排方法同出席人员名单。

纪要格式可以根据实际制定。

11 式样

A4型公文用纸页边及版心尺寸见图1；

公文首页版式见图2；

联合行文公文首页版式1见图3；

联合行文公文首页版式2见图4；

公文末页版式1见图5；

公文末页版式2见图6；

联合行文公文末页版式1见图7；

联合行文公文末页版式2见图8；

附件说明页版式见图9；

带附件公文末页版式见图10；

信函格式首页版式见图11；

命令(令)格式首页版式见图12。

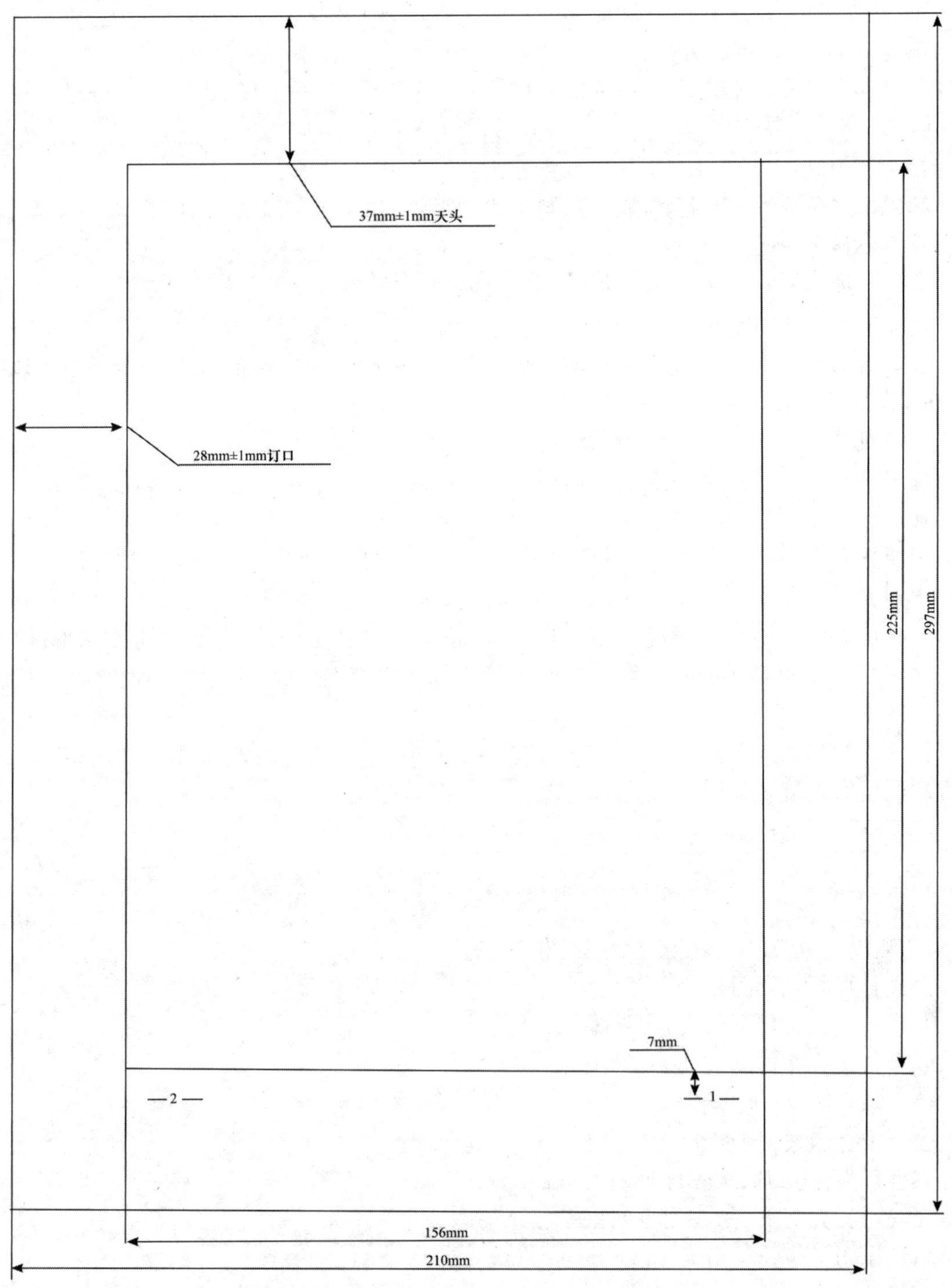

图1　A4型公文用纸页边及版心尺寸

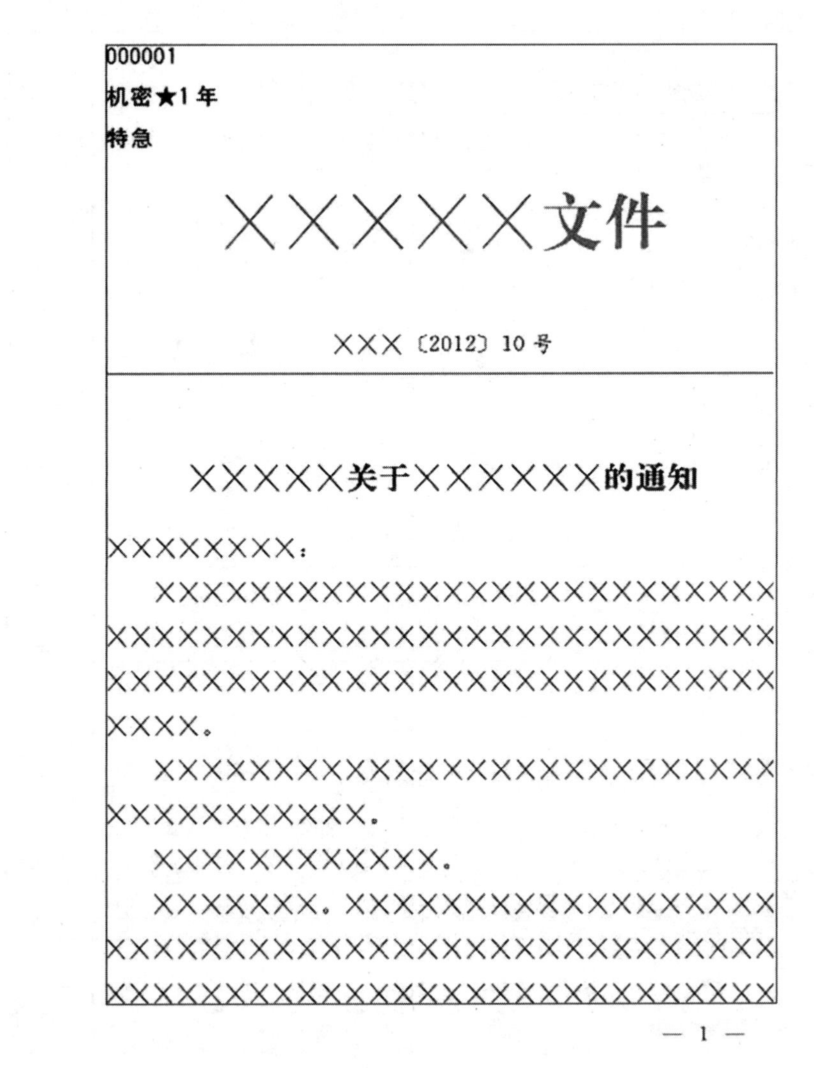

000001
机密★1年
特急

XXXXX文件

XXX〔2012〕10号

XXXXX关于XXXXXX的通知

XXXXXXXX：

XXXXXXXXXXXXXXXXXXXXXXXXXX
XXXXXXXXXXXXXXXXXXXXXXXXXXXX
XXXXXXXXXXXXXXXXXXXXXXXXXXXX
XXXX。

XXXXXXXXXXXXXXXXXXXXXXXXXX
XXXXXXXXXXX。

XXXXXXXXXXXX。

XXXXXXX。XXXXXXXXXXXXXXXXXX
XXXXXXXXXXXXXXXXXXXXXXXXXXXX
XXXXXXXXXXXXXXXXXXXXXXXXXXXX

— 1 —

图2　公文首页版式

注：版心实线框仅为示意，在印制公文时并不印出。

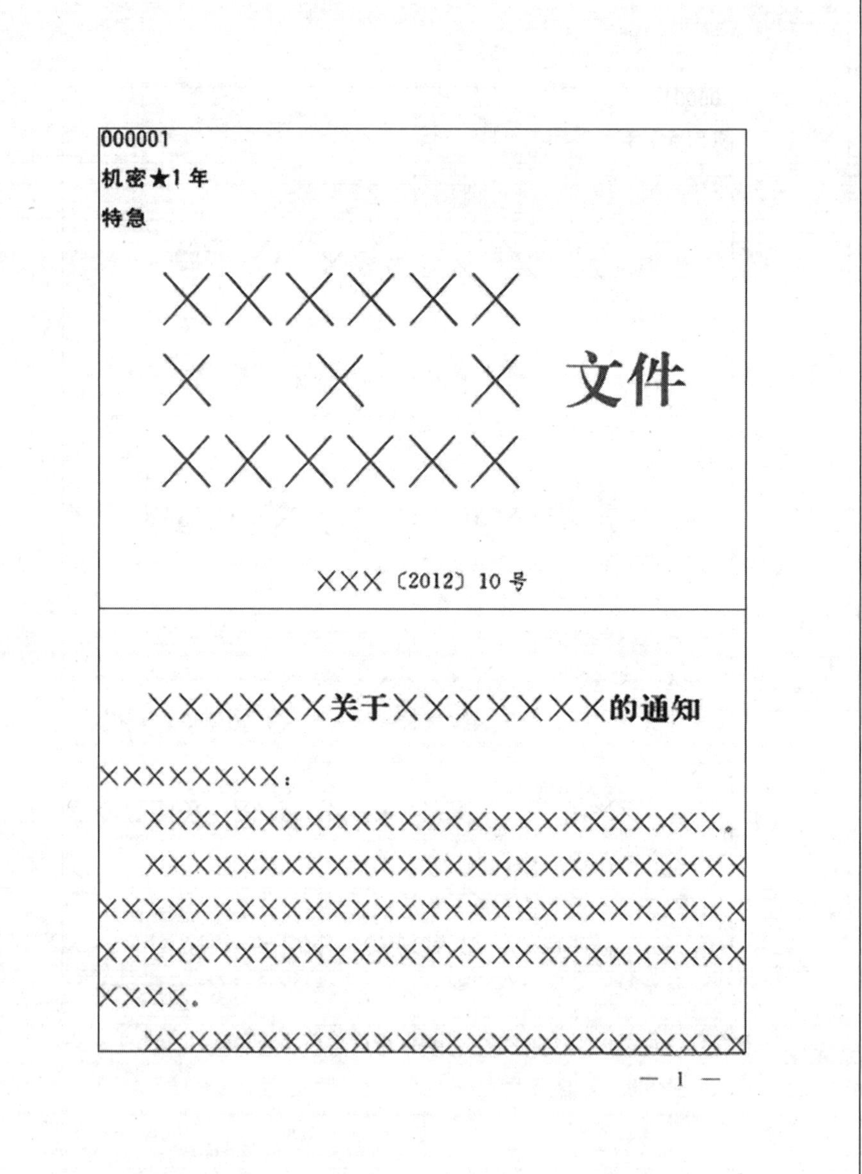
000001
机密★1 年
特急
××××××
× × × 文件
××××××
×××〔2012〕10 号
××××××关于×××××××的通知
××××××××：
××××××××××××××××××××××××××。
×××××××××××××××××××××××××××
××××××××××××××××××××××××××××××
××××××××××××××××××××××××××××××
××××。
×××××××××××××××××××××××××××
— 1 —

图3　联合行文公文首页版式1

注：版心实线框仅为示意，在印制公文时并不印出。

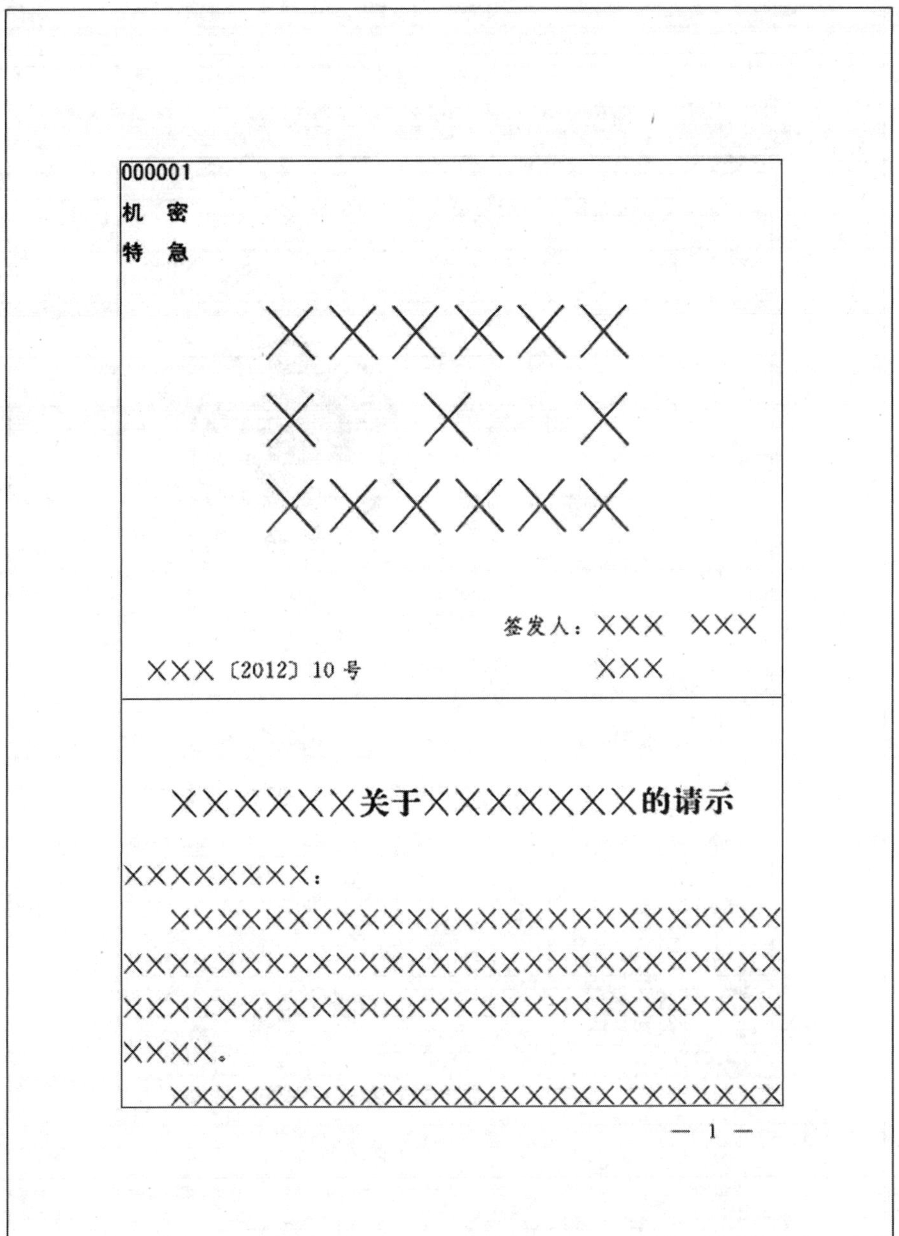

000001
机 密
特 急

××××××
× × ×
××××××

签发人：××× ×××
×××

×××〔2012〕10号

××××××关于×××××××的请示

××××××××：

××。

××××××××××××××××××××××××××

— 1 —

图4 联合行文公文首页版式2

注：版心实线框仅为示意，在印制公文时并不印出。

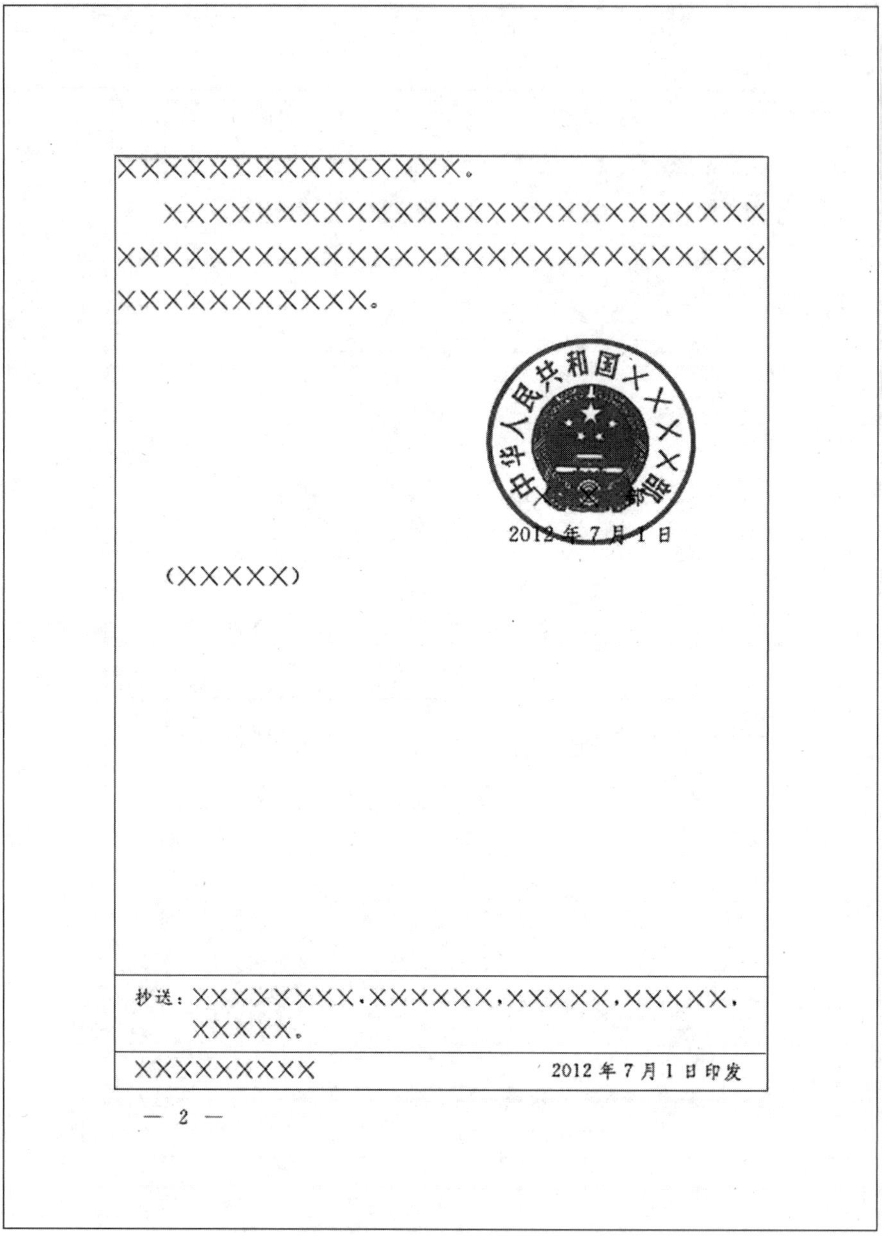

XXXXXXXXXXXXXXX。

XXXXXXXXXXXXXXXXXXXXXXXXXXXXXXXXXXXXXXXXXXXXXXXXXXXXXXXXXXXXXXXXXXXXXXXXX。

中华人民共和国XXXX部

2012年7月1日

（XXXXX）

抄送：XXXXXXXX，XXXXXX，XXXXX，XXXXX，XXXXX。

XXXXXXXXX　　2012年7月1日印发

— 2 —

图5　公文末页版式1

注：版心实线框仅为示意，在印制公文时并不印出。

XXXXXXXXXXXXXXX。

XXXXXXXXXXXXXXXXXXXXXXXXXXXXXXXXXXXXXXXXXXXXXXXXXXXXXXXXXXXXX。

XXXXXXXXXXXX

2012年7月1日

（XXXXX）

抄送：XXXXXXXX，XXXXXX，XXXXX，XXXXX，XXXXX。

XXXXXXXXX　　2012年7月1日印发

— 2 —

图6　公文末页版式2

注：版心实线框仅为示意，在印制公文时并不印出。

XXXXXXXXXXXXXXXX。

　　XXXXXXXXXXXXXXXXXXXXXXXXXXX
XXXXXXXXXXXXXXXXXXXXXXXXXXX
XXXXXXXXXXX。

2012年7月1日

（XXXXX）

抄送：XXXXXXXX，XXXXXX，XXXXX，XXXXX，
　　XXXXX。

XXXXXXXXX　　　　2012年7月1日印发

— 2 —

图7　联合行文公文末页版式1

注：版心实线框仅为示意，在印制公文时并不印出。

XXXXXXXXXXXXXXXX。

XXXXXXXXXXXXXXXXXXXXXXXXXXX XXXXXXXXXXXXXXXXXXXXXXXXXXXXX XXXXXXXXXXX。

2012年7月1日

（XXXXX）

抄送：XXXXXXXX，XXXXXX，XXXXX，XXXXX，XXXXX。

XXXXXXXXX	2012年7月1日印发

— 2 —

图8　联合行文公文末页版式2

注:版心实线框仅为示意,在印制公文时并不印出。

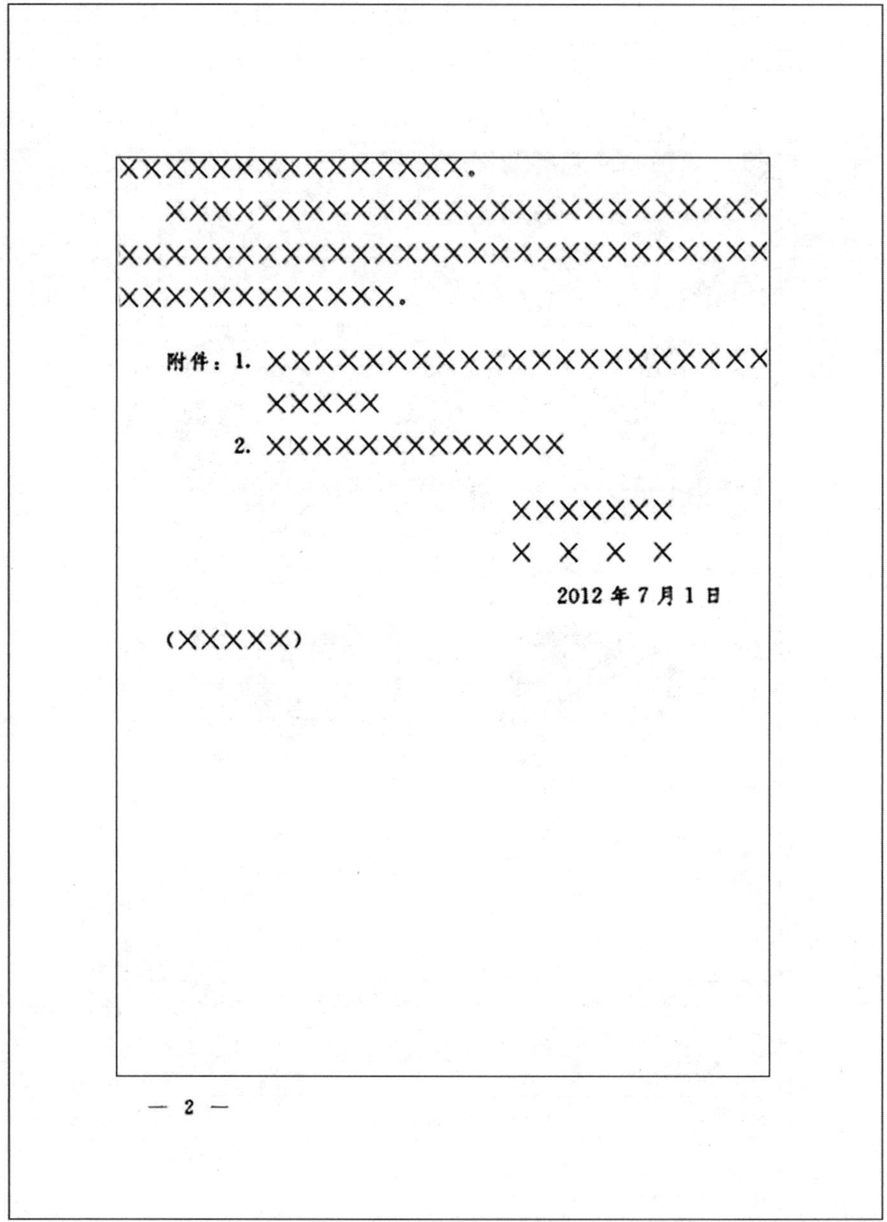

××××××××××××××××。

××。

附件：1. ××××××××××××××××××××××××××××××

2. ××××××××××××××

×××××××
× × × ×
2012年7月1日

（×××××）

— 2 —

图9　附件说明页版式

注:版心实线框仅为示意,在印制公文时并不印出。

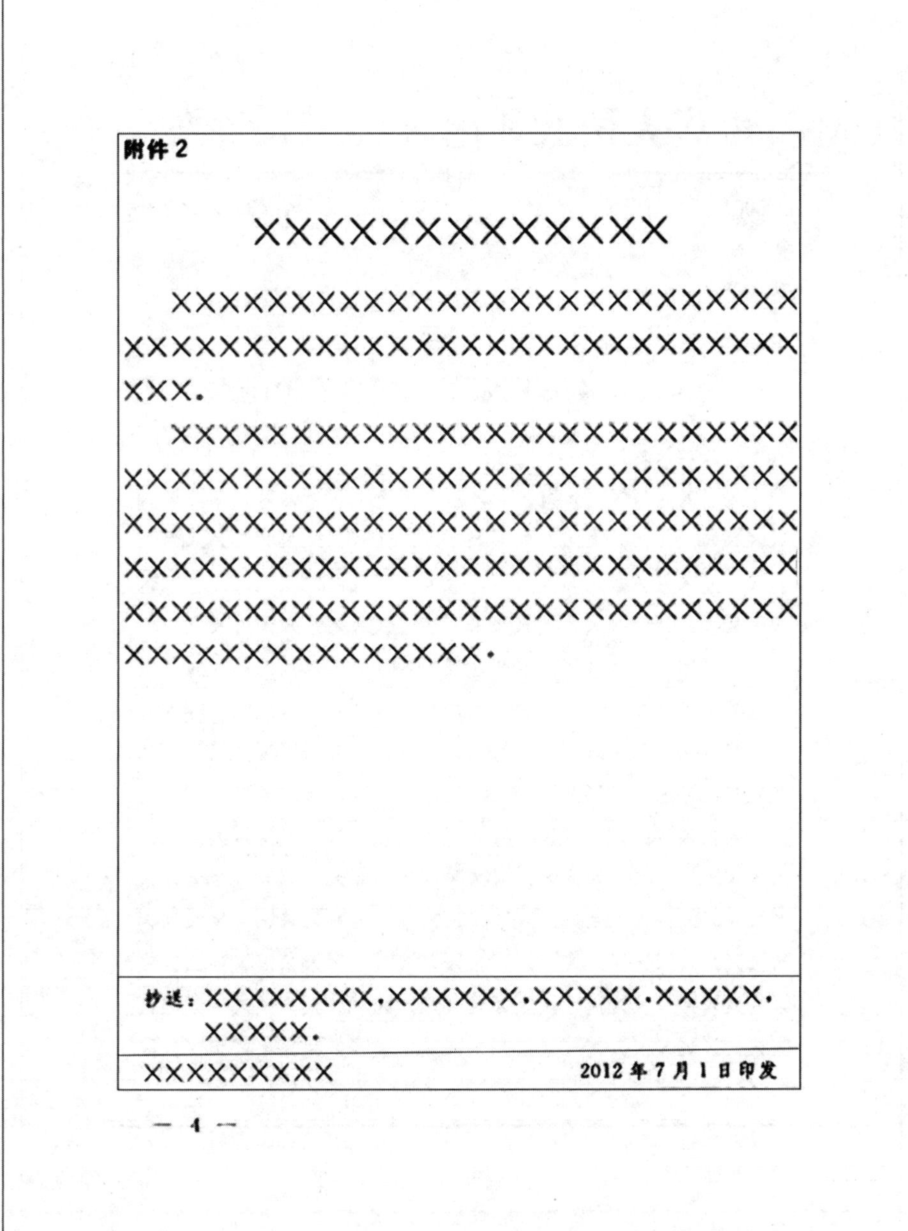
附件2

XXXXXXXXXXXXX

XXXXXXXXXXXXXXXXXXXXXXXXXX
XXXXXXXXXXXXXXXXXXXXXXXXXXXX
XXX。

XXXXXXXXXXXXXXXXXXXXXXXXXX
XXXXXXXXXXXXXXXXXXXXXXXXXXXX
XXXXXXXXXXXXXXXXXXXXXXXXXXXX
XXXXXXXXXXXXXXXXXXXXXXXXXXXX
XXXXXXXXXXXXXXXXXXXXXXXXXXXX
XXXXXXXXXXXXXXX.

抄送：XXXXXXXX，XXXXXX，XXXXX，XXXXX，
XXXXX.

XXXXXXXXXX 2012年7月1日印发

— 4 —

图10 带附件公文末页版式

注:版心实线框仅为示意,在印制公文时并不印出。

中华人民共和国×××××部

000001　　　　　　　　　　　　　　　　×××〔2012〕10号

机　密

特　急

×××××关于×××××××的通知

××××××××：

××。

××。

×××。

图11　信函格式首页版式

注：版心实线框仅为示意，在印制公文时并不印出。

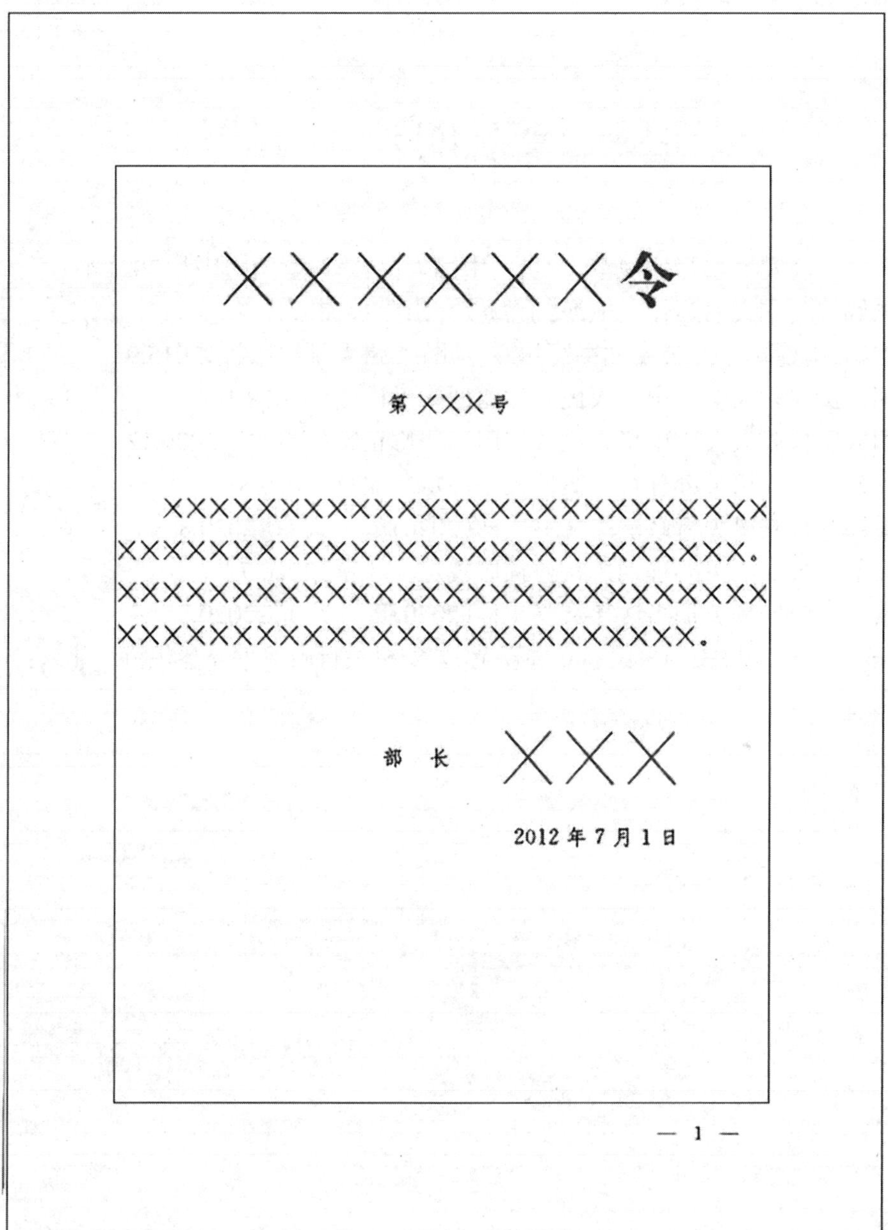

××××××令

第×××号

××××××××××××××××××××××××××
×××××××××××××××××××××××××××。
××××××××××××××××××××××××××××
×××××××××××××××××××××××××。

部 长 ×××

2012年7月1日

— 1 —

图12　命令(令)格式首页版式

注:版心实线框仅为示意,在印制公文时并不印出。

参考书目

[1]吕向文．公安文书写作规范．北京:中国人民公安大学出版社,2021.4

[2]祁凤娣．公安文书写作．上海:上海教育出版社,2021．3

[3]徐宏勋,李建军等．公安文书写作．兰州:兰州大学出版社,2015.9

[4]全国人民代表大会．中华人民共和国刑事诉讼法．2018.10

[5]全国人民代表大会．中华人民共和国刑法修正案(十一)．2020.12

[6]公安部．公安机关办理行政案件程序规定．北京:2020.8

[7]公安部．公安机关行政法律文书式样(2020版)．北京:2020.8

[8]公安部．公安机关办理刑事案件程序规定．北京:2020.7

[9]公安部．公安机关刑事法律文书式样(2020版)．北京:2020.8

[10]公安部．公安机关刑事案卷立卷规范、公安机关行政案件立卷规范．北京:2021.4